# 中国古玉研究文献索引

(2001~2016)

袁广阔　张友来　朱光华 / 主　编

科学出版社

北　京

## 内 容 简 介

本书共收录2001~2016年公开发表的中国境内古玉器相关文献书目和题录4000余条，详细记录了考古报告、简报中发表玉器的名称、数量、年代等情况，汇编了玉器研究书籍、论文的出版、刊载信息，内容详实，记录可靠，集科学性、普及性和实用性于一体，是系统、完整、准确记录中国古代玉器出土和研究现状的文献索引工具书。

本书适合从事考古、历史、艺术研究及对中国古玉感兴趣的人员参考、阅读。

---

图书在版编目（CIP）数据

中国古玉研究文献索引：2001～2016 / 袁广阔，张友来，朱光华主编. —北京：科学出版社，2020.4
ISBN 978-7-03-064728-3

Ⅰ. ①中… Ⅱ. ①袁… ②张… ③朱… Ⅲ. ①古玉器－文献－索引－中国－2001－2016 Ⅳ. ① Z89：K876.84

中国版本图书馆CIP数据核字（2020）第049811号

责任编辑：雷 英 / 责任校对：邹慧卿
责任印制：徐晓晨 / 封面设计：张 放

科学出版社 出版
北京东黄城根北街16号
邮政编码：100717
http://www.sciencep.com

北京厚诚则铭印刷科技有限公司 印刷
科学出版社发行 各地新华书店经销
*
2020年4月第 一 版　开本：787×1092　1/16
2021年2月第二次印刷　印张：19
字数：450 000
定价：298.00元
（如有印装质量问题，我社负责调换）

# 《中国古玉研究文献索引（2001~2016）》编辑委员会

主　　编：袁广阔　张友来　朱光华

编撰成员：秦存誉　刘昱圻　宋　瑞　王全金　姜　鑫

　　　　　王怡然　安　天　王语嫣　尉舒雅　王　茵

　　　　　赵曾健　程　媛　姚　媛　郑世慧

鸣谢单位：中国社会科学院考古研究所资料信息中心

　　　　　首都师范大学图书馆

　　　　　中国国家图书馆

# 前　言

　　玉代表着美好、高贵、圣洁、吉祥、平和，由其产生的玉文化在中华大地绵延流传8000余年，是中国传统文化的重要组成部分，承载着丰厚的政治、宗教、道德和文化内涵。玉文化包含着"宁为玉碎"的爱国主义民族气节、"润泽以温"的无私奉献精神、"锐廉不挠"的开拓进取精神、"化玉为帛"的团结友爱风尚、"瑕不掩瑜"的清正廉洁气魄，这些观念逐渐被古代社会所接受，并成为人们为人处世的准则以及安身立命的精神支柱。古人以玉为代表，创立了物质、社会、精神三合一的玉意识，这个玉意识即是玉文化的民族精神体现，是中华民族的伟大思想建树。

　　中国玉器有着8000多年的发展演变史，在这漫长的历史长河中，由于生产力水平、社会形态和文化面貌的差异，各时代玉器呈现出不同的特点。早在旧石器时代晚期，古人就掌握了磋磨、钻孔技术，并有了加工玉材的最初经验，如山西朔州峙峪、辽宁海城仙人洞分别出土了精美的小刀（水晶质）和绿色蛇纹石器（岫玉）。但是，旧石器时代人类对玉材的认识并不充分，尚未将其上升到特殊利用的地位，真正意义上的玉器制作是从新石器时代开始的。从多年的考古发现来看，新石器时代玉器遍布于中国东部地区，包括黑龙江、辽河、长江、黄河、珠江流域在内的地区均有大量玉器出土，西藏、甘肃、青海等西部地区也有玉器出土，只是颇为稀疏。总体来看，生产工具较少、装饰品和礼仪器繁盛是这一时期的主要特点，其中装饰品和礼仪器所蕴含的精神文化内容，在文明起源过程中起到了重要的促进作用，是构成中华民族传统文化宝殿的一块础石。

　　夏商周玉器在继承新石器时代玉器成就的基础上，又获得了新的发展。此时已出现相当规模的手工业作坊和工匠队伍，制玉工艺进一步完善，包括各种玉、玛瑙、萤石、水晶、孔雀石、南阳玉、岫玉和松石等在内的玉石原料均能进行加工，玉器造型和纹饰变得十分复杂，表现出非常成熟的琢磨技术。商代以玉和玉器作为最重要的宝物是崇玉文化内涵的飞跃，由此发端，历代王朝开始了把玉器视为珍宝的传统。同样自商代起，玉器从"神化"向"人格化"过渡，其所包含的鬼神文化观念（原始宗教）逐渐淡薄，人性观念（服饰文化、礼仪文化）日益丰富。西周时期，崇玉文化开始礼制化，崇玉、用玉的政治文化色彩较强，天子、贵族享玉的目的是维护其统治，包括法规、制度、等级权威等。在西周"天"与"德"观念的基础上，东周出现了"以玉比德"的新道德观念和道德标准，同时在社会政治文化发生重大变革的春秋时期，玉器第一次突破了传统玉器的模式与审美取向，着力于变革创新，建立了新传统、新风范，为后世玉器的发现起到了范式作用。

秦汉玉器在继承战国玉器规范模式的基础上扩大了创作尺度，基本摆脱了宗教、礼仪观念的束缚，转而走向表现个性化、追求艺术价值的新阶段。秦代玉器发现较少，但从造型特征上看，明显属于战国和汉代之间的过渡阶段。汉代玉器以其雄浑豪放、清新脱俗的特有魅力而著称，玉质好、雕琢精，构图变幻莫测，设计新颖而不囿常规，纹饰华丽却不落俗套，整体形象充满动态和灵气。与新石器和夏商周时代的玉器相比，汉代玉器已经是人类文明发展到一定阶段的具有相当高度的成熟艺术品了，是物质文明与精神文明高度融合的结晶。

魏晋南北朝时期，朝代更换频繁，战事不断，政治分裂，社会沸乱，经济处于平缓发展期，玉器出现了数量少、工艺不精、品种不齐、新品缺乏的低潮现象。就目前的考古发现而言，长期以来一直占主导地位的礼玉和葬玉已基本退出历史舞台，装饰艺术品的使用逐渐成为玉器发展主流，玉器开始由政治化、等级化向世俗化转变。隋唐至五代时期，玉器进一步向世俗化发展，宫廷、贵族享玉主要是为了彰显豪华和阔气，玉已不仅是统治阶级的有力支柱，它既能用于彰显皇权，亦能用于一般器物。值得指出的是，唐代玉器比较注重吸收外来文化成果，它在继承传统玉雕基础上融合了同时代金银细工、雕塑、绘画的表现手法，并吸收了中亚、西亚等艺术中的新鲜血液，开一代玉雕之新风。

宋辽金元时期，随着城市经济的高速发展，玉器表现出强烈的世俗化倾向和浓厚的生活气息。宋玉不仅具有浓郁的生活气息，而且已抛弃前代依据理念凭空设想制作，转为现实主义创作，玉雕童子、玉折枝花和玉龟荷叶的出现就是标志。宋代考古之风盛行，仿古玉是其一大特点，需要说明的是，这些玉器虽然仿制古代造型，但在设计、选玉和工艺上都有别于前代玉器。辽代玉器造型不拘一格，随意性很强，象生玉器古朴质拙、神态自然，较为写实，具有一定的美术鉴赏价值。金代玉器在保留本民族特色的基础上，上承辽玉传统，同时还受到了宋玉雕刻工艺的强烈影响。元代玉器在宋、金玉器的基础上继续向前发展，逐渐把中国玉器推向一个新的高峰。元代设置了较多专向皇室提供官廷用玉的官办作坊，与之相应，民营玉器作坊也得到蓬勃发展。元玉吸收了宋、金高超的雕镂工艺，浮雕技法也被运用得出神入化。

明清时期，玉器服务对象的范围进一步扩大，玉料产地日益增多，产量稳步增长。明代玉器造型有两大特征：一是圆润敦厚，二是粗犷放达，前者是恪守传统文艺思想的导向及结构规范，后者是社会文艺思想反内向、反封闭的反映。明代晚期，资本主义出现萌芽，玉器开始作为社会资本积累的一种方式，这就把传统崇玉文化价值观及其去向引入到它的财富价值领域。清代玉器有宫廷和民间两大制作体系，以前者最为常见。清玉是明玉风格的继承和发展提高者，完成了宫廷玉器的最高阶段。清代对玉器的设计、工艺和用料方面有了较大突破，如造型向情景交融发展，薄胎和压金银丝技术结合，刻字、题款等内容盛行，都反映了清玉的新技术水平。清玉全面继承了中国玉器传统，不但对古玉进行了深入挖掘，复制了大量古玉，而且还大量发展和变化了玉器之造型，为中国古代玉器画上了一个圆满句号。

综上，中国玉器从新石器时代早期作为简单的装饰品和工具，发展到中晚期被赋予宗教、等级观念的神化中介物，再到商周时期被赋予伦理道德内涵的人格化载体，最终到明清时期成为走向平民生活、融入世俗情趣的艺术品。8000多年间，中国玉器由封闭式生产转变为开放式生产，深刻反映了不同历史时期和意识形态下人们的创作心理，这些不同时期的玉器珍品取长补短、相辅相成，共同构成了中华民族绚丽多彩的古玉文化。

最后需要说明的是，古人所谓玉或玉器，一般而言质地为多晶集合体矿物，其与单晶体宝石、有机宝石、人工宝石等都从属于现在宝石学中的"珠宝玉石"概念。从古代工艺与用途的角度来看，这几类物质具有一定的相似性，学者在玉器研究中于其他类别亦多有涉及，因此本书玉器索引资料的搜集不限于多晶集合体玉石，亦涵盖了部分水晶、红宝石、海蓝宝石等单晶体宝石，琥珀、珍珠、珊瑚等有机宝石，玻璃、琉璃、费昂斯等人工宝石。

# 目　　录

## 上编　资料篇

### 第一部分　图书资料 ……………………………………………………… 3
一、北京市 ……………………………………………………………… 4
二、河北省 ……………………………………………………………… 8
三、山西省 ……………………………………………………………… 10
四、内蒙古自治区 ……………………………………………………… 12
五、辽宁省 ……………………………………………………………… 14
六、吉林省 ……………………………………………………………… 17
七、黑龙江省 …………………………………………………………… 18
八、上海市 ……………………………………………………………… 19
九、江苏省 ……………………………………………………………… 20
十、浙江省 ……………………………………………………………… 25
十一、安徽省 …………………………………………………………… 33
十二、福建省 …………………………………………………………… 37
十三、江西省 …………………………………………………………… 38
十四、山东省 …………………………………………………………… 39
十五、河南省 …………………………………………………………… 42
十六、湖北省 …………………………………………………………… 52
十七、湖南省 …………………………………………………………… 60
十八、广东省 …………………………………………………………… 62
十九、广西壮族自治区 ………………………………………………… 64
二十、重庆市 …………………………………………………………… 66
二十一、四川省 ………………………………………………………… 70
二十二、贵州省 ………………………………………………………… 72
二十三、云南省 ………………………………………………………… 73
二十四、西藏自治区 …………………………………………………… 75
二十五、陕西省 ………………………………………………………… 76

二十六、甘肃省 ………………………………………………… 82
二十七、青海省 ………………………………………………… 84
二十八、宁夏回族自治区 ……………………………………… 85
二十九、新疆维吾尔自治区 …………………………………… 86
三十、台湾省 …………………………………………………… 87

## 第二部分　期刊、论文集资料 ……………………………… 89

一、北京市 ……………………………………………………… 90
二、天津市 ……………………………………………………… 92
三、河北省 ……………………………………………………… 93
四、山西省 ……………………………………………………… 96
五、内蒙古自治区 ……………………………………………… 100
六、辽宁省 ……………………………………………………… 103
七、吉林省 ……………………………………………………… 107
八、黑龙江省 …………………………………………………… 108
九、上海市 ……………………………………………………… 110
十、江苏省 ……………………………………………………… 111
十一、浙江省 …………………………………………………… 118
十二、安徽省 …………………………………………………… 123
十三、福建省 …………………………………………………… 126
十四、江西省 …………………………………………………… 128
十五、山东省 …………………………………………………… 129
十六、河南省 …………………………………………………… 134
十七、湖北省 …………………………………………………… 146
十八、湖南省 …………………………………………………… 151
十九、广东省 …………………………………………………… 154
二十、广西壮族自治区 ………………………………………… 156
二十一、重庆市 ………………………………………………… 158
二十二、四川省 ………………………………………………… 161
二十三、贵州省 ………………………………………………… 165
二十四、云南省 ………………………………………………… 166
二十五、西藏自治区 …………………………………………… 168
二十六、陕西省 ………………………………………………… 169
二十七、甘肃省 ………………………………………………… 178
二十八、青海省 ………………………………………………… 180
二十九、宁夏回族自治区 ……………………………………… 181
三十、新疆维吾尔自治区 ……………………………………… 182
三十一、香港特别行政区 ……………………………………… 184

## 下编　研究篇

**第一部分　研究书目** 187
　一、专著 188
　二、论文集 191
　三、工具书 195
　四、图录 197
**第二部分　研究论文** 203
　一、期刊、报纸论文 204
　　（一）综论 204
　　（二）新石器时代玉器研究 207
　　（三）夏商周玉器研究 216
　　（四）秦汉至魏晋南北朝玉器研究 221
　　（五）隋唐及以后各代玉器研究 224
　　（六）技术工艺 226
　　（七）佩戴与装饰 230
　　（八）宗教与祭祀 231
　　（九）鉴藏与辨伪 233
　　（十）玉器史话 247
　　（十一）科技考古与文物保护 252
　　（十二）其他 257
　二、论文集析出论文 259
　　（一）综论 259
　　（二）新石器时代玉器研究 261
　　（三）夏商周玉器研究 267
　　（四）秦汉至魏晋南北朝玉器研究 271
　　（五）隋唐及以后各代玉器研究 274
　　（六）技术工艺 275
　　（七）佩戴与装饰 277
　　（八）宗教与祭祀 278
　　（九）鉴藏与辨伪 279
　　（十）玉器史话 282
　　（十一）科技考古与文物保护 283
　　（十二）其他 285

三、学位论文 ········································································· 286
　（一）硕士学位论文 ······························································ 286
　（二）博士学位论文 ······························································ 288
　（三）博士后出站报告 ··························································· 289

后记 ············································································································· 290

上编

# 资料篇

# 第一部分　图书资料

　　图书资料主要对2001~2016年国内公开出版的480余部考古报告（集）中发表的玉器情况（器名、数量、年代等）进行了详细介绍。在具体编排上，以省份为纲，依考古报告（集）出版年份和玉器主要年代的先后为序，编排格式如下：


□ 著作
　　主要责任者. 题名. 出版地：出版者，出版年：（引文页码）玉器名称＋数量，年代


□ 析出文献
　　析出文献主要责任者. 析出文献题名. 专著题名. 出版地：出版者，出版年：（引文页码）玉器名称＋数量，年代

# 一、北京市

北京市文物研究所. 北京工商大学明代太监墓. 北京：知识产权出版社，2005：（26）玉带15，明代；（51～53）玉带板14、玉坠1、玉饰1，明代；（71）玉带板13，明代；（73）白玉石1、紫水晶2、蓝宝石1，明代

北京市文物研究所. 圆明园长春园含经堂遗址发掘报告. 北京：文物出版社，2006：（74～77）玉钵1、玉头像2、玉嵌饰6、玉小型动物饰件3、玉大型动物饰件1、玉镇尺1、玉环2、玉印章4，清代；（89～113）黄琉璃构件90、绿琉璃构件63、蓝琉璃构件若干、汉白玉件7，清代

北京市文物研究所，北京昌平区文化委员会. 昌平张营：燕山南麓早期青铜器文化遗址发掘报告. 北京：文物出版社，2007：（93）石璧4，大坨头文化；（95）玉管2、玉珠2、玉饰1、玉玦2、玉坠1、水晶饰2，大坨头文化

北京市文物研究所. 军都山墓地：玉皇庙. 北京：文物出版社，2007：（1322）玛瑙环1、玛瑙珠1451，春秋；（1328～1331）绿松石管139、绿松石珠2095，春秋

北京市文物局，北京市文物研究所. 北京奥运场馆考古发掘报告. 北京：科学出版社，2007：（32）五棵松篮球馆工程考古发掘报告：玉猫1、玉鱼2、玉如意1、玉簪1，明清；（132）奥林匹克会议中心工程考古发掘报告：玉烟嘴4、玉戒指1、玛瑙坠1、玛瑙扳指1、玉坠1，明代；玉烟壶1、料珠2，清代；（169）数字北京大厦工程考古发掘报告：料环1，清代；（172）奥运村工程考古发掘报告：料珠1、玉烟嘴3、玉环7、玉饰1、玉押发1、料扣5、玉烟壶1、料饰6、玻璃镜片3，清代；（242）奥运一期工程考古发掘报告：玉饰件1、玉石饰件1、绿松石饰件1、料珠2、玉烟袋3、玉坠饰1、珠扣4、玻璃扣2，清代；（381）五棵松棒球场工程考古发掘报告：玉扳指1、玛瑙鼻烟壶1、玉簪1、玉镯2、玉戒指1、玛瑙戒指1、料珠9，清代；（417）中国科技馆新馆工程考古发掘报告：玉烟嘴1、玉戒指1、玉佩饰3、玻璃镜片4、玻璃珠3、玻璃坠饰6，清代；（638）北京射击场工程考古发掘报告：带饰10、玉带7、料带2、佩饰2、串饰8、串珠12、环饰10，明代

北京市文物研究所. 北京段考古发掘报告集. 北京：科学出版社，2008：（81）岩上墓葬区考古发掘报告：琉璃耳珰1，东汉早期

北京市文物研究所. 房山南正遗址：拒马河流域战国以降时期遗址发掘报告. 北京：科学出版社，2008：（109）玻璃耳珰2、玉珠5，东汉中晚期

北京市文物研究所. 北京亦庄考古发掘报告：2003～2005年. 北京：科学出版社，2009：（96）料珠1，东汉

北京市文物研究所. 北京皇家建筑遗址发掘报告. 北京：科学出版社，2009：（52～54）故宫西河沿遗址：玉碟1、玉竹节形器1、玉带板1、水晶1、琉璃象棋子2、白玉围棋子1，清代

北京文物研究所. 圆明园长春宫门区遗址发掘报告. 北京：科学出版社，2009：（76）汉白玉构件20，清代

北京市文物研究所. 北京亦庄X10号地. 北京：科学出版社，2010：（51～52）琉璃耳珰3，东汉早期；（56）琉璃耳珰1，东汉早期；（75）琉璃耳珰1，东汉中期

北京市文物研究所. 军都山墓地：葫芦沟与西梁垙. 北京：文物出版社，2010：（314）滑石坠饰1，春秋晚期至战国早期；（319）玛瑙珠14，春秋中晚期至战国早期；（320）绿松石管3、绿松石珠68，春秋中晚期至战国早期；（525）玉璜2、玛瑙环1、玛瑙珠3、绿松石珠18，春秋中期至战国早期

北京市文物研究所. 丰台王佐遗址. 北京：科学出版社，2010：（9）玉烟嘴1，清代；（58）料饰2，魏晋；（71）石圭1，东汉中晚期；（153）玉镯2、玉戒指2、玛瑙扣饰3，清代；（183）玉鼻烟壶1，清代；（198）料珠1，清代；（207）料珠3，清代

北京市文物研究所. 大兴北程庄墓地：北魏、唐、辽、金、清代墓葬发掘报告. 北京：科学出版社，2010：（165）玻璃珠饰品1，清代；（175）玻璃珠1、玉饰1，清代

北京市文物研究所. 密云大唐庄：白河流域古代墓葬发掘报告. 上海：上海古籍出版社，2010：（181）料簪1，清代

北京市文物研究所. 鲁谷金代吕氏家族墓葬发掘报告. 北京：科学出版社，2010：（35）玉镯2，清代；（48）玉烟嘴2，清代；（52）料珠23，清代；（72）料珠4，清代；（83）玉扳指1、玉佩1、料珠1，清代；（90）玉烟嘴1，清代；（113）玉龟形饰1，清代；（114）玛瑙珠2、玉手镯2，清代；（115）玉烟嘴1、料饰1，清代

宋大川主编. 北京考古工作报告（2000～2009）：城区卷. 上海：上海古籍出版社，2011：（97）北京新少年宫工程考古发掘工作报告：玛瑙环1，明清；（166）崇文区松林里危改小区4～7号楼、B及C地下车库工程考古发掘报告：玉环1，明清

宋大川主编. 北京考古工作报告（2000～2009）：朝阳卷. 上海：上海古籍出版社，2011：（28）天坛生物园小区考古发掘报告：玉石花瓣1、玉佩1、琉璃挂件1、玉带钩1、玉饰5、玉烟嘴2、绿松石5，明清；（99～101）朝来绿色家园C区考古发掘报告：玉饰2，清代；（157）望京沟西侧A区考古发掘报告：玉扳指1、玉饰1、玉佩1、玉环1、玉鱼2，清代；（213；221）青年路小区天鹅湾19号、20号、21号楼考古发掘报告：（213）玉戒指1，清代；（221）琥珀4，清代；（233）王四营乡观音堂Ⅱ区十号居民楼工地考古发掘报告：料珠6、小料珠40，清代；（239）湖光中街改造工程考古发掘报告：料珠2，清代；（260）望京B30文化娱乐地块工程考古发掘报告：料珠1，清代；（273）华能北京热电厂二期工程考古发掘报告：玉带扣3、玉带片20，清代

宋大川主编. 北京考古工作报告（2000～2009）：海淀卷. 上海：上海古籍出版社，2011：（18）清华南路市政工程考古发掘报告：料质鼻烟壶1、玉扳指1、玉簪1、玉烟嘴1、料坠1，清代；（46）北京工商大学明代太监墓发掘报告：玉带13、白玉石1、紫水晶2、蓝宝石1，明代；（64）五环路二期工程考古发掘报告：玉坠1、玉器2、珠子150，明清；（125）物资储备学校住宅区考古发掘报告：玉珠5，清代；（129）物资储备职工中等专业学校南院宿舍楼住

宅区考古发掘报告：玉扳指1、玉器1，明清；（151）清华南路扩建工程考古勘探及发掘报告：玉烟嘴4、玉佩2、玉鱼饰1、玉佩1、玉饰2、玻璃镜1、玉戒指1、料饰1、料珠2、蓝料珠4，明清；（208）中冠家园小区住宅楼后期工程考古发掘报告：料珠27、绿料饰8、玉如意1、玉带4，明清；（292）中央民族大学住宅楼及地下车库工程考古发掘报告：玉腰带2、小料饰1、玉饰5、料珠7、琥珀头簪1、玉坠3、料石饰2、琥珀珠4，明清

宋大川主编. 北京考古工作报告（2000~2009）：房山、丰台、门头沟、石景山卷. 上海：上海古籍出版社，2011：（136~137）2007西客站南广场地下车库及商业工程考古发掘报告：玉带板1、玉花4、小玉花1、玉饰件1、珍珠2，明代；（142）西客站南广场地下车库及商业工程考古发掘报告：玉带2套40块、玉饰1，明代；（150）丰台银河星座居住小区住宅工程考古发掘工作报告：玉戒指1、玉镯1、料扣1、料珠1，明清；（213）岳各庄居住用地项目考古发掘报告：玉人1、玉簪1、玉带钩2，明清；（246）鲁谷远洋山水小区工程考古发掘报告：玉簪2，清代；（279）2007石景山鲁谷远洋山水（东区）工程考古发掘报告：玉簪1，明清；（300~301）305）2007石景山银河商务区二期商业金融工程考古发掘报告：（300~301）玉扳指1、玉龙云纹佩饰1、料珠1、玉烟嘴3、玉饰1、玉镯2，清代；（305）玉镯2，明清

宋大川主编. 北京考古工作报告（2000~2009）：密云、怀柔、昌平卷. 上海：上海古籍出版社，2011：（78）密云县第七中学工程考古发掘报告：白玉盒1、玉块1，元代；（85）密云县京承高速公路（密云松树峪段服务区西侧）工程考古发掘报告：料珠5，清代；（265）昌平区回龙观流星花园静雅轩小区工程考古发掘报告：玉蝉1，清代

宋大川主编. 北京考古工作报告（2000~2009）：大兴卷. 上海：上海古籍出版社，2011：（52）陕京二线天然气输气管道工程第十四标段（DA001~DA017）考古发掘报告：玉耳环2，清代

宋大川主编. 北京考古工作报告（2000~2009）：平谷、通州、顺义卷. 上海：上海古籍出版社，2011：（221）北京新城基业投资发展有限公司工程考古发掘报告：玉扳指1，清代

宋大川主编. 北京考古工作报告（2000~2009）：延庆卷. 上海：上海古籍出版社，2011：（80）南菜区北二区三期工程（住宅楼）考古发掘报告：料珠10、玉器1、琉璃珠2、玉发饰1，明清

宋大川主编. 北京考古工作报告（2000~2009）：亦庄卷. 上海：上海古籍出版社，2011：（139）北京市亦庄经济技术开发区南部区新凤河路墓葬发掘报告：残石圭1，汉代；（307；309）北京市第8代薄膜晶体管液晶显示器件项目考古发掘报告：（307）玉烟嘴1，明清；（309）玉印章1，明清

宋大川主编. 北京考古工作报告（2000~2009）：奥运卷. 上海：上海古籍出版社，2011：（9）奥林匹克（B区）会议中心工程考古发掘报告：玉戒指1、玉烟嘴1、玛瑙石2、料石1、料珠4、玉烟嘴1、玉饰1、珠子4，清代；（81~82）国家体育馆考古发掘报告：料珠4、玻璃瓶1，清代；（96；109）五棵松篮球馆工程：（96）玉簪1，清代；（109）玉猫1、玉鱼2、玉簪2、玉如意1，清代；（122）奥运村工程考古发掘报告：料珠1、玉烟嘴2、玉环6、玉烟壶1、料饰7、玉指环1、玉饰1、料扣5、玉押发1、玉烟袋嘴1，清代；（167）奥运一期开发工程考古发掘报告：玉饰1、料珠2、玉烟嘴2、玉烟袋1，明清；（229）国家曲棍球场

考古发掘报告：玉手镯1、玉烟嘴1，明清；（256）国家网球中心考古发掘报告：玉戒指1、料珠33、圆形料片1、玉鼻烟壶1、玉管1、料扳指1、料帽顶1，明清；（283）数字北京大厦考古发掘报告：料珠1，清代；（305）国家体育总局射击射箭运动管理中心飞碟靶场B区工程考古发掘报告：玉腰带9、玉饰10、玉佩2、玉珠14、圆玉珠2、玉环5，明代；（397）中国科技馆新馆奥运公园B01地块考古发掘报告：玉饰3、玉戒指1，明清；（441）世奥公园3号地考古发掘报告：蝴蝶形玉饰1、玉鼻烟壶1、玉带钩1、玉珠4，清代

宋大川主编. 北京考古工作报告（2000~2009）：南水北调卷. 上海：上海古籍出版社，2011：（148）南水北调中线一期工程北京段考古发掘报告：玉珠5，东汉中晚期

北京市文物研究所. 昌平沙河：汉、西晋、唐、元、明、清代墓葬发掘报告. 北京：科学出版社，2012：（274）料器3，明代；（279）玉烟嘴2、玉蝉1、玉梳1、玉璧1、玉器残片5、料珠6，清代；（280）蜻蜓眼3、玛瑙鼻烟壶1，清代

北京市文物研究所. 窦店与长阳. 北京：社会科学出版社，2013：（44）石圭1，东汉；（101）石圭1，东汉

北京市文物研究所. 京沪高铁北京段与北京新少年宫——考古发掘报告集. 上海：上海古籍出版社，2014：（68；70）北京市新少年宫考古发掘报告：（68）料珠1，清代；（70）料饰件1、玛瑙环1，明代；（88）朝阳区中关村电子城西区F1望京综合酒店工程考古发掘报告：料珠3，清代；（99）大兴区亦庄博兴七路（凉水河一街—泰河路）综合市政工程考古发掘报告：玉片1，东汉早期

北京市文物研究所. 延庆胡家营：延怀盆地东周聚落遗址发掘报告. 北京：科学出版社，2015：（95~96）石钺1、石璧3，战国早期；（149）玉石块1，战国早期；（207）玉石块1，战国早期；（219）玉石块1，战国早期；（242）玉石块1，战国早期

北京市文物研究所. 丽泽墓地：丽泽金融商务区园区规划绿地工程发掘报告. 北京：科学出版社，2016：（93）玛瑙鼻烟壶1、琥珀珠43、玻璃饰1、料珠4，清代；（155）玉扣2，清代；（157）料珠64、料坠饰1、玛瑙珠2，清代；（160~161）顶戴珠1、玉佩1、玉坠饰1、料珠8，清代；（189）料珠19，清代；（230~231）玉扳指1、玉鼻烟壶1、料珠10、玉珠1、料坠饰1，清代；（234）料珠2，清代；（254）料珠45、料珠垫3，清代；（363）玉戒指1，清代

# 二、河北省

中国社会科学院考古研究所，河北省文物研究所. 磁县湾漳北朝壁画墓. 北京：科学出版社，2003：（138）玉佩3、玉棒1、珍珠14、玛瑙珠1、水晶珠1，南北朝

河北省文物研究所. 战国中山国灵寿城：1975～1993年考古发掘报告. 北京：文物出版社，2005：（83）石圭98，战国；（186）琉璃珠6，战国；（202～220）玉佩3、玉琀1、玉璧2，战国；（207～220）玉斧1、玉圭2、玉璜6、玉玦1、玉瑗1、玉璧2、玉环56、玉人形俑13、玉觿1、玉龙形佩41、玉四凤饰2、玉环形小饰2、玉蝉形饰75、玉透雕饰23、玉盖帘饰48、玉枕饰61、玉坠饰3、玉鸡腿形器1、玉串饰3、石圭2、石璧8，战国；（227～228）水晶棋子5、水晶环2、水晶串珠162、玛瑙环26、玛瑙串珠1457、琉璃花珠2，战国；（241）玉琮形串饰1、玻璃串珠4，战国；（242）玛瑙杯1、玉扣饰10、玉质串珠1，战国；（243～244）玉扣10、玉串珠1，战国；（246）玉柱1，战国；（257）玛瑙环1，春秋中晚期；（325）水晶环1、玛瑙环10、玉石串饰2、石圭1，战国中晚期；（340）料珠1，战国中晚期

河北省文物研究所，鹿泉市文物保管所. 高庄汉墓. 北京：科学出版社，2006：（45）玉璧1，西汉中期

河北省文物研究所. 北福地：易水流域史前遗址. 北京：文物出版社，2007：（155～157）玉玦3、玉饰件2、玉匕形器1、水晶2、绿松石饰4，北福地文化

南水北调中线干线工程建设管理局，河南省南水北调工程建设委员会办公室，河北省文物局. 徐水西黑山金元时期墓地发掘报告. 北京：文物出版社，2007：（361）玉饰件3，元代

张家口市宣化区文物保管所. 宣化下八里Ⅱ区辽壁画墓考古发掘报告. 北京：文物出版社，2008：（35）水晶挂饰3，辽代

南水北调中线干线工程建设管理局，河北省南水北调工程建设委员会办公室，河北省文物局. 唐县高昌墓地发掘报告. 北京：文物出版社，2010：（214）滑石璧4套、玛瑙环6、玻璃珠1，战国中晚期；（243）石琀1、绿松石2、玛瑙环1、玛瑙珠1、玻璃耳塞3，西汉早中期

邢台市文物管理处. 内丘张夺考古发掘报告. 北京：科学出版社，2011：（53）玛瑙环5，战国晚期；（65）玛瑙环1，战国晚期

南水北调中线干线工程建设管理局，河北省南水北调工程建设领导小组办公室，河北省文物局. 徐水东黑山遗址发掘报告. 北京：科学出版社，2014：（37）料器1，战国晚期；（64）玉器1，西汉早期；（133）料器1，东汉早期；（140）料器1，东汉早期；（183）玛瑙珠1，西汉中晚期

中央民族大学民族学与社会学学院，涿州市文物保管所. 北城村：冀中平原的新石器时代文化.

北京：科学出版社，2014：（103）玉簪1，明清

黄骅市博物馆，河北省文物研究所，吉林大学边疆考古研究中心. 2000年黄骅市海丰镇遗址发掘报告. 北京：文物出版社，2015：（93）半环状玻璃器1，金代；（181）玻璃环1，金代；（245）玻璃残件1，金代

张文瑞，翟良富主编. 后迁义遗址考古发掘报告及冀东地区考古文化研究. 北京：文物出版社，2016：（27～29）绿松石串饰3，晚商至西周初期；（41）绿松石串饰3，晚商至西周初期；（106）玛瑙玦1，晚商至西周初期

# 三、山西省

中国社会科学院考古研究所，山西省考古研究所，运城市文物局，临猗县博物馆. 临猗程村墓地. 北京：中国大百科全书出版社，2003：（146～157）石磬20、玉圭18、玉玦4、玉璜6、玉璧2、玉柱形饰23、玉片饰226、玉串饰81，春秋晚期至战国早期

山西省考古研究所. 侯马乔村墓地（1959～1996）. 北京：科学出版社，2004：（437～444）玉环39、玉璧1、玉珠37、玉圆形饰（剑首）1、玉龙6、玉片饰18、玉印章4、料珠39、琉璃瑱7、琉璃棒15，战国至东汉时期

山西省考古研究所，太原市文物考古研究所，太原市晋源地区文物旅游局. 太原隋虞弘墓. 北京：文物出版社，2005：（15）汉白玉石椁1，隋代

山西省考古研究所. 灵石旌介商墓. 北京：科学出版社，2006：（88～90）玉鱼1、玉管3、玉璜1、玉鸟1，商代晚期；（136～142）玉蝉2、玉鹿头1、玉燕1、玉虎2、玉蚕1、玉璧2、玉兔3、玉鸟1，商代晚期

大同考古研究所. 大同雁北师院北魏墓群. 北京：文物出版社，2008：（8）水晶串饰2，北魏；（9）琥珀饰件1，北魏；（20）琥珀饰件1，北魏；（39）料珠1，北魏；（69）玛瑙珠2、水晶串饰2，北魏；（162）琥珀串饰2、料珠3，北魏

山西省考古研究所，忻州市文物管理处. 忻阜高速公路考古发掘报告. 上海：上海古籍出版社，2012：（121）五台东冶南街汉墓发掘报告：水晶耳坠6，东汉中晚期

山西省考古研究所，汾阳市文物旅游局，汾阳市博物馆. 汾阳东龙观宋金壁画墓. 北京：文物出版社，2012：（32）玻璃耳环2，金代；（162）玉耳环2，清代

山西省考古研究所. 黄河蒲津渡遗址. 北京：科学出版社，2013：（138）琉璃残片2，北宋；（139）琉璃残片1，北宋；（214）料器1、残玻璃状簪1，北宋；（252）琉璃屋脊残块（数块）、绿琉璃龙图案瓦当1，明代；（253）残玉环1，明代；（289）琉璃瓦残片1，清代民国；（290）白色石手镯1、白绿玻璃镯1、白玻璃珠形饰1、料器3，清代；（292）琉璃筒瓦1，清代

中国国家博物馆田野考古研究中心，山西省考古研究所，垣曲县博物馆. 垣曲商城（二）：1988～2003年度考古发掘报告. 北京：科学出版社，2014：（178）穿孔玉器1、玉柄形器1，二里头文化；（296）玉柄形器1、玉饰1，二里冈文化；（473）玉钺2、玉戈1、玉柄形器1，二里冈文化

中国社会科学院考古研究所，山西省襄汾市文物局. 襄汾陶寺：1978～1985年考古发掘报告. 北京：文物出版社，2015：（102～103）玉石璧11、玉石璜6、玉石环34，庙底沟二期文化；（108）玉石璧环坯料8，庙底沟二期文化；（336）玉石璧20，陶寺文化；（338）玉石环1、

玉石臂环1、玉石指环1、玉石环状饰件2、玉石穿孔饰件4，陶寺文化；（348）钺坯（?）1、琮坯（?）1，陶寺文化；（668）绿松石900余枚，陶寺文化；（674）玉钺71、石钺28，陶寺文化；（691～693）玉石钺形器4、玉石殳2、玉石圭3、玉石璧84，陶寺文化；（703）玉石复合璧27，陶寺文化；（705～706）玉石环4、玉石璜2、玉琮11、石琮2，陶寺文化；（710）玉双孔刀4，陶寺文化；（713）玉铲2，陶寺文化；（716）玉石斧2，陶寺文化；（721）玉石锛18，陶寺文化；（727）玉石凿1，陶寺文化；（737）玉石镞5，陶寺文化；（755）玉石梳7，陶寺文化；（757～758）玉石笄3、组合头饰53，陶寺文化；（771）玉石项饰71，陶寺文化；（775）玉石臂环5，陶寺文化；（777）玉石镶嵌腕饰8，陶寺文化；（780）玉指环7、玉指套2、头部玉石饰件140，陶寺文化；（791）零散玉石饰件50，陶寺文化

山西省考古研究所，运城市文物工作站，芮城县旅游文物局. 清凉寺史前墓地. 北京：文物出版社，2016：（61）石钺4，庙底沟二期文化；（64）石牙璧1、石璧1，庙底沟二期文化；（85～87）石钺4、联璜石环1，庙底沟二期文化；（97）石钺1，庙底沟二期文化；（99）石钺1，庙底沟二期文化；（104～108）石钺3、石璧2、联璜石环2，庙底沟二期文化；（110～118）石钺4、石璧2、联璜石璧3、联璜石环1、石璜1，庙底沟二期文化；（121）石钺1、玉璜1，庙底沟二期文化；（123）石钺1，庙底沟二期文化；（127）石钺1，庙底沟二期文化；(130～131)石钺1、联璜石环2，庙底沟二期文化；（133～135）石钺2、石璧1，庙底沟二期文化；（138）联璜石环1，庙底沟二期文化；（140～142）石钺2、石璧4、联璜石环11，庙底沟二期文化；（146）石钺1，庙底沟二期文化；（149）石钺1，庙底沟二期文化；（151）石钺1，庙底沟二期文化；（154）石钺1，庙底沟二期文化；（156～160）石钺2、联璜石环1、璜形石器1、石璧1，庙底沟二期文化；（162～163）联璜石环3，庙底沟二期文化；（169）石钺1，庙底沟二期文化；（173）石璧1，庙底沟二期文化；（176～179）石璧1、石钺3，庙底沟二期文化；（182）联璜石环1，庙底沟二期文化；（194）石钺2，庙底沟二期文化；（199）石钺1，庙底沟二期文化；（209）石钺1，庙底沟二期文化；（214）石钺1，庙底沟二期文化；（221）玉环2，山西龙山文化；（223～230）石璧3、玉琮1、石钺3、石璜1，山西龙山文化；（232～233）石钺2、石璧1、联璜石环1，山西龙山文化；（238）玉料1，山西龙山文化；（242～247）石琮1、石璧2、玉环1、石环（璧）残片1、玉璧1，山西龙山文化；（249）钺形石器1、玉环3、联璜玉璧2、异形联璜玉环1、玉牙璧1、管状玉饰1，山西龙山文化；（254）石璧1，山西龙山文化；（257～258）石钺1、玉钺1、玉梳形器1，山西龙山文化；（260～261）联璜玉环2，山西龙山文化；（265～267）方形石璧1、联璜石环1、石璧1、玉环1，山西龙山文化；（269）石璧1、联璜玉璧1，山西龙山文化；（272～273）联璜玉璧1、玉璜1，山西龙山文化；（276）玉环1，山西龙山文化；（282）石璧1，山西龙山文化；（286）玉璜1，山西龙山文化；（290）玉环1，山西龙山文化；（317）石璜1，山西龙山文化；（326）联璜玉石璧1，山西龙山文化；（329～331）石璧2、玉环1，山西龙山文化

# 四、内蒙古自治区

内蒙古自治区文物考古研究所魏坚. 庙子沟与大坝沟：新石器时代遗址发掘报告. 北京：中国大百科全书出版社，2003：（159）绿松石饰件3，庙底沟文化；（265）玉璧1、石管饰12、穿孔珍珠1，庙底沟文化；（278）珍珠1、玉璧1，庙底沟文化

内蒙古自治区文物考古研究所. 白音长汗：新石器时代遗址发掘报告. 北京：科学出版社，2004：（308）玉管4、玉玦2、玉蝉1，兴隆洼文化

内蒙古自治区文物考古研究所. 内蒙古文物考古文集（第三辑）：配合国家基本建设专集. 北京：科学出版社，2004：（239）托克托县古城村古城遗址发掘报告：玛瑙石环1、石料器（淡绿色）1，汉代；（300）托克托县黑水泉汉代墓葬清理简报：玉剑璏1，汉代；（321）苏尼特右旗新民乡全胜段金界壕：环状饰（玻璃质）1、串珠（玻璃质）1、玉饰件1，金代

内蒙古自治区文物考古研究所. 内蒙古地区鲜卑族墓葬的发现与研究. 北京：科学出版社，2004：（38~39）绿松石珠饰67、玛瑙珠饰14、琥珀珠饰1、水晶珠饰2，东汉；（59）绿松石珠饰3，东汉；（69）绿松石珠饰3，东汉；（74）玛瑙珠饰3，东汉；（79~80）绿松石饰7、玛瑙珠饰2、翡翠珠饰2、料珠饰2，东汉；（81）绿松石珠饰2，东汉；（86）绿松石珠饰4，东汉；（90）珠饰5（绿松石、翡翠），东汉；（96）珠饰5（绿松石1、海百合茎化石珠饰4），东汉；（108）绿松石串饰2，北魏；（132）珠饰4（翡翠1、珍珠1、白色贝壳2），北魏；（141）玛瑙珠饰4、玻璃珠饰6，北魏；（151）玻璃珠饰1，北魏；（157）玻璃珠饰18，北魏；（169）玛瑙珠饰8、玻璃珠饰38，北魏

中国社会科学院考古研究所，呼伦贝尔民族博物馆，海拉尔文物管理所. 海拉尔谢尔塔拉墓地. 北京：科学出版社，2006：（58~59）玻璃珠105、绿松石珠2、石玦2，9~10世纪

内蒙古自治区文物考古研究所，中国人民大学北方民族考古研究所. 元上都. 北京：中国大百科全书出版社，2008：（238）元上都南关遗址试掘：玻璃器1、珠饰5、料珠1、玛瑙珠1，元代；（292）元上都皇城南门及东墙清理修复报告：料珠3，元代；（321）元上都宫城1号基址发掘报告：汉白玉角柱1，元代；（352；371；415；446；510；543）多伦县砧子山西区墓地：（352）水晶珠饰1，元代；（371）玛瑙珠饰1，元代；（415）琉璃滴水1、琉璃瓦当1，元代；（446）玉器1，元代；（510）玛瑙珠饰1、绿松石饰片1，元代；（543）绿松石珠1，元代；（593；597）正蓝旗卧牛石墓地：（593）琥珀饰片2，元代；（597）琥珀饰片1，元代；（621；623）正蓝旗一棵树墓地：（621）玛瑙珠1，元代；（623）珠饰1，元代；（688）镶黄旗博克敖包山墓葬：珠饰1，元代

内蒙古自治区文物考古研究所，宁城县辽中京博物馆．小黑石沟：夏家店上层文化遗址发掘报告．北京：科学出版社，2009：（264）绿松石珠5，夏家店上层文化；（292）绿松石料石珠261，夏家店上层文化；（346）料珠饰36，夏家店上层文化；（358）料石珠项饰1，夏家店上层文化；（367）料珠饰1，夏家店上层文化

内蒙古自治区文物考古研究所，吉林大学边疆考古研究中心．西拉木伦河流域先秦时期遗址调查与试掘．北京：科学出版社，2010：（155）石钺1，夏家店上层文化

中国社会科学院考古研究所，内蒙古自治区文物考古研究所，内蒙古自治区呼伦贝尔民族博物馆，内蒙古自治区呼伦贝尔市海拉尔博物馆．哈克遗址：2003～2008年考古发掘报告．北京：文物出版社，2010：（92）玉饰1，兴隆洼文化

内蒙古自治区文物考古研究所，吉林大学边疆考古研究中心．林西井沟子——晚期青铜时代墓地的发掘与综合研究．北京：科学出版社，2010：（21）绿松石珠311、料珠158、玛瑙珠82、玉珠2、绿松石管7、玉管2、水晶穿孔饰1，春秋晚期至战国早期

内蒙古自治区文物考古研究所，包头市文物管理处．包头燕家梁遗址发掘报告．北京：科学出版社，2010：（595～596）玉炉顶2、玉牌饰5、绿松石戒指2、绿松石饰件1、水晶饰件1、玻璃珠饰70，元代；（598）玻璃鸟形饰1、玻璃葫芦形饰3、玻璃柱形饰1、玛瑙珠饰1、玻璃围棋子21，元代

内蒙古自治区文物考古研究所，吉林大学边疆考古研究中心．赤峰上机房营子与西梁．北京：科学出版社，2012：（96～97）玛瑙珠2、绿松石管1，夏家店上层文化；（115）石瑗4、石璧2，夏家店上层文化；（117）石玦1，夏家店上层文化；（140）玉斧1、不明玉器3、玉珠6，夏家店上层文化；（142～143）玉环8、玉坠饰1、玉管3，夏家店上层文化

内蒙古自治区文物考古研究所．内蒙古文物考古文集（第四辑）：配合国家基本建设专集．北京：科学出版社，2013：（207～208）内蒙古扎鲁特旗南宝力皋吐新石器时代墓地C地点发掘简报：小玉环2、玉珠2、绿松石饰件5、石饰件6，新石器时代晚期（距今5000～4500年）；（247）内蒙古赤峰市哈啦海沟新石器时代墓地发掘简报：玉镯15、玉璧3，小河沿文化（庙底沟二期文化时期）；（265）通辽市扎鲁特旗老杜粮库遗址发掘简报：绿松石饰件1，新石器时代晚期（距今5000～4500年）；（280）内蒙古扎鲁特旗南宝力皋吐新石器时代墓地：白色软石4、绿色阳起石4、五角星形玉饰件1，新石器时代晚期（距今5000年左右）；（298）内蒙古赤峰市二道井子遗址2009年发掘述要：玉斧1、玉凿1、玉璧1，夏家店下层文化；（351）赤峰市陈家营遗址发掘报告：玉琮1，夏家店下层文化；（422；435）赤峰市敖汉旗西粉房遗址发掘简报：（422）玉饰件1，夏家店下层文化；（435）绿松石珠4、玛瑙珠4，夏家店下层文化；（447）内蒙古南宝力皋吐鲜卑墓地发掘简报：彩石挂饰5，2～3世纪中叶

内蒙古自治区文物考古所，内蒙古自治区文物保护中心．岱海地区东周墓群发掘报告．北京：科学出版社，2016：（50）沂州窑子墓地：绿松石38、玛瑙珠管21、料石珠125，春秋晚期至战国初期；（184）小双古城墓地：玛瑙珠3、绿松石7、料石珠1，战国初期；（226；228）水泉墓地：（226）蜻蜓眼5，战国中晚期；（228）料石珠304、玛瑙珠5、绿松石1、琉璃管9，战国中晚期

# 五、辽宁省

辽宁省文物考古研究所. 辽宁考古文集. 沈阳：辽宁民族出版社，2003：（32～33）查海遗址1992～1994年发掘报告：玉玦2、玉匕3、玉管3、小玉环1、玉凿2、玉斧2，距今8000年左右；（85～86；103～104）彰武朝阳沟辽代墓地：（85～86）滑石佛头像1、鱼形琥珀佩饰1，辽代；（103～104）玛瑙管2、玛瑙珠7、绿松石管1、琥珀珠5，辽代；（128）阜新四家子辽墓发掘简报：琥珀串饰2、琥珀料球1，辽代；（141）凌源马家沟辽墓清理简报：玻璃珠1、玉钱币1，辽代.

辽宁省文物考古研究所. 辽宁省道路建设考古报告集（2003）. 沈阳：辽宁民族出版社，2004：（35；50；56～57；60；62；80）朝阳小东山新石器至汉代遗址发掘报告：（35）玛瑙刮削器1，红山文化；（50）沟磨石1，红山文化；（56～57）玛瑙刮削器2，红山文化；（60）玛瑙刮削器1，红山文化；（62）玛瑙刮削器2，红山文化；（80）尖状器（玛瑙质）1、玛瑙不规则形器5，青铜时代；（115～116；136）朝阳罗锅地夏家店下层文化遗址：（115～116）石钺形器1、环状石器1、璜形石器4、钺形饼状石器2、石瑗形器1、刮削器1，夏家店下层文化；（136）石镞1，夏家店下层文化；（205）兴城马圈子青铜时代遗址发掘报告：玉环1，夏家店下层文化；（273～274；277；279～280）锦州前西山青铜时代遗址发掘简报：（273～274）石镞1、刮削器1，青铜时代；（277）石钺1，青铜时代；（279～280）水晶珠1、滑石棒1，青铜时代；（334～335）小东山北魏至元代墓葬：玛瑙珠2，辽代.

辽宁省文物考古研究所. 五女山城：1996～1999、2003年桓仁五女山城调查发掘报告. 北京：文物出版社，2004：（72）滑石坠饰1，战国晚期；（133）滑石块1，高句丽中期；（223）琉璃环1，金代；（247～249）白玉透雕飞天牌饰1、琉璃围棋子1，金代；（278）玉牌饰2、玉饰件1、玛瑙珠1、琉璃珠1，金代.

辽宁省文物考古研究所，朝阳市北塔博物馆. 朝阳北塔：考古发掘与维修工程报告. 北京：文物出版社，2007：（79）波斯玻璃瓶1、七棱柱状玻璃瓶1、玻璃钵1，辽代；（80）玉璧4、玉玦1、玉环1、实体玉执壶1、玉斧1、玛瑙盏1、玉盖玛瑙盏1、玛瑙碗1、玛瑙斧1、玛瑙棒1、玛瑙狮子1、玛瑙与水晶棋子934、水晶盖瓶1、水晶斧1、琥珀化生童子1、琥珀乐人1、琥珀盘龙2、琥珀龟2、琥珀残件30，辽代；（98）珠饰374、滑石方瓶1、圈足滑石盘1，辽代；（101）料瓶1，辽代.

沈阳市文物考古研究所. 沈阳考古文集（第1集）. 北京：科学出版社，2007：（43）沈阳热闹路天主教修女院古代墓群2006年考古发掘报告：琉璃耳珰2，东汉中晚期；（142）法库红花岭辽墓：玉带饰56、圭形玉牌饰1，辽代；（189）沈阳八王寺明、清墓葬2006年发掘简

报：玉扣2，清代

沈阳市文物考古研究所．沈阳考古文集（第2集）．北京：科学出版社，2009：（38）沈阳炮师千松园遗址2003年发掘报告：玉坠1，夏代至商代早期；（86）沈阳大南街古代遗存发掘报告：琉璃耳珰2，东汉中晚期；（129）法库县小房身村南沟辽代墓葬：项链（红玛瑙管、青玉管、白玉珠等）1串18件，辽代

辽宁省文物考古研究所．辽宁考古文集（二）．北京：科学出版社，2010：（38）朝阳吴家杖子墓地发掘简报：滑石器2，战国中晚期；（48）康平五棵树沙场墓地调查清理报告：绿松石环2，西汉早期；（179；183；186）沈阳小东汉墓群勘探调查与发掘：（179）琉璃耳珰2，东汉中晚期；（183）琉璃耳珰2，东汉中晚期；（186）琉璃耳珰1，东汉中晚期；（236～237）辽宁北票市大板营子墓地的勘探与发掘：玛瑙珠1，公元前3世纪中晚期；玛瑙珠7、玛瑙珠和管饰4，公元前3世纪中晚期

大连市文物考古研究所．大连土羊高速公路发掘报告集．北京：科学出版社，2010：（54；61）前牧城驿汉墓发掘报告：（54）玻璃珠1、玛瑙珠1，东汉早期；（61）玻璃耳珰1，东汉早期；（71）沙岗子汉墓发掘报告玻璃耳珰1，东汉晚期

辽宁省文物考古研究所，朝阳市博物馆．朝阳袁台子：战国西汉遗址和西周至十六国时期墓葬．北京：文物出版社，2010：（34）琉璃耳珰3，战国中期至西汉末期；（234）玉石饰片40，战国中晚期；（234）璧形石饰5，战国早期；（235）琉璃珠1，战国晚期；（237）玉块6，西汉早期；（240）玉印1，战国晚期至秦汉；（240）玉石4，西汉早期

辽宁省文物考古研究所．关山辽墓．北京：文物出版社，2011：（15）玉石饰件1，辽代；（43）玛瑙串珠3、水晶串珠2、绿松石饰件1，辽代；（53～54）绿松石串饰1、玛瑙串管3、玛瑙串珠5、滑石狮1，辽代

辽宁省文物考古研究所．查海：新石器时代聚落遗址发掘报告．北京：文物出版社，2012：（615）玉斧7、玉凿7、玉玦7、玉管6、小玉环1、玉匕13、玉料1、玉器残片2，兴隆洼文化

辽宁省文物考古研究所，沈阳市文物考古研究所．石台子山城．北京：文物出版社，2012：（160）玛瑙珠3，高句丽时期；（199）玉珠1，高句丽时期；（306）料珠1，高句丽时期；（331）玛瑙珠1，高句丽时期

辽宁省文物考古研究所．代海墓地．北京：文物出版社，2013：（51）蚌壳坠饰1，高台山文化（夏家店下层文化）；（53～54）蚌壳坠饰4、海螺坠饰1，高台山文化（夏家店下层文化）；（90）蚌壳坠饰7、海贝15，高台山文化（夏家店下层文化）；（97～98）蚌壳坠饰12，高台山文化（夏家店下层文化）；（121）蚌壳坠饰1，高台山文化（夏家店下层文化）；（123）玛瑙珠1，高台山文化（夏家店下层文化）

辽宁省文物考古研究所．姜屯汉墓．北京：文物出版社，2013：（11）琉璃耳瑱1，新莽至东汉初期；（21）琉璃耳瑱2，东汉早期；（32）琉璃耳瑱2，新莽至东汉初期；（52～53）玛瑙串饰9、煤精坠饰1，东汉中晚期；（59）琉璃耳瑱1，东汉中晚期；（80）琉璃珠1，东汉中晚期；（87）琉璃耳瑱1，新莽至东汉初期；（103）琉璃耳瑱1，东汉早期；（115～116）玛瑙环1、水晶块3，新莽至东汉初期；（125）琉璃耳瑱1，东汉中晚期；（139～141）玉覆面1、玉璧1、玉圭6、玉璜1、玉牌饰1、长方形玉片10、梯形玉片2、玉片2、剑璏尾1、水晶耳瑱2，新莽至东汉初期；（181）琉璃耳瑱1，东汉早期；（189）琉璃耳瑱1，东汉中晚期；（199）

玛瑙珠1，新莽至东汉初期；（227）琉璃耳瑱1，东汉中晚期；（236）水晶口琀1，西汉中期；（243）琉璃耳瑱1，西汉中期；（283）琉璃耳瑱2，东汉早期；（347）琉璃耳瑱1、煤精串饰2，新莽至东汉初期；（367）琥珀串饰1，东汉中晚期；（374）琉璃耳瑱2，东汉中晚期；（393）琥珀串饰1，西汉中期；（396）玉剑璏1，西汉中期；（479）玛瑙环1，西汉中期

沈阳市文物考古研究所．沈阳考古文集（第4集）．北京：科学出版社，2014：（55）沈阳市道义镇郭七遗址发掘报告：玛瑙珠1，西汉；（100）康平县李家窝堡辽墓：玛瑙管1，辽代；（105）沈阳蒲河辽金至明清时期遗址发掘报告：玉环1、料珠2，明清；（195）沈阳中街清代至民国时期手工业作坊遗址发掘报告：玉手镯6、玛瑙头钗3、琉璃烟嘴3、料珠1、玛瑙烟嘴1，清代

沈阳市文物考古研究所．沈阳考古文集（第5集）．北京：科学出版社，2015：（35；39；45；53；61；62）沈阳市五爱墓群发掘报告：（35）琉璃耳珰1，公孙氏时期；（39）琉璃耳珰1，东汉中晚期；（45）琉璃耳珰1，公孙氏时期；（53）琉璃耳珰1，公孙氏时期；（61）琉璃耳珰1，公孙氏时期；（62）琉璃耳珰1，东汉早期；（171）河北省元氏县殷村遗址考古发掘简报：玉带钩1，清代；（292）新乐遗址发现的一座清墓：玉佩1，清代

辽宁省文物考古研究所．羊草庄汉墓．北京：文物出版社，2015：（11）琉璃耳瑱1，东汉早期；（72）琉璃耳瑱2，东汉早期；（79）琉璃串饰1，新莽至东汉初期；（84）琉璃串饰1，新莽至东汉初期；（87）琉璃串饰1，新莽至东汉初期；（116）项链串饰1，新莽至东汉初期；（118）琉璃串饰1，新莽至东汉初期；（125）琉璃串饰1，新莽至东汉初期；（213）琉璃串饰1，新莽至东汉初期；（253）琉璃耳瑱1，东汉中晚期；（317）琉璃串饰1，东汉早期

辽宁省文物考古研究所．北燕冯素弗墓．北京：文物出版社，2015：（32）玉盏1，北燕；（34）玉剑首1、玻璃碗1、鸭形玻璃器1，北燕；（36）玻璃杯1、玻璃钵1、玻璃残器1，北燕；（67）水晶珠1，北燕；（68）琥珀珠4、绿石珠2，北燕

辽宁省文物考古研究所．凌源小喇嘛沟辽墓．北京：文物出版社，2015：（46）玛瑙和水晶串饰1套，辽代；（52~53）琥珀双桃形饰1、水晶珠2、红石英饰件1、松香2、玻璃管状饰1、玻璃饰件6，辽代；（63）玻璃腰带具1套，辽代；（68）玻璃腰带具1套，辽代；（76）琥珀球1，辽代；（80）玻璃节约4，辽代；（87）玻璃腰带具132，辽代；（90）水晶球11、玉吊坠1、琥珀饰件5，辽代；（122~123）项饰1套、琥珀饰2，辽代

# 六、吉林省

吉林省文物考古研究所，延边朝鲜族自治州博物馆. 和龙兴城：新石器及青铜时代遗址发掘报告. 北京：文物出版社，2001：（143）绿松石管2、玉环1，兴城文化

吉林省文物考古研究所，吉安市博物馆. 国内城：2000～2003年集安国内城与民主遗址试掘报告. 北京：文物出版社，2004：（95）玛瑙串珠1，高句丽时期

吉林省文物考古研究所，集安市博物馆. 集安高句丽王陵：1990～2003年集安高句丽王陵调查报告. 北京：文物出版社，2004：（60）玛瑙珠38，高句丽早期；（96）玛瑙珠1，高句丽早期；（184～186）玛瑙饰1，东晋；（283）料珠4、玛瑙珠11，东晋

吉林省文物考古研究所. 吉林集安高句丽墓葬报告集. 北京：科学出版社，2009：（110）集安高句丽墓葬发掘简报：玛瑙珠16，高句丽时期；（228）集安洞沟古墓群禹山墓区集锡公路墓葬发掘：玛瑙器3、绿松石珠2，高句丽时期；（257）集安洞沟古墓群禹山墓区2112号墓：玛瑙珠5，高句丽时期

吉林省文物考古研究所，四平市文物管理委员会办公室，双辽市文物管理所，双辽市郑家屯博物馆. 后太平：东辽河下游右岸以青铜时代遗存为主的调查与发掘. 北京：文物出版社，2011：（85）绿松石饰件2，高台山文化；（89）绿松石饰件2，高台山文化；（107）绿松石饰件1，高台山文化；（114）绿松石饰件1、玛瑙珠1，高台山文化；（120）玉管1，高台山文化；（139）绿松石饰件1，高台山文化；（151）绿松石饰件1，高台山文化；（155）玛瑙珠1，高台山文化

吉林省文物考古研究所，敦化市文物管理所. 六顶山渤海墓葬：2004～2009年清理发掘报告. 北京：文物出版社，2012：（66）玉环2、玛瑙珠3、串珠55，唐代；（75）料珠2，唐代；（84）玛瑙珠2，唐代；（102）玛瑙管1，唐代；（138）玛瑙珠1，唐代；（142）玉环1，唐代；（164）玛瑙珠1，唐代；（174）玛瑙管1，唐代；（214）玉璧1，唐代

吉林省文物考古研究所. 白城永平辽金遗址2009～2010年度发掘报告. 北京：科学出版社，2015：（33）玉串珠1，辽金时期

# 七、黑龙江省

黑龙江省文物考古研究所. 渤海上京城：1998～2007年度考古发掘调查报告. 北京：文物出版社，2009：（222）玉罐1、玉杖首1、玉饰件1，唐代；（568）水晶珠2，唐代

黑龙江省文物考古研究所. 宁安虹鳟鱼场：1992～1995年渤海墓地考古发掘报告. 北京：文物出版社，2009：（578）玛瑙珠6、蓝色料珠2、玉管2、灰色料珠1、玛瑙管饰1，唐代；（579～580）黄色料珠1、绿色料珠1、玛瑙珠1，唐代；（583）玉璧1、玛瑙珠73、黄色琉璃管饰1、黄色琉璃料珠1、黑曜石连珠1、白色琉璃连珠2、玛瑙管饰1、黄色琉璃连珠3，唐代；（584）玉环1、蓝色料珠2、黄色料珠4，唐代；（586～587）玛瑙珠41、蓝色料珠1，唐代；（588～589）玛瑙珠4、瓜棱形料珠1、料珠管饰1，唐代；（590～591）玛瑙珠30、蓝色料珠2、绿色琉璃连珠1、玉佩1，唐代；（592）黑色料珠1、齿轮状绿色料珠1、黄色料珠5、蓝色料珠15、玛瑙珠22，唐代

# 八、上海市

上海市文物管理委员会. 马桥：1993~1997年发掘报告. 上海：上海书画出版社,2002：（54~55）玉锥形器2、玉琀1、玉料1，良渚文化；（254）石钺4，马桥文化

上海文物管理委员会. 上海明墓. 北京：文物出版社,2009：（18）料石围棋子46，明代；（21）青玉簪1，明代；（27）玉璧1、石璧1，明代；（32）玉簪1、白玉凤首簪1、玉发钗1、玉手镯2，明代；（46）青玉簪2，明代；（59）白玉蘑菇首簪1、青玉卧童1，明代；（60）青玉璧1、玉刚卯1、玉蘑菇首簪1、白玉戒指1，明代；（61）白玉环2、玉簪3、玉蘑菇首簪3、白玉戒指2、白玉云纹环1，明代；（62）玉簪8、玉童子1、白玉戒3、白玉环2、水晶球纽扣2，明代；（63）玉岐坠1、白玉扇坠2，明代；（67）白玉花片1，明代；（80）白玉簪3，明代；（81）白玉耳坠1、白玉戒指6、青玉谷纹璧1、白玉环3、白玉龙首带钩1、玉扳指1、玉工字牌1、白玉鱼形佩1、玉钱1、白玉纽扣3、玉印章1，明代；（83）白玉冠1、玉簪13，明代；（84）白玉戒6、玉童1、玉蝉1、玉鱼2、白玉纽扣2、青玉谷纹璧1、白玉牌1、青玉幻方1，明代；（85）玉插扦2、水晶坠饰1、玉刚卯3，明代；（91）白玉蘑菇首簪4，明代；（92）白玉压发1、玉带钩2、玉壶春瓶，明代；（97）白玉螭虎饰1，明代；（105）白玉蘑菇首簪1，明代；（107）玉管1，明代；（117）白玉对戒1、白玉螭虎纹簪1，明代；（125）青玉簪1、白玉螭纹牌饰1、玉帽饰1、玉帽扣2、小玉叶1，明代；（127）白玉蘑菇首簪1、青玉耳挖簪2、玉工字牌1、玉带饰1，明代；（129）白玉头箍饰件11、白玉戒6、白玉纽扣1，明代；（131）玉蘑菇首簪1、玉螭饰1、白玉戒指6、白玉环1，明代；（132）白玉蘑菇首簪1、青玉云纹璧1，明代；（135）白玉蘑菇首簪1，明代；（136）白玉龙首带钩2，明代；（137）白玉龙首带扣1、白玉钩首1、白玉带饰2、白玉佩2、玉蘑菇首簪2、青玉帽饰1、白玉环1，明代；（138）玉扣饰1、青白玉带饰1，明代；（139）玉蘑菇首簪1、白玉戒指1、玉戒2，明代；（146）白玉蘑菇首簪1、白玉戒指1、白玉璧1，明代；（158）青白玉戒2，明代；（159）白玉鸟饰2、玉牌饰1、玉发簪2，明代；（162）白玉蘑菇首簪1、青玉束发冠1，明代；（165）料石小饰件5、白玉簪1、玉饰件1，明代；（169）玉戒1，明代

上海博物馆. 广富林：考古发掘与学术研究论集. 上海：上海古籍出版社,2014：（19~20）石钺3、玉锥形器1、玉环1、玉管1、玉珠1、小玉块1，良渚文化；（30）石钺1、玉锥形器1，良渚文化；（99）石钺2，良渚文化；（104）石钺1，良渚文化；（105）玉琮1，广富林文化；（111）石钺、玉锥形器、玉珠若干，良渚文化

上海博物馆. 上海唐宋元墓. 北京：科学出版社,2014：（30）白玉戒指1，唐代；（72~73）玛瑙环饰1、玛瑙环1，南宋；（133~134）料饰件2、白玉簪1，南宋；（167）青玉莲鹭纹炉顶1，元代

# 九、江苏省

南京博物院. 花厅：新石器时代墓地发掘报告. 北京：文物出版社, 2003：(38) 玉环10、玉珠2、玉镯1、石钺3, 大汶口文化；(150~179) 玉琮2、玉琮形管19、玉冠状佩12、玉佩2、玉璜7、玉项饰6、玉镯34、玉瑗7、玉环96、玉指环4、小玉璧1、玉锥81、玉套管3、玉斧3、条形有段玉锛2、玉珠78、玉坠43、绿松石耳坠10、玉饰片15、绿松石饰片10、玉柄饰2、燧石1、水晶1, 大汶口文化；(180) 石钺3, 大汶口文化

徐州博物馆, 南京大学历史学系考古专业. 徐州北洞山西汉楚王墓. 北京：文物出版社, 2003：(123~132) 玉璧9、玉瑗2、玉环1、玉熊1、玉佩1、玉韘1、玉珑1、玉印1、玉剑首3、玉剑格1、玉剑璲1、玉剑珌4、指甲形玉片1、月形玉片1、玉衣片73、水晶制品2、蜻蜓眼饰纹玻璃片3、玻璃兽1、玻璃杯16, 西汉早中期；(135) 石磬11, 西汉早中期

南京市博物馆. 南京文物考古新发现（南京历史文化新探二）. 南京：江苏人民出版社, 2006：(12~13) 南京湖熟汉代朱氏家族墓地：玉琀2、料珠1、绿松石饰1, 西汉晚期；(47; 49; 52~53) 南京南郊景家村六朝墓葬：(47) 滑石猪1, 南朝中晚期；(49) 滑石猪1, 南朝早期；(52~53) 滑石猪7、炭精饰件1, 南朝早期；(58; 61) 南京尹西村六朝墓发掘报告：(58) 滑石猪2, 刘宋时期；(61) 滑石猪1, 东晋中期；(64) 南京小行西晋、五代墓葬：料珠1, 西晋；(99) 南京淳于防化团、孝陵卫大栅门东晋墓：滑石猪2, 东晋；(124; 128~129) 南京江宁上坊宋墓：(124) 水晶配饰1、水晶珠2、料珠2, 北宋；(128~129) 玉璧1、玉簪1、玉剑格1、料珠1、玻璃器1, 南宋；(160~161) 南京南郊两座明墓：玉腰带1、水晶饰件1, 明代

南京博物院, 无锡市博物馆, 江阴博物馆. 祁头山. 北京：文物出版社, 2007：(46) 玉璜1, 马家浜文化；(116~117) 玉璜1、玉玦2, 马家浜文化；(124) 玉玦1, 马家浜文化；(126) 玉玦2, 马家浜文化；(129) 玉玦2, 马家浜文化；(146) 琉璃蝉, 汉代；(150) 琉璃璧1、琉璃珠1, 汉代

南京博物院, 江苏省考古研究所, 无锡市锡山区文物管理委员会. 鸿山越墓发掘报告. 北京：文物出版社, 2007：(30~31) 玉龙形佩1、玉龟形佩1、玉管2、玉璜1、玉璧形佩1, 战国早期（越国）；(41) 玉璧形佩1, 战国早期（越国）；(302~316) 玉覆面1、玉带钩1、石璧3、玉龙形璜2、玉龙凤璜1、玉云纹璜1、玉双龙首璜1、玉龙首璜1、云纹觿2、玉蟠螭纹璧形佩1、玉螭凤纹璧形佩1、玉谷纹环形佩1、玉绞丝纹环形佩2、玉出郭龙纹璧形佩1、玉双龙管形佩1、玉云纹削形佩1、玉兽面纹韘形佩1、玉兔形佩1、玉凤形器3、玉神兽纹管2、玉乳钉纹管2、玉云纹璧形佩1、玉云纹管1、玉剑首1、玉剑格1、镶嵌扁体琉璃珠2、镶嵌

琉璃珠8、琉璃珠2、琉璃管20、琉璃璜1、琉璃釉盘蛇玲珑球形器1，战国早期（越国）

南京博物院，江阴博物馆. 高城墩. 北京：文物出版社，2009：（26）玉璧1、玉镯2、玉钺1、玉锥形器1，良渚文化；（29）石钺3，良渚文化；（174）玉琮8、玉璧8、玉钺3、玉镯4、玉锥形器15、玉坠饰4、玉环1、玉管53、玉鼓形珠172、玉隧孔珠40、石钺17，良渚文化

淮安市博物馆. 淮阴高庄战国墓. 北京：文物出版社，2009：（90）玉龙1、玉佩1、玉环2、玉管2，战国时期

南京博物院，江苏省考古研究所，无锡市锡山区文物管理委员会. 邱承墩：太湖西北部新石器时代遗址发掘报告. 北京：科学出版社，2010：（14）水晶管1、玛瑙璜2，马家浜文化；（27）玛瑙璜2，马家浜文化；（46~47）玉管形与鼓形项饰1组（管形4、鼓形1）5件、玉珠形项饰2、玉坠1、玉镯4，崧泽文化；（49）玉环1，崧泽文化；（63）玉管形项饰1、玉坠2、玉镯3，崧泽文化；（68）玉坠饰1、玉鼓形项饰2，崧泽文化；（74）石钺3，崧泽文化；（89）玉片状饰1组（圆形22、长圆形13），良渚文化；（91）条形玉片1、玉项饰1组（球形2、管形5、鼓形33、小圆珠形63、大圆珠形30、圆台形36），良渚文化；（97~99）玉坠3、玉镯1、玉琮3，良渚文化；（102）玉璧7，良渚文化；（109）玉斧1、玉钺1，良渚文化；（112）石钺14，良渚文化；（125）玉环1、玉璜1、玉冠饰1、玉镯1、玉管4、玉扣2，良渚文化；（136~137）玉片状饰1组（绿松石片饰15、玉片饰2）、项饰1串（双亚腰形2、球形3、圆珠形4、鼓形与管形57），良渚文化；（140~145）玉坠2、玉耳珰2、玉镯2、玉台形饰1、玉挂饰1、玉梳背1、有槽玉片状饰3、玉琮2，良渚文化；（148）玉璧9，良渚文化；（157）玉钺3，良渚文化；（162）石钺4，良渚文化；（172）玉璜1，良渚文化；（179~180）玉环1、石钺2，良渚文化；（189）项饰1串（球形21、台形2、珠形36、鼓形64），良渚文化；（193）玉坠5，良渚文化；（195~196）玉台形饰1、玉琮形管1、玉片状饰1、玉镯2，良渚文化；（198~200）玉凿形饰2、玉镦1、玉璧6，良渚文化；（206）玉钺2，良渚文化；（209~210）V字形石钺1、石钺8，良渚文化；（216~217）石钺2、玉璜4，良渚文化；（219~220）玉坠1、玉坠形管1、玉镯3，良渚文化；（224）玉璧3，良渚文化

镇江博物馆. 印记与重塑：镇江博物馆考古报告集（2001~2009）. 镇江：江苏大学出版社，2010：（22）丹阳三城巷遗址第二次发掘报告：玉璜2，良渚文化；（41）丹阳葛城遗址勘探试掘简报：石钺1，西周中晚期；（71）镇江大港双墩2号墩发掘报告：玉料7、石钺2，西周晚期；（85）丹徒辛丰薛家村大墩、边墩发掘报告：水晶挂链1、绿松石链1、绿松石珠3、绿松石块饰7，西周晚期至春秋早期；（153）镇江都天庙工地汉—宋代墓葬发掘简报：滑石饰件1、滑石指环1，宋代；（188）镇江"优山美地"小区六朝墓发掘简报：滑石猪4，东晋晚期至南朝；（216）镇江丁卯"钻石铭苑"六朝墓地发掘报告：滑石猪1，南朝；（223）镇江"魅力之城"一期工地六朝墓发掘报告：滑石猪3，东晋；（231）镇江丁卯小窑湾六朝及宋代墓发掘报告：滑石猪5，东晋

中国社会科学院考古研究所，南京博物院，扬州文物考古研究所. 扬州城：1987~1998年考古发掘报告. 北京：文物出版社，2010：（178）玻璃碎片200，唐代

苏州市考古研究所. 昆山绰墩遗址. 北京：文物出版社，2011：（128）圆形玉珠1，马家浜文化；（160）玉璜1、玉坠形器5、玉饰片2，良渚文化；（181）玉瑗1，马桥文化；（233~234）玉璜6、玉饰件4、玉玦2，崧泽文化；（236~237）玉饰件4，良渚文化

淮安市博物馆. 淮安运河村战国墓. 北京：文物出版社，2011：（82）玉璜3，战国（楚国）

常州博物馆. 常州新岗：新石器时代文化遗址发掘报告. 北京：文物出版社，2012：（20）玉璜1，崧泽文化；（25）石钺1，崧泽文化；（29~30）石钺3、玉器残件1、残玉环1，崧泽文化；（34）石钺3，崧泽文化；（39）石钺1，崧泽文化；（42）玉残件1，崧泽文化；（57）玉玦1，马家浜文化；（61）石钺1、玉玦2、玉管1，马家浜文化；（95）玉璜1，崧泽文化；（106）玉环1，崧泽文化；（110）石钺，崧泽文化；（112）玉璜2，崧泽文化；（116）玉璜1，崧泽文化；（119）石钺1，崧泽文化；（123）玉璜1，崧泽文化；（125）玉璜1、玉饰1，崧泽文化；（145）石钺1，崧泽文化；（155）玉环1、玉璜1、玉镯1，崧泽文化；（157~158）石钺1、玉璜1，崧泽文化；（173）石钺1，崧泽文化；（182~183）石钺2，崧泽文化；（188）石钺1，崧泽文化；（190~191）石钺1、玉芯1，崧泽文化；（198）玉璜1，崧泽文化；（202）石钺1，崧泽文化；（206）玉璜1、玉玦1，崧泽文化；（212~213）玉环1、玉璜1、玉饰件1，崧泽文化；（221~222）玉璜2、玉珠1，崧泽文化；（224）玉璜4，崧泽文化；（230）玉璜1，崧泽文化；（235）玉珩1、石钺1，崧泽文化

南京博物院. 赵陵山：1990~1995年度发掘报告. 北京：文物出版社，2012：（52）石钺1，良渚文化；（54）玉珠1，良渚文化；（60）石钺3，良渚文化；（62）石钺1，良渚文化；（64）石钺1，良渚文化；（69）石钺1，良渚文化；（75~76）玉镯环1、玉坠饰1、石钺2，良渚文化；（79）玉珠1、石钺4，良渚文化；（83~84）玉管1、石钺3，良渚文化；（85~86）石钺3，良渚文化；（92~93）玉管1、隧孔珠1、石钺6，良渚文化；（97）玉镯环1，良渚文化；（99）玉管1、玉饰1，良渚文化；（101）隧孔珠1，良渚文化；（104~105）兽形片状玉饰1、石钺1，良渚文化；（108）玉璜1、石钺1，良渚文化；（112）石钺1，良渚文化；（115~116）玉珠2、玉镯环1、石钺5，良渚文化；（117）石钺7，良渚文化；（120）石钺6，良渚文化；（123）石钺4，良渚文化；（126）玉镯环1，良渚文化；（127）玉镯环1、玉珠1、石钺6，良渚文化；（136）玉玦2、玉冠状梳背1、玉端饰3，良渚文化；（138）玉锥形器4、玉镯环5，良渚文化；（141）玉环1、玉琮1、玉插件3，良渚文化；（143）隧孔珠3、玉管30，良渚文化；（147）玉长珠23，良渚文化；（149）玉鼓形珠48，良渚文化；（153）石钺15，良渚文化；（160）隧孔珠1、石钺8，良渚文化；（164）玉镯环1、玉坠饰1、石钺7，良渚文化；（167~169）玉珠2、隧孔珠3、玉管2、缝缀片2、玉镯环1、玉坠饰1、石钺3，良渚文化；（175）玉管1、玉锥形器1，良渚文化；（181~183）玉锥形器2、玉琮形管1、玉冠状梳背1、玉镯环1、玉坠饰2、玉珠60，良渚文化；（190）绿松石镶嵌饰8、石钺2，良渚文化；（193~194）玉管1、玉璧1、镶嵌片饰6、石钺1，良渚文化；（195~197）玉端饰1、镶嵌片饰2、玉鼓形珠2、玉管1、石钺5，良渚文化；（226~229）玉璧1、玉镯环2、玉锥形器3、玉冠状梳背1、玉端饰1、玉管2、玉珠4、玉镶嵌片1，良渚文化

南京博物院. 穿越长三角：京沪、沪宁高铁江苏段考古发掘报告. 北京：科学出版社，2013：（35）徐州荆山村西汉墓群发掘简报：玉塞2，西汉；（110）镇江丹徒辛丰薛家村大墩、边墩发掘报告：水晶挂链1、绿松石挂链1、绿松石块3、绿松石块饰7，西周晚期至春秋早期；（193）常州新岗遗址考古发掘简报：玛瑙石子73、玉珩1、玉环1、玉蛙形饰1、玉璜1，崧泽文化

南京博物院. 穿越宜溧山地：宁杭高铁江苏段考古发掘报告. 北京：科学出版社，2013：（26）

江宁湖熟曹家边遗址考古发掘报告：玉眼罩1、玉塞2，新莽时期；（87）宜兴百合村土墩墓群D1~D4发掘报告：玉片1、玉珠1，春秋中期；（220；223）宜兴紫云山墓群发掘报告：（220）玉握1，六朝时期；（223）玉饰1，明清

南京博物院，徐州博物馆，邳州博物馆. 梁王城遗址发掘报告：史前卷. 北京：文物出版社，2013：（517）玉玦2，龙山文化

镇江博物馆. 句容鹅毛岗土墩墓发掘报告. 镇江：江苏大学出版社，2013：（60）石玦1，春秋早期

南京博物院，连云港市博物馆. 藤花落：连云港市新石器时代遗址考古发掘报告. 北京：科学出版社，2014：（424）水晶制品3、玉锛1、玉锥形饰3，龙山文化

南京博物院，常州博物馆，淹城旅游区管理委员会，淹城博物馆. 淹城：1958~2000年考古发掘报告. 北京：科学出版社，2014：（165）玉锥形器1、玉璜2、玉珠55，西周晚期；（173）石璧1，西周晚期

南京市博物馆. 南京文物考古新发现（第三辑）. 北京：文物出版社，2014：（46）南京江宁前郑家边东汉墓发掘简报：石黛板1，东汉中期；（53）南京沧波门外余粮村孙吴西晋墓：石黛板2，三国（吴国）；（65）南京江宁谷里端村西晋纪年墓：玉管1，西晋；（72）南京江宁冯村西晋墓：石黛板1，西晋；（78）南京栖霞甘家岗东晋纪年墓：滑石猪4（两组），东晋；（83）南京卡子门东晋墓：滑石猪2，东晋；（89）南京江宁高盖村东晋墓发掘简报：滑石器1，东晋；（108）南京西善桥两座六朝墓发掘简报：滑石猪5，东晋晚期至南朝早期；（128）南京栖霞刘宋升明二年墓发掘简报：滑石猪1，南朝（宋）；（136）南京卫校晓庄校区三座六朝墓发掘简报：滑石猪2，南朝；（185）南京颜料坊工地：玻璃瓶1，明代；（194）南京西善桥刘家村明航海侯张赫家族墓：玉带片1，明代

镇江博物馆. 镇江京口闸遗址. 镇江：江苏大学出版社，2015：（52）琉璃发簪1，南宋

中国社会科学院考古研究所，南京博物院，扬州市文物考古研究所. 扬州城遗址考古发掘报告（1999~2013年）. 北京：科学出版社，2015：（253）玻璃器1、串珠1，元代

南京博物院，泗洪县博物馆. 顺山集：泗洪县新石器时代遗址考古发掘报告. 北京：科学出版社，2016：（74）玉管1、绿松石1，顺山集文化一期；（206）绿松石2，顺山集文化二期；（269~270）玉锛1、未命名玉器1，新石器时代中期（裴李岗时代晚期）

南京博物院，溧阳市文化广电体育局. 溧阳神墩. 北京：文物出版社，2016：（205）玉玦1，马家浜文化；（210~222）玉璜3、玉玦1，马家浜文化；（235~236）玉管6、玉璜1，马家浜文化；（256）玉璜1，马家浜文化；（273）玉璜1，马家浜文化；（292）玉玦1、玉管3，马家浜文化；（295）玉管1，马家浜文化；（313）玉管状坠1，马家浜文化；（318）玉璜1，马家浜文化；（438）玉璜1，湖熟文化一期至马桥文化中期；（466）玉片1，春秋中晚期

南京博物院，张家港市文管办，张家港博物馆. 东山村：新石器时代遗址发掘报告. 北京：文物出版社，2016：（47~49）玉玦1、玉管1，马家浜文化；（57）玉管1，马家浜文化；（60）玉管2，马家浜文化；（67）玉锛1、玉璜1、玉玦1、带柄钺形玉饰1、长条形玉饰2，马家浜文化；（69）石钺3，马家浜文化；（74~78）玉璜5、玉玦2、玉管12、玉饰2，马家浜文化；（115）玉玦2、玉管1，崧泽文化；（145）长条形玉饰2、三角形玉饰1，崧泽文化；（154）石钺1，崧泽文化；（156~158）三角形玉饰1、船形玉饰1，崧泽文化；（184）玉璧

1，崧泽文化；(187) 玉环1、玉管1，崧泽文化；(190) 玉环1、玉璜1，崧泽文化；(192) 石钺1，崧泽文化；(200~202) 石钺1、玉管1、环形玉饰1、三角形玉饰1、玉珠1，崧泽文化；(212) 石钺5，崧泽文化；(216) 玉璜1、玉镯2，崧泽文化；(219) 玉玦6，崧泽文化；(221) 玉管4、管形玉饰1、纽形玉饰3、三角形玉饰2，崧泽文化；(228~229) 玉钺1、玉镯3、玉环10，崧泽文化；(240) 石钺5，崧泽文化；(243~245) 玉璜2、玉镯1、玉凿1、玉管7、钥匙形玉饰1，崧泽文化；(254) 玉璜1、玉镯1、镯形玉饰1、玉环7、钩形玉饰1、半圆形玉饰1、钥匙形玉饰1，崧泽文化；(261~262) 玉镯2、钥匙形玉饰1、玉璧1、玉珠1，崧泽文化；(272) 石钺2，崧泽文化；(274~276) 玉璜1、玉镯1、玉环1、玉玦2、玉管7，崧泽文化；(283~285) 玉璜1、镯形玉饰2、玉环9、玉璧1、三角形玉饰1，崧泽文化；(295~296) 玉璜1、玉镯2、玉管2、三角形玉饰1、带柄钺形饰1，崧泽文化；(300) 玉璜1、玉饰件1，崧泽文化

南京博物院，镇江博物馆，句容市博物馆. 句容东岗头遗址：2005年考古发掘报告. 北京：科学出版社，2016：(141) 玉器1，西周中期；(147) 黛板1，北宋

南京市博物总馆，南京市考古研究所. 南京文物考古新发现（第四辑）. 北京：文物出版社，2016：(52) 南京栖霞上坊庄汉墓发掘简报：琉璃耳珰2，东汉中晚期；(139；149~150；152~153) 南京大报恩寺遗址塔基与地宫发掘简报：(139) 玻璃瓶1、水晶瓶4，北宋；(149~150) 水晶器10、玻璃器3，北宋；(152~153) 玉碗1、玉环1、玛瑙珠1、琥珀饰件1、琥珀珠1，北宋；(192) 南京江宁将军山明代靖江府右长史周慎家族墓发掘简报：玉环2，明代；(202) 明宪宗孝贞皇后王氏家族墓的考古发现与初步研究：琥珀珠1，明代

# 十、浙江省

浙江省文物考古研究所，遂昌县文物管理委员会. 好川墓地. 北京：文物出版社，2001：（79）石钺11，良渚文化至夏末商初；（83）石琀1、玉钺8、玉锥形器57，良渚文化至夏末商初；（89）玉珠59、玉镞1、玉琮形管1、玉钩形器1、玉刀1，良渚文化至夏末商初；（91）玉玦1、玉琀1，良渚文化至夏末周初

浙江省文物考古研究所，绍兴县文物保护管理所. 印山越王陵. 北京：文物出版社，2002：（36~40）玉瑱19、玉钩2、玉剑1、玉镞2、玉玦1、玉珠3、玉管2、玉饰4，春秋末期

浙江省文物考古研究所. 沪杭甬高速公路考古报告. 北京：文物出版社，2002：（14~17）桐乡喇叭浜遗址发掘：石钺14、滑石管（珠）170、玉璧1、玉三叉形器1、玉锥形器9、玉坠饰3、玉管（珠）12，良渚文化；（36~37；45~48）桐乡章家浜、徐家浜良渚文化墓葬发掘：（36~37）石钺1、玉管3、玉珠9、玉缀饰2，良渚文化；（45~48）石钺4、玉三叉形器1、玉冠状饰1、玉璜2、玉簪2、玉坠饰1、玉玦1、玉端饰2、玉牌饰1、玉管15、玉珠170、玉缀饰3，良渚文化；（66；79；81；85；87）余姚老虎山一号墩发掘：（66）小玉玦1，西周中期；（79）玉璧1、玉玦1、玉剑首1，战国末期；（81）玉璧2、腰形玉饰1，战国末至西汉初期；（85）玉璧1，战国末至西汉初期；（87）水晶环1，战国；（148）上虞牛头山古墓葬发掘：玉珠1，西汉末期；（195~196）上虞周家山古墓葬发掘：玛瑙坠1、玻璃坠1，东汉早期；（234）上虞驮山古墓葬发掘：玉串珠50、玻璃串珠80，西汉中晚期；（284）上虞驿亭谢家岸后头山古墓葬发掘：琥珀耳珰3，东汉中期

浙江省文物考古研究所. 瑶山. 北京：文物出版社，2003：（26~32）玉冠形器1、玉镯形器1、玉璜2、玉管串1、玉圆牌串1、玉锥形器1、玉管15、玉珠4，良渚文化；（33~51）玉冠形器1、玉带盖柱形器2、玉三叉形器1、玉长管1、玉成组锥形器1、玉钺1、玉琮2、玉小琮2、玉柱形器3、玉圆牌1、玉镯形器3、玉锥形器1、玉坠1、玉端饰4、玉鸟1、玉手柄1、玉条形饰1、玉管串7、玉管8、玉珠7、石钺2，良渚文化；（54~59）玉冠形器1、玉带盖柱形器2、玉三叉形器1、玉长管1、玉成组锥形器1、玉钺1、玉小琮2、玉镯形器3、玉锥形器1、玉坠1、玉管串4、玉管27、玉珠2、石钺1，良渚文化；（60~65）玉冠形器1、玉璜2、玉圆牌串饰1、玉柱形器1、玉镯形器3、玉管串1、玉锥形器1、玉管16、玉珠6，良渚文化；（66~68）玉冠形器1、玉圆牌3、玉管串1、玉管2、玉珠5，良渚文化；（69~72）玉冠形器1、玉璜1、玉珠串1、玉镯形器2、玉纺轮1、玉柱形器1、玉锥形器、玉饰件1、玉管7、玉珠5，良渚文化；（75~105）玉冠形器1、玉带盖柱形器1、玉三叉形器1、玉长管3、玉成组锥形器10、玉钺1、玉琮2、玉小琮10、玉锥形器1、玉镯形器12、玉柱形器2、玉端饰2、

玉带钩1、玉牌饰1、玉坠饰1、玉饼状饰1、玉半圆形饰4、玉管串11、珠串5、玉管66、玉珠10、玉粒55、石钺3，良渚文化；（106～112）玉冠形器1、玉三叉形器1、玉成组锥形器1、玉锥形器2、玉钺1、玉柱形器1、玉镯形器1、玉坠1、玉长管1、玉管串1、珠串1、玉管14、玉珠9、玉粒14、石钺1，良渚文化；（115～128）玉冠形器1、玉带盖柱形器1、玉三叉形器1、玉长管3、玉成组锥形器1、玉钺1、玉琮1、玉刻纹管1、小玉琮5、玉镯形器1、玉柱形器2、玉牌饰1、玉锥形器1、玉条形器1、玉管串6、玉管30、玉珠4、玉粒67，良渚文化；（130～151）玉冠形器1、玉带盖柱形器1、玉三叉形器1、玉成组锥形器11、玉钺1、玉琮3、玉柱形器8、玉长管3、玉镯形器7、玉端饰2、玉牌饰1、玉半圆形饰6、玉月牙形饰2、玉环形饰1、玉条形饰1、玉弹形饰2、玉管串5、玉管44、玉珠12、玉粒32，良渚文化；（152～168）玉冠形器1、玉带盖柱形器1、玉璜4、玉圆牌串1、玉圆牌1、玉镯形器9、玉柱形器4、玉锥形器2、玉长管1、玉端饰1、玉手柄2、玉纺轮1、玉弹形饰7、玉刻纹管2、玉坠1、玉管串5、玉珠串1、玉瓣形饰75、玉管28、玉珠13、玉粒84、绿松石珠2，良渚文化；（169～173）玉冠形器1、玉锥形器1、玉璜1、玉镯形器2、玉圆牌1、玉瓣形饰3、玉珠2、玉管37，良渚文化；（174～190）玉冠形器1、玉带盖柱形器2、玉三叉形器1、玉半圆形饰4、玉成组锥形器9、玉琮8、玉钺1、玉小琮1、玉锥形器1、玉端饰3、玉柱形器9、玉刻纹管37、玉匕形器1、玉匙1、玉长管2、玉器座1，良渚文化；（191～198）玉冠形器、玉带盖柱形器器盖1、成组锥形器1、三叉形器1、玉琮4、玉钺2、玉小琮4、玉锥形器4、玉坠1、玉柱形器1、玉端饰2、玉镯形器1、玉长管2、石钺3，良渚文化；（199～200）玉管1、玉锥形器1、玉环1，良渚文化

浙江省文物考古研究所，萧山博物馆. 跨湖桥. 北京：文物出版社，2004：（169）石璜形饰1，跨湖桥文化

浙江省文物考古研究所. 南河浜：崧泽文化遗址发掘报告. 北京：文物出版社，2005：（103）石钺4，崧泽文化；（187）玉钺2、玉璜10、玉镯5、玉玦2、玉饰35、玉坠5，崧泽文化

浙江省文物考古研究所. 庙前. 北京：文物出版社，2005：（24～26）玉玦2、玉环2，良渚文化；（40）玉玦1，良渚文化；（65）石钺11，良渚文化；（69～73）玉璜1、玉锥形器1、玉环4、玉挂饰11、玉管15、玉珠15，良渚文化；（73～75）水晶坠1、水晶管1，良渚文化；（141）玉管1，良渚文化；（143～145）石钺2、玉锥形器4、玉隧孔珠1、玉管6、小玉环1，良渚文化；（145～148）石钺1、玉半球形隧孔珠2、玉锥形器6、玉镯1、玉管6，良渚文化；(148～150)石钺1、玉锥形器4、玉半球形隧孔珠1、玉管15，良渚文化；（152）石钺1、玉管2、玉锥形器1、玉珠1、玉管2，良渚文化；（153～154）玉冠形器1、玉锥形器1、玉珠1，良渚文化；（155～156）玉管珠8，良渚文化；（205）石钺2、残玉环1、残玉锥形器1，良渚文化；（240）玉璜1，良渚文化；（265～266）石钺1、玉锥形器1，良渚文化；（267）玉管珠1、玉锥形器1，良渚文化；（270）玉管珠9、玉球形燧孔珠1、玉璧1、玉冠状器1，良渚文化；（271～272）玉管1、玉锥形器1，良渚文化；（272～274）石钺1、玉成组锥形器3、玉单件锥形器2、玉端饰1、玉管珠10，良渚文化；（275）玉锥形器、玉管珠2，良渚文化;（276）玉锥形器3、玉管珠3，良渚文化；（278～279）玉管1、圆形小玉饰1、玉锥形器1、玉球形隧孔珠1，良渚文化；（281）玉管珠18、玉球形隧孔珠2、玉锥形器1、玉端饰1，良渚文化；（282）玉锥形器2、玉管1，良渚文化；（284～285）玉管珠6、隧孔珠1、

玉锥形器2、半球形隧孔珠1、玉管1，良渚文化；（298）石钺2、玉管1、玉锥形器3、玉片料2，良渚文化；（356）玉锥形饰1、玉珠1，良渚文化

浙江省文物考古研究所. 反山. 北京：文物出版社，2005：（21）石钺4、玉锥形器1、残玉器1，良渚文化；（27～90）玉冠形器1、玉三叉形器1、玉特殊长管1、玉半圆形饰4、玉锥形器11、玉锥形器套管1、玉带盖柱形器2、玉柱形器3、玉琮6、玉钺1、玉权杖1、玉璧、玉柄形器1、玉镯形器1、玉端饰8、玉琮式管11、玉龙纹管2、玉长管2、玉管43、玉半球形隧孔珠1、玉鼓形珠3、玉串饰18、玉粒435、石钺1，良渚文化；（94～135）玉冠形器1、玉三叉形器1、玉半圆形饰4、玉锥形器12、玉带盖柱形器1、玉柱形器7、玉钺1、玉琮3、玉璧26、玉带钩1、玉端饰14、玉缝缀片3、玉半圆管形饰2、玉琮形管9、玉鸟1、玉蝉1、玉长管1、玉粗矮管8、玉管49、玉弦纹管2、玉半球形隧孔珠2、玉球形隧孔珠8、玉鼓形珠17、玉球形珠2、玉串饰13、玉粒109、石钺16，良渚文化；（140～149）玉冠饰1、玉锥形器9、玉镯形器1、玉璧1、玉琮式管1、玉鸟1、玉长管1、玉管27、玉球形隧孔珠2、玉鼓形珠3、玉串饰1、玉粒2、石钺3，良渚文化；（151～181）玉冠状器1、玉三叉形器、玉锥形器10、玉带盖柱形器2、玉柱形器6、玉琮1、玉钺1、玉璧1、玉镯形器2、玉璜1、玉带钩1、玉条形器1、玉琮式管5、玉龙纹管2、玉鸟1、玉端饰2、玉缝缀片4、玉长管2、玉管31、玉弦纹管4、玉半球形隧孔珠1、玉球形燧孔珠5、玉鼓形珠7、玉串饰22、玉粒17、石钺2，良渚文化；（185～204）玉冠状器1、玉三叉形器1、玉长管1、玉锥形器1、玉坠1、玉带盖柱形器1、玉琮2、玉钺1、玉鸟1、玉龟1、玉琮式管4、玉缝缀片5、玉端饰9、玉柄形器1、玉条形器1、玉长管3、玉管6、玉球形隧孔珠2、玉鼓形珠5、玉串饰8、石钺2，良渚文化；（207～214）玉冠状器1、玉锥形器5、玉坠1、玉琮1、玉卯孔端饰4、玉长管1、玉管17、玉半球形隧孔珠3、玉鼓形珠4、玉串饰3、玉粒21、石钺1，良渚文化；（217～223）玉柱形器3、玉璧2、玉管7、象牙器9，良渚文化；（223～272）玉冠状器1、玉三叉形器1、玉半圆形饰4、玉锥形器12、玉带盖柱形器1、玉柱形器6、玉琮4、玉钺1、玉璧43、玉端饰29、玉带钩1、玉琮式管9、玉长管3、玉管26、玉球形隧孔珠6、玉鼓形珠20、玉管串9、玉珠串8、石钺24，良渚文化；（277～291）玉冠状器1、玉锥形器2、玉带盖柱形器1、玉柱形器2、玉璧3、玉璜2、玉圆牌1、玉镯形器4、玉镯式管1、玉鱼1、玉卯孔端饰2、玉纺轮1、玉长管1、玉管18、玉鼓形珠8、玉扁球形隧孔珠1、玉半球形隧孔珠2、玉串饰9、玉粒21，良渚文化；（298～338）玉冠状器1、玉半圆形饰4、玉锥形器2、葬具之上的柱形器3、玉带盖柱形器1、玉柱形器2、玉琮3、玉镯形器2、玉璜2、玉圆牌1、玉端饰23、玉璧54、玉长管1、玉管44、玉束腰形管1、玉半球形隧孔珠1、玉球形隧孔珠33、玉鼓形珠32、玉串饰7、玉粒2，良渚文化；（344～348）玉锥形器1、玉柱形器1、玉长管1、玉半球形隧孔珠2、玉镯形器2、玉管27、石钺1，良渚文化；（349～361）玉琮1、玉端饰3、玉镞形坠饰6、玉串饰4、玉鼓形珠1、不明残玉器2、玉镶嵌片10、绿松石镶嵌片9、绿松石球形燧孔珠1、石钺26，良渚文化

浙江省文物考古研究所. 雷峰塔遗址. 北京：文物出版社，2005：（153～154）玉童子1、玉观音1、玉钱1、玉龟1、玛瑙卷草形饰件2、玛瑙扁坠1、玛瑙圆珠1，宋代；（179）玻璃瓶1、料珠璎珞1，宋代

浙江省文物考古研究所，桐乡市文物管理委员会. 新地里. 北京：文物出版社，2006：

（323～344）玉琮1、玉璧4、玉钺1、玉璜1、玉玦1、玉三叉形器2、玉半环形器1、玉梳背5、玉杖端饰1、玉端饰2、玉环1、玉镯5、玉锥形器82、玉坠18、玉管43、玉珠212、玉串饰35、玉镶嵌片14，良渚文化；（344～359）石钺78，良渚文化；（535～538）玉鸟1、玉环1、玉坠1、玉锥形器15、玉管2、玉镶嵌片2、残玉器1、玉石料8，良渚文化；（539）石钺2，良渚文化

浙江省文物考古研究所，湖州市博物馆. 毘山. 北京：文物出版社，2006：（42）玉半球形隧孔珠1、玉管1，良渚文化；（46）玉管1、玉半球形隧孔珠1，良渚文化；（51～54）玉坠饰2，良渚文化；（61）玉圆牌1，良渚文化；（67）玉坠饰1，良渚文化；（71～72）石钺（件数不详）、玉坠饰1，良渚文化；（72～73）玉坠饰1、玉圆牌1，良渚文化；（77）石钺（件数不详）、玉坠饰1，良渚文化；（80～83）石钺（件数不详）、玉坠饰1，良渚文化；（87）石钺（件数不详）、玉坠饰1，良渚文化；（92）石钺（件数不详）、玉半球形隧孔珠1，良渚文化；（105～106）玉坠饰2，良渚文化；（114）玉坠饰1，良渚文化；（117）石钺1、玉坠饰1，良渚文化；（125）玉璜1，良渚文化；（128）玉坠饰1，良渚文化；（136）石钺1，良渚文化；（137）玉管1，良渚文化；（139）玉坠饰1，良渚文化；（144）玉坠饰1，良渚文化；（147）玉坠饰1，良渚文化；（152）玉坠饰1，良渚文化；（156）石钺1，良渚文化；（158～161）石钺1、玉坠饰2，良渚文化；（164）石钺1，良渚文化；（168～169）石钺1、玉坠饰1，良渚文化；（171）石钺1，良渚文化；（178）石钺1、玉坠饰1、玉半球形隧孔珠1，良渚文化；（181～182）石钺、玉坠饰1，良渚文化；（189）石钺1，良渚文化；（194）玉管1、玉珠2，良渚文化；（205）石钺1、玉坠饰1、玉镯1、玉珠1，良渚文化；（215）玉坠饰1，良渚文化；（224）玉璧1，良渚文化；（227）石钺4，良渚文化；（267）绿松石残片，良渚文化；（363）石钺，良渚文化；（391）石钺，良渚文化；（397）玉钺、戈类残片1，良渚文化；（424～425）石钺1、有领玉璧1、玉琮1，良渚文化

浙江省文物考古研究所，海宁市文化广电新闻出版局. 海宁智标塔. 北京：科学出版社，2006：（76～79）玉螭纹璧1，南宋；（80）玉炉顶1，元代；（80～83）玉环1，明代；（83～86）玉铊尾1，明代；（86）玉剑格1，明代；（87）玉刀柄1，宋元时期；（88）玉料1，两宋时期；（89～93）水晶护法狮子1、水晶笔山1，南宋；（94～96）水晶多面体饰件1、水晶尖状体饰件1、水晶球状饰件2、水晶半球体饰件1、水晶料1，宋元时期；（96）琉璃碗1，辽代；（98）琉璃钵1，元代；（98～101）琉璃砚台1，明代；（101）琉璃半球状器1，年代不定；（102～109）玛瑙饼状佩饰3、玛瑙璎珞1、砗磲琥珀念珠1，元明时期；（110）叶腊石菩萨像1，元代；（115）绿松石银耳坠1，元代；（119）七宝1（玉、玛瑙、水晶、绿松石、珊瑚、珍珠、琉璃），南宋

杭州市文物考古所. 南宋太庙遗址：临安城遗址考古发掘报告. 北京：文物出版社，2007：（109）玉饰件1，明清

浙江省文物考古研究所. 浙江越墓. 北京：科学出版社，2009：（12～14）玉樽1、玉臂环1、玉环27、玉璜1、璜形玉饰1、璜形花牙玉饰13，春秋晚期；（17）拱形条玉饰4、月牙形玉饰15，春秋晚期；（19）菱角形玉饰4、玉剑首1、玉剑格1，春秋晚期；（20）扁方形玉饰9，春秋晚期；（21）玉条串饰1、圆条形玉饰92、扁条形玉饰5、微细型扁条形玉饰约1000，春秋晚期；（23）玉管32、微型玉管24，春秋晚期；（24）玉珠10、组合型玉臂环1、

玉饰片16、萤石月牙形饰18，春秋晚期；（25）玛瑙水晶觿4，春秋晚期；（26）玛瑙水晶环7、玛瑙水晶月牙形饰12，春秋晚期；（28）玛瑙水晶管57、玛瑙水晶珠319，春秋晚期；（29）玛瑙水晶圆条形饰3、玛瑙水晶扁条形饰23、玛瑙水晶串珠饰1、玛瑙水晶菱角形饰28，春秋晚期；（30）玛瑙水晶菱角形饰半成品26、玛瑙水晶料8、绿松石剑首2、绿松石剑格1，春秋晚期；（32）绿松石玦17、绿松石环56，春秋晚期；（34）绿松石月牙形饰63，春秋晚期；（36）绿松石菱角形饰12、绿松石纽扣形饰3、绿松石管261、绿松石微细型管约200，春秋晚期；（38）绿松石珠562，春秋晚期；（39）绿松石条形饰2、绿松石串饰6，春秋晚期；（41）绿松石饰片12，春秋晚期；（65）玉璜2、玉管、小玉璧2，战国早期；（67）玉带钩2、玉剑首2，战国早期；（68）玉饰2、石璜4，战国早期；（69）石瑗14、琉璃环1、琉璃管1、琉璃珠串饰3、琉璃蜻蜓眼珠1，战国早期；（73）绿松石管1，战国早期；（119～121）龙形佩2、绞丝纹玉环2、玉扳指1、小玉饰1、绿松石环4，战国早期；（189）玉璧1、玉觿1，西汉初期（东瓯国）

浙江省文物考古研究所．浙江宋墓．北京：科学出版社，2009：（33；37）龙游寺底袁宋代墓地：（33）包金玉簪1，北宋；（37）水晶辟邪镇纸1、水晶笔格1，南宋；（124）金华南宋郑刚中墓：玉环1，南宋

浙江省文物考古研究所，诸暨博物馆，浦江博物馆．楼家桥、塘山背、尖山湾．北京：文物出版社，2010：（75；84；113）楼家桥遗址：（75）玉玦4、玉璜2、玉环2、玉坠2、玉管1，楼家桥文化；（84）玉坠1，良渚文化；（113）玉璜1、玉管1，商中晚期至春秋早期；（214～216）塘山背遗址：玉锥形器5、玉管2、玉粒饰1、石钺1，良渚文化；（263；266）尖山湾遗址：（263）石钺1，后良渚文化；（266）玉管1，后良渚文化

杭州市文物考古研究所，余杭区博物馆．余杭义桥汉六朝墓．北京：文物出版社，2010：（142）琉璃耳瑱2，东汉早期；（142）玻璃耳瑱1，东汉中晚期

浙江省文物考古研究所．文家山．北京：文物出版社，2011：（67）石钺51，良渚文化；（71～74）玉璧2、玉瑗1、玉镯2、玉梳背2、玉端饰1、玉锥形饰25、玉坠2、隧孔珠7、玉管62、玉珠85，良渚文化；（102）石钺3，良渚文化；（108～110）玉璧1、玉琮1、玉锥形饰1、隧孔珠2、玉管12、残玉器1，良渚文化

浙江省文物考古研究所．浙江汉六朝墓报告集．北京：科学出版社，2012：（58）余杭石马兜汉墓发掘简报：石黛板1，西汉中期；（64）慈溪陈山汉墓发掘简报：石黛板2、料珠3，西汉晚期至新莽时期；（92）龙游仪冢山汉墓发掘简报：料器549、石黛板3，西汉晚期至东汉早期；（129）绍兴马鞍汉墓发掘简报：石黛板1，东汉中期；（145）长兴西峰坝汉画像石墓清理简报：玉鸡心坠1、滑石璧1，东汉中期；（174）湖州市白龙山汉六朝墓发掘报告：滑石猪1，东晋至南朝早期；（241）奉化白杜南岙林场汉六朝墓葬：石黛板4、琉璃耳珰1、滑石猪1，西汉晚期至东汉早期

浙江省文物考古研究所，浙江省博物馆，杭州市文物考古研究所，临安市文物馆．晚唐钱宽夫妇墓．北京：文物出版社，2012：（80）玉脊角箆1、琥珀珠镯2，唐代

宁波市文物考古研究所．傅家山：新石器时代遗址考古发掘报告．北京：科学出版社，2013：（79～80）玉玦3、玉环1、玉璜1、玉垂1，河姆渡文化

杭州市文物考古研究所，萧山博物馆．萧山柴岭山土墩墓．北京：文物出版社，2013：（233）

玉管1、石黛板1、石圭2，春秋中期；（243）玉璜形饰1，春秋早期

杭州市文物考古研究所，余杭博物馆. 余杭小横山东晋南朝墓. 北京：文物出版社，2013：（379）玛瑙瑱1、料珠2，汉代

杭州市文物考古研究所. 南宋临安府治与府学遗址（临安城遗址考古发掘报告）. 北京：文物出版社，2013：（88）玉饰件1，清代

浙江省文物考古研究. 浙北崧泽文化考古报告集（1996~2014）. 北京：文物出版社，2014：（1~28）安吉安乐遗址第一次发掘简报：石钺3、玉璜7、玉玦3、玉饰件4、玉管2，崧泽文化；（29~42）安吉安乐遗址第二次发掘简报：石钺5、玉璜1，崧泽文化；（43~58）安吉安乐遗址第三、四次发掘的阶段性收获：玉玦8、石钺3、玉管2、萤石玦1、玉璜1、玉璜坯1、玉玦坯4，崧泽文化；（59~71）安吉芝里遗址的马家浜、崧泽文化遗存：石钺1、玉玦2，崧泽文化；（72~102）长兴江家山遗址崧泽文化墓地发掘简报：石钺5、石英管1、玉坠4、玉镯1，崧泽文化；（103~117）长兴红卫桥遗址发掘简报：石钺3、玉坠2，崧泽文化；（134~159）桐乡普安桥遗址早期墓葬及崧泽风格玉器：玉坠饰26、玉隧孔珠18、石钺5、玉璜12、玉环1、玉环形饰5、玉珠8、玉器2、玉臂饰1、玉鸟/蛙形饰1、玉龙首饰2、玉管珠55、三角形坠饰2、玉玦4、玉纺轮1，崧泽晚期到良渚早期；（160~186）海盐仙坛庙遗址的早中期遗存：玉玦5、玉璜4、玉管2、石钺3、玉钺3、玉珠1、玉饰片4、玉环2、玉泡珠7、玉龙形饰1，崧泽文化；玉扁管1、玉珠6、石钺4、玉锥形器2、玉管7、玉泡珠2，良渚文化；（187~240）海宁小兜里遗址第一~三期发掘的崧泽文化遗存：玉隧孔珠5、玉玦2、玉坠饰6、玉纺轮1、玉管10、玉镯形器1、玉镯1、石钺3，崧泽文化；（241~250）海宁小兜里遗址第四期（东区）发掘收获：石钺1、玉珠1、玉璜1，崧泽文化；（251~255）海宁酒地上遗址2013年度发掘的崧泽文化遗存：玉坠饰1、隧孔珠2，崧泽文化；玉饰件1，良渚文化；（256~265）海宁九虎庙遗址考古发掘简报：石钺1、隧孔珠1，崧泽文化；玉管30、石钺2、玉锥形器4，良渚文化；（266~286）海宁瑞寺桥遗址考古发掘简报：石钺3、玉珠2、玉饰1、玉冠饰1、玉玦1，崧泽文化；玉珠串2、玉锥形器3、石钺4、玉珠3、玉管1，良渚文化；（287~301）海宁皇坟头遗址的崧泽文化墓葬：玉珠3、石钺1、玉管1、玉坠饰1，崧泽文化；（302~327）桐庐方家洲新石器时代玉石器制造场遗址发掘的主要收获：玉坠1，马家浜晚期至崧泽早中期；（328~340）良渚石马兜遗址发掘简报：玉器28，良渚文化；（341~377）良渚官井头遗址崧泽文化遗存：玉璜5、玉镯2、玉管6、玉玦1、玉坠饰8、圆环饰1、隧孔珠8，崧泽文化

浙江省文物考古研究所. 象山塔山. 北京：文物出版社，2014：（87）玉玦6、玉管2、玉璜1，新石器时代；（126）玉管饰1，新石器时代；（155）石钺1，新石器时代；（160）玉璜1、玉环2，新石器时代；（258）玉锥形器3，商周；（259）玉三角形饰1、玉玦1、玉环2，商周时期

浙江省文物考古研究所. 卞家山. 北京：文物出版社，2014：（143）石钺26、玉璜1、玉梳背1、玉镯2、玉锥形饰55，良渚文化；（148）玉坠1、玉管77，良渚文化；（151）玉珠54、玉隧孔珠5，良渚文化；（297）石钺5、微型钺2，良渚文化；（307）玉锥形饰18、玉管2、玉弧形坠饰1、玉戒指形端饰1，良渚文化

浙江省文物考古研究所. 钱山漾：第三、四次发掘报告. 北京：文物出版社，2014：（101）钺

2，钱山漾一期文化；（176）玉凿1、玉锥形器1、残玉器1，钱山漾二期文化；（414）玉镞2，马桥文化；（415）绿松石珠1，马桥文化

杭州省文物考古研究所，临安市文物馆. 五代吴越国康陵. 北京：文物出版社，2014：（35）玉篦脊1、玉牡丹花片1、玉凤凰花片1、玉鸳鸯花片1（3件残片），十国（吴越）；（36）玉蝉形花片3，十国（吴越）；（37）玉三角形花片1，十国（吴越）；（41）玉龙1、玉鸳鸯1，十国（吴越）；（42）玉纽扣1、玉蝉形花片3，十国（吴越）；（44）玉鸳鸯1、玉鸳鸯翅膀1（一对），十国（吴越）；（45）玉香囊1、玉蝴蝶花片2、玉灵芝花片1、玉凤凰花片4，十国（吴越）；（49）玉折枝花片4、玉菱形花片7，十国（吴越）；（50）玉菱形组装式花片3，十国（吴越）；（52）玉半圆形花片2，玉半圆形组装式花片3，玉纽扣2，十国（吴越）；（53）玉蝶形小花片12，十国（吴越）；（54）玉花朵形花片4、玉圆形花片3，十国（吴越）；（56）玉银杏叶形小花片5、玉叶形花片4，十国（吴越）；（57）玉瓜子形坠饰72，十国（吴越）；（90）玉方牌挂件1、水晶片1，十国（吴越）

浙江省文物考古研究所，海宁市博物馆. 小兜里. 北京：文物出版社，2015：（29～30）石钺2、玉钺1、玉管2，崧泽末期至良渚文化时期；（39～40）长玉管1、玉管串57，良渚文化；（42）玉锥形器1、玉璜形器4、玉缀镯1，良渚文化；（44）长玉管2、玉冠状梳背1、玉坠饰1，良渚文化；（46）玉钺1，良渚文化；（48）玉隧孔珠3、玉管珠串16，良渚文化；（51）玉坠饰1、玉筒形器1、小玉环1、石钺1，良渚文化；（53）玉管2、玉隧孔珠3、玉冠状梳背1，良渚文化；（54）石钺1，崧泽文化末期；（60）玉锥形器2，良渚文化；（66）石钺1，良渚文化；（69～70）石钺1、玉钺1，良渚文化；（74～75）玉锥形器2、玉隧孔珠1、长玉管1、石钺1、玉隧孔珠1、玉珠1、玉冠状梳背1、玉管珠串66，良渚文化；（78～80）玉管1、玉管串44、玉珠3，良渚文化；（84～86）石钺5，良渚文化；（88）石钺1，良渚文化；（92）玉钺1，良渚文化；（94）玉管1、玉锥形器1、玉镯1，良渚文化；（96）玉管1、玉管串106，良渚文化；（99～100）玉隧孔珠1、玉冠状梳背1、长玉管1、玉坠饰1、玉锥形器1、石钺1，良渚文化；（102～105）石钺7、安秘石钺1、玉璜1、玉镯2，良渚文化；（107）玉钺1，良渚文化；（109～111）玉镯1、系孔玉圆牌1、玉坠饰2、玉隧孔珠2、玉管珠193，良渚文化；（126）玉圆牌1、玉坠饰1、玉管4，良渚文化；（131）玉锥形器1、玉管珠串53，良渚文化；（137～139）玉隧孔珠1、石钺4、玉锥形器1，良渚文化；（141）玉管串11、石钺1，良渚文化；（145～148）玉隧孔珠2、玉管2、玉管串4、石钺4、玉镯1、玉钺1，良渚文化；（150～151）石钺1、玉锥形器1、长玉管1、玉坠饰1、玉管8、玉管串27，良渚文化；（157）玉坠饰1，崧泽文化末期；（159）玉玦1，崧泽文化末期；（161～162）玉坠饰2、玉纺轮1，良渚文化；（166～167）玉坠饰1、玉管4、玉隧孔珠3、玉管5、玉镯形器1，良渚文化；（171）玉坠饰1，良渚文化；（174）玉镯1、石钺1、玉管1、玉隧孔珠1，良渚文化；（182）玉坠饰1，崧泽末期至良渚文化时期；（190）玉玦1、玉隧孔珠1，崧泽文化末期；（193）玉隧孔珠1，崧泽文化末期；（208）石钺1，良渚文化；（209）石钺1，良渚文化；（211）玉锥形器1，良渚文化；（212）玉隧孔珠1，崧泽文化末期；（214）玉锥形器1，良渚文化；（225）石钺1，崧泽末期至良渚文化时期；（263～264）石钺1、玉隧孔珠1，良渚文化；（336）石钺1，马桥文化时期；（342）石钺1，马桥文化时期；（357）石钺1，崧泽文化末期；（359～360）玉隧孔珠1、玉璜1，崧泽文化末期

衢州博物馆. 衢州汉墓研究. 北京：文物出版社, 2015：（20）玻璃珠1, 新莽至东汉早期；（50）玻璃珠1, 西汉中期；（59）琉璃璧1, 西汉晚期；（73）玻璃珠1, 新莽至东汉早期；（78）玻璃珠1, 新莽至东汉早期；（109）玻璃珠1, 新莽至东汉初期；（118）玻璃珠1, 新莽至东汉早期；（145）玻璃珠1, 西汉中期；（168）水晶环1, 西汉中期；（206）绞胎玻璃管1、玻璃珠1, 西汉晚期；（211）玻璃珠1, 新莽至东汉初期；（218）玉饰1, 新莽至东汉初期；（224）玻璃珠1, 西汉晚期；（239）玻璃珠1, 新莽至东汉初期；（247）玻璃珠1, 西汉晚期；（257）玻璃珠1, 新莽至东汉初期；（263）琥珀管1、玻璃珠1, 新莽至东汉初期；（265）玻璃珠1, 新莽至东汉初期；（273）玻璃珠1, 新莽至东汉初期；（287）玻璃珠1, 新莽至东汉初期；（297）玻璃珠1, 西汉晚期；（367）水晶珠1, 年代不明

浙江省文物考古研究所, 绍兴市文物考古研究所, 绍兴市柯桥区文化发展中心, 嵊州市文物管理处. 绍兴越墓（绍兴越国王陵及贵族墓考古报告）. 北京：文物出版社, 2016：（78）玉扣饰1、玉佩饰7, 战国早期（越国）；（135）玉璜1、绿松石1, 战国中期（越国）

浙江省文物考古研究所. 浙江汉墓. 北京：文物出版社, 2016：（232～240）玉璧2、玉玦1、水晶环1、玉剑首1, 西汉早期前段；玉璧3、玉玦1、玉坠饰1、料珠1, 西汉早期后段；玉璧4, 西汉中期早段；玉璧1、玉坠1、水晶珠1、料珠3、玉琀2、玉鼻塞2、玉耳塞2, 西汉中期后段；玉璧1、玻璃珠1、玛瑙管2、绿松石管1、料珠1, 西汉晚期前段；玉璧1、玉环2、玉管3、玉珠3、玉坠1、玻璃璧1、玻璃管1、珠3、料珠3、水晶琀1, 西汉晚期后段；玉璜2、玉珠2、玉坠1、琉璃珠4、琉璃耳珰3、玛瑙珠2、玛瑙耳珰2、料管2、料珠14、水晶珠3、绿松石坠1、翡翠坠1、骨坠4, 新莽至东汉初期；玉珠1、琉璃耳珰3、玻璃耳珰1、玻璃珠2、玛瑙耳珰1、料珠2、水晶珠1、琥珀耳珰1、玉剑璏3, 东汉早期前段；玉扣1、玛瑙耳珰3, 东汉早期后段；玻璃耳珰1、琉璃耳珰1、玛瑙耳珰3、琥珀耳珰2, 东汉中期前段；玉坠1, 东汉中期后段

# 十一、安徽省

中国社会科学院考古研究所. 蒙城尉迟寺：皖北新石器时代聚落遗存的发掘与研究. 北京：科学出版社，2001：（274）石钺6、玉坠4，大汶口文化

安徽省文物考古研究所. 潜山薛家岗. 北京：文物出版社，2004：（69～70）玉环1、玉璜1、玉管2、玉饰1、七孔石刀1、石钺2，薛家岗文化；（71）长方形玉器1，薛家岗文化；（73～74）玉坠1、三孔石刀1、石钺1，薛家岗文化；（77）三孔石刀1、一孔石刀1，薛家岗文化；（80）玉钺1、玉镯1、玉管6、玉饰2、五孔石刀1、石钺3，薛家岗文化；（86）七孔石刀1、石钺1，薛家岗文化；（87）十一孔石刀2、石钺1，薛家岗文化；（91～92）玉环2、玉坠1，薛家岗文化；（100）石钺1，薛家岗文化；（101）玉管1、玉饰1，薛家岗文化；（102）石钺1，薛家岗文化；（104）石钺2，薛家岗文化；（109～110）玉璜1、玉管2、玉坠1、玉饰1，薛家岗文化；（112）玉管1、玉饰1，薛家岗文化；（115～116）玉管2、五孔石刀1、三孔石刀1、石钺4，薛家岗文化；（117）玉钺1、玉镯1、玉管3，薛家岗文化；（119～120）玉环1、玉管1、玉饰1、七孔石刀1、三孔石刀1、石钺2，薛家岗文化；（123～124）玉钺1、玉环1、玉璜1、玉管8、九孔石刀2、三孔石刀1、石钺8，薛家岗文化；（131～135）玉钺1、玉镯1、玉璜2、玉管28、玉饰1、十三孔石刀1、十一孔石刀1、五孔石刀1、三孔石刀1、石钺3，薛家岗文化；（137）石钺1，薛家岗文化；（138）玉管2、玉饰4，薛家岗文化；（139～143）玉钺1、玉环1、玉璜2、玉饰4、玉琮2、九孔石刀1、七孔石刀1、五孔石刀1、三孔石刀1、石钺3，薛家岗文化；（145）玉钺1、石钺2，薛家岗文化；（148）玉璜1、五孔石刀1、四孔石刀1、石钺1，薛家岗文化；（155～156）玉镯1、玉管2、玉坠2、玉饰2、七孔石刀1、五孔石刀1、三孔石刀1、一孔石刀1，薛家岗文化；（157）石钺1，薛家岗文化；（160～161）玉璜1、玉管2、玉饰1、石钺3，薛家岗文化；（163～165）玉钺1、玉镯1、玉管4、九孔石刀1、五孔石刀1、三孔石刀1、石钺3，薛家岗文化；（167）玉环1、玉坠2，薛家岗文化；（171）玉璜1，薛家岗文化；（172）石钺1，薛家岗文化；（177）三孔石刀1、石钺1，薛家岗文化；（179）三孔石刀1，薛家岗文化；（183）石钺1，薛家岗文化；（205）石钺1，薛家岗文化；（209～210）滑石饰1、石钺2，薛家岗文化；（230～231）玉镯1、玉璜1、玉管3，薛家岗文化；（251）石玦1、石钺1，薛家岗文化；（254）石钺1，薛家岗文化；（266）石钺1，薛家岗文化；（269）玉钺1，薛家岗文化；（274）石玦1，薛家岗文化；（278）石钺2，薛家岗文化；（279）石钺1，薛家岗文化；（284）玉璜1，薛家岗文化；（285）石钺2，薛家岗文化；（305）玉饰1、石刀1、石钺3，薛家岗文化；（337～345）玉镯1、玉环3、玉璜2、玉坠

3、玉玦1、玉管3、玉饰12、玉纺轮1、多孔石刀2、一孔石刀1、石钺若干，薛家岗文化；（365～368）石钺7，薛家岗文化；（376～377）玉珠1、石钺1，薛家岗文化；（384）玉璜3、玉坠1、五孔石刀1、石钺4，薛家岗文化

安徽省文物考古研究所. 凌家滩：田野考古发掘报告之一. 北京：文物出版社，2006：（25～28）玉斧1、玉虎首璜1、玉璜5、玉齿环1、玉环3、玉镯2、玉双联璧1、玉璧4、玉圆角方形璧2、玉铲1、玉玦1、玉鸟头饰1、玉坠饰2、玉料2、煤晶纽1、石钺3，凌家滩文化；（37～39）玉人3、玉玦2、玉扣形饰1、绿松石片1、玉璜2、玉环1、玉板1、玉璧1，凌家滩文化；（41～45）玉护腕饰1、玉箍形镯4、玉饰1、玉环2、玉玦2、玉芯3、石钺3，凌家滩文化；（47～66）玉板1、玉龟1、玉璜19、玉玦14、玉斧5、玉钺3、玉镯4、玉璧3、玉勺1、玉三角形饰、玉人头冠形饰1、玉簪1、玉柄形饰1、玉饰1、玉环3、玉石9、玉管9、玉纽扣形饰5、玉圆形饰11、玉扁方圆形饰、石钺18，凌家滩文化；（71～78）玉镯2、玉锛1、玉环7、玉璜1、石钺32，凌家滩文化；（83～87）玉环19、玉玦4、玉璜1、玉璧3、玉瑗1，凌家滩文化；（94～96）玉双虎首璜2、玉齿璜1、玉料1、玉饰2、玉镯17、玉环11、玉玦6、玉钺3、石钺9，凌家滩文化；（98～105）玉丫形器1、玉龙凤璜2、玉璜2、玉镯7、玉玦2、玉盖纽1、玉纽扣形饰4、玉坠饰7、玉管34、石钺1，凌家滩文化；（109～111）玉兔饰1、玉璜1、玉环3、玉镯2、石钺8，凌家滩文化；（115～118）玉镯11、玉钺2、玉璜2、玉环8、石钺1，凌家滩文化；（121～126）玉璧9、玉环15、玉镯4、玉钺2、玉璜4、石钺5，凌家滩文化；（129～130）玛瑙豕1、石钺2，凌家滩文化；（131～135）玉璜3、玉饰3、玉管4、玉镯5、玉玦3、玉环1、玉石料5、石钺4，凌家滩文化；（138～149）玉冠饰3、玉璜30、玉饰4、玉圆环柄形饰1、水晶耳珰1、玉钺1、玉双连环1、玉玦1、玉镯2、玉管49、石钺7，凌家滩文化；（154～161）玉璜6、玉镯7、玉珩22、石钺7，凌家滩文化；（163～164）玉镯1，凌家滩文化；（167）玉钺1，凌家滩文化；（168～171）玉璜5、玉玦4、玉斧2、玉环2、玉镯8、石钺3，凌家滩文化；（174～175）玉镯3、石钺1，凌家滩文化；（178～181）玉璜1、玉饰1、玉芯1、玉璧2、碎玉料1、玉环1、石钺13，凌家滩文化；（182）石钺2，凌家滩文化；（184～185）石钺1，凌家滩文化；（190）玉环4、玉璜5、玉镯2，凌家滩文化；（191～194）玉璜3、玉料2、石钺9，凌家滩文化；（195～198）玉璜1、玉镯2、玉龙1、玉耳珰2、玉坠饰3、玉喇叭1、玉玦2、玉盲孔件1、玉管5、玉芯1、石钺1，凌家滩文化；（202）玉璜1、石钺2，凌家滩文化；（203～205）玉芯9、玉牙形饰1、碎玉料1、玉璧1、石钺2，凌家滩文化；（206～208）玉镯5、玉璧1、玉璜3，凌家滩文化；（211～216）玉钺6、玉镯1、玉芯111、玉璜4、玉料1、石钺16，凌家滩文化；（222～223）玉璧2、玉环1、玉钺3、石钺8，凌家滩文化；（225）石钺1，凌家滩文化；（226）玉环1，凌家滩文化；（230～231）玉镯1、玉璜1、玉璧1、玉环1、石钺4，凌家滩文化；（232～237）玉瑗2、玉璧4、玉钺1、玉镯8、玉环1、玉钺1、石钺4，凌家滩文化；（239）玉环4，凌家滩文化；（240～243）玉璜2、玉镯1、玉璧2、玉环2、玉钺3、石钺7，凌家滩文化；（246～256）玉人3、玉鹰1、玉璜5、玉玦4、玉料2、玉环6、玉镯6、玉璧4、玉圭形器1、玉蝉1、玉管5、玉珠11、玉板1、石钺12，凌家滩文化；（260～265）玉镯1、玉璜3、玉钺1、石钺2，凌家滩文化；（266～267）玉璜2、石钺1，凌家滩文化

中国社会科学院考古研究所，安徽省蒙城县文化局. 蒙城尉迟寺（第二部）. 北京：科学出版社，

2007：（155）石钺7，大汶口文化；（165）双联玉璧1、玉坠4，大汶口文化；（278）石钺6，龙山文化

安徽省文物考古研究所，安徽省萧县博物馆. 萧县汉墓. 北京：文物出版社，2008：（323）玉石握1、玉塞6、玉玲1、玉串饰1、玉璜1、玉残片1、石玲10，西汉早期至东汉中期；（324）琉璃耳珰2，东汉早期

王俊主编. 马鞍山六朝墓葬发掘与研究. 北京：科学出版社，2008：（43）安徽马鞍山寺门口东吴墓发掘简报：黛板1，三国（吴）；（82）马鞍山市盆山发现六朝墓：滑石猪2，三国（吴）末至西晋早期；（116）安徽马鞍山东晋（孟府君）墓清理：滑石猪2，东晋；（122）马鞍山市马钢花园小区东晋墓发掘简报：滑石猪2，东晋；（128~129）马鞍山林里东晋纪年墓发掘简报：玉璜1、滑石珠1，东晋；（133~134）马鞍山市慈湖乡林里东晋墓发掘简报：滑石猪2、滑石盆2、玉饰1，东晋；（140）安徽当涂来陇东晋墓发掘简报——兼论出土玻璃碗残片的类别和来源：玻璃碗残片4，东晋；（144）当涂县黄山东晋墓清理简报：滑石猪3，东晋；（152）当涂县新市镇东晋杨氏家族墓发掘简报：玛瑙珠1、滑石猪2，东晋；（176~177）当涂县新市来陇村六朝晚期墓群发掘简报：滑石猪3，南朝（宋）

安徽省文物考古研究所. 霍邱堰台——淮河流域周代聚落发掘报告. 北京：科学出版社，2010：（363）圭状石器1，春秋早中期；（363）玉琮1，西周晚期至春秋初期

安徽省文物考古研究所，凤阳县文物管理所. 凤阳大东关与卞庄. 北京：科学出版社，2010：（116）残玉饰1，春秋中晚期；（136）玉石璧1，春秋战国

中国社会科学院考古研究所，安徽省蚌埠市博物馆. 蚌埠禹会村. 北京：科学出版社，2013：（177）石钺4，龙山文化（距今4500~4000年）

安徽省文物考古研究所，蚌埠市博物馆. 钟离君柏墓. 北京：文物出版社，2013：（165~168）玉管状玦3、牙形玉饰件6、玉珠1、玉环1、方形玉佩1、玉扳指1，春秋

安徽省文物考古研究所. 潜山林新战国秦汉墓. 北京：科学出版社，2013：（77）玉璧1、琉璃璧1，战国至秦代；（158）石剑璏1，西汉

安徽省文物考古研究所. 天长三角圩墓地. 北京：科学出版社，2013：（145~151）玉璧11（龙纹玉璧2、谷纹玉璧5、草叶纹玉璧2、卷云纹玉璧2）、玉璜8（素面玉璜1、龙形玉璜4、谷纹玉璜3），西汉晚期；（153~157）玉佩5（龙形玉佩3、凤形玉佩2）、玉瑗1、玉玦1、玉环1、玉印1、玉带钩1、玉口玦1、玉耳塞4、玉鼻塞2、玉眼罩2、玉饰件1、玉饰片55，西汉晚期；（162）玛瑙珠1、石黛板1，西汉晚期；（167）口玲1，西汉晚期；（250）口玲1，西汉中期；（292）玉玦1，西汉中期；（315）玛瑙串饰1，西汉中期

安徽省文物考古研究所. 庐江汉墓. 北京：科学出版社，2013：（30）料珠2，新莽至东汉早期；（35）玉璧1，西汉中期；（54）玉璧1、玉环1，西汉中期；（60）玉璧1，西汉晚期；（211）玉璧1，西汉中期；（215）玉璧1，西汉中期；（231）玉璧1，西汉中期；（233）玉璧1，西汉中期；（277）玉璧1，西汉晚期；（296）玉璧1，西汉晚期

安徽省文物考古研究所，南京大学历史学院考古文物系，马鞍山市文物局，马鞍山市博物馆. 马鞍山五担岗. 北京：文物出版社，2016：（131）玉串饰1、玉圆形饰1，二里冈文化；玉锥形器1，殷墟四期至西周初期

安徽省文物考古研究所，宿州市文物管理局，宿州市博物馆. 宿州芦城孜. 北京：文物出版社，

2016:（220）玉玦2，西周中期；（283）琉璃兽首，唐代；（292）玉兔1，唐代

安徽省文物考古研究所，武汉大学历史学院考古系，六安市文物局. 双龙机床厂墓群发掘报告（安徽六安城东墓地）. 上海：上海古籍出版社，2016：（10）琉璃剑璏1，战国中期；（68）琉璃璧1，西汉晚期；（111）琉璃珠2，西汉中期；（192）玉琀1，西汉晚期；（230）黛板1，西汉晚期；（233）琉璃璧1、琉璃珠1，战国晚期；（243）琉璃璧1，战国晚期；（279）黛板1，西汉中期；（285）琉璃璧1，战国晚期；（292）琉璃珠2、琉璃璧1，战国晚期；（310）黛板1，西汉中期；（331）琉璃璧1，战国晚期；（377）琉璃璧1，战国晚期；（446）黛板1，战国晚期；（474）琉璃璧1、滑石璧1，战国晚期；（542）石璧1、玉环1、玉塞4、玉琀1，西汉中期；（592）琉璃杯1，西汉早期；（652）玉剑璏1，西汉中期；（671）琉璃璧1，战国中期至秦代；（739）琉璃珠1，西汉早期；（744）琉璃璧1，西汉早期；（762）琉璃璧1，西汉中晚期；（769）黛板1、琉璃璧1，西汉中晚期；（792）玉环1，西汉中期；（830）玉鼻塞1，秦代；（846）琉璃璧1，西汉晚期；（875）黛板1，西汉中期；（933）琉璃璧1，西汉晚期；（967）玉饰件，西汉中期；（980）琉璃璧1，战国晚期；（992）玉饰件1，战国晚期；（994）琉璃璧1，战国晚期；（1011～1013）琉璃饰2、玉璜1、琉璃珠1，秦代；（1035）琉璃璧1，战国晚期；（1037）玉环1、琉璃璧1，战国晚期；（1044）琉璃珠1，战国晚期；（1065）玉饰件1，西汉中期；（1150）琉璃璧1，战国晚期；（1156）黛板1，西汉中期；（1165）黛板1，西汉晚期；（1218）琉璃璧1，战国晚期；（1256）琉璃璧1，西汉中期；（1286）琉璃璧1，西汉中期；（1304）琉璃璧1，西汉中期；（1317）琉璃珠1，西汉中期；（1379）琉璃璧1，战国晚期；（1500）玉环1，战国中期；（1510）琉璃璧1，西汉晚期；（1538）玉环1，战国中期至秦代；（1607）玉剑镖1，战国晚期

# 十二、福建省

福建博物院，漳州市文管办，漳州市博物馆．虎林山遗址：福建漳州商周遗址发掘报告之一．福州：海潮摄影艺术出版社，2003：（83～84）玉玦3，浮滨文化

福建博物院．闽侯昙石山遗址第八次发掘报告．北京：科学出版社，2004：（39）玉小环1，昙石山文化；（101）玉璜1，年代不详

福建晋江流域考古调查队．福建晋江流域考古调查与研究．北京：科学出版社，2010：（19）残玉戈1，玉璜4，青铜时代；（25）磨光石玦1，汉至西晋；（165）石璜1，青铜时代；（179）石玦1，新石器时代

福建博物院．福建考古资料汇编（1953～1959）．北京：科学出版社，2011：（112）福州圣王山古墓清理记：滑石猪2，北宋；（299）闽北建瓯建阳新石器时代遗址调查报告：石璜1、石玦1，汉代；（319）福建武平新石器时代遗址调查报告：石璜1，东汉

福建博物院．政和六朝隋唐墓．福州：海峡书局，2014：（144）滑石猪1，隋唐时期；（147）滑石猪2，隋唐时期；（153）滑石猪2，隋唐时期；（160）滑石猪3，隋唐时期；（164）滑石猪1，隋唐时期

福建博物院，福建昙石山遗址博物馆．昙石山遗址：福建昙石山遗址1954～2004年发掘报告．福州：海峡书局，2015：（40）玉璜1，商代至西周时期；玉环1，昙石山二期（距今5000～4300年）；玉坠1，年代不明；石钺6，昙石山二期（距今5000～4300年）；（41）石璋1，商代至西周时期

# 十三、江西省

江西省博物馆，南城县博物馆，新建县博物馆，南昌市博物馆. 江西明代藩王墓. 北京：文物出版社，2010：（13）玉带板20，明代；（16）玉带板4，明代；（21）玉佩残件4、玉簪1、玉束发器2、玉圭1、玉扳指2、玉镯2，明代；（23）花卉纹玉带1，明代；（24）玉瓏1，明代；（25）谷纹玉圭1、云龙纹玉带1、长方玉片2，明代；（26）桃形玉6、小长方形玉4，明代；（29）玉串珠270，明代；（32）玉牌10，明代；（69）玉圭1、玉饰16，明代；（70）玉佩2、玉珠1串（18）、绿松石1、白玉素面带板1、玉佩饰件70，明代；（123）玉带板1，明代；（124）玉饰12、玉圭1，明代；（125）佛像玉牌1、龙凤纹玉带1、琥珀1，明代；（130）玉圭1、玉佩饰件20、水晶串珠98、玉佩饰件1组（青玉柱形饰4、玉鸳鸯2、青玉花形饰2、玛瑙蝉形饰1、人形玉饰1、青天玉坠饰4、青玉菱形饰8、玛瑙菱形饰8、圭形饰1、青玉阴刻叶形纹三角形坠71、鱼形饰4、阴刻孩儿形饰2）、玉珠598、串珠478、玉佛1、其他玉饰99、玛瑙饰物3，明代；（136）玉带板11、白玉素面带板2、玉璧2、琥珀念珠108、玛瑙珠34、玉珠4、琥珀珠18，明代；（137）玉扣5、玉钩3、玉佩1、玉鸳鸯2、玉圭1、青玉猪2、琥珀发冠1，明代；（139）玉戒指4、白玉鸳鸯戏莲荷1、双蜂采花玉扣花1、玉佩杂件97，明代；（140）青玉素面带板1，明代；（144）青白玉素面带板1、青玉雕牡丹纹玉带16、圆珠形玉饰4、金叶辣椒形玉饰2，明代；（153）玉佩1、玉圭1、玉带1，明代；（157～158）玉片若干、玉带1、玉圭1、玉佩饰件6、大玉珠2、小玉珠633、黑玉带板9、镂雕"喜"字纹玉带板6、青玉竹节形簪1、玉香笼1，明代；（160～162）镂雕喇叭花玉带板1、玉佩件6、玉圭1、青玉透雕麒麟松树牡丹纹带板1，明代

# 十四、山东省

烟台市博物馆，海阳市博物馆. 海阳嘴子前. 济南：齐鲁书社，2002：（32）滑石圭1、滑石贝币3、滑石盘形器1、玉串饰，春秋晚期；（78～81）绿松石串饰4、玉佩1、玛瑙玦2、玉玦2、玦形管1、滑石盘形器1、滑石贝25，春秋晚期；（100～101）玉串珠数百枚、玉佩1、滑石盘形器1、滑石贝7，春秋晚期

中国社会科学院考古研究所. 滕州前掌大墓地. 北京：文物出版社，2005：（375～383）玉璜20、玉璧17、玉镯2、玉琮2、玉玦8、玉璋2，商代晚期至西周中期；（383～388）玉斧1、玉钺2、玉戈24，商代晚期至西周中期；（388～390）玉觿2，商代晚期至西周中期；（390～418）玉鱼49、玉虎12、玉龙18、玉鸟23、玉牛6、玉蝉12、玉兔6、玉鹿1、玉螳螂1、玉蛙1，商代晚期至西周中期；（418～426）玉管41、玉珠4、玉坠18、玉串饰2、玉泡3、钻孔玉片3、玉笄帽1、玉笄1，商代晚期至西周早期；（426～438）玉牌饰13、玉柄形器9、玉锥形器11、玉圆柱形器1、玉扁柱形器1、玉弯柱形器1、玉芯2、水晶质六棱锥体1、玉长条柱状器1、玉圆台形器1、玉橄榄形器1、玉马蹄形器1、玉长方形器1、玉梯形器1、绿松石圆锥形器1、玉片形器12、玉器耳1、玉斗1、玉兽头跽坐人像1、石璋3，商代晚期至西周中期

任相宏，张光明，刘德宝主编. 淄川考古：北沈马遗址发掘报告暨淄川考古研究. 济南：齐鲁书社，2006：（117～119）玉璧4、玉璜形饰3、玉管形饰1、玉珠3，战国；（120）滑石璧1、滑石璜形饰3，战国；（122）石璧4，战国；（196～198）滑石饰件16，东周

山东省文物考古研究所，烟台市博物馆，蓬莱市文物局. 蓬莱古船. 北京：文物出版社，2006：（56）料珠1，元代

山东省文物考古研究所. 临淄齐墓. 北京：文物出版社，2007：（46～50）玉璧2、玉环11、玉瑗3、玉璜27、玉佩28、玉琮形束发器1、玉韘1、玉牌饰1、玉口琀1、玉坠2、玉管1、石璧1、石瑗273、石圭2、石璜87、石琮形束发器11、石玦26、料器11、料管1、束腰形料珠1、橘瓣形料珠1、球形料珠8、水晶瑗106、水晶管179、水晶珠1073、水晶冲牙3、水晶三穿饰6、水晶料68、玛瑙瑗220、玛瑙环2、玛瑙璜9、玛瑙管125、玛瑙珠133、玛瑙冲牙25、珍珠11，战国（齐国）

山东省文物考古研究所. 鲁中南汉墓. 北京：文物出版社，2009：（68；69；71）滕州封山墓地：（68）玉璧2、玉玦1，西汉早期；玉璧2、玉饼1，西汉中期；玉璧2、玉鼻塞1，西汉晚期；（69）石琀1，新莽至东汉早期；（71）料器2，东汉中晚期；（159～160；162）滕州东郑庄墓地：（159～160）玉璧6、玉环4，西汉中期；（162）玉饼1、玉板1，西汉早期；玉剑格1、

石黛板1，西汉晚期；（276）滕州东小宫墓地：玉璧1、玉环1，西汉末期；石琀6、石璧1，新莽至东汉早期；石黛板1、石琀3、玉环2、琉璃璧2、石璧1，东汉早期；石琀1，东汉中晚期；（385）滕州顾庙墓地：石黛板2、石琀3，新莽；石琀2，东汉；石琀2，西汉初期至东汉；（517）兖州徐家营墓地：石琀2，西汉晚期；石璧1，东汉早期；（648；649）曲阜花山墓地：（648）玉带钩1，西汉晚期；玉琀2，新莽；玉琀1、玉璧1、玉觽2、玉璜1、玉珠6，东汉；（649）石琀1，西汉中期；（649）石琀5，西汉晚期；（649）石琀6、翡翠琀1、翡翠眼罩2、翡翠鼻塞2、翡翠耳塞2、翡翠肛塞1，新莽；石琀6，东汉；（764）曲阜柴峪墓地：石琀8，西汉早期至东汉中晚期；（881）嘉祥长直集墓地：玉镯1，西汉中期；玉玦2、玉珠3、玉蚀3，新莽时期

山东省文物考古研究所，东平县文物管理所. 东平后屯汉代壁画墓. 北京：文物出版社，2010：（53）石璧1，新莽时期

山东省文物考古研究所，中国文化遗产研究院，济宁市文物局，汶上县文物局. 汶上南旺：京杭大运河南旺分水枢纽工程及龙王庙古建筑群调查与发掘报告. 北京：文物出版社，2011：（102）玉烟嘴1，清代；（126）玉烟袋嘴3、玻璃烟袋嘴1、玻璃扳指1、琉璃珠1、琉璃佩饰1、琉璃片饰1，清代

方辉主编. 大辛庄遗址研究（资料卷）. 北京：科学出版社，2013：（97）济南市大辛庄商代居址与墓葬：玉戈1、玉圭1，中商文化时期（二里冈文化）；（161）大辛庄遗址1984年秋试掘报告：琀1、龙形玉璜1、虎形玉璜1、斧1，绿松石2，殷墟文化

山东省文物考古研究所. 临淄齐故城. 北京：科学出版社，2013：（131）玉璜1，战国中晚期（齐国）；（319）石圭4，战国（齐国）；（365）石磬10、绿松石装饰品4、残玉珠1、玛瑙珠6、玉雕片3、玉雕2、玉柱7、玉饰4、玉佩1、玉石兽头装饰1、玉片1，战国（齐国）；（367）玛瑙珠1、玉鱼1、石璧（残）1、玉装饰品（残）1、石璧1、琉璃圆柱体1，西汉（齐国）；（449）玉鱼1、玉珠8、玉饰7，春秋早中期（齐国）；（469）石璜30，战国早期（齐国）；（474～475）玉璧1、玉环1、玉玦1、玉璜2、玉饰件8、玉簪饰1、石磬5，春秋晚期（齐国）

山东省文物局，山东省南水北调工程建设管理局. 梁山薛垓墓地. 北京：科学出版社，2013：（35）玉璧1，西汉中期；（76）石黛板1，西汉中期；（94）石黛板1，新莽至东汉初期

济南市考古研究所. 章丘女郎山. 北京：科学出版社，2013：（201）玉簪3，宋代；（371）玉簪3，明代；（524）玉饰1，清代

山东省文物考古研究所，新泰市博物馆. 新泰周家庄东周墓地. 北京：文物出版社，2014：（54）石璧1、石圭4、长方形穿孔玉饰件4，春秋晚期；（54）滑石管105、玉璜1、玉环2，战国早期；（55）片状穿孔玉饰件3、条状玉饰件2、柱状玉饰件1、玛瑙环2，战国早期；鸟形玉饰件1、穿孔玉饰件1、玉耳坠1、绿松石串饰1、玛瑙环8、管状玛瑙串饰13、珠状玛瑙串饰4、水晶管状串饰14、水晶珠子串饰7，春秋晚期；（58）蚌珠饰件14、珍珠饰件2，春秋晚期

山东博物馆，山东省文物考古研究所. 鲁荒王墓（全二册）. 北京：文物出版社，2014：（72）核珊瑚帽练1，明代；（84～85）青玉带扣2、白玉饰件4、玉佩6套（已散乱，包括玉钩6、玉珩6、玉花6、玉瑀6、玉琚8、冲牙6、玉璜10、玉滴10、玉珠1982），明代；（91）玉圭2，明代；（114）水晶独角兽砚滴1、水晶鹿镇纸1、水晶圆鼓形饰1、水晶圆饼形饰1、玻璃圆

形有孔器1、玻璃珠1套（463粒）、玻璃围棋子1套（357枚），明代；（116）玉管毛笔1，明代；（119）回纹青玉笔架1、青玉砚1，明代；（121）白玉花形杯1，明代；（123～124）花押玉印1、玉轸7，明代

青岛市文物保护考古研究所. 青岛考古（二）. 北京：科学出版社，2015：（71）李沧区河南庄周代遗址发掘简报：滑石器1，西周至战国；（79；80～82）黄岛区田家窑墓地M1发掘简报：（79）玛瑙器2、琉璃器2、玉钺2、玉剑璏1，战国晚期至西汉早期；（80～82）玉璧1、玉饰件2、玉长方形器4、玉圭形器2、玉半球13、四边形玉器2、玉刀形器4、琮形器7、玉纽扣形器1、圆玉片3、玉饰件5、玉料12，战国晚期至西汉早期；（95）平度六曲山墓群2011～2014年度调查勘探报告：玉剑璏1，西汉早中期

中美联合考古队（栾丰实、文德安、于海广、方辉、蔡凤书、王芬、科杰夫）. 两城镇：1998～2001年发掘报告. 北京：文物出版社，2016：（45）石钺8，龙山文化；（161）石钺1，龙山文化末期至岳石文化；（236）石钺1，龙山文化末期至岳石文化；（256）石钺1，龙山文化；（315）石钺1，龙山文化；（348）石钺1，龙山文化；（379）绿松石片210，龙山文化；（408）玉饰品1，龙山文化；（604）石钺3，龙山文化；（685）石钺1，龙山文化；（827）石钺1，龙山文化；（864）石钺2，龙山文化；（883～884）石钺1、石（玉）锯1，龙山文化

山东省文物考古研究所，临沂市文化广电新闻出版局. 临沂洗砚池晋墓. 北京：文物出版社，2016：（57）珍珠百余粒、料珠49，西晋；（106～108）玉珠2、玉剑璏1、石黛板2、石棋子27，西晋；（124～126）煤精兽3、琥珀兽4、琥珀壶1，西晋；（151～153）玛瑙珠3、玛瑙剑格1、珍珠百余粒、水晶片5、云母片2，西晋晚期或东晋初期

# 十五、河南省

郑州市文物考古研究所．郑州大河村．北京：科学出版社，2001：(114) 玉铲1，秦王寨文化；(160) 绿松石饰2，秦王寨文化；(387) 玉环10、玉璜11、玉饰1，秦王寨文化；(440) 玉刀1，秦王寨文化；(448) 玉璜2、玉环6、玉饰2，秦王寨文化；(495) 玉刀1，秦王寨文化；(499) 玉璜4、玉环2，龙山早期；(535) 玉璜3、玉环1，龙山早期；(551) 玉璜1、玉环1，龙山早期；(570) 玉纺轮1，二里冈文化

河南省文物考古研究所．郑州商城：1953～1985年考古发掘报告．北京：文物出版社，2001：(161) 柄形器1、饼形器1，二里冈文化；(620) 玉戈1，二里冈文化；(685) 玉柄形器6、玉簪1，二里冈文化；(715～717) 玉戈12、玉铲（玉钺）4，二里冈文化；(838～844) 玉璧4、玉玦1、玉琮1、玉璜6、玉蝉形饰2、玉铃形饰1、玉坠饰2、玉柄形饰21、玉簪15、玉环1、玉柿蒂形饰1、玉管形饰1、绿松石5，二里冈文化；(871～872) 玉璜1、玉饰件3、玉柄形器1，二里冈文化；(908) 玉凿1、玉铲1，二里冈文化；(928～930) 玉戚1、玉戈2、玉钺1、玉璧1、玉璜3、玉佩2、玉柄形器15、玉鱼2、玉饼形器2、玉簪1、不知名器2、绿松石1，二里冈文化；(948) 玉璧1、玉璜2、玉柄形器3、玉饰件1，二里冈文化

河南省商丘市文物管理委员会，河南省文物考古研究所，河南省永城市文物管理委员会．芒砀山西汉梁王墓地．北京：文物出版社，2001：(76～77) 玉衣片588，西汉早期；(78) 玉鼻塞2、玉琀1，西汉早期；(78～79) 玉璧5、玉板80、小玉饰10、玉环3、玛瑙贝1，西汉早期；(231) 玉片2，西汉早期；(249～255) 玉衣片300、玉璧9、玉环1，西汉早期；(266) 玉衣片55，西汉早期；(268) 玉璧37，西汉早期；(269～270) 菱形饰1、圆饼饰1、玉璜1、玉板1、玉握1、玉饰3，西汉早期；(289) 玉衣片3、玉璧1、玉璜1、水晶饰1、玛瑙串饰3，西汉早期

中国社会科学院考古研究所．偃师杏园唐墓．北京：科学出版社，2001：(77～79) 玻璃珠1、玉石珠7、玉蝉1、滑石猪3、滑石握手4，唐代；(147～149) 玉石饰7、玉石珠5、滑石握手10、滑石猪9、石块26，唐代；(223～226) 玉饰1、滑石罐1、滑石盘1、滑石杯2、滑石盒5、滑石牛1、滑石羊2、滑石狗1、滑石猪1、滑石鸳鸯盒1、滑石枕1、滑石握手5、滑石熏炉2，唐代

北京大学考古文博院．洛阳王湾：田野考古发掘报告．北京：北京大学出版社，2002：(40) 绿松石3，秦王寨文化；(68) 石璜1，王湾二期文化；(134) 玉石玦2，西周晚期；玉石玦1、石圭2、石璧4，春秋中期；石圭5、石璧1，春秋晚期至战国初期

河南省文物考古研究所．辉县孟庄．郑州：中州古籍出版社，2003：(110) 石钺1，后岗二期

文化；（115）玉凿1，后岗二期文化；（268）玉柄形器2、玉坠1、玉片1、玉饰1，二里冈文化；（333）绿松石1，殷墟文化

河南省文物考古研究所. 禹州瓦店. 北京：世界图书出版公司，2004：（108～109）玉璧1、玉铲1、玉鸟1、残玉器1，王湾三期文化

郑州市文物考古研究所. 大师姑（2002～2003）. 北京：科学出版社，2004：（88）玉杯1，二里头文化；（94～96）绿松石2、玉饰1、玉琮1，二里头文化

中国社会科学院考古研究所. 安阳小屯（夏商周断代工程丛书）. 北京：世界图书出版公司，2004：（139）残玉璜1、残玉料1，殷墟文化；（155～160）玉戈2、玉牛1、玉燕1、玉鸟1、玉鱼7、玉牙璧1、玉鸟形饰1、玉柄形饰1、玉管形坠3、玉笄1、镂空玉片1、孔雀石龙首配饰2、绿松石镶嵌片1，殷墟文化；（166～169）玉柄形饰7、绿松石片若干，殷墟文化

河南省文物考古研究所. 固始侯古堆一号墓. 郑州：大象出版社，2004：（85～92）玉璧5、玉璜4、玉龙佩1、玉环16、玉绞丝环1、玉带钩1、玉人1、玉锁形饰2、玉片7、玉管形饰1、玉珠3、玛瑙管形饰6，春秋末期；（98）玻璃珠8，春秋末期

河南省文物考古研究所，南阳市文物考古研究所，淅川县博物馆. 淅川和尚岭与徐家岭楚墓. 郑州：大象出版社，2004：（20～21）玛瑙环1、玉条形饰1、玉棒1，春秋晚期；（109～114）玉环2、玛瑙3、玉珩1、玉觿2、玉牌6、玉条形饰1、石圭1，春秋晚期；（168～170）玉璧1、玉环3、龙形玉佩3，春秋晚期；（210～213）石钺1、玉璜1、玉环1、玛瑙杯1、半圆柱形穿孔玉器1、玉贝形器156、绿松石片5，春秋晚期；（239～242）玉璧1、玉环8、玛瑙杯1、连璧玉佩1，战国早期；（318～327）玉璧6、玉环17、玉珩8、龙形玉佩3、玉棒1、料珠11，战国早期；（338～339）玉环1，战国中期；（340）玉人1、玉柄1、玉棒1、玉管1，战国早期

河南省文物管理局. 黄河小浪底水库考古报告（二）. 郑州：中州古籍出版社，2006：（77）玉环1、玉璧1，仰韶晚期；（116）石璧1，河南龙山文化；（118）玉环1，河南龙山文化

河南省文物考古研究所. 三门峡庙底沟唐宋墓葬. 郑州：大象出版社，2006：（131）玛瑙珠1，唐代

北京大学文博学院，河南省文物考古研究所. 登封王城岗考古发现与研究（2002～2005）. 郑州：大象出版社，2007：（136）石琮1，王湾三期文化

中国社会科学院考古研究所. 安阳殷墟花园庄东地商代墓葬. 北京：科学出版社，2007：（61）玉璜2、玉柄形饰1、玉勾形饰1、玉管状饰1、玉片1，殷墟文化；（178）玉圭2、玉琮1、玉环2、玉璧1、龙形玦4、玉璇玑1、玉钺1、玉戚6、玉矛2、玉戈8、铜内玉援戈3、玉刀1、玉觿5、玉夔龙形刻刀1、玉纺轮2、玉镯形器1、玉箍形器1、玉璜形器2、玉兽头饰3、玉兽面饰5、玉笄1、玉鹅1、玉熊1、玉圆形坠饰1、长方形玉饰1、玉管157、玉柄形器2、玉镞3、水晶环1，殷墟文化；（247）玉环1，殷墟文化

河南省文物考古研究所. 郑韩故城兴弘花园与热电厂墓地. 北京：文物出版社，2007：（108）玉玦9、玉圭4，西周晚期至战国中期；玉圭1、玉玦2，西周晚期；玉玦4、玉圭1，春秋早期；玉玦2、玉圭1，春秋中期；（108～111）玉玦4、玉璜1、玉圭1、玉片7、玉料1，战国早期；玉玦4、玉圭1、玉片2、玉剑首1，春秋中晚期；玉圭3、玉玦4、玉刀1、玉片2，春秋晚期；玉圭7、玉玦4、玉剑首2、玉料8，战国早期

北京大学震旦古代文明研究中心，郑州市文物考古研究院. 新密新砦：1999～2000年田野考古发掘报告. 北京：文物出版社，2008：(63) 石圭形器1，王湾三期文化；(213) 玉凿1，新砦二期文化；(432) 玉琮2，二里头文化

洛阳市文物工作队. 洛阳王城广场东周墓. 北京：文物出版社，2009：(377～391) 玉璧53、玉环32、玉瑗9、玉璜2、玉璜形饰12、玉珩20、玉云形饰3、玉琮2、玉玦8、玉珠155、玉方扣1、玉动物形饰205、玉人2、圆形玉片饰81、圆形玉块饰21、椭圆形玉片饰34、半月形玉片饰38、长方形玉片饰60、长条形玉片饰43、四边形玉片饰248、三角形玉片饰7、不规则有穿玉饰29、玉柱形饰5、玉细腰5、玉琴具2、方形玉饰1、玉饰3、玉鎏1、玉贝144、玉珌2、玉剑璏2、玉剑格1、玉剑首1、水晶珠7、紫晶珠5、玛瑙珠1、绿松石饰11、绿松石鸡心饰1、绿松石狗形饰1、石圭63，春秋中期至战国中期

洛阳市文物工作队. 洛阳考古发现（2007）. 郑州：中州古籍出版社，2009：(102；103；109；112；122；122～123；125；135) 612所地下车库工地发掘简报：(102) 玉片若干（完整者14），战国初期；(103) 石圭2、石玦1、玉片7，春秋晚期；(109) 石圭1，战国晚期；(112) 玉片若干（完整者4），春秋晚期；(122) 玉璜1、玉玦2、玉片若干（较完整者9）、石圭1，春秋中晚期；(122～123) 石圭1、玉玦2、玉鱼若干（基本完整者5）、玉虎形饰1、玉管形器1、玉钺1，东周时期；(125) 玉圭1、石圭1、玉璧1、玉片2，东周时期；(135) 石玦4、石玦（璧？）1、石圭5、玉环2、玉片1、玉玦2、石璜1，东周时期；(158～160) 洛阳市中州路南中州国际广场发掘简报：玉玦24、玉环2、玉璜1、玉璧6、动物形玉石饰件17、几何形玉石饰件45、不规则形玉石饰件及残片34、石圭16，西周末期至战国晚期；(180) 洛阳市天仁置业有限公司天仁中州公寓发掘简报：玉玦3、玉片6、玉饰3，战国早中晚期；(205) 洛阳市政府家属院西院2号院1号工地汉代遗址和东周墓葬发掘简报：玉玦1，春秋中期至战国中期；(242) 洛阳市瞿家屯上阳华府发掘简报：玉饰片1，西周晚期；(278；287) 洛阳市纱厂南路2007年度发掘简报：(278) 石圭1、水晶环1，战国中晚期；(287) 小玉柱2，战国中晚期；(304～305) 洛阳市第一干部休养所综合楼发掘简报：水晶石4、玉环1、石璧2、石圭1、料珠36，春秋中期至战国晚期；(316) 洛阳市帝豪房屋开发有限公司工地发掘简报：玉玦2、玉饰片5、石圭4，战国中晚期

河南省文物考古研究所. 三门峡南交口. 北京：科学出版社，2009：(249) 石圭2，战国早期；(251) 石圭2，战国早中期；(297) 玉璲，东汉后期

中国社会科学院考古研究所，河南省文物考古研究所. 灵宝西坡墓地. 北京：文物出版社，2010：(32) 玉钺1，庙底沟文化；(36) 钺1，庙底沟文化；(41) 石钺1、玉钺1，庙底沟文化；(45) 玉钺3，庙底沟文化；(62) 石钺1，庙底沟文化；(65) 玉钺2，庙底沟文化；(74) 玉钺1、残玉环，庙底沟文化；(79) 石钺1，庙底沟文化；(103) 玉钺1，庙底沟文化；(106) 玉钺1，庙底沟文化；(112) 玉钺2，庙底沟文化

中国社会科学院考古研究所. 安阳殷墟小屯建筑遗存. 北京：文物出版社，2010：(126) 残玉戚1，殷墟文化；(147) 玉璜1，殷墟文化；(149) 玉玦1、管状珠1、玉双龟1、玉鳖1、玉螺1、玉蝉1、玉饕餮面1、玉饰1、残玉环1、玉料4，殷墟文化；(150) 石璋1，殷墟文化；(152) 绿松石牛头1，殷墟文化

洛阳市文物工作队. 洛阳瞿家屯发掘报告. 北京：文物出版社，2010：(155) 玉石片1、玉坠1、

西周晚期；（157）玉石片11，西周晚期；（166）石圭1，西周晚期；（167）玉石片1，西周早期；玉玦2、玉串珠1，西周晚期；（175～176）玉石片16、绿松石1，战国中期；(177) 石圭1，春秋中晚期；（179）玉玦2，春秋战国；（183）石圭4，春秋战国；（185～186）玉石璧1、玉石片10、石圭1，战国中期；（187）石圭2，春秋战国；（190）石圭3，战国中期；（193）石圭1、玉石片4，春秋战国；（194）石圭2，春秋战国；（196）玉石片10，春秋战国；（200）石圭2，春秋战国；（201）石圭1，春秋晚期；（205）石圭2，战国中期;（208～209）水晶环2、石圭1、玉石片10，战国中晚期；（212）石圭1，春秋战国

河南省文物考古研究所，永城市文物旅游管理局. 永城黄土山与酂城汉墓. 郑州：大象出版社，2010：（42～45）玉觿1、玉舞人5、玉带钩1、鞢形佩2、琮形玉饰1、龙形玉璜1、玉剑珌1、玉玦1、"8"字形玉饰1、玉环1、八棱形小玉器1、片状玉饰1、小玉鸽1、玉贝6、小玉坠6、钺形小玉饰1、火炬形小玉饰1、椭圆形小玉管2、鸟形小玉饰2、Y形小玉饰2、小玉管1、古钱纹小玉饰1、棒形玉饰5、长条形玉饰9、玉蝉13、玉璧1、玉衣片37，西汉中期；（47）玛瑙贝8、玛瑙管4、玛瑙珠37、小玛瑙钺形饰1、心形玛瑙饰5、球形玛瑙饰1、玛瑙鸟形器1、水晶饰3，西汉中期；（76）珍珠1，西汉中期

中国社会科学院考古研究所. 汉魏洛阳故城南郊礼制建筑遗址：1962～1992年考古发掘报告. 北京：文物出版社，2010：（168）玉片1，汉晋时期；（284）琉璃珰1，东汉至北魏

中国社会科学院考古研究所. 庙底沟与三里桥. 北京：文物出版社，2011：（29）水晶珠1、绿松石坠5，庙底沟文化；（37）石璜4，三里桥二期文化；（40）鸳鸯形玉饰2，唐代

安阳市文物考古研究所. 安阳殷墟徐家桥、郭家庄商代墓葬：2004～2008年殷墟考古报告. 北京：科学出版社，2011：（15）文源绿岛小区商代墓葬：玉璜5、玉兔6、玉刻刀4、玉戈2、玉柄形器1、玉环1、玉棒形器1、玉镞形器1、玉镰1、石戚1，殷墟文化；（75）赛格金地城市广场A、B座商代墓葬及车马坑遗址：玉戈4、玉兽面饰1、玉柄形器1、玉璋1、绿松石2，殷墟文化；（86）物华公寓商代墓葬：玉戈1、绿松石1，殷墟文化；（96）榕树湾小区商代墓葬：玉柄形器1、玉器5，殷墟文化；（120）老六庄西南商代墓葬：玉璜1，殷墟文化

洛阳市文物工作队. 洛阳体育场路路西东周墓发掘报告. 北京：文物出版社，2011：（260）石圭1，战国中期；（260）石圭1，战国晚期；（260）石圭1，春秋战国；（261）石圭1、龙形玉饰2、玉面饰15，战国中期；（261）玉饰1、石圭2，春秋中期；（262）玉玦2、玉饰片6，春秋中期；（262）玉管饰1、玉玦1、石圭2，春秋早期；（262）石圭1，春秋晚期；（263）石圭1，战国晚期；（263）石璧1、龙形玉饰1、玉面饰6，战国中期；（264）玉饰5，战国中期；（264）石璧3、玉璜3、玉饰9、玛瑙管2、玛瑙珠10、绿松石珠2、玉玦4、石圭3、玉琮1、玉环2、玉兽面1，春秋中期；（265）石圭2、玉玦4、玉片3、玉璜2，春秋晚期；（265）玉玦5、玉器2、玉璜2、石璜3、玉虎1、圆柱玉玦1、玉饰片16、玉琮1、石圭3、玉饰6、石琮1，春秋中期；（266）玉玦13、玉璜1、玉饰2、玉面饰2、玉饰片8、石圭4、绿松石串珠22、玛瑙珠16、玛瑙管1、玉璧1、虎形玉饰1、锥形玉饰1、玉箍1，春秋中期

河南省文物局. 淅川刘家沟口墓地. 北京：科学出版社，2011：（166）玉片1，春秋晚期

河南省文物考古研究所，南阳市文物考古研究所. 淅川东沟长岭楚汉墓. 北京：科学出版社，2011：（204）玉珩2、玉璧5、玉环8，战国中期；（206）玉佩1，战国中期；（207～208）

料珠23、料管19，战国中期

河南省安阳市文物考古研究所，武汉大学历史学院考古系. 南阳丰泰墓地. 北京：科学出版社，2011：（262）琉璃珠28，西汉中期；（262）水晶块43、琉璃珠191，东汉晚期；（263）玉料1、琉璃珠1、玉环1，西汉中期；（264）玉璜1，西汉早期；（265）琉璃耳珰2，战国晚期；（265）琉璃口琀1、琉璃鼻塞2、琉璃耳塞2，西汉晚期；（265）玉瑗1、玉料3，西汉早期；（266）琉璃口琀1，西汉晚期；（268）玉带钩1，战国晚期；（271）玉剑璏1，战国晚期；（271）玉瑗1，西汉早期；（272）玉料1，西汉中期；（273）玉印章1、玉蝉1，西汉中期；（274）玉料1，西汉早期；（274）琉璃塞1、石口琀1、琉璃珠5，西汉晚期；（277）琉璃口琀1、玉瑗1、玉饼1、玉料1，西汉晚期；（277）琉璃珠11，东汉早期

南阳市文物考古研究所. 南阳牛王庙汉墓考古发掘报告. 北京：文物出版社，2011：（16）残玉片1，西汉中期；（47）玉环1，西汉中期；（68）圆形玉片1，西汉早期；（74）残玉片1，西汉晚期；（79）圆形玉片3，东汉早期；（149）残玉片1，西汉早期；（199）残玉片1，西汉中期；（206）玉片饰1，西汉晚期；（218）玉玦1，西汉中期；（237）残玉片1，西汉中期；（242）玉璜1，西汉晚期

郑州大学历史学院考古系，郑州大学历史文化遗产保护研究中心. 新乡老道井墓地. 北京：科学出版社，2011：（280）玉带板1，明代

河南省文物考古研究所. 郾城郝家台. 郑州：大象出版社，2012：（107）玉片1，王湾三期文化；（169）石璧1，王湾三期文化；（318）玉器1，二里头文化；（332）玉钺1，二里头文化

河南省文物考古研究所. 伊川考古报告. 郑州：大象出版社，2012：（115）玉璋1、玉斧2、石钺3，二里头文化；（123）玉斧1、玉凿1，二里头文化；（126）玉凿1，二里头文化；（128）玉斧1，二里头文化；（135）绿松石6，二里头文化；（150）玉凿1、绿松石饰1，二里头文化

河南省文物考古研究所，鹤壁市文物工作队. 鹤壁刘庄：下七垣文化墓地发掘报告. 北京：科学出版社，2012：（40）绿松石饰1，下七垣文化；（135）绿松石饰2，下七垣文化；（207）绿松石串饰1，下七垣文化；（236）玉石串饰1，下七垣文化

河南省文物考古研究所. 郑州小双桥：1990～2000年考古发掘报告. 北京：科学出版社，2012：（533）玉饰2、绿松石装饰品182，商代早中期；（583）牙饰39，商代早中期

河南省文物考古研究所. 平顶山应国墓地. 郑州：大象出版社，2012：（48）玉璜1、玉璋1、条形玉缀饰6，西周早期；（50）玉佩10、玛瑙管6，西周早期；（96）组合玉佩8组（2222）、单体玉佩10，西周早期；（118）玉琀25，西周早期；（162）佩玉10，西周早期；（165）碧玉刻刀1、条形玉缀饰2，西周早期；（244）玉戈4、玉璜2、玉璋7、条形玉缀饰24、条形绿松石缀饰140，西周早期；（250）玉佩12、连珠组合玉项饰1组（青玉管2、红玛瑙管11、红玛瑙珠5），西周早期；（302）玉璋1、玉佩5、红玛瑙串珠12，西周早期；（362）玉戈2、玉璋1、玉觿1，西周中期；（364）玉琀14、玉握2，西周中期；（385）玉鱼形璋1、组合玉佩1组（兽首玉佩1、玉管4、红玛瑙管7、红玛瑙珠18、细料管8、圆球形小料珠4），西周中期；（389）玉琀9，西周中期；（419）玉钺1、玉璋5、条形缀饰7，西周中期；（421）玉佩10、单佩连珠组合玉项饰1组（凤鸟纹玉佩1、细料管58、红玛瑙珠15），西周中期；（427）玉琀5，西周中期；（499）玉戈3、玉璋1、条形玉缀饰64，西周中期；（501）鱼形玉佩5、料管连珠组合玛瑙佩1组（红玛瑙珠22、淡蓝色细料管17），西周中期；（503）玉琀9，西

周中期；（546）柄形玉璋1、条形玉缀饰25、鸟形玉佩1、单佩连珠组合玉项饰1组（拱桥形玉佩1、红玛瑙珠53、细料管72）、料珠连珠组合玛瑙项饰1组（红玛瑙珠2、圆球形小料珠65）、六列料珠组合玛瑙佩1组（红玛瑙珠3、圆球形小料珠153）、五列串珠组合玛瑙佩1组（红玛瑙珠97、圆球形小料珠180），西周中期；（555）玉玲8、玉贝1，西周中期；（607）玉戚1、玉璧2、玉戈1、玉璋16、条形玉缀饰188、条形绿松石缀饰269、细料管6，西周中期；（619）玉佩6、五璜连珠组合玉佩1组（璧形玉佩1、长圆玉管1、玉璜4、红玛瑙珠1、青玉珠100、球形小料珠400），西周中期；（626）玉玲50，西周中期；（672）玉璋9、条形玉片97、绿松石片8，西周中期；（679）玉玦4、玉笄2、条形佩2、五佩连珠组合玉项饰1组（佩1、管2、贝4、红玛瑙珠51、料珠16）、戈圭连珠组合玉发饰1组（红玛瑙珠6、戈形玉佩2、圭形玉佩4、细料管6）、十二列串珠组合石佩1组（佩1、红玛瑙珠6、料珠1060），西周中期；（690）玉玲10、玉握30，西周中期

河南省文物考古所. 新郑西亚斯东周墓地. 郑州：大象出版社，2012：（154）玉饰6、玉玦2、玉圭1，战国早期；（154）玉玦1、玉圭1、玉饰10，春秋晚期至战国；（155）玉璧1、玉片1，战国中期；（157）玉圭1，战国中期；（159）料珠1，春秋晚期至战国；（161）玉玦16、玉片饰1、玉饰1、玉璧1、玉柱1、玉璜2、玉片2，春秋晚期至战国；（163）玉玦2、玉饰1，战国中期；（163）玉玦4、玉饰8、玉片5、玉塞1，战国早期；（164）玛瑙环2、玉珠2、玉圭1，战国中期；（165）玉饰2、玉玦1，战国早期；（165）玉玦1，春秋晚期；（166）玉环1，春秋晚期至战国；（166）水晶环4、珠子6、玉环2、螺纹珠3、锥形珠4、玛瑙觿2、玉饰2，战国中期；（168）玛瑙环1，春秋晚期至战国；（170）玉璧2、玉圭1，战国中期；（170）玉圭1，战国早期；（175）玉环1、玉圭1，春秋晚期至战国；（177）玉圭1、玉玦2、玉佩4，战国早期；（177）水晶环2、玛瑙觿2、水晶珠11、玉珠11、玉圭4，春秋晚期至战国；（178）玛瑙环1，春秋晚期至战国时期；（180）玉片5、玉璜3、玉圭2，春秋晚期至战国；（181）玉片6，战国中期；（182）玉片1，春秋晚期至战国；（185）玉圭1、玉片饰1，春秋晚期至战国；（190）玉塞2、玉玦3、玉圭1、玉璧1，战国早期；（190）玉玦1、玉片3、玉塞1、玉圭1、玉棒3、玉片饰2，春秋晚期至战国；（191）玉片8、玉玦2、玉塞2、玉圭3、玉柱1，春秋晚期至战国；（192）玉圭7、玉座1，春秋晚期至战国；（193）玉柱2，春秋晚期至战国；（194）玉圭2、玉座1，春秋晚期至战国；（195）玉片2、玉柱2，春秋晚期至战国；（196）玉片饰1，春秋晚期至战国；（197）玉座1、玛瑙环1，春秋晚期至战国；（198）玉珠1，春秋晚期至战国；（201）玉璜4，春秋晚期至战国；（202）玉片13、玉棒1、玉座6、玉玦1、玉珠4、玉柱4、玉璜1，春秋晚期至战国

南阳市文物考古研究所. 南阳一中战国秦汉墓. 北京：文物出版社，2012：（241）玉璜1，西汉中期；（241）玉饼1，战国末至西汉早期；（242）玉带钩1，西汉中期；（243）玉猪2，东汉中期；（243）玉饼1，西汉中期；（243）石黛板1，新莽至东汉初期；（244）玉片1，战国末至西汉早期；（244）石黛板1，新莽至东汉初期；（246）玉璧1、玉管1，战国末至西汉早期；（247）琉璃塞3、琉璃口蝉2、玉剑首1，汉代；（249）玉环1，西汉中期；（250）琉璃塞3，新莽至东汉初期；（250）玉环1，西汉中期；（250）琉璃环1，西汉晚期；（251）玉璧2，战国末至西汉早期；（253）玉片1，西汉中期；（254）玉剑首1、琉璃珠1，战国末至西汉早期；（256）玉剑首1、玛瑙环1，西汉中期；（256）玉环1，汉代；（257）琉璃耳塞1，

西汉晚期；（258）玛瑙珠4，西汉晚期；（258）玉剑璏1、玉片2，西汉中期；（258）玉剑璏1，西汉晚期

洛阳市文物考古研究院. 偃师华润电厂考古报告. 郑州：中州古籍出版社，2012：（11）玉片8、石圭1，西晋；（28）玉片1，西晋；（31）滑石猪1，东汉；（32）玉片1、滑石猪2，东汉；（36）水晶2，西晋；（38）滑石蝉1，东汉；（40）玉饰1，唐代；（47）滑石猪1，东汉；（49）滑石眼盖4，东汉；（53）滑石猪4，东汉；（55）琉璃环1，东汉；（58）滑石猪2，东汉；（60）滑石蝉1，东汉；（63）绿松石羊1、滑石塞1、滑石猪2，东汉；（65）玉塞1、玉琀1、眼盖2、串珠30，东汉；（66）滑石猪4、玉蝉1，东汉；（67）滑石猪2、滑石蝉1，东汉；（71）滑石猪1，东汉；（72）滑石猪1，东汉；（76）滑石塞1，东汉；（78）玉片18、玉猪1、玉蝉1、绿松石串珠2，东汉；（79）滑石猪2，东汉；（83）滑石塞2、滑石猪1、玉片12，东汉；（84）滑石猪7、滑石蝉2，东汉；（87）滑石猪2，东汉；（90）玉片35、滑石猪1，东汉；（91）玉塞1、玉片70，东汉

河南省文物管理局，洛阳市文物考古研究院. 黄河小浪底水库考古报告（四）：新安盐东. 郑州：中州古籍出版社，2013：（145）玉棒饰1，庙底沟二期文化；（195）石圭1，春秋中期

中国社会科学院考古研究所. 偃师商城（第一卷）. 北京：科学出版社，2013：（657～659）玉铲1、玉璜2、玉刀1、玉柄形器4、玉饰3，二里头文化第四期至二里冈上层二期文化

郑州大学历史学院考古系（张国硕、赵俊杰）. 民权牛牧岗与豫东考古. 北京：科学出版社，2013：（83）玉琀2、石圭1，战国晚期

河南省文物局. 淇县大马庄墓地 北京：科学出版社，2013：（34）玉环1，战国晚期；（136）玉口琀1，新莽至东汉早期

河南省文物局. 新乡王门墓地. 北京：科学出版社，2013：（91）玉蝉1，西汉晚期；（102）玉蝉1、玉鼻塞2、玉耳塞1，西汉晚期至新莽时期；（115）玉蝉1、玉鼻塞2，西汉晚期至新莽时期；（155）琉璃耳珰1，东汉；（173）琉璃耳珰1，东汉；（212）玉蝉、玉鼻塞1，西汉晚期

河南省文物局. 禹州新峰墓地. 北京：科学出版社，2013：（365）黛板1，东汉早期；（368）玉琀1、玉耳鼻塞3、玛瑙剑璏1，新莽时期；（369）水晶珠1、玛瑙环3，秦代；（370）玉肛塞1，西汉晚期；（371）玉琀1，西汉晚期；（380）玉琀1、琉璃耳珰1，新莽时期；（401）黛板2，东汉早期；（403）玉料50、黛板2，东汉中期；（407）玉剑首1，不晚于东汉中期；（408）玉环1，东汉早期；（428）玉环1，秦代；（441）玉料15，东汉晚期；（443）玉环1、玛瑙环1，西汉早期；（445）琉璃珠2，不晚于东汉时期；（453）玉琀1、玉耳鼻塞2，战国秦汉时期；（457）玉剑格1，战国秦汉时期；（470）玉瑗1，战国晚期；（475）玛瑙环1，战国秦汉时期；（478）玉琀1、玉耳鼻塞1，新莽时期；（497）玉料2，战国秦汉时期；（500）玉料1，西汉早期；（506）玉料2，西汉早期；（509）玉饰1，西汉早期；（534）玉环1，秦代；（536）玛瑙环，战国秦汉时期；（543）玉琀1、玉饼1，战国秦汉时期；（545）琉璃鼻塞1，战国秦汉时期；（549）玛瑙环1，战国晚期至西汉早期

中国社会科学院考古研究所. 二里头（1999～2006）. 北京：文物出版社，2014：（125）玉柄形器2、玉鸟形器1、玉琮1、玉管1、绿松石片332、绿松石珠13、绿松石饰1，二里头文化；（133）石钺12，二里头文化；（135）石璧1，二里头文化

郑州大学历史文化遗产保护研究中心. 登封南洼：2004～2006年田野考古报告. 北京：科学出

版社，2014：（74）石钺6，二里头文化；（98）绿松石坠饰3、绿松石片饰1，二里头文化；（652）石钺1，殷墟文化；（718）石钺2，春秋时期；（720）石圭5、石璧形器2，春秋中晚期；（769）铅钡玻璃项饰1（包括串珠29枚），唐宋及金元时期；（771）铅钡玻璃耳饰1，唐宋及金元时期

中国社会科学院考古研究所. 安阳大司空——2004年发掘报告. 北京：文物出版社，2014：（184~185）滑石璧1、石璋8、石璧1，殷墟文化；（379~384）玉璧2、玉环1、玉钺1、玉管2、玉饰9、石璋25、石圭2、石璜1，殷墟文化；（392~393）绿松石管1、水晶1、绿松石泡1，殷墟文化；（436~440）玉夔龙1、玉鸟2、玉螳螂2、玉柄形器4、玉环1、玉戈3、玉刻刀1、玉条形饰1、石玦1，殷墟文化

河南省文物局. 辉县汉墓（一）. 北京：科学出版社，2014：（230）玉饰件1，西汉中期；（231）料器1，东汉中晚期

洛阳市文物考古研究院. 洛阳朱仓东汉陵园遗址. 郑州：中州古籍出版社，2014：（82）玉衣片5、玉璧2、料珠1，东汉中晚期；（93）玉器1，东汉中晚期；（124）黛板1，三国（魏）

中国社会科学院考古研究所. 隋唐洛阳城：1959~2001年考古发掘报告. 北京：文物出版社，2014：（125）玉箫1、玉簪1、汉白玉围棋子2，唐代；（127）料珠4，唐代；（192）玉饰1、玉围棋子2，唐代；（289）琉璃龙纹瓦当1，宋金；（291）柿蒂形纹瓦当1，宋金；（324）琉璃筒瓦2，宋金；（339）玉册1，宋金；（388）琉璃筒瓦14，宋代；（400）料珠3，宋代；（434）琉璃筒瓦1、琉璃鸱吻2，唐代；（441）玉册1，唐代；（490）玉珠1，唐代；（503）玉册10枚，唐代；（517）水晶球1，宋代；（526）琉璃檐头板瓦14，唐代；（552）绿松石簪1、绿松石指环1，宋代；（566）滑石围棋子1，唐代；（642）珠饰1、玉片饰1，唐代；（656）琉璃檐头板瓦1，唐代；（677）玛瑙珠1、琉璃棋子1，唐代；（687）琉璃柱形器2，宋代；（694）滑石镇纸1，唐代；（732）玉片1，唐代；（739）琉璃圆环1，宋代；（791）琉璃筒瓦27，唐代；（806）玛瑙珠12、玛瑙管1，唐代；（821）琉璃瓦当6，唐代；（864）琉璃板瓦2，唐代；（942）琉璃板瓦12、琉璃窄条瓦417、琉璃檐头板瓦37，唐代；（944）琉璃筒瓦10、琉璃瓦当38，唐代

河南省文物考古研究院，中国科学技术大学科技史与科技考古系. 舞阳贾湖（二）. 北京：科学出版社，2015：（201）石钺1，裴李岗文化；（207）绿松石三角形坠饰2，裴李岗文化；绿松石三角形坠饰1，裴李岗文化；绿松石三角形坠饰，裴李岗文化；（208）圆形绿松石饰1，裴李岗文化；玉璜1、绿松石棒形饰1，裴李岗文化

安阳市文物考古研究所. 安阳殷墟戚家庄东商代墓地发掘报告. 郑州：中州古籍出版社，2015：（16）玉片1、玉饰2，殷墟文化；（138~139）玉熊1、玉虎1、玉象2、玉猪头1、玉牛头1、玉兽2、玉鸽2、玉燕1、玉蝉4、玉鱼11，殷墟文化；（141~144）玉柄形饰9、玉璋5、玉璜2、玉环10，殷墟文化；（146）玉坠3、玉珠2、翡翠珠1、玉戈7、玉刀1、玉凿1、玉锛1、玉铲2，殷墟文化；（149~151）玉鱼形刻刀1、玉针1、玉弹丸1、穿孔玉饰33、弧形玉饰1、玉饰1、碎玉饰44、碎玉块107、绿松石饰380，殷墟文化；（155）石璋11、石圭1，殷墟文化；（194）玉柄形饰1、玉璋11，殷墟文化；（199）玉饰1，殷墟文化；（230）玉戈1，殷墟文化；（231）玉柄形饰1、玉虎1、玉螳螂1、玉璜1、玉玦1，殷墟文化

郑州大学历史学院. 荥阳官庄遗址. 北京：科学出版社，2015：（49）玉玦2，西周晚期；（138）

石璧2，春秋中期

河南省文物考古研究院，南开大学考古学与博物馆学系. 淅川新四队墓地. 北京：科学出版社，2015：（85）料珠2，西汉早期

四川大学考古学系. 卫辉大司马墓地. 北京：科学出版社，2015：（41）珍珠24，东晋

郑州市文物考古研究院. 新郑望京楼：2010~2012年田野考古发掘报告. 北京：科学出版社，2016：（142）石钺2，二里头文化；（272）玉柄形器1、绿松石饰1，二里头文化；（296~297）石钺6、石戈1，二里头文化；（572）绿松石饰1，二里冈文化；（590）石钺1，二里冈文化；（682）石钺5，二里冈文化

河南省文物考古研究院. 新郑双楼东周墓地. 郑州：大象出版社，2016：（379~382）玛瑙杯2、玉圭12、玉片饰5、玉珠1、玉管1，春秋中期至战国晚期；玉圭5、玉柱1，春秋晚期；玉圭4、玛瑙杯1，战国早期至战国晚期；玉圭11、玉饰2、玉柱1、玉料1，战国早期；玉圭3、玛瑙杯2、废玉料6，战国中期；废玉料6，战国晚期

河南省文物考古研究院. 新郑坡赵一号墓. 北京：中国社会科学出版社，2016：（107）黛板5，东汉晚期；（115~116）琥珀饰件2、水晶饰件2、玻璃珠4、石英水晶碎块7，东汉晚期

河南省文物考古研究院，郑州市文物考古研究院，荥阳市文物保护管理中心. 荥阳西司马墓地. 郑州：大象出版社，2016：（133~134）玉带钩1、玉璧1、料珠5，战国末期至西汉中期；（145）玉璧1，战国末期至西汉中期

中国社会科学院考古研究所安阳工作队，安阳市文物考古研究所. 汤阴五里岗战国墓地. 北京：科学出版社，2016：（31）水晶环1，战国中晚期（魏国）；（50）水晶环2，战国中晚期（魏国）；（98）水晶环1，战国中晚期（魏国）；（136）水晶环1，战国中晚期（魏国）；（167）水晶环3，战国中晚期（魏国）；（249）水晶环1，战国中晚期（魏国）

河南省文物考古研究院，三门峡市文物考古研究所. 淅川熊家岭墓地. 北京：科学出版社，2016：（13）玉环1，战国中期；（21）石圭1、石玦1，战国中期；（46）玉环1，战国中期；（51）绿松石管5、料珠17，战国中期；（62）玉璧2，战国中期；（64）璜形玉饰1、刀行玉饰1，战国中期；（72）玉环1，战国中期；（78）玉环1，战国中期；（85）绿松石管1，战国中期；（90）石璧1，战国中期；（108）玉璧2，战国中期；（109）玉环1、水晶环1、水晶方管2，战国中期；（168）料珠1，战国中期；（183）石璧1，战国中期

河南省文物考古研究院，驻马店市文物考古管理所. 淅川马川墓地东周楚墓. 北京：科学出版社，2016：（22）琉璃耳珰残片，春秋晚期至战国晚期（楚国）；（37）料珠11、琉璃珠2、玛瑙珠7，春秋晚期至战国晚期（楚国）；（53）玉饰件1，春秋晚期至战国晚期（楚国）；（158）绿松石1，春秋晚期至战国晚期（楚国）

河南省文物考古研究院. 淅川阎杆岭墓地. 北京：科学出版社，2016：（159）玉环2，秦至西汉初期

河南省文物考古研究院，南阳市文物考古研究所，重庆市文化遗产研究院，淅川县文化广电新闻出版局. 淅川金寨子墓地. 北京：科学出版社，2016：（57）玉璧1，西汉

河南省文物考古研究院，许昌市文物考古研究管理所. 淅川蛮子营墓地. 北京：科学出版社，2016：（132）玻璃耳珰1组5件、玻璃珠1组4件，新莽至东汉早期

河南省文物考古研究院. 淅川下寨遗址：东晋至明清墓葬发掘报告. 北京：科学出版社，

2016:（21）玻璃饰品4，东晋

河南省文物考古研究院. 曹操高陵. 北京：中国社会科学出版社，2016:（168～169）石圭1、石璧3，三国（魏）；（222～224）玉珠8（青玉珠4、白玉珠1、玛瑙珠1、大玉珠2）、玉璧1、玉剑格1、玉觽1、玛瑙饼1、水晶珠1、珍珠1，三国（魏）；（231）珍珠1、煤精虎雕1，三国（魏）

洛阳市文物考古研究院. 隋唐洛阳城天堂遗址发掘报告. 北京：科学出版社，2016:（31）水晶小串珠若干，隋唐时期

河南省文物局. 鲁山杨南遗址. 北京：科学出版社，2016:（319）料珠1，元代

# 十六、湖北省

湖北省京九铁路考古队，湖北省文物考古研究所. 武穴鼓山：新石器时代墓地发掘报告. 北京：科学出版社，2001：（92～95）玉璜8、玉佩4、玉玦4、玉璧2、玉管5、玉环8、玉坠2，薛家岗文化

湖北省文物考古研究所. 盘龙城：1963～1994年考古发掘报告. 北京：文物出版社，2001：（76）玉平刃柄形器1，二里冈文化；（135）玉残戈1、玉平刃柄形器1，二里冈文化；（179～180）玉戈4、玉柄形器6、花头构件1、绿松石饰件5，二里冈文化；（201～205）玉璜2、玉戈3、玉隼形饰1、玉蛇形饰1、玉饰件1、玉柄形器3、绿松石1，二里冈文化；（221）玉戈1，二里冈文化；（255～258）玉笄5、玉钗1、玉斜刃柄形器1、玉环（残）1、绿松石饰件1，商代；（293～295）玉璜1、玉戈2、玉柄形器4、绿松石饰1，二里冈文化；（316）玉平刃柄形器1，二里冈文化；（341）玉戈1、玉柄形器4、绿松石1，二里冈文化；（355）玉戈（援）1、玉平刃柄形器1、玉坠饰1，二里冈文化；（370～371）玉璇玑1、玉戈1、玉蝉形饰1、玉柄形器3，二里冈文化；（386）玉戈1、玉柄形器2、绿松石管状饰1，二里冈文化；（389）玉斜刃柄形器1，二里冈文化；（391）玉平刃柄形器1，二里冈文化；（434～438）玉戈（援）1、玉刀形饰1、玉饰件1、玉柄形器2、玉蝉形饰1、绿松石饰3、绿松石管状饰1、玉铲1、玉纺轮1、玉环1、玉柄形器4、玉琮1、玉璋1、玉柄形器2、玉三角形器1，二里冈文化

湖北省文物考古研究所. 武昌放鹰台. 北京：文物出版社，2003：（64）玉环2、玉璜1，屈家岭文化；（127～128）玉环2、玉璧1、玉饰2，西周早中期；（179）玉璧1、石圭1，西周中晚期；（190）玉环4，宋代

湖北省荆州博物馆. 荆州天星观二号楚墓. 北京：文物出版社，2003：（196～203）玉璧2、玉璜1、玉佩3、玉环3、石圭1、石磬1、料珠44，春秋中期至战国末期

湖北省文物事业管理局，湖北省三峡工程移民局. 秭归庙坪. 北京：科学出版社，2003：（83）玉佩饰2，战国早中期；（90）石玦1，战国早中期；（152）玻璃器20，西汉中晚期；（158）玻璃器7，西汉中晚期；（165）玻璃器2，东汉晚期；（262）玻璃串珠6，明代

国务院三峡工程建设委员会办公室，国家文物局. 秭归柳林溪. 北京：科学出版社，2003：（229）料珠2、耳珰1，西汉末期；（241）炭精石1、玻璃质料器36，六朝

国务院三峡工程建设委员会办公室，国家文物局. 湖北库区考古报告集（第一卷）. 北京：科学出版社，2003：（29）巴东黎家沱遗址发掘简报：绿松石饰1，汉至六朝；（208）巴东雕楼包古墓葬发掘简报：玻璃管4、扣饰5，东汉晚期；（223）巴东黄家梁子墓地发掘简报：珍珠串饰20、料饰1，东汉早期；（229；235）巴东老屋场墓群发掘报告：（229）玻璃管饰

5，东汉中晚期；（235）玛瑙串饰1、烧料珠1，东晋中期；（250）巴东宝塔河遗址六朝墓葬发掘简报：饰珠2、料饰1，三国晚期至西晋中期；（257；264）巴东西瀼口古墓葬2002年发掘简报：（257）料珠1，东汉早期；料珠1、耳珰5，东汉晚期；（264）串珠318、耳珰1，东晋至南朝时期；（494）秭归台子湾遗址发掘报告：玉版3，元代；耳珰4，新莽至三国时期；（552）秭归渡口遗址发掘简报：玉环3、玉璧1、料珠1，周代；（645；661）秭归蟒蛇寨汉晋墓群发掘报告：（645）耳珰2枚，汉代；（661）耳珰3枚，晋墓；（673）秭归望江墓群发掘简报：玉片5、玉耳环1，北宋；玉簪1，唐代后期；滑石模型1，六朝早期

湖北省文物考古研究所，荆门市博物馆. 荆门罗坡岗与子陵岗. 北京：科学出版社，2004：（56~58）玉璧3、玉佩1、玉珠14、水晶石环1，战国

湖北省文物考古研究所，咸宁市博物馆，赤壁市博物馆. 赤壁土城：战国西汉城址墓地调查勘探发掘报告. 北京：科学出版社，2004：（228~230）玉璧3、玉管18、玉佩8、玉珠12、玻璃料珠3、水晶饰1、其他玉饰件1，战国

湖北省清江隔河岩考古队，湖北省文物考古研究所. 清江考古（长阳地区考古发掘报告）. 北京：科学出版社，2004：（54）桅杆坪遗址：石钺2，大溪文化；（65）桅杆坪遗址：绿松石佩饰1、绿松石耳坠4，大溪文化；（97）西寺坪大溪文化遗址：石钺1，大溪文化；（141~643）西寺坪大溪文化遗址：绿松石饰品9、玉玦1、石玦2、石璧1、石璜5，大溪文化；（172~175）深潭湾大溪文化早期遗址及两周时期巴人崖葬墓：玉管3、玉珠15、绿松石珠16、玻璃块1，春秋时期；（184）深潭湾大溪文化早期遗址及两周时期两周时期巴人崖葬墓：石璧1，春秋时期；（310）池滩岩遗址：玉玦4、玉手镯1、瑱1，不定；（390）天池口东汉墓、唐墓：玉玦3、琉璃烧料4，东汉；（402）陈家沱东汉墓：玉玦2、瑱3，东汉；（405~406）州衙坪六朝中期墓葬：料珠1、玛瑙珠3、玉珠6、玻璃珠6，六朝；（409~412）州衙坪六朝中期墓葬：玛瑙珠3、玉珠1、玻璃珠1，六朝；（412~414）州衙坪六朝中期墓葬：玉珠1、玛瑙珠1、瑱1，六朝；（415）州衙坪六朝中期墓葬：瑱1，六朝；（418~420）州衙坪六朝中期墓葬：玛瑙珠7、料珠1，六朝；（422）州衙坪六朝中期墓葬：玛瑙珠4、玻璃珠2、料珠1，六朝；（429）州衙坪六朝中期墓葬：料珠1，六朝；（431）固仓坪六朝中期墓：玛瑙珠1，六朝；（436）静安六朝中晚期墓：玛瑙珠1，六朝

国务院三峡工程建设委员会办公室，国家文物局. 秭归官庄坪. 北京：科学出版社，2005：（12）玉佩1，屈家岭文化；（38）玉璧1，屈家岭文化；（374）玉笄，东周；（424）玉笄1，东周

国务院三峡工程建设委员办公室，国家文物局. 湖北库区考古报告集（第二卷）. 北京：科学出版社，2005：（55）巴东东瀼口六朝墓地发掘简报：玛瑙料珠2、玻璃器1，六朝；（150~151；152；163）巴东罗坪墓葬发掘报告：（150~151）玻璃器7、玻璃耳珰5、玻璃珠2，东汉早期；（152）玻璃耳珰1，宋代；（163）玻璃珠2，北宋晚期；（202）巴东土寨子遗址发掘简报：玉璜1，早商时期；（383）秭归乔家坝遗址发掘简报：绿松石料管1，周代；（465）秭归东门头汉墓与宋墓清理简报：玻璃器1、料管2、料珠2，汉代；（480）秭归马槽岭与孔岭东汉墓发掘简报：琉璃耳珰2，东汉；（501）秭归大沙坝遗址的发掘：玉笄1、玉璜1、玉片1，商后期至西周中期

襄樊市考古队，湖北省文物考古研究所，湖北省孝襄高速公路考古队. 枣阳郭家庙曾国墓地. 北京：科学出版社，2005：（284~295）玉戈1、玉璧2，西周末期至春秋早期；（284~295）

玉小璧8、玉环2、玉玦12、玉方形佩4、玉束绢形佩2、玉弧形佩5、玉中字形佩2、玉蹄形佩7、玉兽形佩1、玉鱼形佩2、玉龙形佩4、玉蝉形佩1、玉虎形佩1、玉U形佩1、玉管24、玛瑙珠56、孔雀石珠1，西周末期至春秋早期；（295）玉琀2、玉方环1、玉残片8，西周末期至春秋早期

湖北省文物考古研究所，襄樊市考古队，襄阳区文物管理处．襄阳王坡东周秦代汉墓．北京：科学出版社，2005：（54～58）玉琮1、玉玦8、玉璜2、牛首形饰2、蛙形饰5、玉蝉1、玉兽面饰7、玉牌形饰8、玉鍪1、玉方形饰1、玉条形饰1、玉片2、玉贝3，春秋；（59）玛瑙珠18，春秋；（60）料珠7，春秋；（177～181）玉璧5、玉环2，战国晚期至秦代；（181）料珠15，战国晚期至秦代；（301）玉剑首1、玉环2、玉玼1、玉印1、玉璧1、料珠1，西汉

中国社会科学院考古研究所．枣阳雕龙碑．北京：科学出版社，2006：（323～325）石钺9，屈家岭文化；（329～330）玉璜1、石璜8，屈家岭文化

湖北省文物考古研究所，荆门市博物馆，襄荆高速公路考古队．荆门左冢楚墓．北京：文物出版社，2006：（136～139）玉带钩1、龙形玉佩1、玉梳1、玉环1、玉玦2、棱柱形玉管1、玉圭1、玉管1、玉杆1、鱼形玉片2、椭圆形玉片9、料珠1、玉环1、玉鸡1、玉猪1、玉羊1，战国中期；（162）玉璧1，战国中期；（185）玉管1，战国中期

湖北省宜昌博物馆．当阳岱家山楚汉墓．北京：科学出版社，2006：（182～184）玉环4、玛瑙珠1、料器11，战国中晚期；（405～406）琉璃瑱7、玛瑙珠1、料珠1，汉代

国务院三峡工程建设委员办公室，国家文物局．巴东罗坪．北京：科学出版社，2006：（227）玉璧1，汉代；（367）玉环1，清代

国务院三峡工程建设委员办公室，国家文物局．巴东楠木园．北京：科学出版社，2006：（324）玻璃耳珰1，东汉中晚期

国务院三峡工程建设委员办公室，国家文物局．湖北库区考古报告集（第三卷）．北京：科学出版社，2006：（11～12）秭归望江彭家老屋墓群发掘简报：琉璃瑱3、耳珰2、玛瑙珠2，东汉；（65～66）秭归老坟园墓群发掘报告：滑石猪12、绿松石珠1、玛瑙珠1，东晋；（80）秭归胜利街遗址发掘简报：琉璃配饰7，汉代；（98）秭归窑湾墓地发掘简报：玉镯1，明代；玉笄1，北宋；（133；140；146）秭归何家大沟遗址的发掘：（133）玉珠1，商末周初；（140）琉璃珠1，东周；（146）琉璃耳珰3，东汉；（181）小厶姑沱遗址发掘报告：玻璃耳珰1，东汉；（191）秭归何家坪遗址发掘简报：玉饰2，明代；（221）巴东龙堆包墓群发掘报告：玻璃耳珰6、圆扣状料饰1，东汉至东晋时期；（231）巴东炮台子墓地发掘简报：玻璃饰品1，六朝；（251）巴东宝塔河古墓发掘报告：琉璃珰2，东汉至东晋；（303）巴东罗坪遗址发掘简报：玉璧1，汉代；（391）巴东福利溪墓地2003年发掘简报：琉璃耳珰2，东汉晚期至三国时期；（446；513）巴东茅寨子湾遗址的第二次发掘：（446）玻璃耳坠1，东汉；（513）玻璃耳坠1，汉唐

国家三峡工程建设委员会办公室，国家文物局．湖北库区考古报告集（第四卷）．北京：科学出版社，2007：（28）巴东县杜公祠墓地2005年发掘简报：玻璃珠27，北宋；（96）巴东县雷家坪遗址第三次发掘简报：项链中小料器串珠167、项链料器大串珠1、料器大串珠2，南朝（齐）；（131）巴东县雷家坪六朝墓地发掘报告：红松石珠饰1、绿松石珠饰1，东晋；（186）巴东县万人坑墓群2005年发掘简报：玻璃耳珰1，东汉；（213）巴东县沿渡河墓群

2004年发掘简报：料珠6，西晋；（221）巴东县上码头墓群2004年发掘简报：玻璃器2，西晋；（234）巴东县张家坟墓群2003年发掘简报：玻璃饰品1，东汉早期；（342）巴东县葛藤坪遗址发掘简报：琉璃串珠4、琉璃坠饰2，东汉中晚期；（349）巴东县陈向坪王家湾墓群2004年发掘简报：玻璃耳珰11、珍珠11，东汉晚期；（420）秭归县水田坪遗址发掘报告：玻璃耳坠4，东汉；（467）兴山县平邑口墓群发掘简报：料器耳珰2、料珠2，三国（蜀）

襄樊市文物考古研究所．襄樊考古文集（第一辑）．北京：科学出版社，2007：（130）襄樊沈岗西周墓发掘简报：玉玦2、玉贝2，西周中期；（207）襄樊付岗墓地第二次发掘报告：玉璧3，西汉早期；（380）襄樊檀溪墓地第二次发掘报告：玉簪1，唐代；（432）襄樊羊祜山墓地第三次发掘简报：玻璃簪2、玻璃杯1对、玻璃珠1，宋代

南水北调中线水源有限责任公司，湖北省移民局，湖北省文物事业管理局．郧县老幸福院墓地．北京：科学出版社，2007：（53）玉璧1，战国晚期；（156）料珠1，东汉；（156）耳珰2，东汉中期；（156~157）料珠152、水晶饰2、耳珰7，东汉晚期

南京大学历史系考古专业，湖北省文物考古研究所，鄂州市博物馆．鄂城六朝墓．北京：科学出版社，2007：（299）玉璲1、玉饰件1，东晋；（303）琥珀珠5、琥珀饰件4、水晶珠1，三国（吴）；（303）玛瑙珠1，东晋；（303）玛瑙珠1、琥珀饰件1，南朝（宋、齐）；（303）玻璃碗2，西晋；（305）玻璃珠32，南朝（宋、齐）；（305）玻璃珠2，西晋；（305）玻璃珠1、玻璃虎形饰件1，三国（吴）

黄冈市博物馆．蕲春罗州城：2001年发掘报告．北京：科学出版社，2007：（250）玉笄2，南宋

湖北省文物考古研究所，钟祥市博物馆．梁庄王墓．北京：文物出版社，2007：（52）玉圭4、玉佩饰11、玉佩4副（2584件），明代；（142）青玉珩1、冕珠125、碧玉瑱2、白玉瑱2，明代；（144）弁珠126，明代；（150）玉革带7条，明代；（171）玉束带2条，明代；（196~197）白玉饰1、绿松石饰1、宝石串饰6、水晶环19、水晶饼形饰1，明代；（202~206）珍珠174、串珠37、青玉串饰2、白玉条1、白玛瑙圆雕橄榄形饰2、红玛瑙环8、水晶环6、蓝玻璃珠1颗、宝石21颗、宝玉花118，明代

湖北省文物考古研究所．房县七里河．北京：文物出版社，2008：（133）玉管1，石家河文化；（189）石璧1，石家河文化；（259）玉环1，石家河文化

国务院三峡工程建设委员会办公室，国家文物局．秭归卜庄河．北京：科学出版社，2008：（79）玉饼1，二里头文化；（140）玉璧1，西汉早中期；（142）玻璃耳坠2，东汉中期；（155）玻璃耳坠1，六朝；（204）玉璧1，西汉早期；（208）玻璃耳坠2，东汉早期；（211）玻璃饰件1，东汉早期；（217）玻璃耳坠2，东汉早期；（226）玻璃耳坠2，东汉早期；（229）玻璃耳坠1，东汉早期；（244）料珠1，东汉早期；（251）料珠7，东汉早期；（264）滑石猪2，六朝；（274）滑石猪1，六朝；（281）料珠1，六朝；（392）玻璃耳坠2、玉饼1，东汉中晚期；（395）玻璃耳坠1，东汉中晚期；（400）玻璃耳坠2，东汉中晚期；（496）玻璃耳坠1，西汉晚期；（531）玉环3，东汉中期；（539）玉镯1，六朝；（553）料珠1，六朝；（574）玻璃纽扣11，明代；（668）玉环1，西汉初期；（675）玉片1，西汉中期；（712）料珠1，西汉早期；（753）玉镯2、玉簪1，清代

荆门市博物馆．荆门子陵岗．北京：文物出版社，2008：（97）玉璧1、玉环1、水晶珠4、料珠

18，战国中晚期；（163～164）玉璧2、石璧1、玉佩1、碎玉片5，西汉早中期；（220）水晶珠1、琉璃珠28，东汉早期；（227）玻璃筒瓦1，明代

随州市博物馆. 随州擂鼓墩二号墓. 北京：文物出版社，2008：（121～122）石璧1、石圭1、玉璜2，战国早中期；（124）玛瑙环8，战国早中期；（127）紫色水晶珠3、环形串珠1833，战国早中期；（131～132）石璧2、玉羊1、玉兔1、玉塞1、料珠20、绿松石穿孔珠5，战国早中期

国务院三峡工程建设委员会办公室，国家文物局. 巴东李家湾. 北京：科学出版社，2009：（49）玉璜1，屈家岭文化；（51）绿松石坠1，屈家岭文化；（65）玉璜1，屈家岭文化；（69）玉璜3，屈家岭文化；（70）绿松石坠2，屈家岭文化；（114）料珠1，玉珠1，西周中晚期

荆州博物馆. 荆州荆南寺. 北京：文物出版社，2009：（52）石钺2，二里冈文化

襄樊市文物考古研究所，武安铁路复线九里山考古队. 老河口九里山秦汉墓. 北京：文物出版社，2009：（455）石璧2、玉蝉1、玉塞5，西汉中期；（455）石璧2、石璜1、玉蝉3、玉塞10，西汉晚期

中国社会科学院考古研究所. 黄梅塞墩. 北京：文物出版社，2010：（54）玉玦2、玉璜3，黄鳝嘴文化；（56）石钺2，黄鳝嘴文化；（59～61）玉玦2；玉璜5；玉佩1、玉珠1，黄鳝嘴文化；（150）玉石玦9、玉石璜9，黄鳝嘴文化；（152）玉簪1，黄鳝嘴文化；（248）石钺17，薛家岗文化；（260～264）玉石玦17、玉石璜16、三联玉璧1、玉坠2、玉片饰1、玉石镯4，薛家岗文化

国务院三峡工程建设委员会办公室，国家文物局. 巴东红庙岭北京：科学出版社，2010：（117）残玉片1，春秋晚期；（138）小玉玦1，春秋晚期；（229）琉璃耳珰1，西汉晚期；（237）小琉璃珠212，西汉晚期；（295）琉璃耳珰2，东汉中晚期；（297）琉璃耳珰2，东汉晚期；（303）小料珠1，东汉早期；（308）琉璃耳珰2，东汉；（316）琉璃耳珰4，东晋

国务院三峡工程建设委员会办公室，国家文物局. 秭归陶家坡. 北京：科学出版社，2010：（12）滑石猪1、琉璃耳珰1，东汉晚期；（21）滑石猪1，东晋；（23）滑石猪1，南朝；（27）滑石猪4，南朝；（30）滑石猪2，东晋；（38）滑石猪2，东晋；（42）滑石猪1，南朝；料珠2，东晋；（47）滑石猪2，东晋；（53）滑石猪1，西晋；（55）料器辟邪1、料珠42，东晋；（57）玻璃耳珰1，东晋；（60）料珠98，南朝

国务院三峡工程建设委员会办公室，国家文物局. 湖北库区考古报告集（第五卷）. 北京：科学出版社，2010：（23）巴东孔包墓群2007年发掘报告：料珠36、玻璃耳珰2，东汉晚期；（91）巴东杨家包墓群发掘简报：料珠2、玛瑙饰件12，六朝时期；（97）巴东店子坪墓群发掘简报：玻璃耳珰1，东汉晚期；（116；121）巴东孔包河遗址墓群2001年度发掘报告：（116）料珠36、琉璃管饰1，新莽至唐中期；（121）滑石扣2、琉璃耳珰2、料珠2，东汉；（154）秭归兵书宝剑峡悬棺清理简报：玉玦2，战国（巴楚）；（224）秭归油厂夏商时期遗址与六朝墓葬发掘简报：滑石猪6，六朝时期；（251；259）秭归八字门墓群发掘简报：（251）玻璃耳珰2、料珠1、玉玦1，东汉；（259）玻璃耳珰1、料珠1，六朝时期；（270；271；280）秭归台子湾墓群发掘简报：（270）料珠39、料鼻塞4，新莽；（271）料珠29，三国；（280）料珠2，六朝时期；（291）秭归何家坡遗址发掘简报：石钺1，二里头文化；（325）秭归乌龟包墓群发掘简报：玉片1，宋代；（349）秭归王家岭古墓群2007年度发

报告：滑石器1，南朝；（381）秭归香溪几处遗址墓葬2007年的发掘：玻璃耳珰1，汉代；（399）秭归小幺姑沱遗址发掘简报：料器2，东汉晚期至六朝；（420；422；428）秭归何家岭、沙包岭墓地发掘简报：（420）琉璃珠1，战国晚期；（422）滑石猪2、琉璃珠1，东晋；（428）玛瑙耳环4，北宋；（450）秭归陶家坡遗址发掘报告：玉镯2，明清时期；（497）秭归何家坪遗址2007年发掘报告：滑石猪15、料珠32、玛瑙珠6，东晋至南朝早期；（535）秭归大麦沱、王家滩、杨家包、徐家屋场墓地2007年第一次发掘简报：滑石猪1，三国后期至西晋初期；滑石猪1，南朝

国务院三峡工程建设委员会办公室，国家文物局. 湖北库区考古报告集（第六卷）. 北京：科学出版社，2010：（180）巴东红庙岭遗址第一、二次发掘报告：料珠13、耳珰3，东汉；（209）巴东红庙岭遗址第三次发掘：琉璃耳珰4，东汉；（224）巴东红庙岭墓地2007年发掘报告：琉璃珰1，东汉早期；（245；247；249）巴东雷家坪遗址2006年发掘简报：（245）饰珠，西汉1；（247）玻璃耳珰1，东汉到六朝时期；（249）珍珠3，东汉到六朝时期；（298；308）巴东王家湾墓群2007年发掘简报：（298）琉璃珠1，西汉；（308）料珠1，战国；（351）巴东高桅子遗址2006年发掘简报：玉饰1、玻璃耳珰2，东汉到六朝时期；（481）秭归天灯堡遗址、墓葬发掘报告：滑石猪4，六朝时期；（505）秭归县甲沟遗址发掘简报：玉佩饰1，北宋；（577）秭归树坪墓群2004年发掘报告：料珠1，唐代；（587）秭归何家屋场墓群发掘报告：滑石猪3，东晋中后期至南朝

国务院三峡工程建设委员会办公室，国家文物局. 巴东旧县坪. 北京：科学出版社，2010：（577）玉簪2、玉镯1，宋代；（578）料器簪5、玻璃簪1，宋代

国务院三峡工程建设委员会办公室，国家文物局. 秭归东门头. 北京：科学出版社，2010：（164）料珠1、玉串珠1，唐代；（295）珍珠7，明清时期；（323）玉饰1，明清时期；（371）料珠1，明清时期；（377）玉烟嘴1，明清时期

湖北省文物考古研究所，随州市博物馆. 随州金鸡岭. 北京：科学出版社，2011：（242）石琮1，屈家岭文化；（247）玉璜1，屈家岭文化

襄阳市文物考古研究所. 余岗楚墓. 北京：科学出版社，2011：（77～79）玉璧6、玉佩3、玉璜4、玉环15、玛瑙管1、水晶珠3、滑石珠162、石圭8，春秋中期至战国中期（楚国）

湖北省文物考古研究所，天门市博物馆. 天门彭家山楚墓. 北京：科学出版社，2012：（83～84）玉璧1、玉佩1、水晶环3、水晶珠8、琉璃珠6、琉璃管2，战国中期（楚国）

湖北省文物局，湖北省移民局，南水北调中线水资源有限责任公司. 郧县上宝盖. 北京：科学出版社，2013：（194）水晶石3，新石器时代

湖北省文物考古研究所. 宜昌杨家湾. 北京：科学出版社，2013：（65）石璜1，大溪文化；（68）石璜1，大溪文化；（94）石璜2，大溪文化；（176）石璜1，大溪文化；（185）弧形石璜2、桥形石璜1，大溪文化；（262）玉佩1，大溪文化；（287）玉佩1，大溪文化；（418）桥形石璜1，大溪文化；（501）残石璜1，大溪文化；（521）玉管环1，大溪文化；（576）残玉璜1，屈家岭文化；（583）玉璜1，屈家岭文化；（595）石璜1，屈家岭文化；（597）石璜1，屈家岭文化；（750）玉璜1，屈家岭文化；（758）石璜1，屈家岭文化；（790）环状玉佩1，东周；（854）环状佩饰2，大溪文化

湖北省文物考古研究所，湖北省黄石市博物馆，湖北省阳新县博物馆. 阳新大路铺. 北京：文

物出版社，2013：（121）石璧，石家河文化；（409）玉片1，西周中期；（489）水晶石1，西周晚期至春秋初期；（508）水晶石1，西周晚期至春秋初期；（629）玉璧1，殷墟晚期至西周早期；（700）玉环1，二里冈上层晚段至殷墟四期早段；（707）玉璧1，殷墟晚期至西周早期

襄阳市文物考古研究所. 襄阳黄家村. 北京：科学出版社，2013：（254）玉戈1、玉牌1、玉玦4、玉珩11，春秋早期（邓国）；（305）玉珩1，秦统一前后至秦汉之际；（375）玉珠357、石蝉2、耳珰料器1，汉代；（499）石珩1、玉钗1，唐代

湖北省文物考古研究所，襄阳市文物考古研究所，襄阳市襄州区文物管理处. 襄阳陈坡. 北京：科学出版社，2013：（229~235）玉梳1、玉簪1、玉带钩1、玉璧3、玉璜4、玉珩2、玉玦4、玉环3、玉觿2、龙形佩2、虎首形佩2、龟背形佩1、长条形佩2、鞋底形饰2、月牙形饰3、玉琮2、玻璃璜2，战国中期（楚国）

湖北省文物局，湖北省移民局，南水北调中线水资源有限责任公司. 湖北南水北调工程考古报告集（第一卷）. 北京：科学出版社，2013：（53）湖北省丹江口市南张家营遗址发掘简报：石钺1，煤山文化；（75）湖北省丹江口市金陵墓群的发掘：玛瑙环2、料珠1、料管10，战国早中期；（125；134）湖北省丹江口市金陵墓群2008年发掘报告：（125）玉璧，西汉；（134）玉璧2，明代；（172）湖北省丹江口市金陵墓群2006年度清理发掘报告：玉指环1，清代；（268）湖北省郧县乔家院春秋殉人墓：玉璧1、玉环1、玉觿4、佩饰2、玉玦2、玉珩3、玉握2、玉琥2、玉琥头9、玉璜5、玉饰5、石璜2、石璧1、玉柄铁剑1、水晶环4、紫色水晶球2、绿松石珠48、绿松石环2、玛瑙珠3，春秋中晚期（楚国）

湖北省文物局，湖北省移民局，南水北调中线水资源有限责任公司. 湖北南水北调工程考古报告集（第二卷）. 北京：科学出版社，2013：（128）丹江口龙口林场墓群万家岭墓地战国—汉代墓葬发掘简报：料珠2，战国晚期至秦统一；（163）丹江口雷陂墓地晋、明代清代墓葬发掘简报：玉饰1，明代；（224）郧县青龙泉遗址2008年度发掘简报：玉器4，屈家岭文化；（308）郧县中台子遗址发掘报告：石璜1、石璧形器2，屈家岭文化

湖北省文物局，湖北省移民局，南水北调中线水资源有限责任公司. 丹江口潘家岭墓地. 北京：科学出版社，2013：（161）玉珩1、水晶石1、料珠1、煤精石饰1，西汉中晚期

湖北省文物局，湖北省移民局，南水北调中线水源有限责任公司. 丹江口牛场墓群. 北京：科学出版社，2013：（33）料珠1、绿松石管1，东周（大致判断）；（173）料珠1，战国中期；（290）石璧1，西汉晚期；（350）玉饰品1，西汉晚期；（405）饰珠1，新莽至东汉初期

湖北省文物局，湖北省移民局，南水北调中线水源有限责任公司. 湖北南水北调工程考古报告集（第三卷）. 北京：科学出版社，2014：（202）丹江口市金陂墓群2009年发掘报告：玻璃手镯1，清代；（286）郧县西峰汉墓群发掘简报：石黛板1、水晶环1、水晶珠1、料管2、蜜蜡16，东汉中期；（323）郧县余嘴遗址发掘简报2009年发掘报告：琉璃耳珰2，东汉；（327）郧县余嘴遗址：琉璃器2，西汉；（367）十堰市黄龙镇焦家院墓群及遗址：玻璃环1，明清时期

湖北省文物局，湖北省移民局，南水北调中线水源有限责任公司. 湖北南水北调工程考古报告集（第四卷）. 北京：科学出版社，2014：（49）丹江口玉皇庙遗址发掘简报：玉璧1，西汉；（190）郧县刘湾遗址发掘简报：玉玦1、绿松石饰品1、玉芯1、石璧1，东周；（241）郧县

龚家村遗址发掘简报：料器耳珰1，东汉；（340）武当山遇真宫村遗址2008年度发掘报告：玉烟嘴1、玉骰子2、玉箸3，明清时期

湖北省文物局，湖北省移民局，南水北调中线水源有限责任公司. 湖北南水北调工程考古报告集（第五卷）. 北京：科学出版社，2014：（53）沙洋钟桥遗址考古发掘简报：石钺1，石家河文化；（132）沙洋黄歇宋墓发掘简报：玻璃珠1，北宋；（196）荆州魏家草场遗址2010年考古发掘简报：玉璧1，明代；（229）荆州张家台遗址2010年考古发掘简报：滑石猪1，东汉；（283；288）荆州艾家冢墓地考古发掘简报：（283）玉璧1，战国中期（楚国）；（288）玉簪1，清代

国务院三峡工程建设委员会办公室，国家文物局. 巴东谭家岭与宋家榜. 北京：科学出版社，2014：（348）琉璃料珠1，明代

湖北省文物考古研究所，天门市博物馆. 天门龙嘴. 北京：科学出版社，2015：（83）玉玦1，油子岭文化；（143）玉牌饰1，油子岭文化；（184）石璧1、石钺1，油子岭文化；（219）玉玦1，油子岭文化；（221）石钺1，油子岭文化；（268）石钺1，油子岭文化；（277）石钺1，油子岭文化；（292）玉器1，油子岭文化；（306）孔雀石1，油子岭文化；（321）石钺1，油子岭文化

湖北省文物局，湖北省移民局，南水北调中线水源有限责任公司. 湖北南水北调工程考古报告集（第六卷）. 北京：科学出版社，2015：（122~123）郧县黑家院遗址发掘简报：石钺2、石璜1，屈家岭文化；（177）郧县郭家院发掘简报：石钺2，屈家岭文化；（203）郧县刘家院遗址2010年发掘简报：石圭1，新莽时期

湖北省文物考古研究所，荆门市博物馆，钟祥市博物馆. 郢靖王墓. 北京：文物出版社，2016：（72~73）玉珠1、玛瑙石（珫）1、串饰1、玛瑙珠1、珍珠1、绿松石花1，明代；（82）玛瑙珠1、玛瑙粒1，明代；（88）玉佛珠2、玉珠10颗，明代；（89）桃形玉版6，明代；（90~91）辅弼玉版2、铊尾玉版2、长方形排方玉版5、委角长方形排方玉版2，明代；（105~107）绿松石质佛头1、玛瑙珠2、玉叶2、水晶棒1、绿松石饰1、玛瑙粒1、珍珠饰件（数量不详）、玉环1、玉圭1，明代；（111~112）玉珩1、玉瑱4，明代；（114）玉旒珠133（琥珀珠36、青色玉珠35、深绿色玉珠18、青白色玉珠44），明代；（120）玉钩2、云龙纹玉珩2，明代；（123~124）云龙纹玉瑀2、如意云纹玉琚4、云龙纹玉花2、如意云纹玉璜4、云龙纹玉冲牙2、玉滴4、玉珠（数量不详），明代；（126~129）玉钩4、玉珩4、玉瑀4、玉琚8、玉花3、玉璜8、玉冲牙4、玉滴8、玉珠（数量不详）、桃形玉銙版6，明代；（131）辅弼玉銙版2、铊尾玉銙版2、长方形排方玉銙版7，明代；（135~139）玉衡1、铜丝串珍珠1、玉珠2、玉珩2、玉瑀2、玉璜4、玉花2、玉琚4、玉冲牙2、玉珠（数量不详）、玉腰带1、玉圭1，明代；（186~190）玉圭1、丹珠（数十粒）、水晶山子1、玛瑙龙兽1、紫晶鼓1，明代

# 十七、湖南省

湖南省博物馆，湖南省文物考古研究所．长沙马王堆二、三号汉墓（第一卷：田野考古发掘报告）．北京：文物出版社，2004：（23）玳瑁梳1、筐2、玳瑁璧2、玉璧1、玉环1、玉饰件3，汉代；（25）玉印章1，汉代

湖南省文物考古研究所．湖南古墓与古窑址．长沙：岳麓书社，2004：（16）琉璃剑首1，战国晚期；（19）琉璃璧6、琉璃瑗1、琉璃珠1、琉璃圭形器2、玉环1，战国；（24）玉瑗1，战国；(26)琉璃璧1、琉璃珠1，战国；（30）琉璃璧2、玉璧1，秦代；（47）琉璃璧1、琉璃珠1、玉环1、玉剑珌1、滑石器11，汉代；（54）滑石器5，西汉；（58）琉璃璧1、滑石璧1，西汉晚期；（66~67）玉剑格1、玉剑珥1、玉佩1、水晶珠9、玛瑙珠9、琥珀珠18、琉璃饰5、琉璃珠1、琉璃管1、琉璃圆形饰片3，汉代；（177）琉璃珠饰3，唐代；（210）珠饰2，南宋；（220）琉璃笄簪5、琉璃耳珰1对、串珠若干、环1、琥珀串珠1，元明时期

湖南省文物考古研究所．彭头山与八十垱．北京：科学出版社，2006：（489~491）翡翠石饰件1、绿松石穿孔串珠1，彭头山文化

湖南省文物考古研究所．澧县城头山：新石器时代遗址发掘报告．北京：文物出版社，2007：（478）石钺15，大溪文化；（484~485）玉玦4、玉璜2、玉簪1、玉坠1、绿松石坠1、绿松石粒1，大溪文化；（594）石钺6，屈家岭文化；（597）玉环1、玉坠2、玉璜1、绿松石2，屈家岭文化

湖南省文物考古研究所．里耶发掘报告．长沙：岳麓书社，2007：（222）玉玦1，秦代；（351~354）玉叶1、石璧1、琉璃璧12、琉璃珠8，战国中晚期；（511）滑石璧243，西汉早期至新莽时期；（521）滑石耳杯1，西汉早中期；（521）滑石钫2、滑石盘1、滑石耳杯1，西汉中期至新莽时期；（525）玉玦1，西汉中期至新莽时期；（633~634）玉蝉1、滑石璧64，西汉中期至东汉早期

益阳市文物管理局，益阳市博物馆．益阳楚墓．北京：文物出版社，2008：（189）玻璃璧36、玻璃珠14，战国（楚国）；（193）玛瑙珠7、玉璧6，战国（楚国）；（197）玉环3、玉管5、玉璜1、玉剑格1、玉剑珌1、玉剑首1、玉印1，战国（楚国）

湖南省文物考古研究所．坐果山与望子岗：潇湘上游商周遗址发掘报告．北京：科学出版社，2010：（49）石钺1，坐果山遗存；（66）玉环璧残件4，坐果山遗存；（173）残石环（玦）4，望子岗遗存；（226）残石环（玦）10，坐果山遗存；（270）玉器4，坐果山遗存；（317）石环（玦）35，春秋时期；（342）石钺1，望子岗遗存；（452）石钺1，西周至春秋；（472~473）玉璜1、残玉玦1、玉环1，西周至春秋

湖南省常德市文物局．沅水下游楚墓．北京：文物出版社，2010：（674）玉璧13、玉剑格1、

战国晚期（楚国）；（677）石觿1，战国晚期（楚国）；（679）玛瑙环1、绿松石珠3，战国中期（楚国）；（681）玻璃璧47，战国中晚期（楚国）；（682）玻璃剑首2，战国晚期（楚国）；（683）玻璃珠26，战国中晚期（楚国）；（715）玉玺1，战国晚期（楚国）

湖南省文物考古研究所，湘西自治州文物局，永顺县文物局. 永顺老司城. 北京：科学出版社，2014：（168）玉笄1，明代；（489）玉环片1，明代

湖南省文物考古研究所. 湘阴青山：新石器时代遗址发掘报告. 北京：科学出版社，2015：（269）玉璜1，堆子岭文化；（270）玉环1、玉簪1，堆子岭文化

湖南省文物考古研究所. 沅陵窑头发掘报告：战国至汉代城址及墓葬. 北京：文物出版社，2015：（87）玻璃璧1，秦代；（152）玉环1、玻璃璧1，战国至秦代；（123）玉璧1、玻璃珠1，战国至秦代；（169）玉璧1，战国至秦代；（301）滑石剑具2，战国至秦代；（315）玻璃珠1，战国至秦代；（436）滑石璧3，新莽至东汉；（438）滑石器3，新莽至东汉；（442）滑石璧6，西汉晚期；（445）滑石璧1，西汉晚期；（448）滑石璧2，西汉晚期；（450）滑石器1，新莽至东汉；（454）滑石璧1，西汉中期；（463）滑石璧1，西汉晚期；（469）滑石璧3，西汉中期；（472）滑石璧2，西汉晚期；（476～477）滑石璧2，西汉晚期；（480）滑石璧2，西汉晚期；（484）滑石璧1，西汉晚期；（487）滑石璧1，西汉晚期；（490）滑石璧1，西汉中期；（492）滑石器10，西汉中期；（495）滑石金饼3，西汉中期；（497）滑石器5，西汉中期；（498）滑石器9，西汉晚期；（500）滑石器11，西汉中晚期；（504）滑石璧2，西汉中期；（513）滑石璧2，西汉晚期；（514）滑石璧1，西汉晚期；（518）滑石璧1，西汉晚期；（522～523）滑石灯1、滑石璧1，西汉晚期；（525）滑石璧2，新莽至东汉；（528）滑石璧1，新莽至东汉；（533）滑石器25，新莽至东汉；（539）滑石器2，西汉中晚期；（543）滑石璧1，西汉中期

益阳市文物管理处，益阳市博物馆，先秦南洞庭：南洞庭湖古遗址发掘报告集. 北京：科学出版社，2016：（120）益阳蔡家园遗址发掘报告：玉璜1，大溪文化；（192～194）沅江玉竹包遗址发掘报告：玛瑙玦1、玛瑙环1、玛瑙璜1、玛瑙璜1、玛瑙笄1、铲形玉玦1，大溪文化

湖南省文物考古研究所. 益阳罗家嘴楚汉墓葬. 北京：科学出版社，2016：（21）滑石璧1，战国晚期（楚国）；（31）滑石璧1、水晶1，战国晚期（楚国）；（59）滑石璧1，战国晚期（楚国）；（61）滑石璧1，战国晚期（楚国）；（73）滑石璧1，战国晚期（楚国）；（97）滑石璧1，战国晚期（楚国）；（105）玻璃璧1，战国晚期（楚国）；（140）玻璃璧1，战国晚期（楚国）；（148）滑石璧1，战国晚期（楚国）；（163）滑石璧1，战国晚期（楚国）；（191）玻璃璧1，战国晚期（楚国）；（193）玻璃璧1，战国晚期（楚国）

湖南省文物考古研究所，岳阳市文物管理处. 沅水下游汉墓. 上海：上海古籍出版社，2016：（648～653）玉琀1、玛瑙佩饰7，西汉早期；玻璃璧3、玛瑙佩饰3、玻璃剑璏1、炭精坠饰2、玉带钩3、玉环1，西汉中期；六方水晶鼻塞1、玛瑙饰件3，西汉晚期；玉带钩2、玉琀1、玉眼盖1、玉塞1、玻璃手握2、玉猪2、玻璃鼻塞2、水晶珠17（白色2、红色珠11、黑色1、黑色饰物1、淡青色料管2），新莽；玛瑙佩饰8，东汉早期；玛瑙佩饰4，东汉中期；（691～694）石黛板11，西汉早期；滑石璧225、石黛板1、滑石璧形饰2、石黛板1，西汉中期；滑石璧71、石黛板1，西汉晚期；石黛板4、滑石璧54，新莽；滑石璧5、石黛板7，东汉早期；（703）玉印1；西汉中期；玉印1，新莽

# 十八、广东省

广东省文物考古研究所，珠海市博物馆. 珠海宝镜湾：海岛型史前文化遗址发掘报告. 北京：科学出版社，2004：（137～144）石玦57、石环6、玛瑙半圆形饰件1、石芯91、石饼形器42，新石器时代晚期；（144～149）石钺2、石圭1、耳珰1，新石器时代晚期；（149～151）、水晶玦10、水晶璜2、水晶质饼形器5，青铜时代早期

揭阳考古队，揭阳市文化广电新闻出版局. 揭阳考古（2003～2005）. 北京：科学出版社，2005：（55；90）揭阳县面头岭墓地发掘报告：（55）石钺1、石玦4，春秋晚期至战国晚期；（90）石玦1，采集；（110）揭东县宝山岽遗址试掘报告：石玦1，新石器时代晚期；（119）揭阳市古遗址调查报告：石璋2，商代晚期；（161；170）揭东县先秦两汉遗址调查报告：（161）玉璜1，商代晚期至西周早期；（170）石玦2，商代晚期至西周早期

广东省文物考古研究所. 博罗横岭山：商周时期墓地2000年发掘报告. 北京：科学出版社，2005：（43）管11、玦72、水晶玦12，商代；（106）玦2、管7，商周时期；（109）玦2、管1，商周时期；（129）水晶玦1，商周时期；（146）玦1，商周时期；（161）玦4，商周时期；（163）水晶玦1，商周时期；（186）玦16，商周时期；（196）玦4，商周时期；（199～200）玦8、水晶玦1、玦2，商周时期；（211）水晶玦7，商周时期；（226）玦1，商周时期；（256）玦2，商周时期；（267）玦1，商周时期；（335）玦1，商周时期；（376）玦1，商周时期

广州市文物考古研究所. 羊城考古发现与研究（一）. 北京：文物出版社，2005：（21）增城石滩围岭遗址发掘简报：水晶饰品1，浮滨文化；（45）广州市农林东路南越国"人"字顶木椁墓：玛瑙珠8、玻璃饰品1，南越国时期；（59；64；67；70）广州市先烈南路汉晋南朝墓葬：（59）滑石璧1、珠饰1，西汉；（64）珠饰1，新莽时期至东汉前期；（67）滑石猪2，东晋；（70）滑石猪2，东晋；（80；82）广州市永福路汉唐墓葬发掘简报：（80）滑石璧1、玉蝉（琀）1、玉塞3、串饰2、水晶珠1、紫水晶管2、玛瑙珠1、石串珠40，西汉；（82）玛瑙串珠6，唐代；（101～102）番禺小谷围岛山文头岗东汉墓：玛瑙珠3、绿松石珠1、琉璃珠5、琥珀珠20，东汉；（137；140）广州市淘金东路中星小学南朝墓发掘报告：（137）滑石猪4，南朝；（140）滑石猪2，南朝；（168）广州太和岗唐墓发掘简报：滑石猪1，唐代；（297）华侨小学南宋墓发掘简报：石砚1、绿松石小饰件2，南宋

广东省博物馆，佛山市博物馆. 佛山河宕遗址：1977年冬至1978年夏发掘报告. 广州：广东人民出版社，2006：（42）水晶小石核石器1，新石器时代晚期

广东省文物考古研究所. 乳源泽桥山六朝隋唐墓. 北京：文物出版社，2006：（42）滑石猪1，东晋；（48）绿松石珠饰1，东晋；（56）滑石猪2，东晋；（59）滑石猪2，东晋；（66）滑

石猪2，南朝早期；（75）滑石猪2，南朝早期；（77）滑石猪2，南朝早期；（79）滑石猪2，南朝早期；（84）滑石猪1，南朝早期；（87）滑石猪2，南朝早期；（89）滑石猪1，南朝早期；（94）滑石猪1，南朝早期；（98）滑石猪2，南朝早期；（104）滑石猪1，南朝晚期；（105）滑石猪2，南朝晚期；（108）滑石猪2，南朝晚期；（109）滑石猪2，南朝晚期；（111）滑石猪2，南朝晚期；（125）滑石猪1，南朝晚期；（127）滑石猪5，南朝晚期

广州市文物考古研究所，广州市番禺区文管会办公室. 番禺汉墓. 北京：科学出版社，2006：（336～337）玉剑璏1、绿松石珠8，汉代；（338～341）琥珀珠6、玛瑙珠24、玻璃器10、琉璃珠5、料珠1，汉代

广东省文物考古研究所. 肇庆古墓. 北京：科学出版社，2008：（49）滑石璧2、玛瑙珠饰3，西汉晚期；（71）滑石璧3、玛瑙珠1、绿色料珠7、浅蓝色珠2，东汉初期；（77）珠饰1，东汉中期；（92）滑石猪2，南朝；（96）滑石猪3，南朝；（102）滑石猪2，南朝

南越王宫博物馆筹建处，广州市文物考古研究所. 南越宫苑遗址：1995、1997年考古发掘报告. 北京：文物出版社，2008：（68）玉衣片2，西汉中晚期

广东省文物考古研究所尚杰. 五华狮雄山. 北京：科学出版社，2014：（117）水晶石核1、水晶石片2，后山文化；（119）石玦1，浮滨文化

# 十九、广西壮族自治区

广西壮族自治区文物工作队，合浦县博物馆. 合浦风门岭汉墓：2003～2005年发掘报告. 北京：科学出版社，2006：（16）玉管饰1、玛瑙狮子1，西汉中期；（30～39）滑石鼎4、滑石壶7、滑石钫7、滑石方罐1、滑石樽1、滑石提桶1、滑石釜2、滑石釜甑2、滑石盘3、滑石杯8、滑石耳杯53、滑石勺2、滑石杵2、滑石臼1、滑石灯2、滑石暖炉2、滑石案4、滑石几1、滑石井2、滑石吊桶1、滑石仓2、滑石灶2、滑石屋1、滑石厕2，西汉晚期；（39）玉管状饰2、琉璃串珠5、玛瑙饰件2，西汉晚期；（82）玉碗1、玉管饰2、琉璃串珠4、琉璃管饰2、组合串饰3，西汉晚期；（98）琉璃珠1、玉石串饰5、琉璃耳珰1、琥珀羊穿饰1、组合串珠11，东汉晚期；（111）琉璃珠500，东汉晚期

广西壮族自治区文物工作队. 广西考古文集（第二辑）：纪念广西考古七十周年专集. 北京：科学出版社，2006：（214；232）广西武鸣县岜旺、弄山岩洞葬发掘报告：（214）玉玦1、玉坠2，新石器时代晚期；（232）玉玦3、玉坠1，新石器时代晚期；（321）广西合浦县罗屋村古墓葬发掘报告：琉璃珠73，东汉晚期至三国；（353）广西合浦县岭脚村三国墓发掘报告：玉璲1，三国；（365）广西钟山县英家马山头、伏船岭发掘的三座古墓葬：玛瑙料珠4，东汉；（385）广西灌阳县画眉井隋代纪年墓：滑石猪1，隋代

广西文物考古研究所. 广西考古文集（第三辑）. 北京：文物出版社，2007：（74）武鸣县敢猪岩洞葬发掘简报：玉锛3、玉凿2、凹刃玉凿2、玉玦4、玉环8、玉璜1、玉镯1、玉管饰33、穿孔圆玉片1743，商代晚期至西周早期；（125）2005年合浦县文昌塔汉墓发掘报告：滑石璧1、玛瑙串饰1串7枚，西汉晚期；（226）2005年平乐县木棺汀发掘报告：玉镯10、玉簪3、玉烟嘴2、玉佩1、玉錾指1、玉把银钩针1、银镶玉饰品1、玻璃杯1、玻璃扣9、眼镜2、玻璃镜片3、玻璃镜2、玻璃料帽饰1、玻璃料顶戴1、玻璃料葫芦1、玻璃料串珠1串112颗、玻璃料珠5、玻璃料坠子6，清代

广西文物考古研究所，南宁市博物馆. 广西先秦岩洞葬. 北京：科学出版社，2007：（19）玉玦1、玉坠饰2，感驮岩文化；（45～46）玉玦3、玉坠子1，感驮岩文化；（59）玉凿1、玉玦1，感驮岩文化；（64～66）玉斧1、玉锛1、玉料1、玉饰片128，西周中晚期；（77）玉刻刀2、玉戈1、玉镯1，商代晚期至西周早期；（91～95）石钺1、玉锛3、玉凿2、玉凹刃凿2、玉璜1、玉镯1、玉玦4、玉环8、玉管饰33、穿孔圆玉片1743，感驮岩文化；（102～104）石钺2、玉器2，西周；（119～121）石钺4、玉锛3、玉斧2、玉管1、玉环1、玉玦4、玉钏1、绿松石珠3、玉片7，西周；（129）玉钏1，战国；（133）玉玦1，战国

广西文物考古研究所. 广西考古文集（第四辑）. 北京：科学出版社，2010：（249）桂平大塘

城遗址汉墓发掘报告：滑石炉1、玉管1、串饰1，西汉晚期；玛瑙耳珰2、串饰1，东汉早期；（283）梧州木铎冲古墓葬发掘报告：滑石猪2，唐代

广西文物考古研究所. 广西考古文集（第五辑）. 北京：科学出版社，2013：（167）贺州凤凰岭古墓群考古发掘报告：琉璃耳珰1、滑石器1，东汉晚期；滑石猪2，西晋末至东晋初期；滑石猪1，南朝初期；滑石猪1，唐代；（280）广西梧州近年发现的古墓葬：玉簪2，北宋；（295）广西灵川县迪塘村清代代古墓简报：玉镯1，清代；（316）天等清代代赵焜墓的发现和处理：玛瑙纽扣2，清代

广西文物保护与考古研究所，合浦县文物管理局. 2009～2013年合浦汉晋墓发掘报告. 北京：文物出版社，2016：（73～75）串饰7组、蚀刻石髓珠1、玻璃珠3，西汉晚期；（179～180）玻璃珠（共约2203颗），东汉早期至晚期；石榴子石珠29、玻璃珠2，东汉早期；（289～290）滑石猪2、玻璃珠6串、蚀刻石髓珠1、琥珀串饰1、玛瑙耳珰1，三国（吴）；（343）玻璃珠2，东晋

# 二十、重庆市

重庆市文物局,重庆市移民局. 重庆库区考古报告集：1997卷. 北京：科学出版社,2001：(31)
巫山双堰塘遗址发掘报告：绿松石珠饰1、璜饰1、圆形片饰2,西周中期或略晚；(120)
巫山麦沱汉墓群发掘报告：琉璃瑱4、玛瑙珠1,西汉中晚期；(244)云阳李家坝东周墓地
发掘报告：剑首1、琉璃珠1,战国中期；琉璃珠2,战国晚期；(689)丰都汇南墓群发掘
简报：琥珀卧狮3、烧料珠7,两晋；玛瑙珠2、烧料珠792,蜀汉晚期至晋初

重庆市文物局,重庆市移民局. 重庆库区考古报告集：1998卷. 北京：科学出版社,2003：(80；
88；99)巫山双堰塘遗址发掘报告：(80)琉璃耳珰3,东汉；(88)琉璃小珠3,东汉；(99)
琉璃耳珰4,东汉；(111)巫山蓝家寨遗址发掘报告：料珠1,东汉；(122)巫山麦沱古墓
群第二次发掘报告：琉璃璧1,战国；(166)巫山瓦岗槽遗址发掘报告：耳珰3、珠串饰
1,西汉中期至东汉末期；(223)巫山江东嘴墓群发掘报告：耳珰1,东汉；(266)奉节老
油坊遗址考古发掘报告：玉玦2,汉代；(385)云阳李家坝巴人墓地发掘报告：石玦1,战
国早期；玉环1,战国中晚期；(394；408)云阳故陵楚墓发掘报告：(394)玉璧1,东汉；
(408)绿松石珠1、琉璃耳饰3,东汉；(436；447)云阳县旧县坪遗址发掘报告：(436)
玉猪1,西汉中期至东汉末期；(447)玛瑙珠1,六朝；(546)万州麻柳沱遗址发掘报告：
玉璜1,明清；(564；569)万州安全墓地发掘报告：(564)琉璃耳珰1,汉代；(569)琉
璃耳珰1,汉代；(690；693；694)忠县崖脚墓地发掘报告：(690)料珠3、料管1,战国；
(693)玉璧3,战国；(694)玉璧1,战国；(807~808)丰都汇南墓群发掘报告：玉蝉1、
石圭形器1,新莽时期；石圭形器1,西汉晚期；玛瑙珠1、烧料串珠1278,两晋；玉璧1,
东汉中晚期；烧料耳珰2,蜀汉；(831)涪陵蔺市遗址发掘简报：耳珰1,东汉中晚期

重庆市文物局,重庆市移民局. 万州大坪墓地. 北京：科学出版社,2006：(47)玉玦7、玉环2,
东周；(48~49)琉璃环1、琉璃串珠13、琉璃管10,东周；(134~135)料鼻塞7、料串珠
5、料蝉1,西汉晚期至东汉晚期；(169~171)琉璃鼻塞2、料珠10、串珠3,六朝

重庆市文物考古所. 重庆涂山窑. 北京：科学出版社,2006：(337)碗底(玉璧)1,北宋末
期至南宋

重庆市文物局,重庆市移民局. 重庆库区考古报告集：1999卷. 北京：科学出版社,2006：
(52~53)巫山张家湾遗址第二次发掘报告：玉管2、琉璃器2,东汉；(115~116；131；
142)巫山双堰塘遗址发掘报告：(115~116)玛瑙石1、玉瑗形器1、玉玦形器1、玉璜
形器4、玉钩形饰1、琉璃器1,西周；(131)琉璃耳珰1,东汉；(142)琉璃器1,汉代；
(249)万州中坝子遗址第三次发掘简报：玉璜2、料管1,商周；(284；290；324~325)

万州大周溪遗址发掘报告：（284）玻璃器2，东汉中晚期；（290）红玛瑙串饰1，两晋时期；（324～325）玉串饰1，南朝末期；（333；337；346；379；382）万州大地嘴墓地发掘报告：（333）玉带钩1，东汉早期；（337）琉璃珠1，新莽时期；（346）琉璃耳珰1，东汉早期；（379）玉佩1，南朝；（382）玛瑙珠1，南朝；（416）万州黄柏溪遗址发掘报告：玉凿1，新石器时代中晚期；（504；506）万州麻柳沱遗址考古发掘报告：（504）石玦1，商周；（506）石玦1，东周；（678）丰都玉溪遗址发掘简报：印章1、料珠1，东晋至南朝

重庆市文物局，重庆市移民局. 重庆库区考古报告集：2000卷. 北京：科学出版社，2007：（106）巫山江东嘴遗址发掘报告：料器串珠5，六朝；（143）巫山水田湾东周、西汉墓葬发掘简报：琉璃瑱2、石黛板1，东汉中晚期；（151）巫山小三峡水泥厂墓地发掘报告：玉璜1，西汉早期；（188）巫山秀峰一中战国、两汉墓地发掘报告：料珠1，战国中晚期；（366）巫山大昌古城遗址发掘报告：玉玦1、玉饰1，明代；（399；417；422）巫山高唐观墓群发掘简报：（399）玉环1，战国；（417）玉环1，西汉中晚期；琉璃器1，东汉早期；（422）玛瑙饰件1，北宋；（464）巫山大溪遗址勘探发掘简报：玉璧1、玉环1、玉佩1、玉玦1、绿松石坠2、绿松石柱形饰2，大溪文化；（498）奉节毛狗堆遗址第二次发掘简报：玉矛1，商周；（619；630）奉节莲花池墓地发掘简报：（619）料器1，东汉；（630）水晶环1、玉珠1、料扣1，明清；（663）云阳旧县坪遗址发掘报告：珠饰12，汉代；（684）开县余家坝墓地发掘简报：玉串饰1、玉玦2，战国中晚期；（725）万州上沱口墓群发掘简报：水晶玛瑙料珠串饰6，东晋至南朝时期；（864；865）忠县老鸹冲遗址（墓葬部分）发掘简报：（864）玉冲牙2，战国末年至西汉早期；（865）玉纽扣形器1、玉串饰1、玉耳珰2，东汉晚期；玉环1，西汉早期；玉耳珰2，东汉前中期；（901）忠县宣公墓群发掘简报：琥珀狗1，东汉晚期；（1034）忠县中坝遗址1999年度发掘简报：璧形器1、绿松石串珠2，周代；（1144；1150；1163；1179）涪陵太平村墓群考古发掘报告：（1144）琉璃耳珰1，汉代；（1150）琉璃耳珰1，东汉中晚期；（1163）琉璃耳珰2，东汉中晚期；（1179）琉璃耳珰1，东汉中晚期

重庆市文物局，重庆市移民局. 重庆库区考古报告集：2001卷. 北京：科学出版社，2007：（26）巫山江东嘴遗址发掘报告：玛瑙珠3，西晋；（174）巫山瓦岗槽墓地2001年度考古发掘报告：石黛板1，新莽；（200）巫山高唐观遗址发掘报告：琉璃珰1，西汉晚期；（280）巫山大昌古城遗址第二次发掘报告：玉烟嘴1，清代；（329）奉节老油坊遗址2001年发掘报告：玉锛1，汉代；（386；392）奉节白杨沟墓群2001年发掘简报：（386）玛瑙珠2，东汉中晚期；（392）串珠156，宋代；（451）奉节宝塔坪2001年唐宋明清墓发掘报告：料珠1，唐代；（520）奉节赵家湾墓地发掘报告：琉璃亚腰饰4、琉璃串珠120，东汉早中期；（546）奉节鱼复浦遗址2001年发掘报告：残玉佩1，战国；（570）云阳伍家湾遗址2001年度发掘报告：玉斧1、玉刀1，巴文化；（595）云阳佘家嘴遗址2001年度发掘报告：琉璃耳珰1、串珠1，东汉前期；琉璃耳珰1，南朝；（676）云阳马沱墓地2001年度发掘报告：玉猪1，南朝；（721）万州大地嘴遗址青龙嘴墓地发掘报告：串珠1、玻璃饰珠1、玻璃制品1、玛瑙珠饰件1、玻璃饰环1，汉代；（772；807）万州瓦子坪遗址发掘报告：（772）琉璃耳珰5、琉璃串饰1、玛瑙珠1、料珠3，东汉晚期；（807）玛瑙珠1，南朝早期；（885）万州礁芭石墓地发掘报告：玉璜1，新莽；（926）万州包上秦汉墓发掘报告：玻璃耳珰2，东汉中期；（960）万州老棺丘古墓群发掘报告：

琉璃耳珰3、琥珀饰物1，东汉晚期；（977）万州团堡地墓群发掘报告：琉璃耳珰1，东汉中期；串珠209，六朝；（1002；1009）万州曾家溪墓地考古发掘报告：（1002）玉璧1、玉环1、玉玦5、料器1，战国中晚期；料器2，西汉初期；（1009）琉璃耳珰2，东汉中晚期；（1020；1065）万州糖坊墓群发掘报告：（1020）琉璃耳珰7，东汉晚期；（1065）琉璃耳珰1，两晋至南朝早中期；（1147）万州黄陵嘴遗址发掘报告：石玦2，春秋中晚期至战国中期；（1185）万州古坟包汉墓发掘简报：琉璃耳珰1，东汉；（1209；1235；1243～1245）万州柑子梁墓群发掘简报：（1209）石黛板2，西汉；（1235）琉璃耳珰1，东汉；（1243～1245）石黛板2、琉璃耳珰2、琥珀卧狮1、琉璃串珠1，东汉；（1319）万州武陵镇吊嘴墓群发掘报告：琉璃耳珰1，东汉晚期；（1322）万州大坪墓群2001年度发掘简报：琉璃珠7、琉璃耳珰2、琉璃鼻塞1、琉璃蝉1，东汉晚期；（1407）万州古坟嘴墓群发掘报告：琉璃饰件1，东汉；（1434）开县余家坝墓地2001年发掘简报：玉玦2，战国；（1609）忠县沿江四队墓群发掘简报：琉璃管6，新莽至东汉早期；（1840；1858；1867）丰都大湾墓群发掘报告：（1840）玻璃装饰品1、料器3，西晋早期；（1858）玻璃器1、料器1，东汉中期；（1867）玻璃器1，东汉中期；（1976；1977）2001、2003年度涪陵镇安遗址发掘报告：（1976）玻璃耳珰1，东汉；（1977）料珠1，西汉；玻璃耳珰1；（2040）涪陵北岩墓群发掘报告：玻璃耳珰2，东汉中期

重庆文物局，重庆市移民局. 云阳晒经. 北京：科学出版社，2008：（70）玉石串珠1、琉璃耳珰1，东汉晚期

重庆市文物局，重庆市移民局. 忠县仙人洞与土地岩墓地. 北京：科学出版社，2008：（112）琉璃串珠1，两晋

重庆市文物局，重庆市移民局. 奉节新浦与老油坊. 北京：科学出版社，2010：（96）玉玦2、玉锛1，汉代

重庆市文物局，重庆市移民局. 奉节宝塔坪. 北京：科学出版社，2010：（220）料珠1，唐宋；（265）簪1，唐宋

重庆市文物局，重庆市移民局. 重庆库区考古报告集：2002卷. 北京：科学出版社，2010：（101；104）巫山麦沱墓地第四次发掘报告：（101）玛瑙珠5，新莽至东汉时期；（104）琉璃簪2，北宋；（130）巫山涂家坝遗址发掘报告：玉璜1，战国（楚）；（198）奉节周家坪墓地：琉璃饰件1，东汉；（254）奉节陈家坪遗址发掘报告：玉镯1，明清；（331）云阳石家包10号、11号岩坑墓发掘报告：料珠1，新莽；（381）云阳马沱墓地发掘报告：料珠48，战国早中期；（418；425）云阳打望包墓地发掘报告：（418）玛瑙珠1，东汉晚期；（425）料珠1、管状料饰15，六朝时期；（504）云阳营盘包墓群发掘报告：玉珌1、料珠3，战国晚期至西汉前期；（558）万州老棺丘古墓群发掘报告：琉璃耳珰1，东汉晚期；（620）万州武陵墓群发掘报告：琉璃耳珰2，东汉中晚期；（654）万州金狮湾墓群（二期）发掘报告：琉璃饰件3、料珠7，东汉早期；（776）万州下中村遗址发掘报告：琉璃器1，北宋；（802；835）万州大坪墓群发掘简报：（802）水晶串珠4、琉璃串珠8、玉玦1、料珠1、琉璃环1，战国早中期；（835）料串珠150、料鼻塞1，西晋；（845；877；882）万州礁芭石墓地第二次发掘报告：（845）玉璧1，战国晚期；（877）滑石耳珰1，东汉；（882）琥珀扣饰1，东汉；（912）石柱砖瓦溪遗址发掘报告：料器2，新莽；（961；975）忠县罗家桥遗

址发掘报告：（961）玉璧1，战国中期；（975）玻璃管柱形饰1，蜀汉至两晋时期；（1135；1155）丰都大湾墓群发掘报告：（1135）玉、绿松石串珠1，西晋；（1155）串珠140，西晋；（1233）丰都糖房遗址发掘报告：料珠110，六朝时期；（1305）涪陵横梁子墓群发掘报告：玻璃耳珰2，东汉晚期；（1369）涪陵小田溪墓群发掘简报：玉剑首1、玉剑璏1、玉剑珥1、玉剑珌1、玉戈1、玉璧1、龙形玉佩2、蜻蜓眼1、玉管形饰2、玉觿1，战国晚期；（1421；1426）忠县㽘井沟遗址群崖脚（半边街）墓地1999年度发掘简报：（1421）玉璧1，战国中期；（1426）凤眼珠，战国晚期；（1546）2002年云阳巴阳镇佘家嘴墓葬发掘报告：玛瑙饰物1，西汉中期

重庆市文物考古所，重庆文化遗产保护中心．重庆公路考古报告集．北京：科学出版社，2010：（104；110；141；146）云阳县江口汉墓群发掘报告：（104）料器耳珰2，新莽；（110）玻璃耳珰2，东汉前期；（141）琉璃耳珰1，新莽；（146）玻璃耳珰2，东汉中晚期；（194）南川区钟家塝墓群发掘简报：玛瑙扣6，清代

重庆市文物局，重庆市移民局．云阳走马岭墓地．北京：科学出版社，2011：（37）琉璃耳珰1，东汉早期；（62）琉璃耳珰1，东汉早期

重庆市文物局，重庆市移民局．忠县翠屏山崖墓．北京：科学出版社，2011：（195）玉璏1，东晋；（195）水晶1、琥珀辟邪1、玛瑙珠3，西晋；（197）玻璃耳珰1，东汉中晚期；（197）玻璃耳珰1，西晋；（197）玻璃料器串珠23，西晋

重庆市文物局，重庆市移民局．奉节白马墓地．北京：科学出版社，2013：（299）玉镯2，明清时期

重庆市文物局，重庆市移民局．丰都镇江汉至六朝墓群．北京：科学出版社，2013：（30）石璋板1，东汉晚期；（102）石璋板2，南朝；（139）石璋板1，西汉晚期；（150）料珠3，两晋;（203）琉璃耳珰1，东汉晚期；（223）琉璃耳珰1，东汉早期；（244）石璋板1，东汉早期;（288）料珠1，东汉晚期；（399）琉璃耳珰1，东汉晚期；（464）玛瑙珠1，两晋；（527）玉圭1，东汉晚期；（622）琉璃耳珰1，东汉中期

重庆市文化局，重庆市移民局．万州大丘坪墓群．北京：科学出版社，2014：（22）玉圭2、水晶环1、琉璃蜻蜓眼珠2，战国中期（楚国）；（34）石黛板，西汉中晚期；（85）琉璃耳珰1、黛板5，新莽至东汉早期；（112）琉璃耳珰4，东汉中晚期；（114）石黛板2，东汉中晚期；（125）石黛板1，两晋时期；（125）琉璃项链1、琥珀珠1，东晋晚期至南朝

重庆市文化遗产研究研究院，重庆文化遗产保护中心．嘉陵江下游考古报告集．北京：科学出版社，2015：（255）北碚区庙嘴墓地考古发掘简报：玉玦1，战国晚至西汉

重庆市文化遗产研究院，重庆文化遗产保护中心．丰都关田沟．北京：科学出版社，2016：（99）石璋板1，东汉晚期；（131）料珠1348粒，南朝（宋）；（158）琉璃耳珰2，东汉中期；（163）玛瑙珠1，南朝（宋）；（204）琉璃珠1，南朝（宋）；（227）琉璃耳珰3，东汉中期；（294）琉璃耳珰1，东汉早期；（311）琉璃耳珰2，东汉中期；（336）琉璃耳珰1，东汉晚期

长沙市文物考古研究所．丰都二仙堡墓地．北京：科学出版社，2016：（74）玉饰1，西汉早中期

南京大学历史学院考古文物系，奉节县白帝城文物管理所．奉节营盘包墓地．北京：科学出版社，2016：（16）玉璏1、玉珌1，西汉早期；（44）黛板，西汉中晚期；（48）玉塞1、料珠1，西汉早期；（135）玉璧1、翡翠饰1，西汉早期；（156）玉饰件1，西汉早期

# 二十一、四川省

冯汉骥. 前蜀王建墓发掘报告. 北京：文物出版社，2002：（49）玉大带1，十国（前蜀）；（61）水晶珠2、琥珀2、小玉片，五代（前蜀）；（76~78）玉饰件1、玉环1，十国（前蜀）；（79）玉饰2，五代（前蜀）；（86）玉册1，五代（前蜀）

四川省文物考古研究院，凉山彝族自治州博物馆，西昌市文物管理所. 安宁河流域大石墓. 北京：文物出版社，2006：（131~133）玛瑙珠18、绿松石珠29、料珠26、玉饰1、碧玉珠5，战国中期至东汉初期

四川省文物考古研究院，德阳市文物考古研究所，什邡市博物馆. 什邡城关战国秦代汉墓地. 北京：文物出版社，2006：（23）玛瑙珠1、料珠8，战国中期

四川省文物考古研究所，绵阳博物馆. 绵阳双包山汉墓. 北京：文物出版社，2006：（142~143）玉衣片8、玉肛塞1、水晶饰1、玉璧1，西汉早中期

四川省文物考古研究院，绵阳市博物馆，三台县文物管理所. 三台郪江崖墓. 北京：文物出版社，2007：（48）玻璃耳珰1，东汉晚期

四川省文物考古研究所，广安市文物管理所，华蓥市文物管理所. 华蓥安丙墓. 北京：文物出版社，2008：（77）玉坠饰1、玉钩饰2、玉夹饰1、玉围棋子6，南宋；（87）玉童子1，南宋；（123）玉器1，南宋

四川省文物考古研究院，成都文物考古研究所. 成都十二桥. 北京：文物出版社，2009：（123）石璜13，十二桥文化；（127）石璋2、石璧3，十二桥文化

成都文物考古研究所. 成都商业街船棺葬. 北京：文物出版社，2009：（41）料珠1，战国早期

凉山彝族自治州博物馆，成都文物考古研究所. 老龙头墓地与盐源青铜器. 北京：文物出版社，2009：（15）绿松石珠3、玛瑙珠10，战国至西汉；（25）玉坠1、玛瑙珠8，战国至西汉；（37）玛瑙珠38、绿松石饰1、绿松石珠2、玉玦1，战国至西汉

成都文物考古研究所，邛崃市文物管理局. 四川邛崃龙兴寺：2005~2006年考古发掘报告. 北京：文物出版社，2011：（310）玉璧1、青玉鸟1、玉雕管状器物残件1，宋代

茂县羌族博物馆，成都文物考古研究所，阿坝藏族羌族自治州文物管理所. 茂县牟托一号石棺墓. 北京：文物出版社，2012：（15~16）玉刀1、玉凿6、玉锛4、玉料1、玉石1、异形玉器1、玛瑙珠148、绿松石串饰3套（202）、琉璃珠12、琉璃纺轮1、绿松石珠67，战国晚期

成都文物考古研究所，遂宁市博物馆. 遂宁金鱼村南宋窖藏. 北京：文物出版社，2012：（288）石琮2，南宋

成都文物考古研究所，成都金沙遗址博物馆. 金沙遗址考古发掘资料集（二）. 北京：科学出

版社，2014：（41；81）金沙遗址"国际花园"地点发掘简报：（41）玉锛1、玉器1，西周晚期；（81）石璋1，西周晚期至春秋早期；（100）成都市金沙遗址郎家村"精品房"地点发掘简报：玉凿1、石璋1，三星堆文化；（182；201）金沙遗址强毅汽车贸易有限公司地点发掘简报：（182）玉斧1，宝墩文化；（201）玉器残片1、玉锛2，商代中晚期至西周初期（十二桥文化）

四川省文物考古研究院，广汉市文物保护管理所. 广汉二龙岗. 北京：文物出版社，2014：（20）玉环1、玉饰件，西汉早期；（20）玉璧1、玉珌1，西汉；（21）玉指环2，西汉晚期

四川省文物考古研究院，达州市文物管理所，宣汉县文物管理所. 宣汉罗家坝. 北京：文物出版社，2015：（69）管珠2，战国中期；（99）角珠3、玉珠1，战国晚期；（104）玉片1、料珠1，战国晚期；（114）管珠4、水晶珠2、料珠2、玉珠1，战国末期至西汉早期；（121）管珠6、角珠7，战国晚期；（129）玉珠2、料珠1，战国晚期；（172）玛瑙珠9，春秋晚期至战国早期；（177）玉璜1，战国至西汉中期；（181）管珠11、玉玦1，战国中期；（184）玉石挂饰1，战国中期；（191）管珠2、料珠1，战国中期；（207）玉鱼1、水晶珠，战国中期；（216）玉璧1、角珠1、水晶珠1，战国中期；（219）玉璧1，战国末期至西汉早期；（226）玉石珠3，战国晚期；（229）角珠8、料珠1、管珠2，战国晚期；（235）角珠19、玉珠16，战国晚期；（249）水晶珠1、角珠1、管珠1，战国晚期；（253）料珠6，战国中期；（254）管珠5，战国中期；（282）玉石管珠5、玉石角珠1，战国晚期；（287）管珠5、角珠1，战国晚期

绵阳市博物馆，成都文物考古研究所. 绵阳崖墓. 北京：文物出版社，2015：（196）料珠2，东汉晚期；（219）料珠2，东晋；（225）料珠6，南朝（梁）；（317）料珠3，蜀汉晚至西晋初期

# 二十二、贵州省

贵州省文物考古研究所. 赫章可乐：二十〇〇年发掘报告. 北京：文物出版社，2008：（107）玉玦1，战国早中期；（107）玉璜2，战国晚期；（107～109）玉髓管2、玉髓珠1、玛瑙管28、玛瑙珠8、绿松石珠2、绿泥石珠1、变质岩豆形坠饰1、孔雀石串珠1，战国末期至西汉前期；（109）孔雀石串珠2，战国晚期

贵州省文物考古研究所. 贵州田野考古报告集（1993～2013）. 北京：科学出版社，2014：（38）贵州开阳打儿窝岩厦遗址试掘简报：石璜1，新石器时代早期（约距今6500～4000年）；（75）贵州威宁县鸡公山遗址2004年发掘简报：水晶1，新石器时代晚期到青铜时代初期（距今3300～2800年）；（91）贵州威宁县吴家大坪商周遗址：有领玉镯3，商周；（127；129）贵州威宁县红营盘东周墓地：（127）双璜合璧1、玉玦6，春秋晚期至战国早中期；（129）有领玉镯1，春秋晚期至战国早中期；（169）贵州贞丰县浪更燃山汉代石板墓：玉玦1，西汉晚期至东汉早中期；绿松石珠393，汉晋；（188）贵州黔西县汉墓的发掘：石黛板2、琥珀挂饰3、琉璃耳珰5、琉璃珠1，东汉中晚期；（248）贵州兴仁县交乐十九号汉墓：琥珀饰7，东汉晚期；（279）开阳县打儿窝岩厦遗址上层历史时期墓葬：蓝色圆形料珠纽扣2，明清；（298）贵州开阳平寨岩洞葬：料珠923，宋明；（329）贵州遵义市海龙囤遗址：玻璃器，明代

# 二十三、云南省

云南省文物考古研究所. 曲靖八塔台与横大路. 北京：科学出版社，2003：（93）圆形镶绿松石铜扣饰4，春秋中期至战国末期；（109～120）玉手镯13、玉耳玦61、玉管73、玉坠1、玉料8、玛瑙扣17、玛瑙管28、玛瑙珠7、蚀花肉红髓石器2、琥珀器1、绿松石串珠3、绿松石管珠7、琉璃烧料器5，春秋中期至战国末期；（146～148）蓝色料珠55、绿色料珠8、白色料珠37、玛瑙珠6、水晶珠1、玉环1，春秋中期至战国末期；（180）玉耳玦13，春秋中期至战国末期

云南省文物考古研究所，昆明市博物馆，官渡区博物馆. 昆明羊甫头墓地. 北京：科学出版社，2005：（112～118）玛瑙扣7、玛瑙珠、管20、玛瑙纺轮1、玉镯3、玉玦4、玉管8、牙形玉器3、绿松石珠3、绿松石扣1，战国中期至西汉末期；（756）琉璃饰品2、琥珀饰品11、玛瑙饰品2，西汉末期至东汉中期；（859）玛瑙扣2、玛瑙饰品1、玉玦2、玉镯1，采集，年代不详

云南省文物考古研究所. 云南考古报告集（之二）. 昆明：云南科技出版社，2006：（32；36～37；42）曲靖市麒麟区潇湘平坡墓地发掘报告：（32）绿松石扣饰2，战国晚期至西汉晚期；（36～37）玉耳玦3、玉管2、料珠1，战国晚期至西汉早期；玉镯1、玉耳玦10、料珠1，西汉晚期；玉管1、玛瑙珠2、玛瑙管3，战国早期；（42）料珠2，明代中晚期；（67）玉溪刺桐关青铜时代遗址发掘报告：绿松石管碎片，春秋至西汉；（93）个旧黑玛井古墓群发掘报告：玉珠数颗、坠饰1、珠饰2，西汉晚期；（130）昭通水富县楼坝崖墓发掘报告：琉璃耳珰4，东汉中期

云南省文物考古研究所，玉溪市文物管理局，江川县文化局. 江川李家山：第二次发掘报告. 北京：文物出版社，2007：（206～213）玉镯59、玉玦331、玉觿形饰301、玉管2373、玉珠824、玉坠32、玉杆4、玉标首15、玉璁1、玉玼1、玉韘1、玉扣23、玉策1、玉纺轮3，西汉中期至东汉早期；（216～223）玛瑙扣1199、玛瑙璜432、玛瑙管2812、玛瑙珠9536、绿松石扣863、绿松石珠1633、琥珀珠16、水晶珠4、蚀花石髓珠16、方形玻璃片饰11、琉璃管155、琉璃珠数万，西汉中期至东汉早期

云南省文物考古研究所. 晋宁石寨山：第五次发掘报告. 北京：文物出版社，2009：（22～24）玉璧2、玉环4、玉镯6、玉玦9、玛瑙扣6、玛瑙管形饰12、玛瑙锥形饰1、玛瑙珠饰11、绿松石珠6、绿松石管3、绿松石扣8、绿松石饰2、孔雀石珠3，春秋早期

云南省文物考古研究所，中国社会科学院考古研究所，成都文物考古研究所，临沧市文物管理所，耿马傣族佤族自治县文化体育局. 耿马石佛洞. 北京：文物出版社，2010：（134）石

璧1，石佛洞文化；（175）石璧1，石佛洞文化；（193）石璧1，石佛洞文化；（265）石璧1，石佛洞文化；（273）石璧1、有领石璧1，石佛洞文化；（300）石璧1，石佛洞文化

云南省文物考古研究所，红河哈尼族彝族自治州文物管理所，个旧市博物馆. 个旧市黑玛井墓地第四次发掘报告. 北京：科学出版社，2013：（21）玉瑱1，东汉中晚期；（39）玛瑙珠1，东汉晚期至三国；（62）玉石串珠1，东汉晚期至三国；（67）料珠饰1、水晶珠饰1，东汉中晚期；（73）玛瑙珠1，西汉晚期至三国；（112）紫水晶串珠1，西汉晚期至东汉初期

云南省文物考古研究所，保山市文物管理所. 保山陶官. 昆明：云南美术出版社，2013：（68）水晶珠2、水晶石2、饰珠（数量较多），元末至明初

云南省文物考古研究所. 会泽水城古墓群发掘报告. 北京：科学出版社，2014：（127）玉觽1、玉饰品1、琥珀饰品1、琉璃耳珰2、菱形玛瑙饰品1、六棱形玛瑙饰品1、玛瑙珠2、玛瑙饰品3，东汉初期；（130）玛瑙饰品2、玉珠1，东汉初期；（131）玉粒25，西汉晚期

云南省文物考古研究所，玉溪市文物管理所，华宁县文物管理所. 华宁小直坡墓地. 昆明：云南人民出版社，2014：（146）嵌孔雀石珠饰件1，滇文化；（149）绿松石珠1、玉管1、玉玦1，滇文化；（153）玉玦1，滇文化；（181）穿孔玛瑙珠2，明代

云南省文物考古研究所. 石寨山文化考古发掘报告集. 北京：科学出版社，2016：（194）云南呈贡龙街石碑村古墓群发掘简报：玉耳坠16、玛瑙耳环6、绿松石珠2、玉管1、玛瑙扣8、玛瑙珠3，春秋晚期至西汉初期；（226；229）云南呈贡夫子庙古墓群的清理：（226）玉耳环3、玉管饰1，战国末期至西汉初期；（229）料饰1，战国末期至西汉初期；（261）呈贡小松山竖穴土坑墓的清理：玉耳环2、玉管饰3，战国末期至西汉初期；（328）嵩明凤凰窝古墓群调查简报：料珠9，战国至西汉；（335～336）江川李家山新迁出土文物调查：玉管51、玉珠15、玉镯3、绿松石珠数百颗、玛瑙珠1、玛瑙柱7，战国末期至西汉初期；（346）呈贡天子庙古墓群第三次发掘简报：玉玦3、玉管1，战国晚期至西汉早期；（372；375；384）云南曲靖珠街八塔台古墓群发掘简报：（372）料珠百余颗，宋代；（375）料珠数量不明，宋代；（384）玉镯数件、玉耳环60余片，宋代；（503；507）嵩明凤凰窝古墓葬发掘报告：（503）玉玦11、玛瑙纽1，明清时期；（507）料珠14、玉坠银耳环2、玛瑙耳坠2，明清时期；（577～578；582）曲靖市麒麟区潇湘平坡墓地发掘报告：（577～578）玉镯1、玉耳玦13、玉管3、玛瑙珠2、玛瑙管3、料珠1，西汉晚期；（582）料珠2，明清时期；（630）晋宁县金砂山古墓地清理简报：玉扣7、玉镯2、玉玦8、玉管26、玛瑙饰件5，西汉早期至东汉早中期；（707）呈贡小松山古墓群发掘简报：玛瑙扣1，东汉早中期至晚期；（792）云南宜良纱帽山滇文化墓地发掘报告：绿松石饰珠数千粒、玉玦3、玉珠49、管状玉珠40、浅绿色玉珠8、扁圆形玉珠1、玛瑙扣4，战国中晚期至东汉初期；（850～851）昆明呈贡黄土山古墓群发掘简报：玉镯1、玉玦23、玉管7、玉觽状器4、玛瑙玦1、玛瑙扣3、玛瑙管13、玛瑙珠16、绿松石扣3、绿松石管7、绿松石珠4、料珠1，战国中期至西汉中期

# 二十四、西藏自治区

西藏自治区文物局，四川大学考古系，陕西省考古研究所. 青藏铁路西藏段田野考古报告. 北京：科学出版社，2005：（123）料珠1，吐蕃时期；（142）料珠标本4，吐蕃时期

# 二十五、陕西省

陕西省考古研究所，榆林市文物管理委员会办公室. 神木大保当：汉代城址与墓葬考古报告. 北京：科学出版社，2001：（33～34）玉眼罩1、玉片1、玉塞1、水晶珠1，西汉中晚期

刘士莪. 老牛坡：西北大学考古专业田野发掘报告. 西安：陕西人民出版社，2002：（43）石璧2，龙山文化；（53～54）石璧21，龙山文化；（56）绿松石珠（块）25，龙山文化；（64）石璧3，商代；（94～95）玉戈1、玉璧5，商代；（148～149）石璧6、玉璜2，二里冈文化；（212～213）石璧19、玉璜2，二里冈文化；（301～303）玉戈1、玉璧1、玉环1、玉璜2、玉管1，二里冈文化

西安市文物保护考古所. 唐金乡县主墓. 北京：文物出版社，2002：（80）料珠1、琉璃球1，唐代

北京大学考古学系，中国社会科学院考古研究所. 华县泉护村. 北京：科学出版社，2003：（94）玉璜1、方绿松石1，泉护二期文化

陕西省考古研究所. 白鹿原汉墓. 西安：三秦出版社，2003：（171）玉猪2，西汉中晚期；（171）玉头饰3，东汉中晚期；（173）琉璃耳珰1，东汉中晚期

陕西省考古研究所. 大荔李氏家族墓地. 西安：三秦出版社，2003：（42）玉佩饰1，清代；（106）玉带扣1、玉饰1，清代；（157）玉戒指1、玉坠5、玉串饰2，清代

陕西省考古研究所. 陕西兴平侯村遗址. 西安：三秦出版社，2004：（148）玉璧2、玉斧1、玉芯1、玉铲3、玉圭1、玉料1、不规则玉器3，客省庄二期文化

陕西省考古研究所. 临潼零口村. 西安：三秦出版社，2004：（344）绿松石石饰1，半坡文化；（417）玉璜1，西汉中晚期

陕西省考古研究所. 秦都咸阳考古报告. 北京：科学出版社，2004：（279）玉璧12，秦汉；（658～661）玉印章1、玉璧7、玉镯4、玉环2、玉管3、玉璋1、其他玉器3、玉圆形串珠10、玉筒形串饰4、残玉小件3、料器11，战国中晚期；（693）玉蝉2、玉器2，西汉中晚期

西安市文物保护考古所，郑州大学考古专业. 长安汉墓. 西安：陕西人民出版社，2004：（31；34；62；68；84；93；104；107）西北医疗设备厂汉墓群：（31）玉剑璏1，西汉早期；（34）玉口琀1、玉鼻塞2，西汉早期；（62）玉口琀2、玉鼻塞4，西汉早期；（68）玉肛塞1，西汉早期；（84）玉鼻塞1，西汉早期；（93）玉口琀1，西汉早期；（104）玉口琀1，西汉早期；（107）玉饰1，西汉早期；（136；162；175；185；189；211～212、218～219）西安市方新村开发公司汉墓群：（136）玉剑镖1，西汉早期；（162）玉口琀1、玉鼻塞1，西汉早期；（175）玉口琀1、玉鼻塞2、琉璃耳珰1，西汉早期；（185）玉口琀2，西汉早期；（189）

玉口琀1，西汉早期；（211～212）玉口琀1、玉鼻塞2、玉耳塞1，西汉早期；（218～219）玉口琀2、玉鼻塞2、玉肛塞2，西汉早期；（226；230）西北有色金属研究院汉墓群：（226）玉鼻塞2，西汉早期；（230）玉口琀2、玉鼻塞2、玉肛塞2，西汉早期；（238）西安市市政枣园住宅小区贰拾贰号汉墓：玉口琀1，西汉早期；（243；248～249；253；283；295；313；319；328；342；351；370；379；397；411；418）雅荷城市花园汉墓群：（243）玉鼻塞2，西汉早期；（248～249）玉口琀1、玉肛塞1，西汉早期；（253）玉鼻塞1，西汉早期；（283）玉鼻塞2、玉耳塞1，西汉早期；（295）玉口琀1、玉鼻塞2，西汉早期；（313）玉口琀1、玉鼻塞2、耳塞2，西汉早期；（319）玉口琀1、玉鼻塞2、玉串饰3、琉璃耳珰1，西汉早期；（328）玉口琀1、玉鼻塞2，西汉早期；（342）玉口琀2、玉鼻塞3、玉耳塞2、玉璧1、琉璃耳珰2，西汉早期；（351）玉饰1，西汉早期；（370）玉鼻塞1，西汉早期；（379）玉鼻塞2，西汉早期；（397）玉璧残块2、玉口琀1、玉鼻塞2，西汉早期；（411）玉串饰1、玉动物形串饰1，西汉早期；（418）玉口琀1，西汉早期；（434～436；445；492；508；513；518；522；532；554；558）陕西省交通学校汉墓群：（434～436）玉肛塞1、玉鼻塞2、玉猪2、玉片1，西汉早期；（445）玉口琀2、玉鼻塞4，西汉早期；（492）玉口琀1、玉鼻塞2，西汉早期；（508）玉口琀1、玉鼻塞2，西汉早期；（513）琉璃耳珰1，西汉早期；（518）琉璃串珠1，西汉早期；（522）玉口琀1、玉肛塞1、玉阴塞1，西汉早期；（532）玉口琀1、玉鼻塞1、玉耳塞2，西汉早期；（554）玉口琀1、玉鼻塞2，西汉早期；（558）玉口琀1，西汉早期；（572；610；625；633；638；644）西安市电信局第二长途通信大厦汉墓葬：（572）玉口琀2、玉鼻塞1、琉璃饰1，西汉早期；（610）玉口琀2、玉剑璏1，西汉早期；（625）玉口琀1、玉柄形器1、玉剑璏1，西汉早期；（633）玉鼻塞2、玉肛塞1，西汉早期；（638）玉口琀1、玉鼻塞2、玉环1，西汉早期；（644）玉块1，西汉早期；（653）长安医院捌号汉墓：玉璧残片1，西汉早期；（667；673）西安市图书馆汉墓群：（667）玉口琀1，西汉早期；（673）玉肛塞1，西汉早期；（693）西安石油学院贰拾贰号汉墓：玉口琀1、玉鼻塞2，西汉早期；（718）西安市三兆殡仪馆汉墓群：玉鼻塞1，西汉早期；（741）西户高速公路壹拾叁号汉墓：玉鼻塞1，西汉早期

陕西省考古研究所．唐惠庄太子李㧑墓发掘报告．北京：科学出版社，2004：（34～39）汉白玉哀册26，唐代

陕西省考古研究所，陕西历史博物馆，礼泉县昭陵博物馆．唐新城长公主墓发掘报告．北京：科学出版社，2004：（64）小玉佩2、水晶鸡心饰1、坠玉1、小绿松石片饰10，唐代；（66～67）琉璃花若干、琉璃珠若干、琉璃串珠2，唐代

耀州窑博物馆，陕西省考古研究所，铜川市考古研究所．立地坡·上店耀州窑址．西安：三秦出版社，2004：（282～283）琉璃板瓦13、琉璃筒瓦7、琉璃滴水1、琉璃脊兽3，明代；（303）琉璃珠1、琉璃杵1，明代

中国社会学院考古研究所．汉长安城武库．北京：文物出版社，2005：（75）玉雕1、玉环1、玉饰件1，西汉

咸阳市文物考古研究所．任家咀秦代墓．北京：科学出版社，2005：（224）玉璧5、玉璧饰5、玉环7、玉环饰1、玉璜1、玉饼1、玉凿1、玉塞1、玉串珠2、带孔玉饰1、玉饰2、玉柱1、玉琀5、玉圭13，秦代；（232～237）石璧1、石圭81，秦代；（237）绿松石串饰5、绿松石

饰品1、绿松石口琀3、绿松石环饰1，秦代；（239）料珠1，秦代

陕西省考古研究所. 唐李宪墓发掘报告. 北京：科学出版社，2005：（114）残玉椁1、料珠19、料饰55、玻璃串珠1300，唐代

陕西省考古研究所，秦始皇兵马俑博物馆. 华县东阳. 北京：科学出版社，2006：（162）玉柄形器50、玉戈3、玉凿3、玉串饰管6、玉珠2、玉动物形饰13、玉环6、玉璜2、玉玦4、玉兽面饰2、玉坠饰4、玉钺1、玉方形饰2、玉山形饰件2、圆形带孔玉饰13、碎玉若干，西周；（175）石玦4，西周；（182～184）玛瑙串饰20、料管1、绿松石饰件1、绿松石管1，西周；（345）石坠1、石圭20、石琀1、石玦4、煤精石3，秦代

陕西省考古研究所. 西安北郊秦代墓. 西安：三秦出版社，2006：（302）玉璧3、玉环1、玉饼形饰1、玉剑格1、玉残器1、玉料块1，秦代；（304）水晶器1，秦代；（304）石璜1，秦代；（310）料器殓具2、料器串珠23，秦代

陕西省考古研究所. 宝鸡建河墓地. 西安：陕西科学技术出版社，2006：（96）玉璧1，秦代；（98）煤精器3，秦代；（99）料器3，秦代；（127）琉璃耳珰2，西汉；（137）煤精小环3，东晋早期；（145）串饰102、装饰品13，北周

咸阳市文物考古研究所. 咸阳十六国墓. 北京：文物出版社，2006：（121）玉饰1、玉圭1、玉管1，十六国

陕西省考古研究所，太原市文物考古研究所. 北齐东安王娄睿墓. 北京：文物出版社，2006：（146～150）玉笄3、玉串珠1153、玉璜12、玉佩14，北齐

陕西省考古研究院，宝鸡市考古工作队. 宝鸡关桃园. 北京：文物出版社，2007：（93）玉环1，前仰韶文化；（273）石圭2，春秋（秦国）（274）玉玦2，春秋（秦国）

中国社会科学院考古研究所. 南邠州·碾子坡. 北京：世界图书出版公司，2007：（155）圭形石器1，殷墟文化；（310）玉戚1，西周初期；（310）石圭1，西周中期；（338）石玦6，春秋早中期；（340）石圭309，春秋早中期

中国社会科学院考古研究所，日本奈良国立文化财研究所. 汉长安城桂宫：1996～2001年考古发掘报告. 北京：文物出版社，2007：（118）玉璧1、汉白玉饼1，西汉中晚期；（192）玛瑙珠1、玉牒1，西汉中晚期

陕西省考古研究院，法门寺博物馆，宝鸡市文物局，扶风县博物馆. 法门寺考古发掘报告. 北京：文物出版社，2007：（211）淡黄色琉璃茶碗1、淡黄色琉璃茶托1，唐代；（213）盘口细颈淡黄色琉璃瓶1、罂粟纹黄色琉璃瓶1、八瓣团花纹蓝琉璃盘1、四瓣花蓝琉璃盘1，唐代；（215）八瓣团花描金蓝琉璃盘1、枫叶纹描金蓝琉璃盘1、十字团花纹描金蓝琉璃盘1、素面蓝琉璃盘2，唐代；（218）素面圈足浅蓝琉璃盘1、弦纹蓝琉璃盘2，唐代；（219）枫叶纹蓝琉璃盘1，唐代；（220）菱形双环纹深直筒琉璃杯1、素面蛋黄直筒琉璃杯2、蓝琉璃瓶1，唐代；（244）水晶枕1、水晶球2，唐代；（248）嵌宝水晶椁子1，唐代；（249）壸门座玉棺1，唐代；（250）玉指环1、白水晶珠5、白玛瑙珠4、银蒂水晶花蕾2，唐代；（252）琥珀行走狻猊1、琥珀蹲卧狻猊1、琥珀念珠1（91颗），唐代；（253）环形绿琉璃珠5，唐代

陕西省考古研究院，西岳庙文物管理处. 西岳庙. 西安：三秦出版社,2007：（221）琉璃滴水9，金元；（222）琉璃瓦当8，金元；（224）琉璃滴水4、琉璃吻兽2，金元；（225）琉璃龙角2，

金元；（226）琉璃宝顶构建1，金元；（311）琉璃套兽3，明代；（312）琉璃戗脊3，明代；（313）琉璃龙吻残件4、琉璃正脊1，明代；（314）琉璃垂脊3，明代；（316）琉璃剑把1、琉璃仙人3，明代；（351）玉璇玑形礼器1，明代；（352）玉礼器1，明代；（471）琉璃宝顶套件4，清代；（472）琉璃墝头1、琉璃旋子纹花板1，清代；（473）琉璃压条3、琉璃套兽1，清代；（474）琉璃戗兽1、琉璃云龙纹砖3、琉璃撺头3、琉璃钉帽5、琉璃仙人头1、琉璃武士头1，清代；（475）琉璃人手臂1、琉璃人形饰件1，清代

陕西省考古研究所. 西安尤家庄秦墓. 西安：陕西科学技术出版社，2008：（285～288）玉带钩2、玉璧5、玉剑镖2、玉龙饰1、玉塞4、玉凿1、玉佩饰4、玉串饰1、残玉块6、料串饰6、料肛塞6、料耳塞2，战国中晚期至秦代

陕西省考古研究所. 西安北郊郑王村西汉墓. 西安：三秦出版社，2008：（38）玉片2，西汉早期；（86）玉片1，西汉早期；（191）玉蝉1、玉肛塞2，西汉晚期；（202）玉肛塞2、玉鼻塞1，西汉晚期；（209）双鱼形玉串饰1、玉蝉1、料质耳珰1，新莽时期；（226）玉蝉2，新莽时期；（238）玉璧1，西汉中期；（246）玉蝉2、玉肛塞1，西汉晚期；（257）玉耳塞4、玉蝉1，西汉中期；（259）料器鼻塞2、料器蝉1，西汉中期；（276）玉蝉1，西汉晚期；（337）玉璧1，西汉早期；（340）玉塞1，西汉晚期；（344）玉鼻塞2、玉蝉1，新莽时期；（395）玉印1，西汉中期；（404）料器肛塞2，西汉晚期

陕西省考古研究院. 唐长安醴泉坊三彩窑址. 北京：文物出版社，2008：（61）玻璃碎块17，唐代；（107）玛瑙饰件1，唐代

陕西省考古研究院，西北大学文博学院. 陕西凤翔隋唐墓：1983～1990年田野考古发掘报告. 北京：文物出版社，2008：（236）玉盒1、水晶柱3，唐代；（240）料珠38、料蝉1，唐代

西安市文物保护考古所. 西安东汉墓. 北京：文物出版社，2009：（1042）玉剑璏1、玉片3，东汉早期；（1042）玉剑璏1、玉眼罩1，东汉中期；（1042）玉片1、玉眼罩1，东汉晚期；（1043）石口琀3、玉鼻塞2、琉璃耳珰6，东汉早期；（1043）石口琀8、玉鼻塞7、玉饰件1、玉握18、串珠1、玉坠饰2、琉璃耳珰20，东汉中期；（1043）石口琀3、玉鼻塞1、玉握18、玻璃串珠6、玻璃串饰24、琉璃耳珰2，东汉晚期；（1043）玻璃串饰2、琉璃耳珰1，东汉末至三国（魏）

榆林市文物保护研究所，榆林市文物考古勘探队. 米脂官庄画像石墓. 北京：文物出版社，2009：（19）琉璃耳珰2，东汉中期

陕西省考古研究院，渭南市文物保护考古研究所，韩城市景区管理委员会. 梁带村芮国墓地：2007年度发掘报告. 北京：文物出版社，2010：（33～40）玉戈1、玉璋1、玉环2、玉璜1、戈形玉佩1、鸟形玉佩2、玉项饰1、指甲形玉佩8、兽面牌饰玉佩1、玛瑙珠94、玉铲2、玉刀1、玉柄形器2、玉管2、玉琮1、方形玉片1、三角形玉片2、玉环1、玉饼1、玉玦1、长条形玉2、残玉片8、石圭1、滑石柄形饰1，西周晚期；（70～73）玉戈1、玉璜3、玉环1、玉玦6、龙纹玉佩1、龙形玉佩1、玉坠饰3、条形玉饰2、玉铲1、玉匕1、玉琀1，西周晚期；（78）石琀7，西周晚期；（80）玉圭1，西周晚期；（84～85）玉玦1、玉版1、玉铲1、玉饰片14、残玉器1、玉坠饰2、绿松石珠1，西周晚期；（87）玉玦1、玉琀17，西周晚期；（88）玉玦1，西周晚期；（90）玉玦3，西周晚期；（92）玉玦1、石玦2，西周晚期；

（148）玉圭2、石圭2，春秋早期；（165）玉玦2、石圭1、玛瑙项饰1、玛瑙腕饰1，春秋早期；（167~168）玉圭1、玉佩1、玉玦2、玉璜形器2、玉珠1、石圭1、项饰1组（玛瑙珠70、玉珠1），春秋早期；（174）玉玦2、石圭1，春秋早期；（180~181）玉玦2、玛瑙项饰1、玉琀2，春秋早期；（191）玉璋形器1、玉管1，春秋早期；（195）玛瑙项饰1、石琀4，春秋早期；（201~203）玦2、项饰1串（玉佩3、玉鱼1、玉片1、玉管3、玛瑙珠27、绿松石珠4）、玉琀8，春秋早期；（204）石琀1，春秋早期；（206）玉玦1，春秋早期；（207）玉玦2、绿松石珠1，春秋早期

陕西省考古研究院，商洛市博物馆. 商洛东龙山. 北京：科学出版社，2011：（66）石璧6，龙山文化；（129）玉牙璋1、玉戚1、石圭2、石璧91，东龙山文化；（134）绿松石片1，东龙山文化；（185）石璧10，二里头文化

陕西省考古研究院. 西安米家崖：新石器时代遗址2004~2006年考古发掘报告. 北京：科学出版社，2012：（175）石璜1、玉笄1，半坡四期文化；（380）玉环1、玉片1，客省庄文化

陕西省考古研究院. 李家崖. 北京：科学出版社，2013：（199）石圭1，西汉初期；（203）石圭（数件），战国晚期；（206）石圭6，西汉初期；（208）石圭（数十件），春秋晚期；（213）石圭（数十件），春秋晚期；（215）石圭16、料环2、料珠1，战国晚期；（222）玉琀1，战国早期；（225）石圭50，西汉初期；（229）石圭（数件）西汉初期；（235）石圭10，战国早期；（238）石圭（十数件），战国中晚期；（283）料珠4，西汉初期；（285）石圭7，西汉初期

陕西省考古研究院. 潼关税村隋代壁画墓. 北京：文物出版社，2013：（82）琉璃器皿5，隋代；琉璃串珠22，隋代

陕西省考古研究院，宝鸡市周原博物馆. 周原汉唐墓. 北京：科学出版社，2014：（63）玉璜1、玉佩饰1，西汉中晚期；（99）玉蝉1、玉耳塞2，东汉早期；（148）串珠1，隋代

陕西省考古研究院. 醴泉坊遗址2001年发掘报告. 西安：陕西科学技术出版社，2014：（199）玻璃碎块12，唐代；（247）玉钗1，唐代；（248）料珠1，唐代

陕西省考古研究院，宝鸡市考古研究所，凤翔县博物馆. 凤翔孙家南头：周秦墓葬与西汉仓储建设遗址发掘报告. 北京：科学出版社，2015：（12）玉璧1，西周早期；（21）玉鱼1，西周早期；（26）玉戈1，西周中期；（29）石璧1，西周中期；（72~74）石圭3、石璧2、石玦4、石蝉1、玉管1、玉饰5、玉璧1，秦代；（83~84）石圭2、玉环1，秦代；（89~91）石圭17、石玦2、玉觽2、玉璧1、玉片1，秦代；（96）石圭1、玉环1，秦代；（100）石圭4，秦代；（103）石圭3，秦代；（106）玉饰1、石圭5、石璜1，秦代；（109）石圭3，秦代；（113）石圭1，秦代；（116）石圭3，秦代；（122）石圭2、玉饰2，秦代；（127）石圭2，秦代；（130）石圭9，秦代；（132~133）石玦2、石圭2，秦代；（136）石圭1，秦代；（139~140）石圭3，秦代；（143~144）石圭6、石玦（汉白玉质）2，秦代；（147）石饰（汉白玉质）1、石圭1、玛瑙串饰1、残玉片1、玉璜1、玉戈1，秦代；（150）石圭10，秦代；（153）石圭2，秦代；（155）石圭2，秦代；（157）石圭2、玉圭1，秦代；（159）石圭10，秦代；（162）石圭2、石饰（汉白玉质）2，秦代；（164）石玦2、石圭1，秦代；（166~167）石圭1、石玦1，秦代；（169~172）石玦6、石圭3、残石玦1、玉璜1，秦代；（177~178）石圭8，秦代；（182）石圭2、石玦2，秦代；（185~191）石圭20、石玦/环（汉白玉质）1、石圭2，秦代；

（194~197）石圭4、石玦1，秦代；（202）石圭10，秦代；（204~209）石玦3、石环（汉白玉质）1、石圭18，秦代；（211）石圭1，秦代；（213）玉饰1、玉坠饰1，秦代；（216）玉戈1、石玦1，秦代；（219）玉戈1，秦代；（221~222）石圭6，秦代；（225）玉璧（璜）1、玉璜1、石玦1，秦代；（234）石圭2、小玉环1，秦代；（246）玉环1、玉璜1，秦代

中国社会科学院考古研究所. 青龙寺与西明寺. 北京：文物出版社，2015：（110）玉器3，唐代；（111）玻璃器2，唐代；（212）玻璃鱼饰1，唐代

陕西省考古研究院，榆林市文物考古勘探工作队，神木县文体广电局，神木县石峁遗址管理处. 发现石峁古城. 北京：文物出版社，2016：（173）陕西神木县石峁龙山文化遗址调查：玉锛2、玉铲1、小玉器1、绿松石装饰品1，客省庄二期文化

陕西省考古研究院. 临潼新丰：战国秦汉墓葬考古发掘报告. 北京：科学出版社，2016：（54~55）玉带钩1、玻璃串珠5、玉珠1、玉塞1，秦代；（146）玻璃珠1，秦代；（205）玉带钩1、玉塞2，秦代；（230）玉塞1，秦代；（291）玉玦1，秦代；（459）玉片1，秦代；（485）玉管1，秦代；（516~517）玉璧1、玉珠1、玉鼻塞1、串珠1，秦代；（539）玉璧1，秦代；（546）玉璧2，秦代；（761）玉璧1；秦代；（779）玉印章1、玉环2，秦代；（884）玉剑首1，秦代；（962）玉坠1、玉玦1，秦代；（1109）料珠1，秦代；（1900~1901）玉蝉5、玉鼻塞5、玉耳塞3、玉肛塞1、玉耳坠2、料珠1组，西汉中期至东汉晚期

陕西省考古研究院，乾陵博物馆. 唐懿德太子墓发掘报告. 北京：科学出版社，2016：（387）白玉环4，唐代；（389）琉璃珠及水晶珠32，唐代

# 二十六、甘肃省

甘肃省文物考古研究所. 永昌西岗柴湾岗：沙井文化墓葬发掘报告. 兰州：甘肃人民出版社，2001：（103~106）绿松石珠155、绿松石管12、绿松石佩35、玛瑙珠11、玉环1，沙井文化；（179~180）玉贝1、绿松石珠17、玛瑙珠1，沙井文化

敦煌研究院. 敦煌莫高窟北区石窟（第三卷）. 北京：文物出版社，2004：（176）玛瑙珠1，元代

甘肃省文物考古研究所. 秦安大地湾：新石器时代遗址发掘报告. 北京：文物出版社，2006：（199）石凿11，仰韶早期；（226）梯形坠3，仰韶早期；（355）偏锋凿2，仰韶中期；（594）石锛若干、石料3，仰韶晚期；（595）石凿13，仰韶晚期；（597）石铲若干，仰韶晚期；（619）残笄53、扁平体梯形坠1，仰韶晚期

中国社会科学院考古研究所. 徐家碾寺洼文化墓地：1980年甘肃庄浪徐家碾考古发掘报告. 北京：科学出版社，2006：（100~104）玉耳坠3、玛瑙珠若干，寺洼文化

甘肃省文物考古研究所. 兰州红古下海石：新石器时代遗址发掘报告. 北京：科学出版社，2008：（163）绿松石海贝石串珠项链1、绿松石片2，马家窑文化

甘肃省文物考古研究所. 崇信于家湾周墓. 北京：文物出版社，2009：（100）玉鱼14，西周早中期；（102）玉异性鸟1、玉璜1、玉璧1、玉璧心1、玉蚕1、玉蝉5、玉长条形器2、玉刀1，西周早中期；（104）玉残戈尖1、玉凿1、玉笄1、玉圆形佩饰1、玉方形佩饰4、玉半环形饰1、珠饰450，西周早中期

甘肃省文物考古研究所，北京大学考古文博研究院. 河西走廊史前考古调查报告. 北京：文物出版社，2011：（99）穿孔石钺1，沙井文化；（121）玉斧1，齐家文化；（221）玉刀1，骟马文化；（233）玉臂环1，马家窑文化；（315）玉权杖头1，四坝文化；（322）玉斧1、穿孔玉器1、玉权杖头2，四坝文化；（330）绿松石坠1、绿松石料1、绿松石珠2，四坝文化；（356~357）肉红石髓珠7、绿松石珠1，四坝文化；（368）肉红石花石珠1、料珠2，四坝文化；（394~395）肉红石髓珠1、串珠1、绿松石坠2、琉璃珠1，西周早期至春秋时期

甘肃省文物考古研究所，清水县博物馆. 清水刘坪. 北京：文物出版社，2014：（211~216）肉红石髓串珠4、蜻蜓眼1、玻璃珠1、费昂斯珠1、绿松石和煤精串珠1，战国（公元前4世纪）

甘肃省文物考古研究所. 民乐八卦营——汉代墓群考古发掘报告. 北京：科学出版社，2014：（197）玉鼻塞2、玉蝉1，西汉中期；（199）绿松石饰品1，西汉中期至东汉早期；（201

琉璃料珠1组（6），西汉中期至东汉早期

甘肃省文物考古研究所，北京大学考古文博学院. 酒泉干骨崖. 北京：科学出版社，2016：（112）玉斧（钺）2、权杖头1，二里头文化至二里冈文化；（118～121）煤精（煤玉）2、肉红石髓珠35、绿松石饰15、萤石料块1，二里头文化至二里冈文化

# 二十七、青海省

青海省文物考古研究所，青海省文物管理处，西北大学文博学院. 民和核桃庄. 北京：科学出版社，2004：（28）绿松石饰29、玛瑙珠29，辛店文化

北京大学考古文博学院，青海省文物考古研究所. 都兰吐蕃墓. 北京：科学出版社，2005：（11）宝石1、绿松石饰物45，8世纪中期；（112）绿松石3、珠串若干、方解石若干，8世纪中期

青海省文物考古研究所，北京大学考古文博学院. 贵南尕马台. 北京：科学出版社，2016：（32）石坠形器1、石权形器1，宗日文化；（38）玉坯件1，宗日文化；（128）玉璜1、绿松石珠188，宗日文化

# 二十八、宁夏回族自治区

宁夏文物考古研究所，中国历史博物馆考古部. 宁夏菜园：新石器时代遗址、墓葬发掘报告. 北京：科学出版社，2003：（98）饰件1，马家窑文化；（218）绿石坠饰1，马家窑文化；（268）玉凿1、玉斧1，马家窑文化

宁夏文物考古研究所. 固原开城墓地. 北京：科学出版社，2006：（49）绿松石串珠12，元代；（73）绿松石料器2，元代；（79）串珠1，元代；（87）串珠2，元代

宁夏文物考古研究所. 固原南塬汉唐墓地. 北京：文物出版社，2009：（11）料器耳珰2，汉代；（21）料器耳珰1，汉代

原州联合考古队. 北周田弘墓. 北京：文物出版社，2009：（95～97）玉环1、玉璜4、玉佩4、玉钗1，北朝（北周）；（101）玻璃小珠900、花瓣形玻璃小片2，北朝（北周）；（103）水晶珠8、紫水晶片2，北朝（北周）

宁夏文物考古研究所. 固原九龙山汉唐墓葬. 北京：文物出版社，2012：（40）玉玦饰2、玉佩1、玉琀1，西汉中期；（51）玛瑙鸽形器1，西汉末期至东汉初期；（53）料珠1、玉佩饰1，西汉末期至东汉初期；（62）玛瑙串珠1，西汉末期至东汉初期；（64）琉璃串珠1，西汉末期至东汉初期

宁夏文物考古研究所，银川西夏陵区管理处. 西夏六号陵. 北京：科学出版社，2013：（395）料珠50，宋代

原州联合考古队. 唐史道洛墓北京：文物出版社，2014：（84）六曲玻璃器2、花瓣形玻璃饰片及残片9、玻璃珠44、玻璃器残片6，唐代

宁夏文物考古研究所，彭阳县文物管理所. 王大户与九龙山：北方青铜文化墓地. 北京：文物出版社，2016：（56）绿松石珠5、玛瑙珠4，战国中期；（68～72）费昂斯片状饰1、费昂斯管状饰4、费昂斯腰鼓形饰29、费昂斯鼓形饰5、费昂斯环状饰18、玛瑙珠4，战国中期；（84～86）费昂斯片状饰5、费昂斯管状饰9、费昂斯腰鼓形饰92，战国中期；（136～139）费昂斯片状饰19、费昂斯管状饰18、费昂斯腰鼓形饰549，战国中期；（165～167）玛瑙珠21、玛瑙坠饰1，战国中期；（234）玛瑙饰件2，战国中期；（453）玛瑙珠4，战国中期；（526）绿松石坠饰3、玛瑙珠1、串珠1，春秋晚期至战国早期

# 二十九、新疆维吾尔自治区

新疆维吾尔自治区博物馆，新疆文物考古研究所. 中国新疆山普拉：古代于阗文明的揭示与研究. 乌鲁木齐：新疆人民出版社，2001：（33～35）石珠31、琉璃珠1369、绿釉珠1，唐代

中国新疆文物考古研究所，日本佛教大学尼雅遗址学术研究机构. 丹丹乌里克遗址：中日共同考察研究报告. 北京：文物出版社，2009：（122）琉璃珠6，唐代；（124）水晶珠2，唐代；（127）琉璃珠11，唐代

新疆文物考古研究所. 新疆下坂地墓地. 北京：文物出版社，2012：（121）琉璃珠1，东汉

新疆文物考古研究所. 新疆萨恩萨伊墓地. 北京：科学出版社，2013：（35）炭精扣1，青铜时代晚期（公元前1000～前600年）；（39）珠饰14（石珠9、绿松石3、玛瑙珠2），青铜时代晚期（公元前1000～前600年）；（41）玻璃珠1，公元前500年至汉晋时期；（48）绿松石1，青铜时代晚期（公元前1000～前600年）；（59）玉珠1，公元前1800～前1500年；（90）料珠1，公元前500年～汉晋时期

中国社会科学院考古研究所，新疆维吾尔自治区阿克苏地区文物局，拜城县文物局. 拜城多岗墓地北京：文物出版社，2014：（25）玛瑙环1、料珠1，多岗四期；（65）玛瑙珠1，多岗三期；（137）琥珀9，多岗二期；（140）玛瑙1，多岗二期；（151）玛瑙3，多岗二期

新疆文物考古研究所. 新疆昌吉回族自治州考古调查与发掘. 北京：文物出版社，2015：（56）吉木萨尔县二工河水库墓地发掘报告：玛瑙珠2、绿松石珠子1，唐代；（67）吉木萨尔县大龙口古墓葬发掘简报：玛瑙珠1，战国前后；（83；90）阜康市白杨河墓地发掘简报：（83）料珠2，唐代；（90）料珠1，不早于唐代；（107）阜康市臭煤沟墓地发掘简报：料珠2，西汉；（172）昌吉市努尔加墓地2012年发掘简报：料珠55，早期铁器时代

# 三十、台湾省

宋文薰，连照美. 卑南考古发掘1980~1982：遗址概况、堆积层次及生活层出土遗物分析. 台北：台湾大学出版社，2004：（156~158）圆核废玉料46、环外废玉料90、带磨锯加工痕迹的废玉料36、玉破片75、带缺口玉耳饰1、玉棒5、玉耳饰133，新石器时代；（160~161）玉管珠21、玉管52、玉棒17，新石器时代；（163）玉环285，新石器时代；（165）带穿玉圆板3、玉坠10，新石器时代

台湾大学. 台湾新石器时代垦丁寮遗址墓葬研究报告. 台北：台湾大学出版中心，2007：（69）铃形玉珠12，牛稠子文化；（113）垦丁型玉坠3，牛稠子文化

# 第二部分　期刊、论文集资料

　　期刊、论文集资料主要对《考古学报》《考古》《文物》《考古与文物》《东南文化》《江汉考古》《华夏考古》《四川文物》《北方文物》《中国国家博物馆馆刊》《中原文物》《文博》《南方文物》《边疆考古研究》《东方考古》《古代文明》《海岱考古》《考古学研究》《考古学集刊》《西部考古》《北京文博文丛》《草原文物》《文物春秋》《福建文博》《文物世界》《东方博物》《广州文博》《杭州文博》《湖南考古辑刊》《湖南省博物馆馆刊》《辽宁省博物馆馆刊》《洛阳考古》《南方民族考古》《上海博物馆集刊》《上海文博论丛》《苏州文博论丛》《博物馆研究》《西域研究》《吐鲁番研究》《广西博物馆文集》《山西省考古学会论文集》《三晋考古》《天津考古》《华南考古》《北方民族考古》《东南考古研究》《浙江省文物考古研究所学刊》等50余种期刊和论文集2001～2016年发表的1230余篇考古报告、简报中的玉器情况（器名、数量、年代等）进行了详细介绍。在具体编排上，以省份为纲，依报告、简报发表时间和玉器主要年代的先后为序，编排格式如下：

□ 期刊文章
　　主要责任者. 题名. 连续出版物题名, 年, 卷（期）:（引文页码）玉器名称＋数量, 年代

□ 析出文献
　　主要责任者. 析出文献题名. 专著题名. 出版地: 出版者, 出版年:（引文页码）玉器名称＋数量, 年代

# 一、北京市

北京市文物研究所琉璃河考古工作站. 琉璃河遗址2001年度西周墓葬发掘简报. 北京文物与考古（五）. 北京：北京燕山出版社，2002：（79）石璧1，西周中期

北京市文物局研究所金陵考古工作队. 北京房山区金陵遗址的调查与发掘. 考古，2004，（2）：（38）玉鸟3，金代

北京市文物研究所圆明园考古队. 北京圆明园含经堂遗址2001～2002年度发掘简报. 考古，2004，（2）：（60～62）乾隆款玉钵1、和尚玉头像1、道士玉头像1、玉鹤1、玉马1、玉图章4、琉璃构件4、汉白玉构件3，清代

北京市文物研究所，延庆县文物管理所. 延庆县时尚纺织品有限公司壁画墓发掘简报. 北京文博文丛，2005，（3）：（28）琥珀饰件1，辽末金初

北京市文物研究所. 北京华能热电厂明墓发掘简报. 文物春秋，2006，（6）：（49）玉带板20，明代

北京市文物研究所. 国家体育馆墓葬发掘简报. 北京文博文丛，2006，（4）：（37）珠子50、玻璃瓶1，清代

北京市文物研究所. 北京市丰台区明李文贵墓. 文物，2008，（9）：（47～48）玉带板1、玉花4、小玉花1、玉饰1、珍珠2，明代

北京市文物研究所. 北京市朝阳区明赵胜夫妇合葬墓发掘简报. 文物，2008，（9）：（42）玉带1，明代

北京市文物研究所. 昌平张营遗址北区明清墓葬发掘简报. 北京文博文丛，2008，（2）：（51）烟具（玻璃器、铜器、瓷器等）1套9件，明清时期

北京市文物研究所. 北京国子监街发掘简报. 文物春秋，2008，（6）：（42）绿琉璃瓦当1，清代

北京市文物研究所. 昌平区回龙观流星花园静雅轩商业区清代墓葬发掘简报. 北京文博文丛，2008，（1）：（31）玉蝉1，清代

北京市文物研究所、延庆县文物管理所. 北京市延庆县应梦寺遗址发掘简报. 北京文博文丛，2009，（2）：（54）琉璃建筑构件4，辽代

北京市文物研究所. 通州新城基业项目墓葬发掘简报. 北京文博文丛，2009，（1）：（35）玉扳指1，明代晚期至清代早期

北京市文物研究所. 丰台西客站南广场墓葬发掘简报. 北京文博文丛，2009，（2）：（42）玉带3副、玉带钩1套、玉饰1，明代

北京市文物研究所. 北京华能热电厂墓地发掘简报. 北京文博文丛, 2009,（3）:（39）玉带2副，明代

北京市文物研究所. 朝阳区北顶娘娘庙东侧清代墓葬发掘简报. 北京文博文丛, 2009,（3）:（43）玻璃珠2、鼓形玉器1，清代

北京市文物研究所, 密云县文物管理所. 北京密云西晋墓发掘简报. 文物春秋, 2012,（6）:（25）水晶珠1，西晋

北京市文物研究所, 北京市昌平区文化委员会. 北京市昌平区沙河镇元、明、清墓葬发掘简报. 北京文博文丛, 2012,（1）:（46）玉璧1、玉器残片5、蜻蜓眼（玻璃质）3，清代

北京市文物研究所. 北京市海淀区东升乡明清墓葬发掘简报. 北京文博文丛, 2013,（2）:（61）玉烟嘴1，清代;（63）玉烟嘴1，清代;（72）玉璧1，清代

北京市文物研究所. 北京市丰台区亚林西三期明清墓葬发掘简报. 北京文博文丛, 2014,（4）:（64）玉烟嘴1，清代

北京市文物研究所. 北京市东城区西革新里西汉墓2013年发掘简报. 北方文物, 2015,（2）:（8）滑石钱范1，西汉中期

北京市文物研究所. 石景山京西商务中心汉代窑址、清代墓葬发掘简报. 北京文博文丛, 2015,（3）:（59）玉戒指1，清代

北京市文物研究所. 丰台石榴庄汉、明、清墓葬发掘简报. 北京文博文丛, 2016,（2）:（60）琉璃耳珰1，东汉中晚期

## 二、天津市

天津市文化遗产保护中心，宝坻区文化馆. 天津市宝坻区哈喇庄遗址的发掘. 考古, 2005, (5)：(56) 玉璜1，金代晚期至元代初期

天津市文化遗产保护中心，宝坻区文化馆. 宝坻区辛务屯元、明、清代墓地发掘报告. 天津考古（二）. 北京：科学出版社，2013：(22) 项珠（琉璃质）1串，元代；(37) 玉玦1，清代

天津市文化遗产保护中心，蓟县文物保管所. 蓟县上宝塔明清墓地发掘报告. 天津考古（二）. 北京：科学出版社，2013：(155) 玉璧1，明清时期

天津市文化遗产保护中心，蓟县文物保管所. 蓟县上宝塔清代墓地发掘报告. 天津考古（二）. 北京：科学出版社，2013：(190) 水晶扣2，清代；(230) 玉佩1、玉坠1、红色料珠1、黑色料珠1，清代；(241) 料珠2，清代

天津博物馆，天津市文化遗产保护中心. 天津蓟县青池遗址发掘报告. 考古学报，2014, (2)：(212) 石玦1，青池文化；(221) 石玦形佩饰1，青池文化

# 三、河北省

河北省文物研究所. 河北阳原县姜家梁新石器时代遗址的发掘. 考古, 2001,（2）:（22）玉猪龙1, 小河沿文化

河北省文物研究所, 邢台市文物管理处. 河北邢台市葛家庄10号墓的发掘. 考古, 2001,（2）:（52~53）石磬10、玉戈4、玉柄形器2、玉璧1、玉璜1、玉觽1、玛瑙串珠1串, 春秋晚期或战国早期

河北省文物研究所, 张家口市文物管理处, 怀来县博物馆. 河北省怀来县官庄遗址发掘报告. 河北省考古文集（二）. 北京: 北京燕山出版社, 2001:（23）玉琮1, 龙山时代文化

河北省文物研究所, 鹿泉市文物保管所. 河北高庄汉墓发掘简报. 河北省考古文集（二）. 北京: 北京燕山出版社, 2001:（162）玉璧1, 西汉中期

河北省文物研究所. 燕下都遗址内的两汉墓葬. 河北省考古文集（二）. 北京: 北京燕山出版社, 2001:（77）玉玦1、玛瑙珠1, 西汉早期；（89）玉琫1、水晶环1、水晶珠1、水晶瑱1、水晶料1、玛瑙球2、滑石龟1, 西汉中期；（114）玻璃瑱2, 东汉中期

河北省文物研究所, 临城县文物保管所. 临城县南孟村唐墓发掘简报. 河北省考古文集（二）. 北京: 北京燕山出版社, 2001:（252）玛瑙球1, 唐代

刘朴. 河北省承德县发现辽代窖藏. 北方文物, 2002,（3）:（48）水晶鱼1、水晶珠10、料珠9、玉环1、玉饰件4, 辽代

唐山市文物管理处, 迁安市文物管理所. 河北省迁安市开发区金代墓葬发掘清理报告. 北方文物, 2002,（4）:（24）玛瑙坠2、玛瑙珠1, 金代

河北邢台市文物管理处. 河北邢台市南小汪发现西周墓. 考古, 2003,（12）:（90）玉戈1, 商代晚期

邯郸市文物保护研究所. 邯郸市建设大街战汉墓葬发掘报告. 文物春秋, 2004,（6）:（40）石璧1, 战国早中期；（55）玉环1、含玉1, 西汉

河北省文物研究所, 保定市文物管理处, 涿州市文物保管所. 河北涿州元代壁画墓. 文物, 2004,（3）:（58）玉佩饰1、玉饰件1, 元代

邯郸市文物保护研究所, 涉县文物保管所. 河北涉县李家巷春秋战国墓发掘报告. 文物, 2005,（6）:（48）石圭2、玉玦1、玉饰2、玛瑙环2, 春秋至战国

胡金华, 冀艳坤. 河北唐县钓鱼台积石墓出土文物整理简报. 中原文物, 2007,（6）:（8）绿松石穿孔饰4, 春秋中期

承德市文物局, 滦平县文物保护管理所. 东营子墓地发掘简报. 河北省考古文集（三）. 北京:

科学出版社,2007:(32)玉器2,战国中晚期

邯郸市文物研究所,涉县文物保护管理所. 河北涉县台村宋金及清代墓葬发掘简报. 河北省考古文集(三). 北京:科学出版社,2007:(217)料珠1,宋金

廊坊市文物管理所,安次县文物管理所. 廊坊市安次县大伍龙村元代墓清理简报. 河北省考古文集(三). 北京:科学出版社,2007:(283)水晶珠6、玉簪1,元代

承德市文物局,滦平县文物保管所. 滦平行家坟墓地发掘简报. 河北省考古文集(三). 北京:科学出版社,2007:(328)镶玉如意1,清代

张家口市博物馆. 河北蔚县张南堡西汉墓. 文物春秋,2008,(3):(24~25)玉璜1、玉珌1、玉环2,西汉

河北省文物研究所,石家庄市文物研究所,鹿泉市文物保护管理所. 鹿泉市北新城汉墓M2发掘简报. 文物春秋,2008,(4):(20)玉璧1、玉片132,西汉中晚期

张家口市宣化区文物保管所. 河北宣化纪年唐墓发掘简报. 文物,2008,(7):(35)玻璃器1,唐代

石家庄市文物局,元氏县文保所. 河北元氏县使庄村唐墓. 北方文物,2008,(3):(40)石俑(汉白玉质)1,唐代

张家口市宣化区文物保管所. 河北张家口宣化战国墓发掘简报. 文物,2010,(6):(24)玉龙形佩2,战国晚期;(29)玉龙形佩3、玉璧1,战国晚期

北京大学考古文博学院,河北省文物局,邢台市文物管理处,临城县文化旅游局. 河北临城县补要村遗址南区发掘简报. 考古,2011,(3):(20)玉璧1,先商文化(二里头文化三、四期)

河北省文物研究所,邯郸市文物研究所,武安市文物保管所. 武安市崔炉遗址考古发掘报告. 河北省考古文集(四). 北京:科学出版社,2011:(31)石钺1,下七垣文化;(49)绿松石串饰1,下七垣文化;(63)石圭形器1,东先贤第一期文化

河北省文物研究所,石家庄市文物研究所,元氏县文保所. 石武铁路客运专线南程墓地发掘报告. 河北省考古文集(四). 北京:科学出版社,2011:(95)琉璃瑱2,西汉末期至东汉初期

河北省文物研究所,石家庄市文物研究所,鹿泉市文物保管所. 北新城汉墓M2发掘报告. 河北省考古文集(四). 北京:科学出版社,2011:(120)玉璧1、玉片132,西汉中晚期

河北省文物研究所,邯郸市文物研究所,邱县文物保护管理所. 河北省邱县邱城宋金遗址发掘简报. 河北省考古文集(四). 北京:科学出版社,2011:(208)青玉印料1,南宋

河北省文物研究所,唐县文物保管所. 唐县淑闾东周墓葬发掘简报. 文物春秋,2012,(1):(43)玉串饰5,春秋晚期至战国早期

辽宁省文物考古研究所. 河北正定野头墓地发掘简报. 文物,2012,(1):(48~49)水晶块1、滑石环1,东汉中晚期

四川大学历史文化学院考古系,上海大学艺术研究院美术考古研究中心,河北省文物研究所,石家庄市文物研究所,鹿泉市文物保护所. 河北鹿泉西龙贵汉代墓葬. 考古学报,2013,(1):(139)琉璃耳瑱1,东汉晚期

河北省文物研究所,石家庄市文物保护管理所,藁城市文物保管所. 藁城台西商、汉及宋代墓葬发掘简报. 河北省考古文集(五). 北京:科学出版社,2014:(115)玉环1,商代中期

张家口市宣化区文物保管所. 河北宣化东升路东汉墓发掘简报. 文物, 2014, (3): (32) 绿松石珠2, 东汉中晚期

河北省文物研究所, 满城县文物保管所. 河北满城荆山汉墓发掘简报. 文物春秋, 2014, (3): (32) 琉璃耳珰1, 东汉中晚期

邱忠鸣, 李轩鹏, 王新. 河北威县发现北朝佛造像. 文物, 2014, (3): (69) 汉白玉石造像4, 东魏、北齐

河北省文物研究所, 河北师范大学, 丰润区文物管理所. 河北唐山丰润区李庄子遗址发掘简报. 河北省考古文集（五）. 北京：科学出版社, 2014: (180) 玉料1, 辽金

张家口市宣化区文物保管所. 河北张家口宣化辽金壁画墓发掘简报. 文物, 2015, (3): (23) 玉饰件1, 辽代晚期至金代中期

# 四、山西省

吕梁地区文物事业局，柳林县文物管理所. 1997年柳林县杨家坪战国墓葬清理简报. 山西省考古学会论文集（三）. 太原：山西古籍出版社，2000：（48）石圭24，战国早中期

榆次市文物管理所. 榆次市东外环战国墓发掘简报. 山西省考古学会论文集（三）. 太原：山西古籍出版社，2000：（57）玉环5，战国晚期

朔州市文物工作站. 朔州市区发现一批战国墓. 山西省考古学会论文集（三）. 太原：山西古籍出版社，2000：（63）玉环1，战国晚期

山西省考古研究所，夏县博物馆. 山西夏县东阴遗址调查试掘报告. 考古与文物，2001，（6）：（26）玉钺1、玉圭2，商代早期

北京大学考古文博院、山西省考古研究所. 天马-曲村遗址北赵晋侯墓地第六次发掘. 文物，2001，（8）：（12）玉戚1、玉琮1、玉石饰物13、玉环1、玉器1，西周早中期（晋国）；（13）玉器若干，西周早中期（晋国）

山西省考古研究所，太原市考古研究所，太原市晋源区文物旅游局. 太原隋代虞弘墓清理简报. 文物，2001，（1）：（32~33）伎乐俑（汉白玉质）10、柱剑文吏俑（汉白玉质）2，隋代

山西大学历史系考古专业. 山西襄汾县丁村曲舌头新石器时代遗址发掘简报. 考古，2002，（4）：（35）玉璜2、玉环1，陶寺文化

山西省考古研究所，芮城县博物馆. 山西芮城清凉寺墓地玉器. 考古与文物，2002，（5）：（3~6）玉璧13、玉琮1、玉牙璧1、玉钺3、玉铲1，庙底沟二期文化

山西省考古研究所侯马工作站. 山西侯马市虒祁墓地的发掘. 考古，2002，（4）：（42）玉戈1、石圭8，战国早期；（51）龙凤玉佩1、玉环1，战国晚期至秦代

大同市考古研究所. 大同明代甘固总兵夫妇合葬墓. 文物世界，2002，（4）：（5）玉带1，明代

山西省考古研究所. 1994年山西省曲沃县曲村两周墓葬发掘简报. 文物，2003，（5）：（28~29）石圭7、玉玦5、玉玲6，西周中期至春秋早期

山西省考古研究所侯马工作站. 山西侯马西高东周祭祀遗址. 文物，2003，（8）：（24）龙形佩、璧、瑗、璜、环、剑饰、管、柱、带钩、人、合页形器等成型玉器93，玉片、玉块等非成型玉器163，春秋（晋国）；（36）石璋1、石圭3，春秋（晋国）

中国社会科学院考古研究所山西队，山西省考古研究所，临汾市文物局. 山西襄汾县陶寺城址祭祀区大型建筑基址2003年发掘简报. 考古，2004，（7）：（22）玉环1，陶寺文化

中国社会科学院考古研究所山西队，山西省考古研究所，临汾市文物局. 山西襄汾陶寺城址2002年发掘报告. 考古学报，2005，（3）：（331）玉璜1，陶寺文化

山西省考古研究所，清徐县文物事业管理所. 清徐都沟遗址发掘简报. 三晋考古（第三辑）. 太原：山西人民出版社，2006：（23）石璧1，庙底沟文化

山西省考古研究所，运城市文物局，芮城县文物局. 山西芮城清凉寺新石器时代墓地. 文物，2006，（3）：（8）玉璧1、双联复合玉璧1、石钺1，庙底沟二期文化；（13～14）玉琮1、玉璧7、联缀复合玉璧3、双孔石钺1、单孔石钺1、凸缘六边形玉器1、玉璧2、玉牙璧1、玉方璧1、双联复合玉璧1、玉环1、玉兽头饰1，庙底沟二期文化

山西大学科学技术哲学研究中心，中国社会科学院考古研究所. 陶寺中期墓地被盗墓葬抢救性发掘纪要. 中原文物，2006，（5）：（5～6）玉镯1、玉璧1、三牙石璧1、玉戚1、玉环1、复合玉环1、绿松石管1，陶寺文化

桥北考古队. 山西浮山桥北商周墓. 古代文明（第5卷）. 北京：文物出版社，2006：（357）玉觿1，商周；（359）玉饰1，商周；（361）玉玦1、石圭1、石璜1，商周；（368）玉鹰1、玉虎头1、玉扣1，商周；（376～377）玉玦1、玉锛1、玉鹰1、玉鱼1，商周；（387）玉玦2、绿松石玦1、玉璜1、石圭7，商周

山西省考古研究所，运城市文物工作站，绛县文化局. 山西绛县横水西周墓地. 考古，2006，（7）：（18）玉器27件（组），西周中期

山西省考古研究所，运城市文物工作站，绛县文化局. 山西绛县横水西周墓发掘简报. 文物，2006，（8）：（10）骨牌连珠串饰玉组佩1串、三联璜玉组佩1串、玉柄形器1、玉束发器1、玉发饰1，西周中期；（12）玉圭、玉组佩等若干，西周中期

山西省考古研究所侯马工作站. 2000年侯马省建一公司机运站祭祀遗址发掘报告. 三晋考古（第三辑）. 太原：山西人民出版社，2006：（139）玉璧6、玉龙6、玉璜1、半成品玉料4、玉残角料3、玉片29、玉玦6、石圭2，战国早期（晋国）

山西省考古研究所，忻州市文物管理处. 忻州上社战国墓发掘报告. 三晋考古（第三辑）. 太原：山西人民出版社，2006：（163）玛瑙环1、玉环2、小玉环1、水晶环1、玉覆面1套残余12件，战国早期

吕梁地区文物管理局，柳林县文物管理所. 柳林杨家坪华晋焦煤公司宿舍区墓葬发掘报告. 三晋考古（第三辑）. 太原：山西人民出版社，2006：（305）石圭2，战国早中期；（310）石璧1，战国早中期

吕梁地区文物管理局，柳林县文物管理所. 柳林县看守所墓葬发掘报告. 三晋考古（第三辑）. 太原：山西人民出版社，2006：（319）玛瑙环1、石圭4，战国早中期

胡建. 襄汾中陈汉墓发掘报告. 三晋考古（第三辑）. 太原：山西人民出版社，2006：（233）石圭487、铜格玉卫（璏）铁剑1、玉质剑卫（璏）1，西汉中晚期

山西省考古研究所，忻州市文物管理处，原平市博物馆. 原平北贾铺东汉墓葬发掘简报. 三晋考古（第三辑）. 太原：山西人民出版社，2006：（275）玉珠饰1，东汉中晚期

大同市考古研究所. 山西大同迎宾大道北魏墓群. 文物，2006，（10）：（64）玻璃器8，北魏；（70）玉石料器29，北魏

大同市考古研究所. 山西大同七里村北魏墓群发掘简报. 文物，2006，（10）：（41）玻璃器2，

北魏；（43）玉石料器12，北魏

山西省考古研究所. 大同县国营粮食原种场北魏墓. 三晋考古（第三辑）. 太原：山西人民出版社，2006：（340）玉珠2，北朝（北魏）

山西大学文博学院，山西省考古研究所. 垣曲苗圃遗址发掘报告. 而立集——山西大学考古专业成立三十周年纪念文集. 北京：科学出版社，2009：（181）玉环1，西王村三期文化

山西省考古研究所，曲沃县文物局. 山西曲沃羊舌晋侯墓地发掘简报. 文物，2009，（1）：（12）瑞玉（戈、璧、环等）7~8、璜组玉佩1组、龙形玉玦1、玉璜1、玉虎1、玉神人面像1、玉堵头1、玉扳指2、玉覆面仅存零星构件、握玉2、踏玉1，两周之际至春秋早期；（13）玉龙、玉虎、玉鸮、玉兔等多件，两周之际至春秋早期

张润英，张喜斌. 岢岚县窑子坡遗址的发掘. 文物世界，2010，（3）：（13）玉璧1，新石器时代

大同市考古研究所. 山西大同南郊区田村北魏墓发掘简报. 文物，2010，（5）：（17）绿松石饰1，北魏

山西省考古研究所，山西运城市文物局，芮城县文物旅游局. 山西芮城清凉寺史前墓地. 考古学报，2011，（4）：（542~547）玉钺7、带孔器5、多孔刀5、玉璧2、玉环10、联璜环4，庙底沟二期至龙山晚期；（549~554）玉钺2、钺形器1、双孔刀1、玉璧2、牙璧1、方形璧1、玉环6、联璜环3、异形联璜环1、梳形器1、筒形器1、管状饰1，庙底沟二期至龙山晚期；（555）玉璧2、玉环1，庙底沟二期至龙山晚期

山西省考古研究所，忻州市文物管理处，岢岚县文管所. 山西岢岚县窑子坡遗址发掘. 华夏考古，2011，（4）：（12）玉璧1，庙底沟二期文化

山西省考古研究所，大河口墓地联合考古队. 山西翼城县大河口西周墓地. 考古，2011，（7）：（15）二联璜串饰（由玛瑙管、玉管、玉珠、玉蚕、玉璜组成）3组，西周至春秋初期；（17）玉石串饰7、项饰2、玉玦8、握玉2、玉柄形饰2组，西周至春秋初期；（18）玉玦2，西周至春秋初期

山西省考古研究所，大同市考古研究所. 山西大同市大同县陈庄北魏墓发掘简报. 文物，2011，（12）：（45）玛瑙棋子8，北魏

大同市考古研究所. 山西大同文瀛路北魏壁画墓发掘简报. 文物，2011，（12）：（36）水晶串饰1组，北魏

中国国家博物馆田野考古研究中心，山西省考古研究所，运城市文物保护研究所. 山西绛县周家庄遗址第一次发掘报告. 中国国家博物馆馆刊，2012，（12）：（25）玉璜1、玉片1、石璜1，庙底沟二期文化；（39）玉环1、石璜1，龙山文化

山西省考古研究所，临汾市文物局，襄汾县博物馆. 襄汾南小张遗址发掘报告. 三晋考古（第四辑）. 上海：上海古籍出版社，2012：（270）石圭1、玉片1，春秋中晚期至战国中晚期

山西省考古研究所，左权县文物旅游局. 左权石匣墓地发掘报告. 三晋考古（第四辑）. 上海：上海古籍出版社，2012：（333）石口琀1，春秋中期；（342）玉口琀5、玛瑙环2、石圭1，春秋晚期；（344）石圭若干，战国早期；（346）石圭7，战国早期；（349）石圭1，春秋晚期；（350）玉口琀1，春秋中期；（354）玉覆面1套31件、玉口琀5、玛瑙环1、石圭1，战国早期；（358）玉玦2、玉握4、石圭1，战国早期

山西省考古研究所. 高平河西墓地与乔村墓地发掘简报. 三晋考古（第四辑）. 上海：上海古籍出版社，2012：（564）玻璃珠1，清代

翟少东，王晓毅，高江涛. 山西陶寺遗址石制品及相关遗迹调查简报. 考古学集刊·19. 北京：科学出版社，2013：（20）玉钺1，陶寺文化

山西省考古研究所，榆次区文物管理所. 山西晋中发现金代正大五年墓. 中国国家博物馆馆刊，2013，（10）：（9）念珠（玻璃质）4，金代

山西大学历史文化学院考古系. 山西原平市辛章遗址2012年发掘简报. 考古，2014，（5）：（13）玉凿1，龙山晚期

隰县文物旅游局，山西大学历史文化学院. 隰县瓦窑坡墓地发现四座陶器墓. 中国国家博物馆馆刊，2014，（10）：（10）石圭9，春秋战国之际；（13）石圭3、玉片2，春秋中期；（15）玉饰2，春秋中期

山西省考古研究所. 山西长子县西南呈西周墓地发掘简报. 考古，2016，（3）：（11）石磬1、玉片饰1，西周晚期

# 五、内蒙古自治区

中国社会科学院考古研究所内蒙古工作队，呼伦贝尔盟民族博物馆．内蒙古海拉尔市团结遗址的调查．考古，2001，（5）：（11～12）玉斧2、玉锛1、玉璧2、玉环1、玉珠1，新石器时代（距今6000～5500年）

王刚，吕清．林西县五间房辽墓清理简报．草原文物，2001，（1）：（125）玛瑙珠8，辽代

内蒙古文物考古研究所，吉林大学考古学系．元上都城址东南砧子山西区墓葬发掘简报．文物，2001，（9）：（48）玛瑙珠饰1、玉饰1，元代

巴林右旗博物馆．内蒙古巴林右旗查日斯台嘎查遗址的调查．考古，2002，（8）：（95）玉兽形器1，红山文化

郝维彬．内蒙古库伦旗胡金稿古墓葬清理简报．北方文物，2002，（3）：（24）玛瑙玦2，夏家店下层文化

内蒙古通辽市博物馆．科左后旗白音塔拉契丹墓葬．草原文物，2002，（2）：（16）玛瑙项饰24，辽代

内蒙古文物考古研究所，赤峰市博物馆，巴林左旗博物馆．白音罕山辽代韩氏家族墓地发掘报告．草原文物，2002，（2）：（23）琥珀饰件9、绿松石珠饰2、玛瑙杯底部残片1，辽代；（35）绿松石饰3，辽代

乌兰察布盟博物馆．内蒙古丰镇市十一窑子战国墓．考古，2003，（1）：（47）玉璧1，战国

中国社会科学院考古研究所内蒙古工作队，内蒙古文物考古研究所．内蒙古扎鲁特旗浩特花辽代壁画墓．考古，2003，（1）：（12）圆柱形管（玛瑙质）2，辽代中期

中国社会科学院考古研究所内蒙古第一工作队．内蒙古赤峰市兴隆沟聚落遗址2002～2003年的发掘．考古，2004，（7）：（6）长条形弧面玉坠2、小玉锛1、柱形玉玦1，兴隆洼文化

内蒙古文物考古研究所．内蒙古通辽市吐尔基山辽代墓葬．考古，2004，（7）：（52）玻璃杯1，辽代

林西县文物管理所．内蒙古林西县小哈达辽墓．考古，2005，（7）：（95）玛瑙管2、玛瑙珠2，辽代

内蒙古自治区博物馆，锡林郭勒盟文物工作站．苏尼特左旗恩格尔河的元代墓葬．草原文物，2005，（2）：（31）珍珠饰6、琥珀坠饰3、玻璃残片32，元代

内蒙古文物考古研究所．2006年扎鲁特旗南宝力皋吐墓地的发掘．草原文物，2007，（1）：（19）璇玑形白玉佩1，小河沿文化

内蒙古文物考古研究所，科尔沁博物馆，扎鲁特旗文物管理所．内蒙古扎鲁特旗南宝力皋吐新

石器时代墓地. 考古, 2008, (7): (28~30) 镞（玛瑙质）2、刮削器（玛瑙质）2、玉斧3、玉骨朵1、石饰件8, 新石器时代晚期

吉林大学边疆考古研究中心, 内蒙古文物考古研究所. 内蒙古赤峰市康家湾遗址2006年发掘简报. 考古, 2008, (11): (17) 石钺1、玉器2, 夏家店下层文化

内蒙古文物考古研究所. 内蒙古和林格尔县新店子墓地发掘简报. 考古, 2009, (3): (12) 珠饰（玉、玛瑙、绿松石等质地）49, 春秋晚期

内蒙古文物考古研究所. 内蒙古凉城县小双古城墓地发掘简报. 考古, 2009, (3): (24) 玛瑙珠饰5、绿松石饰3, 春秋晚期至战国早期

内蒙古文物考古研究所. 内蒙古凉城县忻州窑子墓地发掘简报. 考古, 2009, (3): (43) 绿松石珠饰37、玛瑙饰品20, 春秋晚期至战国早期

内蒙古文物考古研究所. 内蒙古赤峰市哈啦海沟新石器时代墓地发掘简报. 考古, 2010, (2): (31~32) 玉镯15、玉璧3, 小河沿文化

内蒙古文物考古研究所. 内蒙古赤峰市二道井子遗址的发掘. 考古, 2010, (8): (23) 石钺1, 夏家店下层文化；(24~25) 玉斧1、玉凿1、玉璧1, 夏家店下层文化

内蒙古文物考古研究所. 赤峰市敖汉旗白塔村辽代墓葬. 草原文物, 2010, (1): (17) 玛瑙管1, 辽代

中山大学人类学系, 内蒙古文物考古研究所. 内蒙古巴林右旗塔布敖包新石器时代遗址2009年发掘简报. 考古, 2011, (5): (12) 玉坠1, 兴隆洼文化

内蒙古文物考古研究所, 扎鲁特旗文物管理所. 内蒙古扎鲁特旗南宝力皋吐新石器时代墓地C地点发掘简报. 考古, 2011, (11): (33) 小玉环2、玉珠2、绿松石饰5, 新石器时代晚期

内蒙古自治区文物考古研究所, 乌兰察布市博物馆. 察右前旗白家湾金器窖藏发掘简报. 草原文物, 2011, (1): (39) 绿松石饰件4, 战国晚期至西汉初期

中国社会科学院考古研究所, 内蒙古第二工作队, 内蒙古文物考古研究所. 内蒙古巴林左旗辽代祖陵龟趺山建筑基址. 考古, 2011, (8): (10) 水晶饰件1, 辽代

内蒙古文物考古研究所. 内蒙古凉城县水泉辽代墓葬. 考古, 2011, (8): (16) 鸡心形玛瑙坠1、玛瑙管3、玛瑙珠6, 辽代早期；(19) 玉饰1、玛瑙珠1、玛瑙管2、玛瑙臂鞲1, 辽代早期

内蒙古文物考古研究所, 吉林大学边疆考古研究中心, 吉林大学边疆考古中心. 内蒙古科左中旗哈民忙哈新石器时代遗址2011年的发掘. 考古, 2012, (7): (26~27) 玉斧1、玉璧4、双联璧1、玉钺1、玉饰件1, 红山文化

内蒙古自治区文物考古研究所. 凉城县水泉东周墓地发掘简报. 草原文物, 2012, (1): (25) 玛瑙珠饰5、绿松石饰1、琉璃管9, 战国中晚期

山西省文物资料信息中心, 开鲁县文物管理所, 吉林大学边疆考古研究中心. 内蒙古开鲁县小泡子遗址的调查与初步认识. 边疆考古研究（第13辑）. 北京: 科学出版社, 2013: (37~38) 玉斧2、玉锛2, 兴隆洼文化；玉珠1、玉璧1, 红山文化

内蒙古师范大学历史文化学院考古文博系, 内蒙古自治区文物考古研究所. 和林格尔县胜利营东沟子遗址发掘简报. 草原文物, 2013, (1): (14) 石璧1, 战国

内蒙古师范大学历史文化学院, 内蒙古自治区文物考古研究所. 和林格尔县大堡山墓地发掘报告. 草原文物, 2013, (2): (45~46) 玉璧2、青玉环2、玛瑙环9、料珠1、水晶珠1, 战

国晚期

内蒙古自治区文物考古研究所. 巴林左旗友好村新石器时代墓地发掘. 草原文物, 2014, (1): (30) 玉环1、玉锛1、玉管1、玉佩饰5, 红山文化

内蒙古师范大学, 内蒙古文物考古研究所, 内蒙古文物保护中心. 内蒙古锡林郭勒元上都城址阙式宫殿基址发掘简报. 文物, 2014, (4): (49~50) 琉璃套兽3、琉璃脊兽3、琉璃仙人1、琉璃鸟1、琉璃鱼首1、琉璃瓦当5、琉璃滴水10、琉璃板瓦5, 元代

内蒙古文物考古研究所. 内蒙古科左中旗哈民忙哈新石器时代遗址2012年的发掘. 考古, 2015, (10): (39~45) 玉璧11、玉璜3、勾云形器2、匕形器2、饰件6、玛瑙制品1, 哈民文化

内蒙古自治区文物考古研究所, 内蒙古博物馆, 鄂尔多斯考古研究院, 乌审旗文物管理所. 内蒙古乌审旗郭家梁村北朝墓葬发掘报告. 华夏考古, 2015, (2): (53) 玉石珠子2, 北魏

呼伦贝尔联合考古队. 内蒙古陈巴尔虎旗岗嘎墓地. 考古, 2015, (7): (79~80) 棒形玉饰1、玻璃珠4、玛瑙珠6, 唐至五代

中国社会科学院考古研究所内蒙古第二工作队, 内蒙古文物考古研究所. 内蒙古巴林左旗辽上京宫城城墙2014年发掘简报. 考古, 2015, (12): (94) 玉器（玉髓）1、玛瑙珠1、玻璃器1, 辽代

内蒙古文物考古研究所, 锡林郭勒盟文物保护管理站, 多伦县文物局. 内蒙古多伦县小王力沟辽代墓葬. 考古, 2016, (10): (60~61) 琉璃筒瓦2、琉璃板瓦1, 辽代; (72~74) 玻璃杯2、玻璃瓶2、鎏金银托嵌玉捍腰1、银丝链玉组佩1组8件、鎏金银鞘玛瑙柄短刀1、玛瑙罐2、银盖水晶盒1、滑石兔2、琥珀珠2, 辽代

# 六、辽宁省

辽宁省文物考古研究所. 辽宁凌源市牛河梁遗址第五地点1998~1999年度的发掘. 考古, 2001, (8): (23) 玉镯1, 红山文化; (28~29) 玉珠2、玉板1、玉蚕1、玉联璧1、玉镯3、玉坠饰1、玉蝈饰1, 红山文化

辽宁省文物考古研究所. 辽宁省北宁市鲍家乡桃园村大平滩辽墓. 北方文物, 2002, (1): (49~50) 玉带饰18、玉环8、琥珀珠3, 辽代

陈金梅. 辽宁北票市下瓦房沟发现一座辽墓. 北方文物, 2002, (4): (29) 玛瑙饰件1, 辽代

辽宁省文物考古研究所. 辽宁北票市大板营子鲜卑墓的清理. 考古, 2003, (5): (95) 玛瑙、绿松石串珠若干, 鲜卑（3世纪前后）

辽宁省文物考古研究所. 辽宁北票喇嘛洞青铜时代墓葬. 文物, 2004, (5): (29) 绿松石珠5、滑石猪20、琉璃珠1、玛瑙珠4, 春秋末至战国初期

沈阳市文物考古研究所. 辽宁沈阳沈州路东汉墓发掘简报. 北方文物, 2004, (3): (3) 玛瑙珠1, 东汉晚期

沈阳市文物考古研究所. 辽宁沈阳八家子汉魏墓葬群发掘简报. 北方文物, 2004, (3): (15) 串珠（玛瑙、琉璃等质地）2串, 东汉晚期至魏晋

辽宁省文物考古研究所, 朝阳市博物馆, 北票市文物管理所. 辽宁北票喇嘛洞墓地1998年发掘报告. 考古学报, 2004, (2): (233) 绿松石串饰1串、串饰8串, 前燕（4世纪中至4世纪末）

辽宁省文物考古研究所, 阜新市文物管理办公室. 辽宁阜新梯子庙二、三号辽墓发掘简报. 北方文物, 2004, (1): (36) 绿松石串饰1串9枚、玛瑙饰3, 辽代

辽宁省文物考古研究所, 葫芦岛市文物管理办公室. 辽宁葫芦岛市杨家洼新石器时代遗址发掘简报. 博物馆研究, 2005, (2): (35) 玉斧1、玉球1、玉环1, 新石器时代早期（距今9000~8500年）

朝阳市博物馆, 龙城区博物馆. 辽宁轮胎附属厂古墓清理简报. 边疆考古研究（第3辑）. 北京：科学出版社, 2005: (333) 白玉葫芦2、白玉环1, 辽代

朝阳市博物馆. 辽宁朝阳南塔街出土的金代窖藏文物. 北方文物, 2005, (2): (46) 滑石动物饰件1、玉珠2, 金代

辽宁省文物考古研究所, 葫芦岛市博物馆, 建昌县文管所. 辽宁建昌于道沟战国墓地调查发掘简报. 辽宁省博物馆馆刊（第一辑）. 沈阳：辽海出版社, 2006: (32) 绿松石珠22, 战国早期

于俊玉，杜守昌，孙玉铁. 辽宁朝阳县腰而营子汉墓发掘简报. 辽宁省博物馆馆刊（第二辑）. 沈阳：辽海出版社，2007：（220）玉件1，西汉中期

辽宁省文物考古研究所. 牛河梁红山文化第二地点一号冢石棺墓的发掘. 文物，2008，（10）：（19~29）玉镯7、玉串珠2、玉饰1、玉箍形器3、玉斜口管状器2、玉钺1、勾云形玉佩1、兽面玉佩1、双人首三孔玉饰1、双鸮玉佩1、鸟兽纹玉佩1、绿松石坠饰1，红山文化

辽宁省文物考古研究所. 牛河梁第十六地点红山文化积石冢中心大墓发掘简报. 文物，2008，（10）：（6~9）玉鹄1、玉斜口筒形器1、玉人1、玉镯1、玉环2、绿松石坠饰2，红山文化

辽宁省文物考古研究所. 辽宁辽阳南郊街东汉壁画墓. 文物，2008，（10）：（45）玉器（瑱、珆）3，东汉晚期

辽宁省文物考古研究所，沈阳市文物考古研究所. 沈阳市石台子山城高句丽墓葬2002~2003年发掘简报. 考古，2008，（10）：（53）玛瑙珠1，高句丽中晚期

辽西博物馆，北票市博物馆. 辽宁北票白家窝铺辽代墓葬. 北方文物，2008，（4）：（41）玛瑙瞥饰21，辽代

中国社会科学院考古研究所，辽宁省文物考古研究所，大连市文物考古研究所. 辽宁长海县小珠山新石器时代遗址发掘简报. 考古，2009，（5）：（24）玉斧2，赵宝沟文化；玉凿1、玉坠1，三堂一期文化

朝阳市博物馆. 朝阳市开发区仁济药材工地元代墓群发掘简报. 北方文物，2009，（1）：（55~56）玉饰件3、围棋子（白玉石质）1、玛瑙珠7、玉饰件1、玉坠1，元代

辽宁省文物考古研究所，沈阳市文物考古研究所. 辽宁法库县叶茂台23号辽墓发掘简报. 考古，2010，（1）：（64~65）玉饰件2、纽扣形饰7、带扣1、带饰1、玛瑙珠52、玛瑙残片1、琥珀饰件1，辽代晚期

辽宁省文物考古研究所. 辽宁朝阳新华路辽代石宫发掘简报. 文物，2010，（11）：（44）玻璃瓶2、玻璃舍利瓶1，辽代

王允军. 辽宁省康平县辽墓发掘简报. 博物馆研究，2010，（4）：（72~73）长方形玉带銙6、心形玉带銙1、圭形玉铊尾1、桃形玉饰1，辽代

辽宁省文物考古研究所，铁岭市博物馆，西丰县文物管理所. 辽宁西丰县永淳遗址及墓地的发掘. 考古，2011，（3）：（49）玉管饰1，战国晚期至西汉初期

辽宁省文物考古研究所，普兰店市博物馆. 辽宁普兰店姜屯第41号汉墓发掘简报. 边疆考古研究（第10辑）. 北京：科学出版社，2011：（442）玛瑙环1、水晶块3，西汉晚期

大连市文物考古研究所. 大连长兴岛西礓坡墓地发掘简报. 北方文物，2011，（3）：（10）玻璃耳珰2，东汉末年至魏晋

朝阳博物馆，朝阳市城区博物馆. 辽宁朝阳市姑营子辽代耿氏家族3、4号墓发掘简报. 考古，2011，（8）：（39~40）玛瑙饰件101，辽代

辽宁省文物考古研究所，阜新市考古队. 辽宁阜新县辽代平原公主墓与梯子庙4号墓. 考古，2011，（8）：（57~59）玉刀柄1、竹节状器1、玉环1、币形器1、簪1、水晶料1、玛瑙珠1、琥珀饰件2、琥珀珠1，辽代；（63）琥珀珠1、水晶珠1，辽代

辽宁省文物考古研究所，阜新市文物管理办公室. 辽宁阜新县代海遗址发掘简报. 考古，2012，（11）：（17）玛瑙珠1，高台山文化

辽宁省文物考古研究所，普兰店市博物馆．辽宁普兰店姜屯墓地三座汉墓的清理．边疆考古研究（第12辑）．北京：科学出版社，2012：（57）玛瑙环1，西汉中期

辽宁省文物考古研究所，普兰店市博物馆．辽宁普兰店姜屯汉墓（M45）发掘简报．文物，2012，（7）：（33）玉覆面1组24件、玉剑璏尾1、水晶耳瑱1对，西汉晚期

沈阳市文物考古研究所．沈阳市千松园遗址2000年发掘简报．考古，2013，（9）：（18）玛瑙镞3，商代晚期

沈阳市文物考古研究所．辽宁法库县蔡家沟发现一座辽墓．考古，2013，（1）：（102）玛瑙珠2，辽代

辽宁省文物考古研究所．辽宁阜新县界力花青铜时代遗址发掘简报．考古，2014，（6）：（15~17）玛瑙块1、玛瑙器1、玉珠1、绿松石珠1，夏家店下层文化

辽宁省文物考古研究所，葫芦岛市博物馆，建昌县文物管理所．辽宁建昌县东大杖子墓地2001年发掘简报．考古，2014，（12）：（15~16）玉饰件2、玛瑙环1、绿松石61，战国早期或稍晚

辽宁省文物考古研究所、葫芦岛市博物馆、建昌县文物管理所．辽宁建昌县东大杖子墓地2002年发掘简报．考古，2014，（12）：（29~30）玉环3、玉凿1、玛瑙觿1、水晶串饰1套5枚、绿松石串饰1套29枚，战国中期前后

辽宁省文物考古研究所，吉林大学边疆考古研究中心，葫芦岛市博物馆，建昌县文物管理所．辽宁建昌县东大杖子墓地M40的发掘．考古，2014，（12）：（46~47）玛瑙环1、石璧1、绿松石坠7、玉料6，战国中晚期

辽宁省文物考古研究所，吉林大学边疆考古研究中心，葫芦岛市博物馆，建昌县文物管理所．辽宁建昌县东大杖子墓地M47的发掘．考古，2014，（12）：（59）龙形玉佩1、玛瑙环1，战国晚期

辽宁省文物考古研究所．辽宁辽阳苗圃墓地西汉砖室墓发掘简报．文物，2014，（11）：（11）玛瑙环1、玛瑙耳瑱3，西汉中晚期

朝阳市博物馆，朝阳市龙城区博物馆．辽宁朝阳杜杖子辽代墓葬发掘简报．文物，2014，（11）：（26）玛瑙饰件1、玛瑙杖首1，辽代

辽宁省文物考古研究所，锦州市文物考古研究所．辽宁锦州西大砬子遗址发掘简报．北方民族考古（第2辑）北京：科学出版社，2015：（12）玉芯1，夏家店下层文化

辽宁省文物考古研究所，葫芦岛市博物馆，建昌县文物局．辽宁建昌东大杖子墓地2000年发掘简报．文物，2015，（11）：（6）玛瑙环2，战国早期；（11）玛瑙珠1、绿松石串饰1，战国早期；（24）玉环1、玛瑙环2，战国早期

辽宁省文物考古研究所，葫芦岛市博物馆，建昌县文物管理所．辽宁建昌东大杖子墓地2003年发掘简报．边疆考古研究（第18辑）．北京：科学出版社，2015：（52~54）玉佩1、玉璧1、玛瑙环5、玛瑙玦1、水晶饰件4、绿松石饰件25、玻璃珠7，战国中期

辽宁省文物考古研究所．辽宁鞍山羊草庄墓地石椁墓发掘简报．边疆考古研究（第17辑）．北京：科学出版社，2015：（31）项链串饰（琉璃珠）1套7颗，新莽至东汉初期；（37）项链串饰（琉璃珠、石管）1套41颗，新莽至东汉初期；（42）项链串饰（琉璃珠、石管）1套21颗，新莽至东汉初期；（46）项链串饰（琉璃珠、石珠、石管）1套190颗，新莽至东汉初期；（48）

项链串饰（琉璃珠、石管）1套44颗，新莽至东汉初期；（53）项链串饰（琉璃珠、石珠、石管）1套103颗，新莽至东汉初期；（59）项链串饰（琉璃珠、石珠、石管）1套50颗，新莽至东汉初期

辽宁省文物考古研究所. 辽宁辽阳市苗圃墓地汉代土坑墓. 考古，2015，（4）：（64）琉璃耳瑱1，东汉

辽宁省文物考古研究所，朝阳县文物管理所. 辽宁省朝阳县土城子两座前燕墓. 北方文物，2015，（2）：（16）水晶球1、绿松石坠2、绿松石串珠5，前燕（4世纪中叶）

辽宁省文物保护中心. 辽宁省辽阳县首山塔基清代遗址发掘简报. 北方文物，2015，（4）：（47）玉香炉1，清代

沈阳市文物考古研究所. 沈阳市郝心台遗址2011年发掘简报. 考古，2016，（6）：（19）石钺2，新乐上层文化

孙建军，王闯. 辽宁省葫芦岛市金星汉魏墓葬发掘简报. 北方文物，2016，（1）：（7）玉片1，东汉末至魏晋

辽宁省文物考古研究所，鞍山市博物馆. 辽宁省鞍山市调军台墓地发掘简报. 北方文物，2016，（3）：（15）琉璃耳瑱2、绿松石珠1，东汉中晚期

辽宁省文物考古研究所. 辽宁北镇市辽代帝陵2012～2013年考古调查与试掘. 考古，2016，（10）：（37～39）琉璃沟纹砖1、琉璃筒瓦2、琉璃板瓦2、琉璃瓦当1、琉璃压当条1、琉璃脊兽1，辽代；（42～44）琉璃筒瓦1、琉璃压当条1、琉璃脊兽1，辽代；（48～49）琉璃筒瓦1、琉璃瓦当1、琉璃压当条1，辽代

# 七、吉林省

吉林省文物考古研究所. 吉林长白县干沟子墓地发掘简报. 考古, 2003,（8）:（61）玉珠4、玉坠3、绿松石坠2, 战国中晚期

集安市博物馆. 集安洞沟古墓群禹山墓区2112号墓. 北方文物, 2004,（2）:（34）玛瑙珠5, 高句丽时期（4～5世纪初）

吉林省文物考古研究所, 四平市文物管理委员会办公室, 双辽市文物管理所, 双辽市郑家屯博物馆. 吉林双辽市后太平青铜时代墓地. 考古, 2009,（5）:（40～41）绿松石坠1、串饰（绿松石、玛瑙等质地）数千件, 白金宝文化（西周至春秋晚期）

吉林省文物考古研究所, 敦化市文物管理所. 吉林敦化市六顶山墓群2004年发掘简报. 考古, 2009,（6）:（11）玛瑙珠1, 渤海早期

吉林省文物考古研究所, 四平市文管办, 梨树县文管所. 吉林省梨树县八棵树金代遗址发掘报告. 北方文物, 2009,（4）:（35）玉串珠1, 金代

吉林省文物考古研究所, 榆树市博物馆. 吉林省榆树市上台子墓群发掘报告. 北方文物, 2010,（1）:（27）玛瑙纽扣5, 清代

图们市博物馆. 吉林省图们市第三小学遗址调查简报. 博物馆研究, 2011,（1）:（91）绿松石管1, 辽金

吉林省文物考古研究所, 四平市文物管理委员会办公室. 吉林省四平市二龙湖古城址发掘报告. 边疆考古研究（第12辑）. 北京: 科学出版社, 2012:（119～120）玛瑙环1、绿松石2、水晶石块1, 战国晚期至西汉初期

吉林大学边疆考古研究中心, 吉林省文物考古研究所. 吉林白城双塔遗址新石器时代遗存. 考古学报, 2013,（4）:（520）玉石环1, 双塔一期文化;（527）玉兽面纹佩1、玉环1、双联璧1、玉坠饰2, 哈民忙哈文化

吉林省文物考古研究所. 吉林抚松新安遗址发掘报告. 考古学报, 2013,（3）:（358）玉管1, 东汉;（373）玛瑙管1, 渤海中期;（383）玛瑙管1、玛瑙珠2, 渤海末期至金代

吉林大学边疆考古研究中心, 吉林省文物考古研究所, 大庆市博物馆, 鄂尔多斯博物馆, 通化市文物管理办公室, 辉南县文物管理所. 吉林省辉南县辉发城址发现的明代遗存. 边疆考古研究（第17辑）. 北京: 科学出版社, 2015:（122）琉璃珠70余件、琉璃牌饰1、琉璃纽扣1、琉璃棋子2、琉璃饰件2, 明代

# 八、黑龙江省

齐齐哈尔市文物管理站. 黑龙江省齐齐哈尔市东土岗青铜时代墓葬清理简报. 北方文物, 2002, (3): (18~19) 扁菱形管珠（绿松石质）1、圆柱状管饰（绿松石质）1, 青铜时代

牡丹江市文物管理站. 牡丹江郊区熊场遗址清理报告. 北方文物, 2003, (3): (18) 玛瑙饰件2, 战国至秦汉之际

黑龙江省文物考古研究所. 黑龙江讷河市二克浅青铜时代至早期铁器时代墓葬. 考古, 2003, (2): (20) 翡翠珠4, 春秋至战国早期；(21) 玉珠3, 汉魏

黑龙江省文物考古研究所. 黑龙江双鸭山市保安村汉魏城址的试掘. 考古, 2003, (2): (32) 玛瑙管饰, 魏晋

黑龙江省文物管理委员会. 黑龙江友谊县凤林古城址的发掘. 考古, 2004, (12): (54) 玉蝉1, 汉代；(61) 玛瑙管1、玛瑙珠2, 魏晋

张杰, 朱涛. 黑龙江省肇东市涝洲镇安业村发现的辽代墓葬. 北方文物, 2004, (1): (39) 玉饰件1, 辽代

马利民, 项守先, 傅维光. 黑龙江省齐齐哈尔市滕家岗遗址三座新石器时代墓葬的清理. 北方文物, 2005, (1): (2) 玉环1, 距今 (6981±69) 年；(2) 玉璧2, 距今 (4741±87) 年

齐齐哈尔市文物管理站. 齐齐哈尔市建华区红光村清代夫妻合葬墓发掘简报. 北方文物, 2005, (3): (39~40) 翠扳指1、朝珠（玻璃质）1串111颗、玻璃饰珠3, 清代

黑龙江省文物考古研究所, 中国社会科学院考古研究所. 黑龙江绥滨同仁遗址发掘报告. 考古学报, 2006, (1): (131) 玉饰4、玛瑙珠1, 5~11世纪

黑龙江省文物考古研究所. 黑龙江讷河市库勒浅青铜至早期铁器时代墓地. 考古, 2006, (5): (24) 装饰品（滑石质）18、玉佩饰4、玉管饰1、玛瑙串珠2, 二克浅文化（春秋中晚期）；(29~30) 装饰品（滑石质）3、玉管饰9、玉串珠2, 汉魏

黑龙江省博物馆. 哈尔滨新香坊墓地出土的金代文物. 北方文物, 2007, (3): (56~57) 玉雕绶带鸟2、玉雕天鹅2、长条白玛瑙饰件2、白玛瑙饰件1、玻璃耳坠1、玛瑙坠1、玛瑙串珠12、白料珠21、玉环1、玉络饰33, 金代

赵湘萍. 黑龙江省讷河清墓中发现翡翠璧. 北方文物, 2007, (1): (87) 翡翠璧1对2件, 清代

魏笑雨. 黑龙江省泰来县发现两座新石器时代墓葬. 北方文物, 2009, (4): (15) 玉璧6, 红山文化

黑龙江省文物考古研究所. 黑龙江讷河大古堆墓地发掘简报. 文物, 2009, (6): (22) 管珠（绿松石、玛瑙质）27, 春秋末期至战国早期

黑龙江省文物考古研究所. 黑龙江省泰来县佰大街遗址发掘简报. 北方文物, 2010, (3): (42) 玛瑙石管饰1, 战国至汉代; 玛瑙珠1, 辽金时期

黑龙江省文物考古研究所. 黑龙江省讷河市都拉本浅清代墓葬. 北方文物, 2010, (2): (24) 烟嘴 (玛瑙质) 1, 清代

黑龙江省文物考古研究所. 黑龙江省绥滨县二十九〇农场一队古遗址调查. 北方文物, 2011, (1): (11) 白玉管1、红玛瑙管2、玛瑙珠3、料珠1、碧玉珠1, 波尔采文化

万大勇. 黑龙江嘉荫县靠江屯金代墓葬调查简报. 北方文物, 2011, (2): (15) 绿松石料珠2, 金代

黑龙江省文物考古研究所. 黑龙江友谊凤林城址2000年发掘报告. 考古学报, 2013, (4): (546) 玛瑙1, 凤林文化 (魏晋十六国); (551) 玛瑙石2, 凤林文化 (魏晋十六国)

侯静波, 李彦君. 黑龙江省木兰县石头河遗址调查简报. 北方文物, 2014, (4): (13) 玉璧1、玉饰1、玛瑙珠1, 两周

吉林省文物考古研究所, 辽源市文物管理所, 东辽县文物管理所. 吉林省东辽县杨树排子地遗址考古发掘简报. 北方文物, 2015, (2): (23) 琉璃发簪1, 辽金时期

黑龙江省文物考古研究所. 黑龙江五常市香水河墓地发掘简报. 考古, 2016, (4): (59) 玛瑙珠2, 渤海中期 (8~9世纪)

黑龙江省文物考古研究所. 黑龙江讷河市团结屯清代墓葬发掘简报. 边疆考古研究 (第20辑). 北京: 科学出版社, 2016: (126) 玻璃盒1, 清代

# 九、上海市

上海博物馆考古研究部. 上海青浦区寺前史前遗址的发掘. 考古, 2002,（10）:（24）玉管1, 良渚文化;（29）玉锥形器2, 良渚文化

上海博物馆考古研究部. 上海松江区广富林遗址1999～2000年发掘简报. 考古, 2002,（10）:（40～41）石钺3、玉锥形器1、玉环1、玉管1、玉珠1、小玉块1, 良渚文化

上海博物馆考古研究部. 上海金山区亭林遗址1988、1990年良渚文化墓葬的发掘. 考古, 2002,（10）:（54～55）玉琮1、玉璧3、玉琮形管1、玉锥形器16、玉坠1、玉镯1、玉珠33、玉泡1、石钺5, 良渚文化

上海市文物管理委员会. 上海奉贤县江海遗址1996年发掘简报. 考古, 2002,（11）:（25）玉锥形器2, 良渚文化

上海博物馆考古研究部. 上海市松江区华阳明代墓群发掘简报. 上海博物馆集刊（第九期）. 上海: 上海书画出版社, 2002:（644）玉簪1, 明代

上海博物馆考古研究部. 上海青浦福泉山发现一座战国墓. 考古, 2003,（11）:（96）琉璃璧1、琉璃珠1, 战国

上海博物馆考古研究部, 上海市松江博物馆. 上海市松江区明墓发掘简报. 文物, 2003,（2）:（37）玉簪1、玉戒指1、玉璧1, 明代

上海市文物管理委员会. 上海市天钥桥路清代墓葬发掘简报. 东南文化, 2003,（1）:（35）琥珀朝珠2串313粒, 清代

黄翔. 上海嘉定区李新斋家族墓发掘简报. 上海文博论丛, 2011,（2）:（48）戒指（白玉蟾蜍对戒）1对, 明代;（34）白玉螭虎纹蘑菇首簪1, 明代

上海博物馆. 上海福泉山遗址吴家场墓地2010年发掘简报. 考古, 2015,（10）:（50～55）玉琮1、玉璧3、玉钺6、玉镯1、玉锥形器9、玉坠2、玉管9、玉帽2、玉珠192、玉棒形饰1、玉片42、石钺8, 良渚文化

上海博物馆考古研究部, 南京大学历史系, 河南大学历史文化学院考古文博系. 上海广富林遗址2012年南京大学发掘区良渚文化墓葬发掘简报. 江汉考古, 2016,（4）:（7）玉锥形器1、玉管1、石钺4, 良渚文化

# 十、江苏省

苏州博物馆，吴江市文物陈列室．江苏吴江广福村遗址发掘简报．文物，2001，（3）：（49）玉玦2，马家浜文化

常州市博物馆．1985年江苏常州圩墩遗址的发掘．考古学报，2001，（1）：（80）玉璜2、玉玦1、玉管1，马家浜文化；（97）玉环4、玉瑗1、玉镯2、玉珆1、璧形饰2、坠形饰2，崧泽文化

江苏省高城墩联合考古队．江阴高城墩遗址发掘简报．文物，2001，（5）：（11）玉器（琮、璧、钺、镯、锥形器、坠、串饰、指环、珠、管等）153组287件，良渚文化

南京博物院考古研究所．江苏句容丁沙地遗址第二次发掘简报．文物，2001，（5）：（25）玉器8、玉料70，良渚文化

苏州博物馆．苏州真山四号墩发掘报告．东南文化，2001，（7）：（10）琉璃璧1，战国晚期；（11）玉璧1，战国晚期

朱安成．江苏盱眙县出土西汉玉带钩．考古与文物，2001，（6）：（80）玉带钩，西汉

南京市博物馆．江苏南京仙鹤观东晋墓．文物，2001，（3）：（12~16）玉猪2、玉带钩2、玉环1、玉柄饰1、玉心形佩1、玉璜2、玉珩3、玉珠2、玉剑首1、玉剑格1、玉剑璏1、玉剑珌1，东晋；（19~20）玻璃碗1、水晶珠1、琥珀珠3、琥珀佩饰2、绿松石佩饰3、绿松石珠1，东晋；（27~30）玉猪2、玉带钩2、玉心形佩2、玉珩3、玉璜2、玉珠2、玉司南佩1、玉佩饰1，东晋；（33~34）滑石猪2、琥珀司南佩饰1，东晋；（37）滑石猪3，东晋

南京市博物馆．南京市两座明墓的清理简报．华夏考古，2001，（2）：（7）玉佩饰（环、璜、佩等）24，明代

苏州博物馆．吴县郭新河遗址发掘简报．东南文化，2002，（7）：（10）玉管1，良渚文化

镇江博物馆，丹阳市文化局．丹阳凤凰山遗址第二次发掘．东南文化，2002，（3）：（48）玉璜1，湖熟文化（西周晚期）

孔令远，陈永清．江苏邳州市九女墩三号墩的发掘．考古，2002，（5）：（26~27）石编磬13、玉环2、水晶环2、玉璜25、玉串珠1，春秋晚期（徐国）

南京博物院，淮阴博物馆，盱眙县博物馆．盱眙小云山六七号西汉墓发掘报告．东南文化，2002，（11）：（19）玉璧3，西汉中期；（21）玉饰件1，西汉早中期

南京市博物馆，江宁区博物馆，雨花台区文化广播电视局．南京市麒麟镇西晋墓、望江矶南朝墓．南方文物，2002，（3）：（20）滑石猪2，南朝中晚期

南京市博物馆．南京北郊东晋温峤墓．文物，2002，（7）：（27~28）滑石猪1、玻璃辟邪1，东晋

徐州博物馆，邳州博物馆. 江苏邳州市九女墩春秋墓发掘简报. 考古, 2003, (9): (21~22)
玉环28、龙形玉佩1、磬形石器9, 春秋晚期（徐国）

新沂市博物馆. 江苏新沂市乱墩汉墓群Ⅰ号墩发掘简报. 东南文化, 2003, (3): (47) 残玉璧1、三角圭形器及玉料若干, 西汉晚期

常州市博物馆. 常州市区明墓群的发掘. 东南文化, 2003, (11): (45) 玉器1, 明代

苏州博物馆. 苏州盘门清代墓葬发掘简报. 东南文化, 2003, (9): (53~54) 翡翠扳指1、琥珀挂件1、白玉挂件1、彩料鼻烟壶（玻璃质）1、白料粉彩鼻烟壶（玛瑙质）1、玉翎管1、翡翠挂件1, 清代

江苏省三星村联合考古队. 江苏金坛三星村新石器时代遗址. 文物, 2004, (2): (7~8) 玉钺1、玉纺轮1、玉琀2、玉璜13、玉玦63、串饰（玉管、玉片等）25、耳坠1套2件、石钺10, "三星村文化类型"（距今6500~5500年）

徐州博物馆. 江苏铜山县凤凰山西汉墓. 考古, 2004, (5): (33) 玉琀1、玉片2, 西汉中期

徐州博物馆. 江苏徐州市九里山二号汉墓. 考古, 2004, (9): (49) 玉印1、玉琀2, 西汉中期

盱眙县博物馆. 江苏东阳小云山一号汉墓. 文物, 2004, (5): (48) 玉璧1、玉环2、玉觿1、玉管1、玉璲1、玉带钩1, 西汉中期

常熟博物馆. 常熟市虞山明温州知府陆润夫妇合葬墓发掘简报. 东南文化, 2004, (1): (37) 梅花形小玉饰2, 明代

刘霞. 南阳明故潋水郡主墓. 东南文化, 2004, (5): (14~15) 玉人2、玉鱼2、玉饰件1、玉牌1, 明代

盐城市博物馆，东台市博物馆. 江苏东台市开庄新石器时代遗址. 考古, 2005, (4): (13~14) 玉凿1、玉石料2, 马家浜文化晚期至崧泽文化早期

徐州博物馆. 江苏徐州市顾山西汉墓. 考古, 2005, (12): (55) 玉琀1, 西汉早期

徐州博物馆. 徐州碧螺山五号西汉墓. 文物, 2005, (2): (40) 玉璧2、玉塞2、玉片11, 西汉中期

南京市博物馆. 南京市石子岗东晋墓的发掘. 考古, 2005, (2): (38) 滑石猪2, 东晋早期

南京博物院, 无锡市博物馆, 锡山区文物管理委员会. 江苏无锡锡山彭祖墩遗址发掘报告. 考古学报, 2006, (4): (487) 玉璜2、玉玦9、玉管1, 马家浜文化

祁头山联合考古队. 江苏江阴祁头山遗址2000年度发掘简报. 文物, 2006, (12): (5) 玉璜1, 马家浜文化;（15）玉璜2、玉玦4、玉蛙形动物1, 马家浜文化

南京博物院考古研究所, 无锡市锡山区文物管理委员会. 无锡鸿山越国贵族墓发掘简报. 文物, 2006, (1): (11~12) 玉覆面、玉带钩、龙形璜、龙凤璜、云纹璜、双龙首璜、"五璜佩"、云纹觿、双龙佩、环形佩、璧形佩、削形佩、管形佩、动物造型佩、凤形佩、觿形佩、石璧等38, 战国早期（越国）

徐州博物馆. 江苏徐州市后楼山八号西汉墓. 考古, 2006, (4): (29~30) 玉印1、玉心形佩1, 西汉初期

徐州博物馆. 江苏徐州金山村汉墓. 中原文物, 2006, (6): (7) 玉璧1、玉琀4, 西汉早期

泰州市博物馆. 泰州市北宋墓群清理. 东南文化, 2006, (5): (34) 玉石饰件9, 北宋

江苏江阴南楼遗址联合考古队. 江苏江阴南楼新石器时代遗址发掘简报. 文物, 2007, (7):

（16~17）玉璜2、玉玦1、玉镯1、玉环1、玉璧1、心形玉珩1、鼓形玉珠1、三角形玉饰1、异形玉饰1、石钺1，崧泽文化

徐州博物馆．江苏徐州市凤凰山西汉墓的发掘．考古，2007，（4）：（47~48）滑石璧2、玉料1，西汉早期

江苏泗阳三庄联合考古队．江苏泗阳陈墩汉墓．文物，2007，（7）：（57~58）玉环1、韘形佩1、玉觿1、玉凤首4、玉凤尾3、玉塞1、玉串饰1套，西汉中晚期

南京市博物馆、南京师范大学文物与博物馆学系．南京仙鹤山孙吴、西晋墓．文物，2007，（1）：（32）滑石猪2，三国（吴）

镇江博物馆，丹阳市文化局．丹阳市三城巷遗址第二次发掘报告．东南文化，2008，（5）：（17）玉璜2，良渚文化

徐州博物馆．江苏徐州市翠屏山西汉刘治墓发掘简报．考古，2008，（9）：（22~23）玉璧1、玉印1、玉珩3，西汉早期

徐州博物馆．徐州贾汪官庄汉墓群发掘报告．东南文化，2008，（6）：（29~30）玉口琀11，西汉早期至东汉晚期

南京市博物馆，南京市雨花台区文化局．南京雨花台东晋纪年墓发掘简报．文物，2008，（12）：（39）滑石猪2，东晋

南京市博物馆．南京市郭家山东晋温氏家族墓．考古，2008，（6）：（10~11）玉珩2、滑石弩机1，东晋早期；（15）滑石猪1，东晋中期；（20）石珩2、石璜1，东晋中晚期至南朝初期

南京市博物馆，雨花台区文化广播电视局．南京市雨花台区姚家山东晋墓．考古，2008，（6）：（34）滑石猪4，东晋晚期

南京市博物馆．南京市栖霞区东杨坊南朝墓．考古，2008，（6）：（41）滑石猪2，南朝（宋）晚期

南京市博物馆，雨花台区文化广播电视局．南京市雨花台区南朝画像砖墓．考古，2008，（6）：（48）滑石器1，南朝中晚期（梁、陈）

南京市博物馆．南京市江宁区胡村南朝墓．考古，2008，（6）：（56）滑石猪2，南朝晚期

淮安市博物馆，涟水县图书馆．江苏涟水妙通塔宋代地宫．文物，2008，（8）：（23~24）玻璃瓶1、云母小瓶1，宋代

江苏省考古研究所，无锡市锡山区文物管理委员会．江苏无锡鸿山邱承墩新石器时代遗址发掘简报．文物，2009，（11）：（6）玉璜2，马家浜文化；（8~9）玉管1、玉珠1、玉坠1、玉环1、玉镯1、石钺1，崧泽文化；（15~17）玉挂饰1、玉坠2、玉片状饰1、玉台形饰1、玉琮形管1、玉耳珰1、玉梳脊1、玉冠饰1、玉坠形管1、玉琮2、玉璧2、玉钺2、石钺2，良渚文化

镇江博物馆考古队．江苏丹阳葛城遗址勘探试掘简报．江汉考古，2009，（3）：（35）石钺1，吴城文化（西周中晚期至春秋末期）

淮安市博物馆．江苏淮安市运河村一号战国墓．考古，2009，（10）：（11）玉璜3，战国中晚期

南京市博物馆，南京市江宁区博物馆．南京市湖熟镇窑上村汉代墓葬发掘简报．东南文化，2009，（4）：（31）玉璧1、玉环1、玉璜1，西汉早期；（33）玉璧1、玉佩1，西汉早期

徐州博物馆．江苏徐州市大孤山二号汉墓．考古，2009，（4）：（48~49）玉带钩1、玉印1、玉珩1、剑格1、剑璏1、剑珌1，西汉中期

李健广. 江苏邗江甘泉顺利东汉墓清理简报. 东南文化, 2009, (4): (56) 琥珀饰3, 东汉中期

南京市博物馆. 南京市东汉建安二十四年龙桃杖墓. 考古, 2009, (1): (41) 琥珀珠5, 三国（东吴）

南京市江宁区博物馆. 南京滨江开发区15号路六朝墓清理简报. 东南文化, 2009, (3): (38) 滑石猪1, 东晋

南京博物院, 张家港博物馆. 江苏张家港东山村遗址M91发掘报告. 东南文化, 2010, (6): (59～60) 玉钺1、玉镯3、玉环10, 崧泽文化

南京博物院, 张家港市文广局, 张家港博物馆. 江苏张家港市东山村新石器时代遗址. 考古, 2010, (8): (11) 出土大型石钺、玉璜、玉瑗、玉玦、玉镯、玉环、玉管、玉坠、玉凿、玉饰件等数百件, 崧泽文化

镇江博物馆. 江苏丹徒薛家村大墩、边墩土墩墓发掘简报. 东南文化, 2010, (5): (46) 水晶挂链1副、绿松石链1副、绿松石块3、绿松石块饰7, 西周晚期至春秋早期

徐州博物馆. 江苏徐州小长山汉墓M4发掘简报. 中原文物, 2010, (6): (5～8) 玉枕1、玉面罩1组、玉蝉3、玉鼻塞2、玉璧1, 西汉早期

扬州市文物考古研究所. 江苏扬州西汉刘毋智墓发掘简报. 文物, 2010, (3): (33) 玉印1, 西汉早期

徐州博物馆. 江苏徐州黑头山西汉刘慎墓发掘简报. 文物, 2010, (11): (14～15) 玉璧2、玉环1、玉剑首1、玉印3、滑石璧5、滑石块2、滑石耳杯2、水晶块2、水晶管1、玉饰件1、玉串饰1组, 西汉早期

徐州博物馆. 徐州拖龙山五座西汉墓的发掘. 考古学报, 2010, (1): (125～126) 玉枕1、玉衣片15、镶棺/枕片2、有孔片2、玉蝉1、玉塞1、玉璧2、玉环5、玉璜7、龙形佩2、心形佩1、剑格1、剑璏3、弧形片1, 西汉中晚期

镇江博物馆, 句容市博物馆. 江苏句容春城南朝（宋）元嘉十六年墓. 东南文化, 2010, (3): (42) 滑石猪3、玻璃杯1, 南朝（宋）

仪征博物馆. 江苏仪征都市枫林唐宋墓群发掘简报. 东南文化, 2010, (4): (43) 琉璃珠4, 唐代晚期至北宋初期

苏州博物馆. 苏州林屋洞出土道教遗物. 东南文化, 2010, (1): (42) 玉简3, 北宋

淮安市博物馆, 金湖县图书馆. 淮安金湖徐梁村战国西汉墓葬群发掘简报. 东南文化, 2011, (3): (50～51) 玉璧1、琉璃环2, 战国末期

江苏常州博物馆. 江苏常州兰陵恽家墩汉墓发掘简报. 南方文物, 2011, (3): (56) 滑石猪3, 六朝

南京博物院, 盱眙县文广新局. 江苏盱眙县大云山汉墓. 考古, 2012, (7): (58) 玉棺、金缕玉衣及多件玉器, 西汉

徐州博物馆. 江苏徐州市奎山四座西汉墓葬. 考古, 2012, (2): (30～32) 玉璧1、玉环2、玉塞4、玉琀4、玉枕1、玉面罩1, 西汉早中期

连云港市博物馆. 江苏连云港海州西汉墓发掘简报. 文物, 2012, (3): (6) 玉璏2, 西汉中晚期

南京市博物馆. 南京市灵山南朝墓发掘简报. 考古, 2012, (11): (57) 滑石猪1, 南朝

南京市博物馆, 南唐二陵文物保护管理所. 南京祖堂山南唐3号墓考古发掘的主要收获及认识. 东南文化, 2012, (1): (46) 玉饰件13, 十国 (南唐)

扬州唐城考古工作队. 江苏扬州市宋大城北门遗址的发掘. 考古, 2012, (10): (46) 串珠 (含21颗玛瑙珠、1颗小珍珠) 1串, 宋代

南京市博物馆, 江宁区博物馆. 南京市祖堂山明代洪保墓. 考古, 2012, (5): (46) 玉环3、水晶串饰1, 明代

南京博物院考古研究所, 泗洪县博物馆. 江苏泗洪县顺山集新石器时代遗址. 考古, 2013, (7): (7) 玉管1, 顺山集文化; (10) 绿松石饰件若干, 顺山集文化; (11) 玉锛1, 新石器时代中期

南京博物院, 张家港博物馆. 江苏张家港东山村遗址M101发掘报告. 东南文化, 2013, (3): (28~31) 玉璜5、玉玦2、玉管12、玉管形饰2, 马家浜文化

南京博物院, 徐州博物馆, 邳州博物馆. 江苏邳州梁王城遗址大汶口文化遗存发掘简报. 东南文化, 2013, (4): (31~32) 玉环1、玉锥1, 大汶口文化; (33) 玉环1, 大汶口文化

苏州市考古研究所, 昆山市文物管理所, 昆山市张浦镇文体站. 江苏昆山姜里新石器时代遗址2011年发掘简报. 文物, 2013, (1): (12) 玉环1、玉璜1, 崧泽文化; (14) 玉璜1、三角形玉坠饰1、玉耳珰1, 崧泽文化; (15) 石钺1, 崧泽文化; (21) 石钺2, 崧泽文化

南京大学历史学系, 宿迁市博物馆. 江苏宿迁凤凰墩春秋贵族墓M26发掘简报. 东南文化, 2013, (6): (33) 石编磬1组1件, 春秋晚期

徐州博物馆. 江苏徐州苏山头汉墓发掘简报. 文物, 2013, (5): (44~45) 玉面罩1、玉枕1、玉人1、玉饰1、玉璜1、玉琀1、滑石璧4、琉璃璧1、琉璃珠1, 西汉早期

南京博物院, 盱眙县文广新局. 江苏盱眙县大云山西汉江都王陵一号墓. 考古, 2013, (10): (43~52) 玉棺1、玉片饰15、璧饰14、金缕玉衣1套、玉衣片若干、圭5、璧25、璜6、环7、佩18、塞4、鱼1、贝带2套、带钩9、牌饰1、钩饰2、戈2、剑珌1、剑首1、琴轸4、瑟柱19、瑟枘4, 西汉早中期; (67) 水晶带钩1, 西汉早中期

南京博物院, 盱眙县文广新局. 江苏盱眙大云山江都王陵二号墓发掘简报. 文物, 2013, (1): (42~60) 残玉衣1具、玉棺1具、玉璧2、玉环3、玉佩饰1、玉带钩1、玉璜1、玉觿1、玉琀1、玉饰5, 西汉中期

南京博物院, 盱眙县文广新局. 江苏盱眙县大云山西汉江都王陵东区陪葬墓. 考古, 2013, (10): (74) 玉环1、双人立兽饰件1, 西汉早中期; (80~81) 玉环1、玉璜1、玉玦1、玉印1, 西汉早中期

南京博物院, 盱眙县文广新局. 江苏盱眙大云山江都王陵M9、M10发掘简报. 东南文化, 2013, (1): (57) 玉璜1、玉环2、玉佩饰2、玉眼罩2、琉璃管饰1组6件, 西汉早中期; (67~68) 玉璜1、玉珩1、玉环1、玉觿1、玉带钩1、玉料1、玉饰件3, 西汉早中期

南京博物院, 盱眙县博物馆. 江苏盱眙东阳汉墓群M30发掘简报. 东南文化, 2013, (6): (40) 微雕宝石项链1组 (琉璃、水晶、玉等质地) 13件、琉璃耳珰2, 新莽时期

南京市博物馆, 南京市六合区文化局. 南京六合李岗汉墓 (M1) 发掘简报. 文物, 2013, (11): (24) 鱼形玉饰件1、六棱柱体玉饰件1, 新莽时期

南京市博物馆，雨花台区文化广播电视局. 南京市雨花台区西善桥南朝刘宋墓. 考古，2013，
（4）：（38）滑石猪2，南朝（宋）

扬州唐城考古工作队. 扬州唐宋城东门遗址的发掘. 考古学集刊·19. 北京：科学出版社，
2013：（362）玻璃器2，唐宋时期

南京市博物馆，江宁区博物馆. 南京将军山明代沐昂侧室邢氏墓及M21发掘简报. 东南文化，
2013，（2）：（69）玉石1，明代

南京市博物馆，江宁区博物馆. 南京将军山明代沐斌夫妇合葬墓发掘简报. 东南文化，2013，
（2）：（80）玉带板1、玉珠3、玉饰件7、玛瑙饰件4、琥珀珠13，明代

南京博物院考古研究所，泗洪县博物馆. 江苏泗洪顺山集新石器时代遗址发掘报告. 考古学报，
2014，（4）：（529）玉管1、绿松石1，顺山集文化；（546）绿松石饰2，顺山集文化；（557）
玉锛1、玉件1，新石器时代中晚期

苏州市考古研究所，昆山市文物管理所. 江苏昆山朱墓村遗址发掘简报. 东南文化，2014，（2）：
（46）石钺1，良渚文化；（47）玉饰1、玛瑙片饰1，良渚文化

苏州市考古研究所，苏州高新区教育文体局. 江苏苏州高新区通安镇鸡笼山D1石室土墩墓发
掘简报. 东南文化，2014，（4）：（35~36）玉玦3、玉璜4、玉冲牙1、水晶饰片1、绿松石
珠162、绿松石薄片30件左右，春秋

徐州博物馆. 江苏徐州后山西汉墓发掘简报. 文物，2014，（9）：（42）玉枕1、玉琀2、玉塞6、
玉佩饰1，西汉末至新莽；（44）玉衣片1组221片、玉塞1、玉镶件1、玉管状器1、石璧4，
西汉早期

南京博物院，盱眙县文广新局. 江苏盱眙县大云山西汉江都王陵北区陪葬墓. 考古，2014，（3）：
（30）玉带钩1、玉琀1，西汉早中期；（41）琉璃饰件11，西汉早中期；（51）玉饰件1，西
汉早中期

淮安市博物馆. 江苏盱眙仁昌汉墓发掘报告. 东南文化，2014，（4）：（49）琉璃琀1、琉璃塞4，
西汉晚期

南京市博物馆，雨花台区文化广播电视局. 南京市雨花台区宁丹路东晋墓发掘简报. 东南文化，
2014，（6）：（31）水晶司南佩1，东晋；（34）滑石猪2，东晋；（38）滑石猪2，东
晋

南京市博物馆，南京市雨花台区文化局. 南京雨花台石子岗南朝砖印壁画墓（M5）发掘简报.
文物，2014，（5）：（33）滑石猪4、玉环1，南朝中晚期

南京市博物馆. 江苏南京白马村明代仇成墓发掘简报. 文物，2014，（9）：（49）玉带1副，明
代

常州市考古研究所. 江苏常州花园底明代白氏家族墓发掘简报. 东南文化，2014，（6）：（49）
石碑1、龟跌1，明代

南京博物院，张家港市文物管理委员会，张家港博物馆. 张家港东山村新石器时代遗址发掘报
告. 考古学报，2015，（1）：（61）玉管2，马家浜文化；（65~66）玉璜1、玉玦1、柄形玉
饰1、长条形玉饰2、玉锛1，马家浜文化；（68~69）长条形玉饰2、三角形玉饰1，崧泽文化；
（73）玉玦2、玉管1，崧泽文化；（77）玉璜1、玉环1，崧泽文化；（81）石钺5，崧泽文化；
（83~84）玉璜2、玉镯1、玉管7、钥匙形玉饰1，崧泽文化；（87~88）玉璜1、玉镯1、镯
形玉饰1、玉环7、勾形玉饰1、半圆形玉饰1、钥匙形玉饰1，崧泽文化；（92~95）石钺3、

玉璜1、玉镯2、三角形玉饰2、带柄钺形玉饰1、玉管2，崧泽文化

南京博物院，张家港市文管办，张家港博物馆. 江苏张家港市东山村遗址崧泽文化墓葬M90发掘简报. 考古, 2015, (3): (12~15) 石钺5、玉璜1、玉镯2、玉玦6、玉管4、玉管形饰1、玉纽形饰3、玉三角形饰2，崧泽文化

镇江博物馆. 江苏镇江马迹山遗址第二次发掘简报. 东南文化, 2015, (1): (42) 石钺1、玉凿1，点将台文化

连云港市重点文物保护研究所. 江苏连云港封土石室墓调查简报. 东南文化, 2015, (5): (52) 琉璃珠13，西周

苏州市考古研究所. 江苏苏州观音山东周石室土墩墓D1M1发掘简报. 东南文化, 2015, (5): (41) 玉印1、玉珌1、玉带钩1，东周

苏州市考古研究. 苏州破房墩汉墓发掘简报. 苏州文博论丛 (第6辑). 北京: 文物出版社, 2015: (6~7) 滑石塞3、玉琀2、玉珠2组51枚，西汉晚期

徐州博物馆. 江苏徐州玫瑰山三座汉墓发掘报告. 东南文化, 2015, (2): (38) 琉璃珠1，西汉晚期

南京市考古研究所. 华为南京基地南朝墓M36. 中国国家博物馆馆刊, 2015, (12): (83) 滑石猪2，南朝早期

南京市博物馆. 南京市雨花台区铁心桥小村南朝墓发掘简报. 东南文化, 2015, (2): (53) 滑石猪1，南朝中晚期；(58) 滑石猪1，南朝中晚期

南京市考古研究所. 南京板桥张家洼南朝墓M1. 中国国家博物馆馆刊, 2015, (12): (96) 滑石猪2、滑石弩机1，南朝中晚期

南京市考古研究所. 南京大报恩寺遗址塔基与地宫发掘简报. 文物, 2015, (5): (25) 玻璃瓶1、水晶瓶4，宋代；(40~41) 水晶杯1、水晶念珠2、水晶葫芦1、水晶球6、玻璃瓶2、玻璃杯1，宋代；(48) 玉碗1、玉环1、玛瑙珠1、琥珀饰件1、琥珀珠1，宋代

南京博物院，徐州博物馆，邳州博物馆. 江苏邳州梁王城遗址西周墓地发掘简报. 东南文化, 2016, (2): (39) 水晶饰2，西周

淮安市博物馆. 江苏淮安王庄村汉墓群发掘简报. 东南文化, 2016, (5): (53) 玉窍塞1，西汉晚期

镇江博物馆. 镇江金家湾墓地六朝至唐代墓葬发掘简报. 江汉考古, 2016, (2): (44) 滑石猪2、滑石构件1，东晋；(50) 滑石猪1，南朝中晚期

苏州市考古研究所. 苏州市吴中区木渎天平村明墓发掘简报. 苏州文博论丛 (第7辑). 北京: 文物出版社, 2016: (87) 玉坠饰1、玉牌饰2，明代

# 十一、浙江省

浙江省文物考古研究所，海盐县博物馆. 浙江海盐县龙潭港良渚文化墓地. 考古, 2001, (10): (37~39) 玉璧2、玉钺1、冠状饰1、玉镯3、玉璜1、锥形器15、玉坠2、玉玦2、纺轮（耳珰）3、方柱形器2、玉管6、玉珠若干、直角形饰件1、镶嵌玉饰片100、石钺26，良渚文化

浙江省文物考古研究所. 浙江良渚庙前遗址第五、六次发掘简报. 文物, 2001, (12): (28~29) 玉饰1、玉璧1、石钺1，良渚文化

安吉县博物馆. 浙江安吉县垄坝村发现一座战国楚墓. 考古, 2001, (7): (92) 玉璧1，战国晚期

过伟明、黎毓馨. 绍兴印山汉墓出土的器物. 东南文化, 2001, (11): (34) 玉玦1，新莽至东汉早期

浙江省文物考古研究所. 宁波慈城小东门遗址发掘简报. 东南文化, 2002, (9): (22) 滑石璜1，河姆渡文化

浙江省文物考古研究所. 浙江余杭钵衣山遗址发掘简报. 文物, 2002, (10): (73~74) 玉璧1、冠形器1、锥形器1、玉坠1、玉镯1、玉纺轮1、玉管31、玉珠12、石钺1，良渚文化

浙江省文物考古研究所. 浙江余杭上口山遗址发掘简报. 文物, 2002, (10): (62) 玉锥形器1、玉料1，良渚文化；(65) 玉坠1、玉锥形饰4、玉管1、玉泡1、石钺2，良渚文化

浙江省文物考古研究所，海宁市博物馆. 海宁郭家岭良渚文化墓地发掘报告. 东南文化, 2002, (3): (31) 石钺5，良渚文化；(32~33) 玉坠1、玉管串1组，良渚文化；(34) 玉坠1、玉串饰1组3件、残玉器1、石钺1，良渚文化；(35~36) 玉锥形器1、玉坠1、玉环1、玉镯1、玉珠6，良渚文化；(36) 玉坠3、石钺6、玉锥形器1、玉珠1，良渚文化；(38) 玉坠1，良渚文化；(40) 玛瑙管2、玉管1、石钺5，良渚文化；(43) 石钺1，良渚文化

绍兴县文物保护管理所. 浙江绍兴凤凰山战国木椁墓. 文物, 2002, (2): (36~37) 玉矛1、玉瑗2、玉镦1、玉环1、玛瑙环2，战国中期

浙江省文物考古研究所. 浙江湖州市方家山第三号墩汉墓. 考古, 2002, (1): (44) 玻璃珠60余颗，西汉晚期至东汉初期

浙江省文物考古研究所. 杭州雷峰塔地宫的清理. 考古, 2002, (7): (20) 玉善财童子、玉观音、玉"开元通宝"等，五代十国

浙江省文物考古研究所. 杭州雷峰塔五代地宫发掘简报. 文物, 2002, (5): (21~23) 玉童子1、玉观音1、玉钱1、玉龟1、玛瑙卷草形饰件1、玛瑙扁坠1、玛瑙圆珠1，五代十国；(25) 玻璃瓶1，五代十国

海宁市博物馆. 浙江海宁金石墩遗址发掘报告. 东南文化, 2003, (5): (19) 玉钺1、玉镯1、玉锥形器10、玉串饰8组、玉管19、玉珠若干、玉残片1、石钺22, 良渚文化; (20) 石钺1、喇叭形玉管1, 良渚文化

浙江省文物考古研究所, 萧山区文物管理委员会. 杭州市萧山区茅草山遗址发掘报告. 东南文化, 2003, (9): (12) 玉锥形饰1, 良渚文化

宁波市文物考古研究所, 鄞县文物管理委员会办公室. 宁波钱岙商周遗址试掘简报. 东南文化, 2003, (3): (37) 石璜1、石瑗1, 商代中晚期

嵊州市文物管理委员会. 浙江嵊州市剡山汉墓. 东南文化, 2004, (2): (58) 玉佩1、玉璧3, 西汉早中期

宁波市考古研究所, 奉化市文物保护管理所. 浙江奉化市晋纪年墓的清理. 考古, 2003, (2): (91) 滑石猪4, 东晋

浙江省文物考古研究所, 嘉兴市博物馆. 浙江嘉兴吴家浜遗址发掘简报. 文物, 2005, (3): (41) 玉笄1、玉璜2、石钺1, 马家浜文化

浙江省文物考古研究所. 浙江嘉兴南河浜遗址发掘简报. 文物, 2005, (6): (13) 玉玦1、玉璜1、玉坠1、柄形玉饰3、三角形玉饰1、玉钺1、玉饰1, 崧泽文化至良渚文化

浙江省文物考古研究所, 平湖市博物馆. 浙江平湖市庄桥坟良渚文化遗址及墓地. 考古, 2005, (7): (14) 出土石钺、玉璧、玉钺、玉镯、玉环、锥形器、玉坠、玉珠等多件, 良渚文化

浙江省文物考古研究所, 海宁市博物馆. 浙江省海宁市大坟墩遗址的发掘. 浙江省文物考古研究所学刊 (第七辑). 杭州: 杭州出版社, 2005: (138) 石钺18、玉石珠21、玉石坠15、玉石冠状饰1、串珠1组、玉管1, 良渚文化

浙江省文物考古研究所, 湖州市博物馆. 浙江省湖州市杨家埠古墓发掘报告. 浙江省文物考古研究所学刊 (第七辑). 杭州: 杭州出版社, 2005: (184) 水晶珠4、玛瑙管2、琉璃璧2、玉剑璏1, 西汉中期至东汉早期

浙江省文物考古研究所, 海盐县博物馆. 浙江海盐龙潭港遗址汉墓发掘简报. 东方博物 (第十四辑). 杭州: 浙江大学出版社, 2005: (31~32) 玻璃珠数十颗、滑石猪1、玻璃耳珰1, 新莽至东汉早期

浙江省文物考古研究所. 浙江省杭州市老和山汉墓发掘报告. 浙江省文物考古研究所学刊 (第七辑). 杭州: 杭州出版社, 2005: (326) 绿松石管1, 西汉中期; (347) 绿松石饰1, 西汉晚期; (382) 玛瑙耳珰2, 东汉早期

浙江省文物考古研究所, 南京大学历史系考古学专业. 浙江省鄞县高钱古墓发掘报告. 浙江省文物考古研究所学刊 (第七辑). 杭州: 杭州出版社, 2005: (428) 玛瑙耳珰4、钾钠玻璃耳珰2、铅玻璃珠270, 东汉早中期

浙江省文物管理委员会. 浙江德清县凤凰山画像石墓发掘简报. 浙江省文物考古研究所学刊 (第七辑). 杭州: 杭州出版社, 2005: (441) 玉猪1, 东汉晚期

浙江省文物考古研究所, 浙江省湖州市博物馆. 浙江湖州市毘山遗址的新石器时代墓葬. 南方文物, 2006, (2): (28~29) 石钺3、玉璜2、玉圆牌2、玉坠饰6、玉镯1、玉管珠1, 崧泽文化晚期至良渚文化早期

杭州市文物考古所. 浙江建德市久山湖新石器时代遗址的发掘. 考古, 2006, (5): (88~90)

石钺3、玉锥形器2,良渚文化

浙江省文物考古研究所,诸暨市博物馆. 浙江诸暨牌头六朝墓的发掘. 东南文化,2006,(3):(48)玛瑙小珠1,南朝(宋)

绍兴市文物考古研究所. 浙江绍兴市桐梧村南宋墓葬. 考古,2006,(4):(96)水晶饰品2,南宋

海宁市博物馆. 浙江海宁莲花遗址发掘报告. 东南文化,2007,(2):(9)玉锥1、玉珠1,良渚文化;(10~11)玉锥2、玉管1、玉珠3,良渚文化;(14)玉锥1,良渚文化

浙江省文物考古研究所,温州市文物保护考古所,瓯海区文博馆. 浙江瓯海杨府山西周土墩墓发掘简报. 文物,2007,(11):(28~31)玉镯5、玉玦4、柄形器1、蝉形饰1、鱼形饰1、喇叭形饰1、管形饰4、绿松石串饰1、绿松石饰4,西周中期

浙江省文物考古研究所,长兴县博物馆. 浙江长兴鼻子山越国贵族墓. 文物,2007,(1):(7~8)玉璜2、玉管2、小玉璧2、玉带钩2、玉剑首1、玉饰2、石璜4、石瑗14、琉璃环1、琉璃管1、琉璃珠串饰3、琉璃珠1、绿松石管1,战国早期

浙江省文物考古研究所,温岭市文化广电新闻出版局. 浙江温岭市塘山西汉东瓯贵族墓. 考古,2007,(11):(13)玉璧1、玉觿1,西汉初期

桐乡市博物馆. 桐乡濮院杨家桥明墓发掘简报. 东方博物(第二十五辑). 杭州:浙江大学出版社,2007:(54)玉环坠1对,明代

余姚市文物保护管理所. 余姚明代袁炜墓出土文物. 东方博物(第二十五辑). 杭州:浙江大学出版社,2007:(46~47)玉簪2、玉銙带饰片16,明代

浙江省文物考古研究所,浙江杭州市余杭区文管会. 浙江余杭星桥后头山良渚文化墓地发掘简报. 南方文物,2008,(3):(41~47)石钺15(含1件半成品)、玉冠形器(梳背)4、玉璜4、玉镯2、玉圆牌1、玉指环1、玉玦2、玉龙首纹珠1、玉锥形器18、玉坠3、玉管30、玉珠30、玉串饰(玉珠、玉管)8串,良渚文化

上虞市文物管理所. 上虞白马湖畔石室土墩墓发掘简报. 东方博物(第二十九辑). 杭州:浙江大学出版社,2008:(39)石(玉)剑饰1、石(玉)剑首1,春秋中期

浙江省文物考古研究所,东阳市博物馆. 浙江东阳前山越国贵族墓. 文物,2008,(7):(7~11)樽1、臂环1、璜1、璜形饰1、环27、璜形花牙饰13、拱形条饰4、月牙形饰15、菱角形饰4、剑首1、剑格1、扁方形饰9、条串饰1、圆条形饰92、扁条形饰5、微细型扁条形饰约1000、管32、微型管24、珠10、组合型臂环1、饰片16、萤石月牙形饰18,以上均为玉,春秋末期;(11~12)觿4、环7、月牙形饰12、管57、珠319、圆条形饰3、扁条形饰23、串珠饰1、菱角形饰28、菱角形饰半成品26、料8,以上均为玛瑙、水晶质,春秋末期;(12~21)剑首2、剑格1、玦17、环56、月牙形饰63、菱角形饰12、纽扣形饰3、管261、微细型管200多件、珠572、条形饰2、串饰6、饰片12、半成品几十件、石料几十块,以上均为绿松石,春秋末期

浙江省文物考古研究所,浙江安吉县博物馆. 浙江安吉龙山越国贵族墓. 南方文物,2008,(3):(52~54)龙形玉佩2、绞丝纹玉环2、玉扳指1、小玉饰1、绿松石环4,战国早期(越国)

宁波市鄞州区文物管理委员会,宁波市文物考古研究所. 浙江宁波市马岭山古代墓葬与窑址的发掘. 考古,2008,(3):(34)碎玉片1、玉珠3,东汉早期

宁波市文物考古研究所，宁波市鄞州区文物管理委员会办公室．浙江宁波市蜈蚣岭吴晋纪年墓葬．考古，2008，（11）：（49）玛瑙珠1，三国（东吴）晚期

金华市博物馆，金华市文物局．金华南宋郑继道家族墓清理简报．东方博物（第二十八辑）．杭州：浙江大学出版社，2008：（55）高浮雕螭龙纹玉璧1、双面雕龙玉1、青玉琵琶形龙带钩1，南宋

嘉善县博物馆．浙江嘉善泗洲塔天宫文物．东方博物（第三十辑）．杭州：浙江大学出版社，2009：（17～19）珍珠10、绿松石、琉璃15、红宝石11、白玉花片饰件2、白玉佛坐像1、白玉地藏菩萨坐像1，宋代

海盐县博物馆．海盐镇海塔及出土文物．东方博物（第三十三辑）．杭州：浙江大学出版社，2009：（31～33）玉菩萨造像1、水晶洗1、水晶鼓形镇纸1、水晶如意镇纸1、水晶鼻烟壶1，元代；（37）玉璧1，元代

浙江宁波市文物考古研究所，浙江余姚市文物保护管理所．浙江余姚大隐南宋汪大猷墓发掘报告．南方文物，2011，（4）：（62）串珠（琉璃质）1串，南宋

东阳市博物馆．东阳金交椅山宋墓出土文物．东方博物（第三十九辑）．杭州：浙江大学出版社，2011：（10）勾云纹玉带扣1，南宋

兰溪市博物馆．兰溪费垅口村南宋墓出土文物．东方博物（第三十九辑）．杭州：浙江大学出版社，2011：（22）玉瑗1、玉环1，南宋

平湖市博物馆．浙江平湖戴墓墩良渚文化遗址发掘简报．文物，2012，（6）：（7～8）玉锥形器3、玉管1，良渚文化；（9）玉锥形器2、玉珠2，良渚文化；（14～15）玉琮1、玉璧1、玉锥形器2、石钺1，良渚文化

浙江省文物考古研究所，桐庐博物馆．浙江桐庐小青龙新石器时代遗址发掘简报．文物，2013，（11）：（10～11）玉珠大量、玉管2、玉锥形器2、玉钺3、玉璧2、玉琮1、玉镯1、石钺3，良渚文化

浙江省文物考古研究所，海宁市文物保护管理所．浙江海宁徐家庄遗址良渚文化墓葬发掘简报．东南文化，2013，（3）：（40～41）玉串饰2、玉珠15、玉锥形器4、石钺7，良渚文化

杭州市文物考古研究所，萧山博物馆．杭州萧山柴岭山土墩墓（D30）发掘简报．文物，2013，（5）：（12）玉饰1，西周晚期

安吉县博物馆．安吉垅坝战国墓发掘报告．东方博物（第四十八辑）．杭州：浙江大学出版社，2013：（16～23）玉璜2、玉觿6、玉圭2、玉玲1、玉璧1、玉佩6、玉饰9、玉管13、料珠12，战国早期（越国）

杭州市文物考古研究所．杭州市拱墅区吉如遗址发掘简报．东南文化，2014，（6）：（22）玉锥形器3、玉坠1，良渚文化

浙江省文物考古研究所，安吉县博物馆．浙江安吉县上马山第49号墩汉墓．考古，2014，（1）：（31～32）玉璧2、口琀2、鼻塞2组4件、耳塞2组4件，西汉中晚期；（34）玛瑙珠1，西汉中晚期

浙江省文物考古研究所．浙江安吉五福第八号墩汉墓．东方博物（第五十三辑）．北京：中国书店，2014：（84）玉管饰1，新莽至东汉初期

浙江宁波市文物考古研究所，浙江宁波北仑区博物馆．浙江宁波北仑大碶璎珞东汉墓葬与五

代窑址发掘简报. 南方文物, 2014, (3): (27) 琉璃耳珰1、料珠（琉璃质）1串, 东汉早期

金华市文物保护管理所, 金华太平天国侍王府纪念馆. 金华项牌村南宋墓. 东方博物（第五十一辑). 北京：中国书店, 2014: (32) 玉环1, 南宋

安吉县博物馆. 安吉明代吴麟夫妇墓. 东方博物（第五十一辑). 北京：中国书店, 2014: (41～42) 透雕二层琢白玉冠饰1组9件、玉禁步1副2组26件、荷包形玉挂饰1、猴形玉挂饰1、鸭形玉挂饰1、鹅形水晶挂饰1、桃形水晶挂饰1、桃形玛瑙挂饰1、蝉形玛瑙挂饰1、鱼形玛瑙挂饰2、琥珀珠3、料珠1, 明代

浙江省文物考古研究所, 嘉兴市博物馆. 嘉兴吴家浜遗址发掘报告. 浙江省文物考古研究所学刊（第十辑). 北京：文物出版社, 2015: (22) 玉玦1、玉璜2、双孔石钺1, 马家浜文化

浙江省文物考古研究所, 海宁市博物馆. 浙江省海宁市杨家角遗址的发掘. 浙江省文物考古研究所学刊（第十辑). 北京：文物出版社, 2015: (30) 石钺4、玉锥形器10、玉管珠26件（组), 良渚文化

浙江省文物考古研究所, 杭州余杭区中国江南水乡博物馆. 浙江余杭三亩里遗址发掘简报. 浙江省文物考古研究所学刊（第十辑). 北京：文物出版社, 2015: (85～87) 石钺4、玉挂饰1、玉珠1, 良渚文化；(100) 石钺1, 良渚文化

浙江省文物考古研究所, 杭州市萧山区博物馆. 杭州市萧山区金山遗址和田螺山石室墓的发掘. 浙江省文物考古研究所学刊（第十辑). 北京：文物出版社, 2015: (114) 石钺1, 良渚文化

浙江省文物考古研究所. 绍兴平水小家山汉六朝墓. 浙江省文物考古研究所学刊（第十辑). 北京：文物出版社, 2015: (249) 玉饰1, 新莽至东汉早期

浙江省文物考古研究所, 诸暨市博物馆. 诸暨枫桥西湖山古墓葬发掘简报. 浙江省文物考古研究所学刊（第十辑). 北京：文物出版社, 2015: (271) 滑石猪1, 南朝（齐、梁); (278) 滑石料件1, 隋代

浙江省文物考古研究所, 庆元县文物管理委员会. 浙江庆元会溪南宋胡纮夫妇合葬墓发掘简报. 文物, 2015, (7): (45) 水晶环1, 南宋中期

浙江省文物考古研究所, 长兴县文物保护管理所. 浙江长兴石泉明墓发掘简报. 文物, 2015, (7): (54) 玉锥形器1, 明代

杭州市文物考古研究所, 富阳区文物馆. 富阳步桥乌龟山六朝墓发掘报告. 东方博物（第六十辑). 北京：中国书店, 2016: (14) 玉琪1、玉猪握3, 东晋; (18) 玉猪握4, 东晋

临安市文物馆. 浙江临安马家岭清代品官墓的清理. 杭州文博（第17辑). 杭州：浙江古籍出版社, 2016: (10) 翡翠鼻烟壶1, 清代

# 十二、安徽省

安徽省文物考古研究所. 安徽安庆市夫子城新石器时代遗址的发掘. 考古, 2002,（2）:（28）玉璜1、玉玦1、穿孔饰1, 薛家岗文化

安徽省文物考古研究所. 安徽潜山薛家岗遗址第六次发掘简报. 江汉考古, 2002,（2）:（8）小玉珠1, 薛家岗文化

安徽省文物考古研究所, 潜山县文物管理所. 安徽潜山公山岗战国墓发掘报告. 考古学报, 2002,（1）:（115）琉璃璧1、玉璧2、滑石璧1、玉环1, 战国晚期

刘海超, 杨玉彬. 安徽涡阳稽山汉代崖墓. 文物, 2003,（9）:（30）错金铜座玉杯1、玉人佩1, 西汉早期

歙县博物馆. 安徽歙县明代贵夫人墓. 中原文物, 2003,（3）:（12）大玉圭1、玉版2、玉圭形佩3、小玉圭1、玉叶形佩件7、玉坠4、玉璜4、云凤纹玉佩件2、菱形云凤纹玉佩件4, 明代

马鞍山市文物管理所. 马鞍山林里东晋纪年墓发掘简报. 东南文化, 2004,（5）:（11）玉璜1, 东晋

潜山博物馆. 安徽潜山县宋代太平塔地宫的清理. 考古, 2004,（5）:（95）水晶念珠2, 宋代

安徽省文物考古研究所, 寿县文物局. 寿县西圈发现的墓葬. 东南文化, 2005,（6）:（11）玉璧1, 春秋晚期

无为县文物管理所. 安徽无为县甘露村西汉墓的清理. 考古, 2005,（5）:（41）玉璧1, 西汉初期

安徽省文物考古研究所. 霍邱县三桥古墓葬. 东南文化, 2005,（2）:（36~37）玉璧5、玉琀5、玉塞10, 西汉晚期；（39）滑石器1、水晶珠1, 西汉晚期

安徽省文物考古研究所, 潜山县文物管理所. 安徽潜山彭岭战国西汉墓. 考古学报, 2006,（2）:（271~272）玉璧1, 战国晚期；玉璜、玉龙挂件1、玉环残片1、玉玦1, 西汉早期

安徽省文物考古研究所. 安徽霍邱县王郢古墓葬发掘简报. 东南文化, 2006,（3）:（41~42）玉琀1、水晶珠15, 西汉中晚期

李军, 罗海明. 安徽当涂东晋墓发掘简报——兼论出土的玻璃碗残片类别和来源. 东南文化, 2006,（2）:（35）玻璃碗残片4, 东晋

安徽省文物考古研究所. 安徽肥西塘岗遗址发掘. 东南文化, 2007,（1）:（19）玉坠饰1, 大汶口文化

安徽省文物考古研究所, 六安市文物局. 安徽六安战国晚期墓发掘简报. 文物, 2007,（11）:（41）玉剑璏1、玉璧1, 战国晚期

安徽省萧县博物馆,萧县文物管理所. 安徽萧县西虎山汉墓清理简报. 东南文化,2007,(6):
(29)琉璃球1、玉琀1,西汉中晚期

安徽省文物考古研究所,淮北市博物馆. 安徽淮北市李楼一号、二号东汉墓. 考古,2007,(8):
(29)铜缕玉衣(完整及微残玉衣片380,较残玉衣片300)1、鞋底1双、玉塞1,东汉中期

安徽省文物考古研究所. 安徽含山县凌家滩遗址第五次发掘的新发现. 考古,2008,(3):
(13~14)出土玉钺、玉签、玉龟、玉斧、玉镯等数百件,凌家滩文化

安徽省当涂县文物事业管理所,安徽省马鞍山市李白研究所. 安徽当涂新市来陇村南朝墓群发掘简报. 东南文化,2008,(1):(39)滑石猪2,南朝初期;(40)滑石猪1,南朝初期

潜山县博物馆. 安徽潜山县太平村北宋潘氏墓. 考古,2008,(10):(95)琉璃发簪1,北宋

安徽省文物考古研究所. 安徽芜湖月堰遗址新石器时代墓葬发掘简报. 文物,2009,(8):
(6)石钺1,崧泽文化;(9)石钺1,崧泽文化;(12)石钺1,崧泽文化;(14)石钺1,崧泽文化;(17)石钺1,崧泽文化

安徽省文物考古研究所,安徽省蚌埠博物馆. 春秋钟离国墓的发掘收获. 东南文化,2009,
(1):(44)石磬12、玉器(韘、管、玦、璧、环、龙形佩、璜等)13,春秋早中期(钟离国);
(45)石磬9,春秋早中期(钟离国)

安徽省文物考古研究所,蚌埠市博物馆. 安徽蚌埠市双墩一号春秋墓葬. 考古,2009,(7):(43)
石磬12、玉器(管、璧、环、龙形佩、璜等)12,春秋中晚期(钟离国)

安徽省文物考古研究所,蚌埠市博物馆. 安徽蚌埠双墩一号春秋墓发掘简报. 文物,2010,(3):
(16~17)石编磬12和玉璧、玦、环、龙形佩、璜、管、扳指等14,春秋中晚期(钟离国)

安徽省文物考古研究所,蚌埠市博物馆. 安徽蚌埠市双墩三号战国墓. 考古,2010,(9):
(22~26)琉璃璧1、玉剑首1、玉剑璏1、玉璜2,战国晚期

天长市文物管理所,天长市博物馆. 安徽天长三角圩27号西汉墓发掘简报. 文物,2010,(12):
(25)玛瑙饰1,西汉中期

安徽省马鞍山市博物馆. 安徽马鞍山上湖村东晋墓发掘简报. 考古与文物,2010,(6):(32)
滑石猪2,东晋

南京大学历史学系考古专业,安徽省文物考古研究所,马鞍山市文物局. 安徽省马鞍山市五担岗遗址东周水井发掘简报. 东南文化,2011,(6):(31)石钺1,春秋中晚期

安徽省文物考古研究所. 安徽霍邱县战国墓的清理. 考古,2011,(11):(94)玉璧1,战国晚期

安徽省文物考古研究所. 安徽当涂青山六朝墓发掘简报. 文物,2011,(4):(22~24)玉璜2、玉琀1、玉带钩1、玉猪2、滑石猪4、玛瑙珠2、琥珀辟邪1,东晋;(28)滑石猪1,南朝中期

安徽省文物考古研究所,泗县文物保护管理所. 安徽泗县刘圩汴河故道遗址发掘简报. 东南文化,2011,(5):(53)琉璃饰件1,唐宋

安徽省文物考古研究所,六安市文物管理局. 安徽六安市白鹭洲战国墓M566的发掘. 考古,
2012,(5):(37~39)玉璜4、龙形佩6、玉璧1、玉管1、玉觽1、玉簪1、玉花1、锁形饰件1,战国中期或晚期

安徽省文物考古研究所,六安市文物管理局. 安徽六安市白鹭洲战国墓M585的发掘. 考古,

2012，（11）：（32）玉剑璏1、玉带钩1，战国中期

安徽省文物考古研究所，凤阳县文管所. 安徽省凤阳县搬井墓地M15、M54发掘简报. 东南文化，2012，（5）：（41）滑石璧1，西汉晚期

安徽省文物考古研究所，繁昌县文物管理局. 安徽繁昌板子矶周代遗址发掘简报. 文物，2013，（10）：（21）玉玦1，西周晚期至春秋早中期

安徽省文物考古研究所，蚌埠市博物馆. 春秋钟离君柏墓发掘报告. 考古学报，2013，（2）：（265～268）玉玦3、牙形佩6、玉珠1、玉环1、玉佩1、玉鞢1、石磬12，春秋中晚期（钟离国）

安徽省文物考古研究所，马鞍山市文物局，当涂县文物管理所. 安徽当涂陶庄战国土墩墓发掘简报. 文物，2013，（10）：（31）蜻蜓眼琉璃珠1，战国早期

安徽省文物考古研究所，安徽省萧县博物馆. 安徽萧县陈沟墓群（东区）发掘简报. 东南文化，2013，（1）：（38）石口琀1，西汉中晚期

安徽省文物考古研究所，怀宁县文物管理所. 安徽怀宁孙家城新石器时代遗址发掘简报. 文物，2014，（5）：（15）残玉斧1，孙家岗一期文化；（18）石钺1，薛家岗文化

安徽省文物考古研究所，北京大学考古文博学院. 安徽铜陵夏家墩、神墩遗址发掘简报. 江汉考古，2015，（6）：（27）残玉件1，西周至春秋

安徽省文物考古研究所，固镇县文物局. 安徽省固镇县蔡庄墓群一号墓发掘简报. 东南文化，2015，（6）：（40）玉管状器，西汉晚期至东汉早期

安徽省文物考古研究所，泗县文物保护管理所. 安徽泗县前李墓地发掘简报. 华夏考古，2015，（3）：（49～50）串饰（玛瑙、料珠等质地）1串，西汉晚期

安徽省文物考古研究所，肥东县文物管理局. 安徽肥东县小黄村西汉墓（M5）发掘简报. 东南文化，2016，（1）：（53）玉琀1、玉玦1、石璧1，西汉晚期

# 十三、福建省

福建省博物院．漳州发现商周、西汉墓葬．福建文博，2001，（1）：（10）玉璧1，西汉早期

福建博物院，美国哈佛大学人类学系．福建东山县大帽山贝丘遗址的发掘．考古，2003，（12）：（21）残玉器1，"大帽山文化"（距今5000～4300年）

福建博物院，漳州市文管办．福建南靖狗头山遗址发掘．福建文博，2003，（1）：（5）玉坯料1、玉璜1、玉玦2、玉钏1，"浮滨文化"

福建博物院，漳州市文管办，漳州市博物馆．福建漳州市虎林山商代遗址发掘简报．考古，2003，（12）：（37～42）玉玦3、石璋2、石玦4，商代晚期

福建博物院．福建光泽池湖商周遗址及墓葬．东南考古研究（第三辑）．厦门：厦门大学出版社，2003：（9）玉环1，商代晚期

福州市文物考古工作队．福建闽侯古洋平岗先秦遗存的发掘．东南考古研究（第三辑）．厦门：厦门大学出版社，2003：（42）玉璜10余件，商周

福建博物院，安溪县博物馆．安溪湖头明清墓葬．福建文博，2003，（1）：（65）玉镯1，清代；（71）玉镯2，清代

福建博物院．福建霞浦黄瓜山遗址第二次发掘．福建文博，2004，（3）：（13）残玉环（钏）1，"黄瓜山文化"（距今3500～4300年）

福建博物院．福清下湾墓地第一次发掘简报．福建文博，2005，（1）：（22）玉玦1、玉佩饰1，新石器时代

福建博物院．连城草营遗址发掘简报．福建文博，2006，（3）：（4）水晶环2，新石器时代晚期或青铜时代早期

福建博物院，福建闽越王城博物馆．福建浦城县管九村土墩墓群．考古，2007，（7）：（34）玉管7，西周晚期

福建博物院，福建省昙石山遗址博物馆．闽侯县石山遗址2004年考古发掘简报．福建文博，2010，（1）：（10）玉饰1，黄土仑文化

福建省昙石山遗址博物馆．2009年昙石山遗址考古发掘简报．福建文博，2013，（2）：（27）玉璜1，昙石山文化

福建博物院，晋江市博物馆．福建晋江庵山青铜时代沙丘遗址2009年发掘简报．文物，2014，（2）：（13）玉环2、玉璜1，商代中晚期至西周（距今3400～2700年）

福州市文物考古工作队．福州市新店罗汉山商周遗址2008年度考古发掘简报．福建文博，2014，（4）：（27）玉玦2、玉环1，商代中晚期至西周初期

福建博物院，泉州市博物馆，南安市博物馆. 福建南安市皇冠山六朝墓群的发掘. 考古，2014，（5）：（60）滑石猪2，南朝

福建博物院. 福建政和石屯六朝墓发掘简报. 文物，2014，（2）：（27）滑石猪1，南朝（宋）中晚期至南朝中后期

厦门市博物馆. 厦门市翔安区清代苏养斋墓发掘简报. 福建文博，2015，（2）：（57）玉扳指1、玉牌1、玉带扣1、翡翠璧1、翡翠手镯1、水晶眼镜片1，清代

福建博物院，厦门大学历史系，武夷山市博物馆. 福建武夷山市葫芦山遗址2014年发掘简报. 东南文化，2016，（2）：（34）玉环玦1，晚商至西周

# 十四、江西省

江西省文物考古研究所，南昌市博物馆．南昌火车站东晋墓葬群发掘简报．文物，2001，（2）：（39）滑石猪2，东晋

黄卫国．南康横寨南朝墓．南方文物，2001，（4）：（111）玛瑙珠1，南朝（宋）

江西省文物考古研究所，江西省新余市博物馆．江西新余赵家山西周遗址发掘简报．南方文物，2003，（2）：（19）玉佩1，西周早期

江西省文物考古研究所．南昌明代宁靖王夫人吴氏墓发掘简报．文物，2003，（2）：（26）玉圭1、玉佩（由珩、瑀、琚、冲牙、璜、玉花、玉滴等组成）2组，明代

安福县文化局．江西安福枫田清理东汉墓．南方文物，2004，（1）：（5）琉璃鼻塞1，东汉末期至三国初期

南康市博物馆．江西南康市横寨乡发现南朝墓．考古，2005，（10）：（94）玛瑙珠1，南朝早期（宋）

江西省文物考古研究所，江西省新余市博物馆．江西新余市钱家山西周遗址及竹山村三国墓与宋墓考古发掘简报．南方文物，2006，（2）：（35）玛瑙珠2，三国（吴）

江西省文物考古研究所．江西靖安县李洲坳东周墓葬．考古，2008，（7）：（52）玉璧1、玉觿2，春秋中晚期

江西省文物考古研究所，南昌市博物馆．南昌青云谱梅湖东晋纪年墓发掘简报．文物，2008，（12）：（45）滑石猪4，东晋

江西省文物考古研究所，靖安县博物馆．江西靖安李洲坳东周墓发掘简报．文物，2009，（2）：（16）玉牙璧1、玉觿2，春秋中晚期

江西省文物考古研究所，高安市博物馆．江西高安市华林造纸作坊遗址发掘简报．考古，2010，（8）：（70）玉珠1，明代

江西省文物考古研究所，厦门大学历史系考古专业，靖安县博物馆．江西靖安老虎墩东汉墓发掘简报．文物，2011，（10）：（33）琉璃瑱1，东汉中期

江西省文物考古研究所，江西樟树市博物馆．江西樟树观上横里龚家对门山东汉墓发掘简报．南方文物，2013，（1）：（61）滑石猪1，东汉

江西南昌市博物馆．江西南昌市江联小区明墓发掘简报．南方文物，2013，（4）：（37～38）圭形玉片2、玉饰片1套10片、龙纹玉带板1套20块，明代

# 十五、山东省

山东沂水县博物馆. 山东沂水县近年发现的几座战国墓. 文物, 2001, (10): (51) 石璧3, 战国
山东省文物考古研究所, 东营市博物馆. 山东广饶县傅家遗址的发掘. 考古, 2002, (9): (41) 玉璧2, 大汶口文化
滕州市博物馆. 山东滕州庄里西战国墓. 文物, 2002, (6): (59~61) 玉璜5、玉环1、玉饰件2, 战国早期
烟台市博物馆. 山东烟台市金沟寨战国墓葬. 考古, 2003, (3): (25) 滑石璜110、滑石璧3、滑石环26、滑石管403、滑石珠192, 战国早期
枣庄市文物管理委员会, 枣庄市博物馆. 山东枣庄市临山汉墓发掘简报. 考古, 2003, (11): (57) 玉口琀3、玉窍塞5, 西汉晚期
冯沂. 山东临沂市大范庄遗址调查. 华夏考古, 2004, (1): (6) 玉铲2、玉牙璋2, 新石器时代
山东大学东方考古研究中心, 山东省文物考古研究所, 济南市考古研究所. 济南市大辛庄商代居址与墓葬. 考古, 2004, (7): (30~31) 玉戈1、玉圭1, 商代中期
林仙庭, 闫勇. 山东蓬莱市站马张家战国墓. 考古, 2004, (12): (37~38) 长方形饰6、不规则形饰3、龙形饰5、小玉件1、冲牙4、玛瑙管串饰1、管状玦2、璜1、玦3、环1、八棱管1、圆管1、玉插器1, 战国早期
济南市考古研究所. 济南市腊山汉墓发掘简报. 考古, 2004, (8): (24) 玉龙1、水晶印章1、玛瑙印章1, 西汉早期
山东省文物考古研究所, 枣庄市文物管理办公室, 台儿庄区文物管理站. 山东枣庄市桥上东汉画像石墓. 考古, 2004, (6): (62~63) 玉握1、玉琀1、目形器1, 东汉晚期
济南市考古研究所, 长清区文物管理所. 济南市长清区大觉寺村一、二号汉墓清理简报. 考古, 2004, (8): (38~39) 玉蝉1、玉窍塞9、玉璧1、玉衣片1000余片、滑石猪6、玛瑙珠1、绿松石珠1, 东汉时期
山东省枣庄市博物馆. 山东枣庄市渴口汉墓. 考古学集刊·14. 北京: 文物出版社, 2004: (131~133) 琉璃瑱8、琉璃珠14, 西汉晚期至东汉时期
淄博市临淄区文化局. 山东淄博市临淄区赵家徐姚战国墓. 考古, 2005, (1): (43) 滑石璧22、滑石管28, 战国晚期
青岛市文物局, 平度市博物馆. 山东青岛市平度界山汉墓的发掘. 考古, 2005, (6): (33~34) 玉环3、玉带钩1、玉凤1、玉佩2、玉饰件9、玉塞1, 西汉中期; (39) 水晶球1, 西汉中期
潍坊市文物管理委员会办公室, 昌乐县文物管理所. 山东昌乐县谢家埠遗址的发掘. 考古,

2005,（5）:（8）滑石纺轮1，西周晚期至春秋时期；（15）玉片1，西汉晚期至东汉早期

山东大学东方考古研究中心. 山东大学新校区发现一座东汉墓葬. 考古，2005，（10）:（91）琉璃饰件1，东汉晚期

山东邹城市文物局. 山东邹城西晋刘宝墓. 文物，2005，（1）:（21）水晶饰1，西晋中晚期

山东省文物考古研究所，临沂市文化局. 山东临沂洗砚池晋墓. 文物，2005，（7）:（24）玉剑璏1、玉珠2、琥珀兽3、琥珀壶1，西晋末或东晋初期；（34）玛瑙剑格1、玛瑙珠3、水晶片5，西晋末或东晋初期

淄博市临淄区文物局. 山东淄博市临淄区国家村战国墓. 考古，2007，（8）:（18）玛瑙环1，战国晚期

山东省青州市博物馆. 山东青州市马家冢子东汉墓的清理. 考古，2007，（6）:（72~74）玉猪3、玉剑璏1、玉衣片19、玉璧9、水晶珠1，东汉中晚期

山东大学东方考古研究中心. 大辛庄遗址1984年秋试掘报告. 东方考古（第4集）. 北京：科学出版社，2008:（311）玉玲1、龙形玉璜1、虎形玉璜1，商代；（321）石钺5，商代

烟台市博物馆. 山东莱州市朱郎埠墓群发掘报告. 华夏考古，2009，（1）:（52）玛瑙环1，战国早期

微山县文物管理所. 山东微山县微山岛汉代墓葬. 考古，2009，（10）:（38~39）玉蝉6、玉塞6、玉眼盖1、玉玲1，西汉至东汉早期

山东省文物考古研究所，济宁市文物局文研室，任城区文物管理所. 山东济宁玉皇顶遗址发掘报告. 海岱考古（第3辑）. 北京：科学出版社，2010:（67）石钺6，北辛文化晚期至大汶口文化早期

山东省文物考古研究所，枣庄市文物管理委员会办公室，枣庄市博物馆. 枣庄建新遗址2006年发掘报告. 海岱考古（第3辑）. 北京：科学出版社，2010:（215）石璧1，大汶口文化

山东大学历史文化学院考古系，山东省文物考古研究所. 济南大辛庄遗址139号商代墓葬. 考古，2010，（10）:（51~52）石磬1、玉簪1、玉柄形器1，商代早期

山东省文物考古研究所，北京大学中国考古学研究中心，山东师范大学齐鲁文化研究中心，滨州市文物管理处. 山东阳信县李屋遗址商代遗存发掘简报. 考古，2010，（3）:（10）玉（石）钺3，商代晚期

滕州市博物馆. 滕州前掌大村南墓地发掘报告（1998~2001）. 海岱考古（第3辑）. 北京：科学出版社，2010:（261~262）玉鸟6、玉鱼3、玉蚕1、玉虎1、玉琮1、玉戈1、玉柄形饰1、玉管1、玉璜2、玉砭（?）1、玉刮痧器（?）1、玉片4、绿松石饰9，商代晚期至西周早期；（298~299）玉璧1、玉鱼3、玉璜2、玉虎2、玉燕1、玉坠饰1、玉凿1、玉管2、玉珠1，商代晚期至西周早期；（358~359）玉璧2、玉璜4，商代晚期至西周早期

山东省文物考古研究所. 山东高青县陈庄西周遗址. 考古，2010，（8）:（33）玉牌饰2、玉柄形器1，西周早中期

青州市博物馆. 山东青州新发现的战国墓葬. 东方考古（第7集）. 北京：科学出版社，2010:（436）玉环9、玉管5，战国中期；（437）玉片2，战国中期

青州市博物馆. 山东青州西辛战国陪葬墓发掘简报. 文物，2010，（7）:（32）玉璧10，战国晚期

山东淄博市临淄区文物局. 山东淄博市临淄区国家村战国及汉代墓葬. 考古，2010，（11）：（18）石璜3，M34，战国；（19）青玉环1、玉环2、玉片1、水晶环2、玛瑙环5、水晶玛瑙串饰1组7件，战国中晚期

山东省文物考古研究所. 山东日照海曲西汉墓（M106）发掘简报. 文物，2010，（1）：（24）玉璧2、玛瑙珠3，西汉中期

山东省文物考古研究所. 高青县陈庄西周遗存发掘简报. 海岱考古（第4辑）. 北京：科学出版社，2011：（99）玉柄形器1、玉鱼1、玉长方形牌饰2，西周早中期

山东省文物考古研究所. 山东高青县陈庄西周遗存发掘简报. 考古，2011，（2）：（8）玉坠1、残玉片1，西周中晚期；（9）玉片2、长方形玉牌饰1、玉坠1、玉柄形器1、玛瑙珠1、残玉器1，西周中晚期

山东省文物考古研究所，临沂市文物管理委员会，郯城县文物管理所. 郯城县大埠二村遗址发掘报告. 海岱考古（第4辑）. 北京：科学出版社，2011：（124）玉玦2，春秋中期

枣庄市博物馆，枣庄市文物管理办公室. 枣庄市东江周代墓葬发掘报告. 海岱考古（第4辑）. 北京：科学出版社，2011：（169）玉饰4，春秋早期；（187）玉玦2、玉挖耳勺1、玉贝5，春秋中期

中国社会科学院考古研究所，枣庄市博物馆. 枣庄市二疏城遗址发掘简报. 海岱考古（第4辑）. 北京：科学出版社，2011：（27）玉玦2，春秋晚期

淄博市临淄区文物局. 山东淄博市临淄区孙家徐姚战国墓地. 考古，2011，（10）：（16）滑石管31、滑石璜14、滑石佩1，战国；（17）玉片1，战国；（25～27）滑石器（佩饰、圭、棒、璧、璜柱等）210件（套）、水晶玛瑙串饰1组，战国；（28）水晶片1，战国

滕州市汉画像石馆. 山东滕州市染山西汉画像石墓. 考古，2012，（1）：（43～45）玉璧3、玉佩1、玉琀1、橄榄形玉饰1、玉板1、玉管1、条形玉饰3、玉衣片342、菱形玉饰2、长方形玉饰1，西汉中期

滕州市汉画像石馆. 山东滕州市山头村汉代画像石墓. 考古，2012，（4）：（93）滑石质石蝉1，西汉晚期至新莽时期

安丘市博物馆. 山东安丘柘山镇东古庙村春秋墓. 文物，2012，（7）：（21）玉玦2，西汉晚期

临淄区文物局. 山东淄博市临淄区刘家新村春秋墓. 考古，2013，（5）：（26）滑石环16、滑石圭1，春秋中期

山东省文物考古研究所，临沂市文物考古队，沂水县博物馆. 山东沂水县赃崮春秋墓. 考古，2013，（7）：（35～40）玉人1、玉琮2、玉戈2、虎形玉佩2、玉料1、玉玦7、玉璜5、玉珩1、牌饰若干、鸟形玉饰1、玉觿5、柱形玉饰2、牛形玉饰1，春秋晚期；（44）石编磬10、玉兽1、玉戈1、玉牌饰1，春秋晚期

山东省文物考古研究所，新泰市博物馆. 山东新泰周家庄东周墓发掘简报. 文物，2013，（4）：（16）石璧1，春秋晚期

山东省文物考古研究所，临沂市文物考古队，沂水县博物馆. 沂水县纪王崮一号春秋墓及车马坑. 海岱考古（第6辑）. 北京：科学出版社，2013：（285～291）玉人1、玉琮2、玉戈2、虎形玉佩2、玉玦7、玉料1、玉管2、玉璜5、玉珩1、玉牌饰若干、鸟形玉饰1、虎形玉饰2、玉觿5、柱形玉饰2、牛形玉饰1，春秋晚期；（296～298）石编磬10、玉戈1、玉牌饰1、玉

兽1，春秋晚期

临淄区文物局. 山东淄博市临淄区辛店二号战国墓. 考古，2013，（1）：（53~58）玛瑙环6、玛瑙璜1、玛瑙冲牙4、水晶环2、玛瑙及水晶串饰1组、石玦4、石琮1、石磬1、石璜1，战国早期

烟台市博物馆，龙口市博物馆. 山东龙口市东梧桐晋墓发掘简报. 考古，2013，（4）：（32）玻璃珠1，东晋

平阴周河遗址考古队. 山东平阴县周河遗址大汶口文化墓葬的发掘. 考古，2014，（3）：（8~9）三联璧1、玉环2、牙璧1、玉钺1，大汶口文化

枣庄市博物馆，枣庄市文物管理委员会办公室，峄城区文广新局. 枣庄市峄城徐楼东周墓葬发掘报告. 海岱考古（第7辑）. 北京：科学出版社，2014：（113~114）玉佩1、玉管1、料珠10，春秋中晚期

枣庄市博物馆，枣庄市文物管理委员会办公室，枣庄市峄城区文广新局. 山东枣庄徐楼东周墓发掘简报. 文物，2014，（1）：（26）玉佩1、玉管1、料珠10，春秋晚期

临淄区文物局. 淄博市临淄区范家南墓地M112、M113的发掘. 海岱考古（第7辑）. 北京：科学出版社，2014：（137）玉环1、玛瑙环3，战国晚期

山东省文物考古研究所，青州市博物馆. 山东青州西辛战国墓发掘简报. 文物，2014，（9）：（21）玉剑璏1、玉剑珌1，战国末期

山东省文物考古研究所. 山东日照市海曲2号墩式封土墓. 考古，2014，（1）：（62~63）玉鼻塞1、玉琀1，西汉中期

山东省文物考古研究所. 烟台市严因寺遗址发掘报告. 海岱考古（第7辑）. 北京：科学出版社，2014：（301）琉璃兽首形套件1、琉璃鸟形饰件1、琉璃饰件1，唐至明清时期

滕州市博物馆. 山东滕州前掌大遗址新发现的西周墓. 文物，2015，（4）：（8）玉柄形器1，西周

淄博市临淄区文物局. 山东临淄范家村墓地2012年发掘简报. 文物，2015，（4）：（22~25）玉璧6、玉佩1、玉璜4、玉人1、玉覆面1组、玉腰带1组、玉鞋底2、玉环1、玉簪1、玉琀10、玉剑首1、玉剑格1、玉剑珌1、石璜2、石玦2、石磬2，战国晚期至西汉早期

济南市考古研究所. 济南市魏家庄汉代墓葬发掘报告. 海岱考古（第8辑）. 北京：科学出版社，2015：（224）玉剑首残片1，西汉中期；（232）玉剑璏1，西汉中期；（239）石璧1，西汉中期；（246）水晶饰品1，西汉中期；（252）玉璧残片1，西汉中晚期；（269）玉剑璏1，西汉中期；（319）玉璧残片1，西汉中晚期；（333）玉剑璏1，西汉晚期

济南市考古研究所. 济南市化纤厂路元代墓葬. 海岱考古（第8辑）. 北京：科学出版社，2015：（413~414）玉佩饰2、玉卧马1、玉扣2，元代

南开大学考古学与博物馆学系，淄博市文物事业管理局，周村区文物管理所. 山东淄博周村汇龙湖明代墓地发掘简报. 中国国家博物馆馆刊，2015，（2）：（30）玉串饰1套4枚，明代

青岛市文物保护考古研究所. 即墨县衙旧址明清瓷器坑发掘报告. 中国国家博物馆馆刊，2015，（6）：（126）玉簪2，明代末期至清代初期

济南市考古研究所. 济南市刘家庄遗址商代墓葬M121、M122发掘简报. 中国国家博物馆馆刊，2016，（7）：（100~104）玉戚1、玉戈2、玉柄形器1、玉簪2、玉纺轮1、玉片1、玉珠1、

绿松石饰品1、孔雀石饰品1,殷墟三期;(113)玉戈1、玉镞2,殷墟三期

临淄区文物局. 山东淄博市临淄区范家墓地战国墓. 考古,2016,(2):(30~34)玉琮1、玉口琀2、玉组佩饰1组、玛瑙环9、玛瑙冲牙5、水晶玛瑙串饰1组、石磬3、石玦1、石璜2、石琮2、玉石组佩饰1组,战国早期;(43~44)玉瑗1、玛瑙环8、玛瑙冲牙2、水晶珠2、水晶玛瑙串饰1组、石磬8,战国早期;(60~62)石磬7、石圭形佩1、石琮2、水晶环2、玛瑙珩5,战国早期

山东省文物考古研究所,淄博市文物局. 山东淄博隽山战国墓发掘简报. 文物,2016,(10):(19~20)水晶环4、水晶珠7、水晶管2、玛瑙环7、玛瑙珠1、玛瑙片1、滑石璧若干、滑石璜若干、滑石珠若干、玻璃珠1,战国早期

临淄区文物管理局,齐故城遗址博物馆. 淄博市临淄区永流战国墓的发掘. 海岱考古(第9辑). 北京:科学出版社,2016:(171~173)串饰(玛瑙环、水晶珠、水晶管、玛瑙管、玛瑙珠、骨珠)1组86件、水晶环1、玛瑙环7、石璜32,战国早期;(182)玉片1,战国中晚期

济南市考古研究所. 山东济南魏家庄汉墓发掘简报. 华夏考古,2016,(4):(31)玉剑首1,西汉晚期;(50)玉剑璏1,西汉晚期

临朐县文化广电新闻出版局. 临朐明道寺舍利塔地宫佛教石造像清理报告. 海岱考古(第9辑). 北京:科学出版社,2016:(319)残琉璃筒瓦1,北魏至隋朝初期

济南市考古研究所. 山东济南长清崮云湖宋墓发掘简报. 文物,2016,(2):(34)玛瑙珠2,北宋

山东省文物考古研究所,菏泽市文物事业管理处. 山东菏泽元代沉船发掘简报. 文物,2016,(2):(48~49)绿松石金耳坠1、玉荷叶形洗1,元代

山东省文物考古研究所,东营市历史博物馆. 广饶县十村遗址发掘报告. 海岱考古(第9辑). 北京:科学出版社,2016:(120)琉璃扣1,清代

# 十六、河南省

郑州市文物考古研究所．郑州市洼刘村西周早期墓葬（ZGW99M1）发掘简报．文物，2001，（6）：（42）玉管若干，西周早期

中国社会科学院考古研究所河南第一工作队，河南省文物考古研究所，三门峡市文物工作队，灵宝市文物保护管理所，荆山黄帝陵管理所．河南灵宝市北阳平遗址试掘简报．考古，2001，（7）：（16）水晶环2，东周时期

洛阳市第二文物工作队．洛阳（洛界）高速公路伊川段LJYM74发掘简报．文物，2001，（6）：（50）石圭1，战国早期

洛阳市文物工作队．洛阳市针织厂东周墓（C1M5269）的清理．文物，2001，（12）：（51~53）玉鼎1、龙形佩4、玉璧2、月牙形佩1、玉人1、人面形饰1、梯形管2、玉觽1、玉琮1、滑石环1、石圭1、滑石铜柄勺1、料珠（琉璃质）2，战国中期

郑州市文物考古研究所，巩义市文物保护管理所．河南巩义市新华小区汉墓发掘简报．华夏考古，2001，（4）：（50）水晶琥珀项链1串，东汉中期

河南省文物考古研究所，新密市炎黄历史文化研究会．河南新密市古城寨龙山文化城址发掘简报．华夏考古，2002，（2）：（64）玉铲1、玉凿1、玉环1，王湾三期文化

中国社会科学院考古研究所．河南偃师商城商代早期王室祭祀遗址．考古，2002，（7）：（7）玉簪5，商代早期

郑州市文物考古研究所．郑州市铭功路东商代遗址．考古，2002，（9）：（60）玉钺1、玉柄形器2、玉玦1，殷墟文化

中国社会科学院考古研究所洛阳唐城队．河南洛阳市中州路北东周墓葬的清理．考古，2002，（1）：（31~32）玉璧饰2、项链1串、椭圆形饰1、玉珠11、玛瑙珠1、水晶管5、扁玉管1、绿松石珠2，春秋晚期至战国早期

洛阳市第二文物工作队．洛阳韩城战国墓发掘简报．文物，2002，（11）：（39）玉环1，战国早中期

三门峡市文物工作队．三门峡市盆景园8号战国墓．中原文物，2002，（1）：（6~7）人面玉饰10、长条形玉饰2、玉琮1、玉圭18，战国早中期

河南省文物考古研究所，河南省驻马店市文化局，新蔡县文物保护管理所．河南新蔡平夜君成墓的发掘．文物，2002，（8）：（13~16）玉璧14、玉璜2、水晶扣1，战国中期

洛阳市第二文物工作队．洛阳市纱厂路东周墓（JM32）发掘简报．文物，2002，（11）：（34~35）玉玦6、玉璧1、玉柱4、玉圭1，战国中期

洛阳市文物工作队. 洛阳解放路战国陪葬坑发掘报告. 考古学报, 2002,（3）:（370~372）石磬23、玉耳杯1、八棱玉器1、玉管1, 战国晚期

河南省文物考古研究所, 中国社会科学院考古研究所河南一队, 三门峡市文物考古研究所, 灵宝市文物保护管理所, 荆山黄帝陵管理所. 河南灵宝西坡遗址105号仰韶文化房址. 文物, 2003,（8）:（15）玉环1, 庙底沟文化

河南省文物考古研究所. 郑州商城新发现的几座商墓. 文物, 2003,（4）:（5）玉饰1、玉璧2、玉料3, 商代早期;（7）玉柄形饰1、绿松石项饰1串, 商代早期;（10）玉蝉饰1、玉璜1, 商代早期;（12）玉饰1, 商代早期;（15~16）玉柄形饰1、玉璜1、玉饼形饰1, 商代早期

洛阳市文物工作队. 洛阳东车站两周墓发掘简报. 文物, 2003,（12）:（9~11）石璋1、玉坠2, 西周早期; 石圭1, 春秋早期

洛阳市文物工作队. 洛阳市西工区几座春秋墓的清理. 考古与文物, 2003,（2）:（13~14）石圭2、滑石玦1、玉璜1、玉塞1、玉条形饰1, 春秋中晚期

洛阳市文物工作队. 洛阳市唐宫西路东周墓发掘报告. 文物, 2003,（12）:（23~25）玉柱形板2、玉板12件（组）、玉片饰3、玉柱形饰3、玉环3、龙形佩1、玛瑙珠1、石磬10、石圭2, 战国中期;（26）玉龙形佩6、玉璧1、玉片饰70、石圭3、石磬72, 战国中期

河南省文物考古研究所. 河南登封市法王寺二号塔地宫发掘简报. 华夏考古, 2003,（2）:（34）迦陵伽盒（玉石质）1、玻璃珠1, 唐代

南阳市古代建筑保护研究所. 河南南阳市发现明代琉璃房屋模型. 华夏考古, 2003,（4）:（30）琉璃房屋模型1, 明代

河南省文物考古研究所驻马店市文物工作队, 西平县文物管理所. 河南西平县上坡遗址发掘简报. 考古, 2004,（4）:（24）玉铲1、玉凿1, 二里头文化

北京大学古代文明研究中心, 郑州市文物考古研究所. 河南省新密市新砦遗址2000年发掘简报. 文物, 2004,（3）:（10）玉凿1, "新砦期"文化;（17）玉琮1, 二里头文化

郑州大学考古专业, 新乡地区文物管理委员会, 新乡县文物保护管理所. 河南新乡李大召遗址2002年秋发掘简报. 考古与文物, 2004,（5）:（16）石钺2, 二里冈文化

中国社会科学院考古研究所安阳工作队. 1998年~1999年安阳洹北商城花园庄东地发掘报告. 考古学集刊·15. 北京: 文物出版社, 2004:（341）玉龙1、玉璜1、玉玦1、石钺1, 商代晚期

中国社会科学院考古研究所安阳工作队. 安阳殷墟刘家庄北1046号墓. 考古学集刊·15. 北京: 文物出版社, 2004:（378~383）玉环2、玉戚1、玉兔1、玉鸟1、小玉饰1、石璋55, 商代晚期

中国社会科学院考古研究所安阳工作队. 河南安阳市花园庄54号商代墓葬. 考古, 2004,（1）:（16~18）平首圭2、玉璧1、玉琮1、玉戚7、玉钺2、玉戈7、玉叶铜骸矛3、玉刀2、龙形饰4、圆箍形饰1, 殷墟二期

中国社会科学院考古研究所安阳工作队. 河南安阳市王裕口南地殷代遗址的发掘. 考古, 2004,（5）:（15）绿松石饰1, 殷墟三、四期

洛阳市文物工作队. 洛阳市唐城花园C3M417西周墓发掘简报. 文物, 2004,（7）:（8~9）玉钺1、玉琮1、玉柄形饰1、玉蝉1、玉柱形饰1、石璋1, 西周中期

洛阳市文物工作队. 洛阳市启明西路西周墓发掘简报. 考古与文物, 2004, 增刊（先秦考古）：（14）玉鱼1、玉饰1, 西周晚期

中国社会科学院考古研究所, 河南第一工作队. 河南偃师市灰嘴遗址东周墓发掘简报. 考古, 2004,（12）：（32）圆饼状玉器1、碎玉片5, 春秋战国之交

三门峡市文物考古研究所. 河南三门峡市老城东8号战国墓. 考古, 2004,（2）：（95~96）人面饰7、条形饰2、玉琮1、石圭18, 战国早中期

河南省文物考古研究所, 南阳市文物考古研究所, 淅川县博物馆. 河南淅川徐家岭一号楚墓发掘简报. 文物, 2004,（3）：（28）玉瑗5、玉环3、连璧玉佩1、玛瑙环1, 战国早中期

洛阳市文物工作队. 洛阳西工区M7602的清理. 文物, 2004,（7）：（13~16）夔龙形玉佩4、玉环6、玛瑙环3、玉覆面1组21件, 战国中期

三门峡市文物考古研究所. 三门峡市人民银行生活区基建工地28号战国墓发掘简报. 考古与文物, 2004, 增刊（先秦考古）：（18）玉片饰15、玉柱形器1、石圭16, 战国中期

洛阳市文物工作队. 洛阳王城花园战国墓. 文物, 2004,（7）：（37~38）玉环8、玛瑙环1、玛瑙珠1、水晶珠3、玉石管4, 战国中期

洛阳市文物工作队. 洛阳唐宫路小学C1M5560战国墓发掘简报. 文物, 2004,（7）：（17~33）玉璜16、玉龙形佩14、玉簪1、玉戈1、玉环10、玉牌饰1、玉剑首1、玉玑1、玉管形8、玉柱形饰2、玉龙形饰5、圆形饰4、玉覆面1组、水晶环2, 战国中期

郑州市文物考古研究所, 巩义市文物保护管理所. 河南巩义站街晋墓. 文物, 2004,（11）：（48）琉璃器1, 西晋早期

洛阳市文物工作队. 洛阳市东明小区C5M1542唐墓. 文物, 2004,（7）：（63~64）玉龙1、六瓣花形绿松石饰1、猫形绿松石饰1、蝶形绿松石饰1、四瓣花形绿松石饰1、草叶形绿松石饰1、鸟形绿松石饰1、玉簪2, 唐代

陕西省考古研究所. 隋吕思礼夫妇合葬墓清理简报. 考古与文物, 2004,（6）：（27）半圆形玉饰2、玉环2、玉璜3, 唐代

河南省文物考古研究所, 新郑市文物事业管理局. 新郑唐户新石器时代遗址调查. 中原文物, 2005,（5）：（18）石璧1, 仰韶晚期

郑州市文物考古研究所, 北京大学考古文博学院. 河南巩义市花地嘴遗址"新砦期"遗存. 考古, 2005,（6）：（5）出土玉铲、玉钺、玉璋、玉琮等若干, "新砦期"文化

中国社会科学院考古研究所二里头工作队. 河南偃师市二里头遗址中心区的考古新发现. 考古, 2005,（7）：（17）出土玉器、绿松石器等多件（组）, 二里头文化

中国社会科学院考古研究所安阳工作队. 河南安阳殷墟刘家庄北地殷墓与西周墓. 考古, 2005,（1）：（14~15）柄形玉饰1、戈形玉饰2、虎形玉饰2、绿松石管1、绿松石穿孔饰1、残玉环1, 商代晚期；（20）柄形玉刻刀1、玉柄形器1、鸟形玉饰1、兽形玉饰1, 西周早中期

河南省文物考古研究所, 桐柏县文物管理委员会. 河南桐柏月河墓地第二次发掘. 文物, 2005,（8）：（33~35）玉玦5、玉环1、玉佩饰2、玛瑙环2, 春秋早期

南阳市文物考古研究所. 河南南阳市拆迁办秦墓发掘简报. 华夏考古, 2005,（3）：（18）玉环2、玉印章1、玉玦1、玉璧2, 秦代

南阳市文物考古研究所. 河南南阳牛王庙村1号汉墓. 文物, 2005,（12）：（43）玛瑙瑱1, 新

葬时期

河南省文物考古研究所，河南新密市博物馆．河南新密市汽车站汉墓发掘简报．华夏考古，
2005，（3）：（40）琉璃管1、琉璃珠6，东汉中期或稍晚阶段

洛阳市第二文物工作队．唐崔元略夫妇合葬墓．文物，2005，（2）：（55）玉饰1、玉钩1，唐代

北京大学考古文博学院，河南省文物考古研究所．河南登封市王城岗遗址2002、2004年发掘简
报．考古，2006，（9）：（13）石琮1，王湾三期文化

郑州大学历史学院考古系，郑州市文物考古研究所．河南登封南洼遗址2004年春试掘简报．中
原文物，2006，（3）：（12）绿松石项饰1，二里头文化

中国社会科学院考古研究所安阳工作队．河南安阳殷墟花园庄东地60号墓．考古，2006，（1）：
（16）玉环1，殷墟一期

洛阳市文物工作队．洛阳瀍河东岸西周墓的发掘．文物，2006，（3）：（19）玉饰2，西周早期

河南省文物考古研究所．安阳市西高平遗址商周遗存发掘报告．华夏考古，2006，（4）：（28）
玉玦2、石玦1，西周早期

洛阳市文物工作队．河南洛阳市王城大道发现西周墓．考古，2006，（6）：（86）玉璋3、玉饰9，
西周晚期

郑州市文物考古研究所，登封市文物局．河南登封告成东周墓地三号墓．文物，2006，（4）：
（14~16）玉琮1、玉戈1、玉片玛瑙串饰1组170件（颗）、玛瑙珠164、玉片玛瑙铜珠串饰1
组46件（颗）、玉片5、玉石管串饰1组142颗、玉玦2、玉环4、方玉饰2、玉柄形器1、玉节
（扣）3、玉坠364，春秋早期

郑州市文物考古研究所．郑州市南阳路家世界购物广场战国墓葬发掘简报．华夏考古，2006，
（2）：（24~26）玉璧4、水晶环3、玉璜2、玉凿1、玉片1，战国早期至晚期

郑州市文物考古研究所．郑州市市政工程总公司战国墓葬发掘简报．中原文物，2006，（3）：
（20）石璧1、水晶环3、水晶珠3、三角形玉饰1，战国中晚期

洛阳市文物工作队．洛阳西工区C1M8503战国墓．文物，2006，（3）：（46~48）玛瑙龙形佩2、
玉龙形佩2、玛瑙环2、串饰（玛瑙珠、琉璃管、玉管、珍珠、水晶珠）1组，战国中期

洛阳市文物工作队．洛阳中州中路东周墓发掘简报．文物，2006，（3）：（27~38）玉蛇首佩1、
玉环12、玉珠2、玉璜3、玉管14、玉璧7、玉柱形饰2、玉扣1、玉剑格1、玉剑首1、玉鞘1、
玉饰件1、玉虎2、玉龙形佩8、玉带钩4、玉锛1、玉兽形饰2、玉兽10、玉覆面1组、玉饰片1、
水晶珠20、绿松石扣1、绿松石串饰1组，战国中期

郑州市文物考古研究所．河南巩义站街秦墓发掘简报．文物，2006，（4）：（24）水晶环1，秦代

洛阳市第二文物工作队．洛阳华山路西晋墓发掘简报．文物，2006，（12）：（21）玉佩1，西晋

四川大学历史文化学院考古学系，洛阳市文物工作队．洛阳北郊唐墓．文物，2006，（3）：（61）
水晶玉石串饰49，唐代

河南省文物考古研究所．河南三门峡市南家庄遗址的调查与试掘．华夏考古，2007，（4）：（87）
玉凿1，二里头文化

殷墟孝民屯考古队．河南安阳市孝民屯商代墓葬2003~2004年发掘简报．考古，2007，（1）：（33）
玉管1、玉兽面饰1、玉圆弧形穿孔饰1、玉璋形器1、玉笄1、玉柄形器2、玉戈形器1、玉
饰残片1、残玉块1、玛瑙柄形器1，殷墟三期；（35）玉长条形穿孔饰1、绿松石穿孔饰1、

石钺1，殷墟四期

殷墟孝民屯考古队. 河南安阳市孝民屯商代环状沟. 考古，2007，（1）：（41）玉器残片1，殷墟四期

洛阳市文物工作队. 洛阳涧河东岸西周晚期墓. 文物，2007，（9）：（42）玉饰片1，西周晚期

河南省文物考古研究所. 河南温县陈家沟遗址发现的西周墓. 华夏考古，2007，（2）：（27）玉玦2，西周晚期

南阳市文物考古研究所. 河南南阳市万家园M202发掘简报. 中原文物，2007，（5）：（12）玉圭1、玉手握2、玉玦1、玉面罩1组51件、残玉片1，西周晚期

河南省文物考古研究所，平顶山市文物管理局. 河南平顶山应国墓地八号墓发掘简报. 华夏考古，2007，（1）：（39~44）玉戈2、玉柄形器2、玉匕及坠饰2套7件、管形束发玉饰1、龙首虎身形玉佩2、玛瑙珠玉佩组合项饰1组82件、单磺连珠组玉佩1组8件、条形残玉匕1、石玦2，春秋早期

平顶山市文物管理局，叶县文化局. 河南叶县旧县四号春秋墓发掘简报. 文物，2007，（9）：（21）玉璧2、玉璜1、单体玉佩饰21、组合玉佩饰6组233件（颗），春秋早中期（许国）；（32~33）玉柄形器1、玉笄1、玉覆面11、玉玲35、玉握2、玉踏1组8颗、石编磬15，春秋早中期（许国）

河南省文物考古研究所新郑工作站. 河南新郑兴弘花园发现的两座春秋墓. 文物，2007，（2）：（9）玉圭1，春秋早期；（13）玉玦2、玉片1组，春秋晚期

洛阳市文物工作队. 洛阳市西工区八一路东周车马坑. 中原文物，2007，（2）：（6）玉饰270、玉环1、玉璧2，春秋晚期

河南省文物考古研究所，平顶山市文物局. 平顶山应国墓地十号墓发掘简报. 中原文物，2007，（4）：（13）石圭1，春秋晚期；（14~17）玉璧1、玉璜3、玉珩2、蓝玛瑙环2、玛瑙珠玉佩组合项饰1组13件、水晶玛瑙珠组合腕饰2组40件、玉小腰1、玉玲3、缀玉瞑目1组10片，春秋晚期

河南省文物考古研究所，平顶山市文物局. 平顶山应国墓地两座战国墓发掘简报. 中原文物，2007，（4）：（24~25）玉匕1、玉圭1，战国中期

南阳市文物考古研究所. 中建七局南阳设备公司材料库M1发掘简报. 中原文物，2007，（5）：（15）玉璧1，战国中期

洛阳市文物工作队. 洛阳关林皂角树西晋墓. 文物，2007，（9）：（60）水晶珠1，西晋

洛阳市文物工作队. 洛阳关林大道唐墓（C7M1724）发掘简报. 文物，2007，（4）：（28）滑石猪1，唐代

南阳师范学院独山玉文化研究中心. 南阳黄山遗址独山玉制品调查简报. 中原文物，2008，（5）：（4）打剥玉器（盘状器、敲砸器、刮削器、玉片、斧、铲、凿、镰、镞、锤等）159，新石器时代晚期；（5）磨制玉器（斧、铲、楔、锛、镰、刀、镞等）192，新石器时代晚期；（8）线痕及切割痕玉器（铲、凿）35，新石器时代晚期；（9）打剥玉器与玉料7，新石器时代晚期

河南省文物考古研究所，中国社会科学院考古研究所河南一队，三门峡市文物考古研究所，灵宝市文物保护管理所，荆山黄帝陵管理所. 河南灵宝市西坡遗址墓地2005年发掘简报. 考古，2008，（1）：（9）玉钺1，仰韶中期；（10）玉钺3，仰韶中期

安阳市文物考古研究所. 河南安阳市殷墟郭家庄东南五号商代墓葬. 考古, 2008, (8): (30~31) 玉环1、玉璜1、玉柄形器2、玉镰1、石戚1、石磬1, 殷墟二期

中国社会科学院考古研究所安阳工作队. 殷墟大司空M303发掘报告. 考古学报, 2008, (3): (381~383) 玉夔龙1、玉鸟2、玉螳螂2、玉柄形饰4、玉环1、玉戈3、玉刻刀1、条形饰1、石玦1, 殷墟四期

河南省文物考古研究所. 河南洛阳市南陈遗址西周文化遗存的发掘. 华夏考古, 2008, (3): (29) 石璧1、玉玦1, 西周中期或偏晚阶段

河南省文物考古研究所, 三门峡市文物考古研究. 河南三门峡市李家窑遗址西周墓的清理. 华夏考古, 2008, (4): (9) 残玉片1、石圭12, 西周晚期; (13) 石圭10, 西周晚期

河南省文物管理局南水北调文物保护办公室, 南阳市文物考古研究所. 河南淅川县徐家岭11号楚墓. 考古, 2008, (5): (46~47) 石编磬13、玉珩5、玉环8、玉璧5, 战国早期

安阳市文物考古研究所. 河南安阳市王古道村东周墓葬发掘报告. 华夏考古, 2008, (1): (26~28) 玉戈1、玉环2、玉玦、虎纹璜形玉饰1、玉蝉1、玉牌形饰1、玉珠形饰1、玉贝形饰5、扁圆形玉饰片3、玉管形饰4、长方形管形玉饰1、穿孔圆形玉饰1、玛瑙珠45、青玉珠2、小玉管16, 春秋

郑州市文物考古研究院, 河南省文物管理局南水北调办公室. 南水北调新郑铁岭墓地发掘简报. 文物春秋, 2008, (5): (46) 玉琀1、玉柱2, 春秋中晚期

三门峡市文物考古研究所. 三门峡市西苑小区战国墓 (M1) 发掘简报. 文物, 2008, (2): (25~26) 玉璜4、玉玦3、玉片10余片, 战国早期

新乡市文物考古研究所. 2003年河南新乡市火电厂墓地发掘简报. 华夏考古, 2008, (2): (41) 玉带扣1, 秦至西汉初期

河南南阳市文物考古研究所. 河南南阳市陈棚村68号汉墓. 考古, 2008, (10): (38) 玉璜1、玻璃杯1, 西汉晚期

永城市文物局, 永城市博物馆. 河南永城市芒砀山新莽墓地清理简报. 华夏考古, 2008, (2): (67) 玉蝉2, 新莽时期

永城市文物局, 永城市博物馆. 河南永城保安山汉画像石墓. 文物, 2008, (7): (81) 玉蝉1, 东汉早期

南阳市文物考古研究所. 南阳市防爆厂住宅小区汉墓M62、M84发掘简报. 中原文物, 2008, (4): (12~13) 水晶石块43、料珠101, 东汉晚期

中国社会科学院考古研究所安阳工作. 河南安阳市殷墟刘家庄北地2008年发掘简报. 考古, 2009, (7): (37) 玉虎1, 商代晚期

中国社会科学院考古研究所安阳工作队. 2004~2005年殷墟小屯宫殿宗庙区的勘探和发掘. 考古学报, 2009, (2): (241~242) 玉璧1、玉石料5, 殷墟一期

中国社会科学院考古研究所安阳工作队. 河南安阳市殷墟范家庄东北地的两座商墓. 考古, 2009, (9): (42) 玉璜1、玉戈器1、残玉片1, 殷墟三期; (52) 玉钺1、玉柄形饰2、小型戈1、玉鱼1、玉鸟1, 殷墟二期

中国社会科学院考古研究所, 安阳工作队. 河南安阳市殷墟孝民屯东南地商代墓葬1989~1990年的发掘. 考古, 2009, (9): (31~34) 玉鱼8、玉虎2、玉牛1、玉鸟4、玉兽3、小玉戈1、

玉璧1、玉璜1、玉玦1、玉环2、带榫玉插件1、玉钏1、玉簪1、玉饰1、绿松石坠1、绿松石三角饰1、绿松石管2、绿松石碎块4、石璋15，殷墟二至四期

中国社会科学院考古研究所安阳工作队. 河南安阳市殷墟小屯西地商代大墓发掘简报. 考古，2009，（9）：（62）玉戈2、玉矛1、玉虎1、玉璧2、玉柄形饰1、玉饰1、石磬1，殷墟四期；（66）石璧1，殷墟四期

安阳市文物考古研究所. 河南安阳市榕树湾一号商墓. 考古，2009，（5）：（34）玉柄形器1，殷墟四期

郑州市文物考古研究院. 河南荥阳娘娘寨城址西周墓葬发掘简报. 文物，2009，（9）：（18~19）玉璜2、玉玦4、玉冲牙1、玉觿1、玉饰7、玛瑙串珠22，西周早期至晚期

河南省文物考古研究所，三门峡市文物考古研究所. 河南三门峡虢国墓地M2008发掘简报. 文物，2009，（2）：（28）玉管1，西周晚期

郑州市文物考古研究院，登封市文物管理局. 河南登封告. 成春秋墓发掘简报. 文物，2009，（9）：（32）玉戈1、玉饰62，春秋早期；（39~40）玉璧1、玉玦2、玉琮1、玉佩饰1组、盾形玉佩9、椭圆形玉片1、玛瑙环1、玛瑙珠90、玉贝88，春秋早期

洛阳市文物工作队. 河南洛阳市润阳广场C1M9950号东周墓葬的发掘. 考古，2009，（12）：（28~29）玉琮2、玉握1、玉玦2、玉璜1、玉凿1、玉佩1、菱形玉饰1、玉贝40、鱼形玉坠4、蚕形玉坠3、石圭1、石璧2、玛瑙珠15，春秋早期

南阳市文物考古研究所. 南阳市万家园M181发掘简报. 中原文物，2009，（1）：（8~9）长条形玉饰1、长方形玉饰1、玉玦1、鸟形玉饰1、玉片1，春秋中期

洛阳市文物工作队. 洛阳王城广场战国墓（西区M37）发掘简报. 文物，2009，（11）：（28）玉环3、龙形玉饰3、凤鸟形玉饰2、玉蝉1、兽面形玉饰1、圆形片饰3、圆形块饰2、四边形片饰5、玉片饰18、亚腰形饰1，战国早期

无锡市考古研究所，河南省文物考古研究所，河南省文物局南水北调文物保护办公室. 丹江口库区鳖盖山墓群发掘简报. 中原文物，2009，（6）：（11）玉璧1，战国晚期；玉琀1，东汉早期

郑州市文物考古研究院. 郑州信和置业普罗旺世住宅小区M126战国墓. 中原文物，2009，（3）：（15~16）玛瑙环1、石璧4、石琮1，战国中期

西安市文物保护考古所，河南省文物局南水北调文物保护办公室. 河南淇县大马庄战国墓发掘简报. 西部考古（第四辑）. 西安：三秦出版社，2009：（47）玉环1，战国晚期

河南省文物考古研究所. 河南三门峡南交口汉墓（M17）发掘简报. 文物，2009，（3）：（17）玉璏1，东汉晚期

洛阳市第二文物工作队. 洛阳新发现的两座西晋墓发掘简报. 文物，2009，（3）：（33）玉璧1，西晋

郑州市文物考古研究院. 河南中博股份有限公司宋金墓发掘简报. 中原文物，2009，（6）：（33）镶金玛瑙饰1，金代

郑州大学历史学院考古系，河南省文物局南水北调文物保护办公室. 河南新乡市老道井明代101号墓发掘简报. 华夏考古，2009，（3）：（26）玉带板1，明代

河南省文物管理局南水北调文物保护办公室，山东大学考古系. 河南博爱县西金城龙山文化城

址发掘简报. 考古, 2010, (6): (34) 石钺, 后岗二期文化

山西大学历史文化学院, 洛阳市文物工作队. 河南洛阳市润阳广场东周墓 C1M9934发掘简报. 考古, 2010, (12): (28~31) 玉玦2、斜口管形器1、玉圭1、玉贝190、刀形器1、玉片2、玉坠33、玛瑙珠3, 春秋早期

洛阳市文物工作队. 洛阳西工区春秋墓发掘简报. 文物, 2010, (8): (19) 玉面饰1组、玉片1, 春秋晚期; (25~26) 石圭11、玉玦3、玉璜1、玉钺形饰3、石觿1组、玉石片1组, 春秋中期

河南省文物管理局南水北调文物保护办公室, 河南省文物考古研究所, 驻马店市文物考古管理所. 河南淅川县马川墓地东周墓葬的发掘. 考古, 2010, (6): (47) 玉饰件1, 战国

郑州大学历史学院考古系, 商丘市文物局, 民权县文化局. 河南民权牛牧岗遗址战国西汉墓葬发掘简报. 文物, 2010, (12): (10) 玉玲2、石圭1, 战国晚期

南阳市文物考古研究所. 河南南阳市永泰小区汉画像石墓. 华夏考古, 2010, (3): (35) 玉璜1, 西汉晚期

许昌市文物工作队. 河南禹州市新峰墓地 M10、M16发掘简报. 考古, 2010, (9): (31) 玉口琀1、玉剑璏1、玉鼻塞1、玉耳塞1, 新莽; (35) 玉肛塞1, 新莽时期

河南省文物考古研究所, 安阳县文化局. 河南安阳市西高穴曹操高陵. 考古, 2010, (8): (40) 石圭1、石璧3, 东汉晚期; (43) 玉璧、玉珠、玛瑙饼、水晶珠、玛瑙珠、玛瑙佩等数件, 东汉晚期

洛阳市第二文物工作队, 偃师市文物局. 河南偃师市吴家湾东汉封土墓. 考古, 2010, (9): (43) 水晶珠1、石璧1, 东汉晚期

洛阳市第二文物工作队, 偃师市文物局. 河南偃师市首阳山西晋帝陵陪葬墓. 考古, 2010, (2): (51) 绿松石1, 西晋; (55) 玉猪2、琉璃片1, 西晋; (60) 琥珀珠1, 西晋

洛阳市文物工作队. 洛阳吉利区西晋墓发掘简报. 文物, 2010, (8): (44) 玛瑙珠1、琉璃管1, 西晋

许昌市文物工作队. 许昌文峰路金墓发掘简报. 中原文物, 2010, (1): (12~13) 玉梳1、葫芦形玉坠1, 金代

河南省文物考古研究所, 河南省文物局南水北调文物保护办公室. 河南淅川县下寨遗址2009~2010年发掘简报. 华夏考古, 2011, (2): (11~12) 石钺2、玉钺2、玉璜1, 石家河文化

河南省文物考古研究所, 首都师范大学历史学院, 郑州大学历史学院. 河南汝州市煤山龙山文化墓葬发掘简报. 考古, 2011, (6): (5) 玉斧1, 煤山/王湾三期文化

洛阳市文物工作队. 洛阳北窑西周车马坑发掘简报. 文物, 2011, (8): (8) 玉戈1, 西周早期

郑州大学历史学院考古系, 河南省文物管理局南水北调文物保护办公室. 淅川吴营遗址春秋墓发掘简报. 中原文物, 2011, (3): (7) 玉饰片5、绿松石1, 西周晚期至春秋早期

洛阳市文物工作队. 洛阳体育场路东周墓发掘简报. 文物, 2011, (5): (6~7) 玉戈1、玉圭1、玉鱼6、玉蚕11、玉贝1、玉饰3, 春秋初期; (10) 玉管3、玉觿5、玉鱼8、玉蚕16、玉贝19, 春秋初期

洛阳市文物工作队. 洛阳014中心春秋墓 M8781. 中国国家博物馆馆刊, 2011, (8): (11) 玉

管饰1、玉玦1、石圭2,春秋早期

洛阳市文物工作队. 洛阳市木材公司春秋墓. 中国国家博物馆馆刊, 2011, (8): (22) 玉玦4、玉饰5, 春秋中期

洛阳市文物工作队. 河南洛阳市西工区M8832号东周墓. 考古, 2011, (9): (40~43) 玉玦2、玉璜1、石璜1、玉虎1、圆柱形玉玦1、玉饰片17、玉琮1、石圭1、玛瑙珠30, 春秋中期

洛阳市文物工作队. 洛阳体育场路东周墓(M8830)发掘简报. 文物, 2011, (8): (21) 玉玦1、长方形玉器1, 春秋中期

郑州市文物考古研究院, 河南省文物管理局南水北调文物保护办公室. 新郑市赵庄东周墓葬发掘简报. 中原文物, 2011, (3): (14) 水晶组佩1组、玉圭1、石玦2、玉片1、玉璧2, 春秋中晚期至战国早期

南阳市文物考古研究所. 河南南阳春秋楚彭射墓发掘简报. 文物, 2011, (3): (28~29) 玉牌6、玉饰1、椭圆形玉饰1、玉兽2、石髓管2、玉环3、扁长条形玉饰4、扁条形玉饰1、玉管状玦2、玉管3, 春秋晚期

河南省文物管理局南水北调文物保护办公室, 河南省文物考古研究所, 驻马店市文物考古管理所. 河南淅川县马川墓地118号东周墓. 考古, 2011, (2): (43) 玛瑙珠7、琉璃珠2, 战国早期

永城市博物馆. 河南永城僖山二号汉墓清理简报. 文物, 2011, (2): (20~23) 玉璧19、玉猪2、玉衣片271、玉佩1、玉冲牙1、玉环1、水晶环1、玛瑙珠2, 西汉晚期

南阳市文物考古研究所. 南阳市三杰房地产开发公司M49发掘简报. 中原文物, 2011, (3): (23) 琉璃瑱1、玉蝉1、玉片1, 西汉晚期

洛阳市第二文物工作队. 洛阳孟津朱仓东汉帝陵陵园遗址. 文物, 2011, (9): (22) 玉衣片5、玉璧2, 东汉中期; (29) 玉器1, 东汉中期

洛阳市第二文物工作队. 洛阳红山工业园区唐墓发掘简报. 文物, 2011, (1): (37) 玉粉盒1、玉牛1, 唐代

平顶市文物管理局. 河南鲁山县薛寨遗址发掘简报. 华夏考古, 2011, (3): (28) 琉璃器2, 元代

河南省文物考古研究所, 南阳市文物考古研究所. 河南西峡老坟岗仰韶文化遗址发掘报告. 考古学报, 2012, (2): (242~244) 石钺11、玉石饰3, 庙底沟文化早期

中国社会科学院考古研究所安阳工作队. 河南安阳市殷墟王裕口村南地2009年发掘简报. 考古, 2012, (12): (15) 高冠玉人1、镯形器1、虎形刻刀1、鱼形刻刀1、纺轮形器1、串珠3、绿松石片1, 殷墟文化; (22~23) 玉环1、玉管1、带榫玉饰件1、玉戈2、石钺1, 殷墟文化

中国社会科学院考古研究所安阳工作队. 河南安阳市殷墟刘家庄北地2010~2011年发掘简报. 考古, 2012, (12): (37) 玉戈1, 殷墟二期

河南省文物考古研究所, 平顶山市文物管理局, 河南大学历史文化学院. 河南平顶山春秋晚期M301发掘简报. 文物, 2012, (4): (16~22) 玉璧5、玉圭1、单体玉佩3、组玉佩23件(套)、玉琀2、玉握2, 春秋晚期

河南省文物管理局南水北调文物保护工作领导小组, 河南省文物考古研究所, 许昌市文物工作

队，许昌春秋楼文物管理处. 河南禹州新峰墓地东汉墓（M127）发掘简报. 文物, 2012,（9）:（22）玉料残片50, 东汉早期

郑州大学历史学院考古系. 河南荥阳市官庄遗址西区发掘简报. 考古, 2013,（3）:（11）石圭2、石璧1, 西周晚期至春秋中期

郑州市文物考古研究院, 河南省文物管理局南水北调办公室. 新郑铁岭墓地M1414发掘简报. 东方博物（第四十九辑）. 杭州: 浙江大学出版社, 2013:（12）玉条15、圆玉柱12、玉埠1、玉带钩1、玉饰1、玉璧1、玉瑗1、方形玉饰1, 战国早期

洛阳市文物考古研究院. 洛阳涧西区辽宁路战国墓地发掘简报. 洛阳考古, 2013,（2）:（23~24）玉（石）饰6组、石圭3、石璧2, 战国中晚期

河南省文物局南水北调办公室, 河南省文物考古研究所, 平顶山市文物管理局. 河南郏县黑庙M79发掘简报. 华夏考古, 2013,（1）:（19）水晶7、玛瑙7, 东汉早期

河南省文物考古研究所, 许昌市文物工作队. 河南禹州新峰墓地东汉画像石墓发掘简报. 华夏考古, 2013,（3）:（20）玉料50, 东汉中期

洛阳市文物考古研究院. 洛阳孟津新庄五代壁画墓发掘简报. 洛阳考古, 2013,（1）:（33）玉璧1, 唐末至五代十国

河南省文物考古研究院, 河南省文物局南水北调文物保护办公室. 河南淅川县龙山岗遗址2008~2009年发掘简报. 华夏考古, 2014,（4）:（11）玉环1、穿孔玉饰1, 屈家岭文化

郑州大学历史学院考古系, 河南省文物局南水北调文物保护办公室. 河南荥阳市官庄遗址西周遗存发掘简报. 考古, 2014,（8）:（34）玉玦1, 西周

河南省文物考古研究所, 三门峡市文物考古研究所. 河南三门峡李家窑西周墓发掘简报. 文物, 2014,（3）:（8）玉玦2、玉琀1、石圭36, 西周晚期;（16）玉管1、玉蚕2、玉环1、石圭20, 西周晚期

中国社会科学院考古研究所洛阳汉魏城队. 河南洛阳市汉魏故城M175西周墓发掘简报. 考古, 2014,（3）:（18）石圭3, 西周晚期

郑州市文物考古研究院, 河南省文物管理局南水北调办公室. 新郑铁岭墓地M308发掘简报. 中原文物, 2014,（2）:（11~13）玉条10、玉柱7、玉笄2、玉带钩2、玉珩19、玉瑗2、玉璧1、玛瑙环2、玉龙佩1、龙形玉佩坯料2、方形玉饰1、玉虎佩4、项链1、玛瑙珠1, 战国早期

中国社会科学院考古研究所洛阳汉魏城队. 河南洛阳市汉魏故城三座东周墓的发掘. 考古, 2014,（9）:（20）石圭1, 战国早期;（23）石圭1, 战国中期;（25）石圭1, 战国中期

洛阳市文物考古研究院. 洛阳西工战国墓C1M1112发掘简报. 中国国家博物馆馆刊, 2014,（11）:（37）石璧1, 战国中晚期

河南省文物局南水北调文物保护办公室, 河南省文物考古研究院, 驻马店市文物考古管理所. 河南淅川马川墓地汉代积石积炭墓的发掘. 考古学报, 2014,（2）:（267~269）琉璃耳塞1、玛瑙珠1、琉璃珠1, 西汉中晚期

河南南阳市文物考古研究所. 南阳市永泰小区画像石墓M35发掘简报. 中原文物, 2014,（6）:（6）口琀（琉璃质）1, 新莽至东汉初期

四川大学历史文化学院考古系, 上海大学艺术研究院美术考古研究中心, 河南省文物局, 南阳市文物局, 淅川县文物局. 河南淅川泉眼沟汉代墓葬发掘报告. 考古学报, 2014,（3）:

（441）琉璃耳珰1，东汉早期

山东大学考古与博物馆学系，河南省文物局南水北调文物保护办公室. 河南禹州市前后屯遗址龙山文化遗存发掘简报. 考古，2015，（4）：（20）石钺1，龙山早期

中国社会科学院考古研究所安阳工作队. 河南安阳市铁三路殷墟文化制骨作坊遗址. 考古，2015，（8）：（56～57）玉鸟1、玉饰1、绿松石鸟1、石璋5，殷墟文化

郑州市文物考古研究院. 郑州黄河路109号院殷代墓葬发掘简报. 中原文物，2015，（3）：（12～13）残玉器3、玉匕2、残玉簪1、玉片1、玉圭2、玉柄形器1，商代晚期

河南省文物考古研究院. 河南荥阳小胡村墓地商代墓葬发掘简报. 华夏考古，2015，（1）：（7）玉璜1，商代晚期

河南省文物考古研究院，河南省文物局南水北调文物保护办公室. 河南淅川龙山岗遗址西周遗存发掘简报. 中国国家博物馆馆刊，2015，（7）：（43）玉片1，西周；（47～50）石钺1、石玦3，西周

洛阳市文物考古研究所. 洛阳铁道·龙锦嘉园西周墓发掘简报. 中国国家博物馆馆刊，2015，（11）：（46～47）玉柄形器1、玉片5、玉环1，西周中期

河南省文物考古研究院，平顶山市文物管理局，河南大学历史文化学院. 河南平顶山应国墓地M257发掘简报. 华夏考古，2015，（3）：（15～16）玉璋75、玉玦2，西周晚期至春秋早期

南阳市文物考古研究所. 河南南阳万家园M199春秋墓发掘简报. 江汉考古，2015，（5）：（19）玉戈1、玉璜2、圭形器1、玉玦2、圆饼形饰1、牌饰6、菱形饰3、柄形饰2、玉璧1、玉瑗1、玉管1、残玉片2、玛瑙圭1、玛瑙珠77，春秋

南阳市文物考古研究所，南阳知府衙门博物馆. 河南南阳市华鑫苑小区M124发掘简报. 华夏考古，2015，（3）：（27）玉饰件2、玉片1，春秋晚期

河南省文物考古研究院. 河南淇县宋庄东周墓地M4发掘简报. 华夏考古，2015，（4）：（8～9）玉虎2、玉鱼2、玉璜2、玉片饰2、玉玦2、玉串珠11、石磬9，春秋晚期

郑州大学历史学院，洛阳市文物考古研究院. 洛阳孟津朱仓东汉墓发掘简报. 文物，2015，（4）：（35）石琀1、绿松石饰1、琉璃耳珰1、玉饰残料1组，东汉

湖北文理学院襄阳及三国历史文化研究所，河南省文物局南水北调中线管理办公室，岳阳市文物考古研究所. 河南淅川李沟汉墓发掘报告. 考古学报，2015，（3）：（418～419）玛瑙珠1、玉环1、玉璧1，西汉中期；（420）玉璧1，新莽至东汉初期

河南省文物考古研究院. 河南尉氏县后刘墓地发掘简报. 华夏考古，2015，（3）：（34）玉握2，东汉早期

中国社会科学院考古研究所安阳工作队. 河南安阳刘家庄北地唐宋墓发掘报告. 考古学报，2015，（1）：（111）玉梳脊1、绿松石饰2，唐代

洛阳市文物考古研究院. 河南省洛阳市苗南村两座宋墓发掘简报. 洛阳考古，2015，（1）：（61）玛瑙坠饰1，北宋

郑州大学历史学院考古系，河南省文物局南水北调文物保护管理办公室. 河南淅川县单岗遗址宋元遗存发掘简报. 四川文物，2015，（2）：（35）建筑构件（琉璃质）1，宋元时期

三门峡市文物考古研究所. 河南三门峡市化工厂两座金代砖雕墓发掘简报. 中原文物，2015，

（4）：（12）玉璧1，金代

河南省文物考古研究院，信阳市博物馆，罗山县博物馆. 河南罗山天湖商周墓地M57发掘简报. 华夏考古，2016，（2）：（4）玉鱼3，殷墟三、四期

郑州大学历史学院，河南省文物局南水北调文物保护办公室. 河南温县徐堡遗址两周墓葬发掘简报. 中原文物，2016，（2）：（7）玉片1、玉玦1，西周晚期

洛阳市文物考古研究院. 河南洛阳市西工区西小屯村春秋墓葬. 考古，2016，（4）：（20～21）玉片状饰1组、石圭1组5件、绿松石饰1组15件，春秋中期；（26～27）玉环1、玉璧1、玉片状饰1组，春秋中晚期；（30～31）玉璜2、玉片状饰2组，春秋中晚期

河南省文物考古研究院，三门峡市文物考古研究所. 三门峡市李家窑遗址两周墓发掘简报. 华夏考古，2016，（4）：（22～23）玉珠1、石圭2，春秋中晚期

河南省文物考古研究院，三门峡市文物考古研究所，河南省南水北调文物保护管理办公室. 河南淅川熊家岭墓地M24发掘简报. 华夏考古，2016，（2）：（19～20）玉璧2、玉璜1、玉觿1，战国中期

三门峡市文物考古研究所. 河南淅川熊家岭墓地M4发掘简报. 洛阳考古，2016，（1）：（21）玉环1，战国中期

郑州大学历史学院考古系，河南省文物局南水北调文物保护办公室，宝丰县文物局. 河南宝丰县廖旗营墓地东汉画像石墓. 考古，2016，（3）：（22～23）玻璃耳珰1、玻璃珠2，东汉中期

武汉大学历史学院考古系. 河南淅川简营遗址发掘简报. 江汉考古，2016，（1）：（33）玉钺1，东汉中期

洛阳市文物考古研究院. 洛阳孟津卅里铺东汉墓发掘简报. 文物，2016，（11）：（16）玉剑璏1，东汉末期

武汉大学历史学院考古学系，河南省文物局南水北调办公室，河南省文物考古研究院. 河南淅川县马岭汉代砖室墓发掘简报. 考古，2016，（6）：（51）玉串珠16，东汉末期

河南省文物考古研究院，河南省文物局南水北调文物保护办公室. 河南淅川下寨遗址东晋至南朝墓发掘简报. 文物，2016，（1）：（60）玻璃饰品4，东晋早中期

# 十七、湖北省

荆州市博物馆. 湖北省荆州市天星观二号墓发掘简报. 文物, 2001,（9）:（17～19）谷纹玉璧1、玉璜1、龙形玉佩1、长方形条状玉佩2、扭丝玉环1、玛瑙环2、龙纹玉璧1、石圭1、石磬1, 战国早期（楚国）

湖北省文物考古研究所, 黄冈市博物馆, 黄州博物馆. 湖北黄州楚墓. 考古学报, 2001,（2）:（258）玉璧2、玉环3、玉璜3、玉珠3, 战国中期

湖北省文物考古研究所, 襄樊市博物馆. 湖北襄阳邓城韩岗遗址发掘报告. 江汉考古, 2002,（2）:（24）玻璃环1, 春秋晚期

湖北省文物考古研究所. 湖北秭归东门头汉墓与宋墓清理简报. 江汉考古, 2002,（3）:（44）玻璃器1、料珠2, 西汉中期

广西壮族自治区文物工作队. 巴东县西瀼口古墓葬2000年发掘简报. 江汉考古, 2002,（1）:（20）玻璃耳珰5, 东汉晚期；（27）串珠（玛瑙、琉璃、绿松石等质地）318, 东晋至南朝初期

宜昌博物馆. 湖北秭归望江古墓群发掘简报. 江汉考古, 2002,（3）:（26）玉耳环1对、琉璃珠1、玉片5, 唐代；玉簪1, 北宋；滑石猪模型1, 明代

湖北省文物考古研究所. 湖北枣阳市九连墩楚墓. 考古, 2003,（7）:（12）玉圭、玉璧、玉玦、玉璜、玉管、玉韘等若干, 战国中晚期

中山大学人类学系, 湖北省文物局三峡办. 湖北省巴东县孔包汉墓发掘报告. 四川文物, 2003,（6）:（5）琉璃耳珰2, 东汉晚期；（7）琉璃珠1、琉璃耳珰1, 东汉晚期；（9）琉璃珠16、琉璃耳珰1, 东汉晚期

湖北省文物考古研究所, 武汉市文物考古研究所, 武汉市江夏区博物馆. 武昌龙泉山明代楚昭王墓发掘简报. 文物, 2003,（2）:（15）玉璧1, 明代

湖北省文物考古研究所, 荆门市博物馆, 钟祥市博物馆. 湖北钟祥明代梁庄王墓发掘简报. 文物, 2003,（5）:（11～12）玉圭4、玉带钩1、双兔佩2、牡丹花佩1、鸳鸯佩1、玉组佩（由人、鸳鸯、鱼、羊、花、桃、葫芦等构成）若干, 明代

天门市博物馆, 湖北省文物考古研究所. 湖北省天门市张家山新石器时代遗址发掘简报. 江汉考古, 2004,（2）:（6）石钺1, 大溪文化

湖北省文物考古研究所. 湖北秭归县大沙坝遗址的发掘. 江汉考古, 2004年, 增刊（三峡考古报告集）:（64～65）玉笄1、玉璜1、玉片1, 新石器时代晚期

湖北省文物考古研究所, 安陆市博物馆. 安陆黄金山墓地发掘报告. 江汉考古, 2004,（4）:

（39）玉佩1，南朝

湖北省文物考古研究所．湖北秭归大沙坝遗址发掘报告．考古学报，2005，（3）：（358）玉笄1、玉璜1、玉片1，新石器时代晚期

湖北省文物考古研究所．土寨子遗址发掘简报．江汉考古，2005，（3）：（7）石璜1，二里头文化

武汉市黄陂区文管所，武汉市文物考古研究所，武汉市盘龙城遗址博物馆．商代盘龙城遗址杨家湾十三号墓清理简报．江汉考古，2005，（1）：（22）玉铲1、绿松石饰5，商代早期

荆门市博物馆．湖北荆门黄付庙楚墓发掘报告．江汉考古，2015，（1）：（38～39）玉璧4、玉环2、料珠（玻璃质）9，战国中期

襄樊市考古队．湖北襄樊市蔡坡战国墓第二次发掘．考古，2005，（11）：（39）玉环2、玉璧2、玉璜1，战国中期

荆州博物馆．湖北荆州市沙市区肖家山一号秦墓．考古，2005，（9）：（18）玉剑珌1、玉牌饰1，秦代

老河口市博物馆．老河口市孔家营一号东汉墓清理简报．江汉考古，2005，（3）：（29）玉蝉1、玉塞3，东汉初期

湖北省文物考古研究所，恩施自治州博物馆．2003巴东故县坪遗址发掘简报．江汉考古，2005，（4）：（29）玉环1，汉至六朝时期

黄义军，徐劲松，何建萍．湖北鄂州郭家细湾六朝墓．文物，2005，（10）：（44）滑石黛板2，东吴至西晋；滑石猪5、滑石买地券3，东晋中晚期至南朝早期

孝感市博物馆．孝感永安铺南朝及唐代墓葬清理简报．江汉考古，2005，（2）：（41）滑石猪1，南朝晚期

湖北省文物考古研究所纪南城工作站．湖北黄梅意生寺遗址发掘报告．江汉考古，2006，（2）：（18）玉佩饰1，商代早期

武汉大学考古系，湖北省文物局三峡办．湖北巴东县汪家河遗址墓葬发掘简报．考古，2006，（1）：（42）琉璃珠1，东汉末至唐代早期

荆门市博物馆．荆门市麻城镇斗笠岗南朝墓发掘简报．江汉考古，2006，（2）：（36）滑石猪4，南朝早中期

襄樊市考古队，谷城县博物馆．湖北谷城县肖家营墓地．考古，2006，（11）：（32）玉镯1，唐代

湖北省文物考古研究所，湖北省文物局南水北调办公室．湖北郧县乔家院春秋殉人墓．考古，2008，（4）：（45～48）玉璧1、玉环1、玉觿4、佩饰2、玉玦2、玉珩3、玉握2、玉琥2、琥头9、玉璜5、玉饰5、石璜2、石璧1、玉柄铁剑1、水晶环4、紫色水晶球2、绿松石珠48、绿松石柱2、绿松石环2、玛瑙珠3、珍珠6，春秋中晚期

湖北省文物考古研究所，随州市曾都区考古队，随州市博物馆．湖北随州义地岗墓地曾国墓1994年发掘简报．文物，2008，（2）：（15）玉环3、玉玦2、玉璜2、长方牌形玉饰5、玉鱼1、水晶珠4、绿松石珠2，春秋晚期（曾国）

荆州博物馆，湖北省文物局南水北调办公室．湖北丹江口市金陂墓群的发掘．考古，2008，（4）：（57）玛瑙环2，战国早中期

荆州博物馆. 湖北荆州院墙湾一号楚墓. 文物, 2008, (4): (10) 玉剑首1, 战国中期; (13~21) 玉环2、玉璧4、玉璜4、玉牙形饰2、玉璲2、玉印章1、龙形玉佩13、玻璃珠56、琉璃珠1, 战国中期

湖北省文物考古研究所, 赤壁市博物馆. 湖北赤壁祝家岭墓地发掘简报. 江汉考古, 2008, 增刊（湖北考古报告集）: (199) 玉璜2、玉环1、玉珠10, 战国中晚期

襄樊市考古队, 枣阳市考古队. 湖北枣阳果园汉墓发掘. 江汉考古, 2008, 增刊（湖北考古报告集）: (245) 玉片3, 西汉中期

湖北省文物考古研究所, 孝感市博物馆, 孝昌县博物馆. 孝昌田家岗墓地东区M7发掘简报. 江汉考古, 2008, 增刊（湖北考古报告集）: (256) 琉璃璜1, 东汉初期

湖北省文物考古研究所. 湖北赤壁古家岭东吴墓发掘报告. 江汉考古, 2008, (3): (41) 滑石猪3, 三国（吴）

襄樊市考古队, 老河口市博物馆. 老河口市杜家河西晋墓发掘简报. 江汉考古, 2008, 增刊（湖北考古报告集）: (312) 水晶珠3, 西晋

湖北省文物考古研究所, 鄂州市博物馆. 鄂州市七里界东晋南朝墓发掘简报. 江汉考古, 2008, 增刊（湖北考古报告集）: (332~335) 玉玲1、玉璁1、滑石板2、滑石猪2, 西晋晚期至东晋早期

湖北省文物考古研究所, 鄂州市博物馆. 鄂州市梁新屋吴晋墓发掘简报. 江汉考古, 2008, 增刊（湖北考古报告集）: (324) 滑石猪1, 东晋晚期

随州市博物馆. 随州市安居镇姜棚村石家畈明墓发掘简报. 江汉考古, 2008, 增刊（湖北考古报告集）: (361) 玉珠1, 明代

荆州博物馆, 钟祥市博物馆. 湖北钟祥黄土坡东周秦代墓发掘报告. 考古学报, 2009, (2): (282~283) 玉璧4、玉管3、玉觽2、龙首饰1、玉牌1、玉片饰2、滑轮形饰2、环形饰1、绿松石玦2, 春秋中期至战国晚期

荆州博物馆. 湖北荆州熊家冢墓地2006~2007年发掘简报. 文物, 2009, (4): (8) 玉璧360、玉环6、玉珩103、玉佩39、玉牌若干、玉饼若干、玉管若干、玉玲若干、玉坠若干、玉珠若干、玛瑙珩1、玛瑙环若干、玛瑙管若干、玛瑙珠若干、水晶环15、水晶管若干、水晶珠若干, 战国早中期; (16) 双面纹片饰5、单面纹片饰74, 战国

湖北省文物局三峡办, 武汉市文物考古研究所. 湖北巴东义种地墓葬发掘报告. 江汉考古, 2009, (4): (29) 玻璃耳珰, 隋唐; (31) 玻璃耳珰2, 隋唐; (39) 玻璃耳珰2、玻璃珠3、玛瑙珠1、串珠1串47颗, 隋唐; (39) 玻璃耳珰6、玻璃珠1, 东汉至两晋时期

荆州博物馆. 湖北荆州明湘献王墓发掘简报. 文物, 2009, (4): (56) 玉革带2套、玉佩4套, 明代

武汉大学考古系, 湖北省文物考古研究所. 湖北郧县青龙泉遗址2008年度发掘简报. 江汉考古, 2010, (1): (19) 玉器（璜、锛、簪等）4, 屈家岭文化

襄樊市文物考古研究所. 湖北襄樊樊城菜越三国墓发掘简报. 文物, 2010, (9): (19) 玉瑗1、玉猪1、石璜若干、水晶玛瑙串饰若干, 三国

武汉市文物考古研究所, 武汉市江夏区博物馆. 武汉江夏二妃山明景陵王朱孟炤夫妻墓发掘简报. 江汉考古, 2010, (2): (54) 滑石圭1、珍珠数颗, 明代

湖北省文物考古研究所，重庆师范大学历史与文博学院. 湖北省郧西县观沟口墓地发掘简报. 四川文物，2010，（3）：（15）玛瑙环2，明代

湖北省文物考古研究所. 湖北郧县中台子遗址发掘报告. 江汉考古，2011，（1）：（25）石璜1、石璧形器2，屈家岭文化

湖北省文物考古研究所，随州市博物馆. 湖北随州叶家山西周墓地发掘简报. 文物，2011，（11）：（56~58）玉组佩2、玉璧1、玉环1、龙形璜1、玉璜1、玉觿1、玉柄形器2、鸟形佩2、兔形佩1、鹿形佩1、象形佩1、戈形佩2、鱼形佩1、佩饰1，西周早期

湖北省文物考古研究所，随州市博物馆. 湖北随州叶家山M65发掘简报. 江汉考古，2011，（3）：（37）和田玉、南阳玉、玛瑙等质地的组佩、戈、圭、环、簪及蝉等动物小佩饰27件（组），西周早期

襄樊学院，襄阳及三国历史文化研究所. 湖北郧县西峰汉墓群发掘简报. 江汉考古，2011，（4）：（54）水晶环1、水晶珠1、料管2，东汉中期

湖北省文物考古研究所，随州市博物馆. 湖北随州市叶家山西周墓地. 考古，2012，（7）：（33）玉龙形佩1、玉璜形佩1、玉管饰1，西周早期（曾国）；（34）玉串饰1、玉饰4、玉器1、石圭1，西周早期（曾国）

湖北省文物考古研究所，随州市博物馆. 湖北随州义地岗曾公子去疾墓发掘简报. 江汉考古，2012，（3）：（23）玉瑗2、玉玦1、残玉片1，春秋晚期

湖北省文物考古研究所，恩施自治州博物馆，鹤峰县博物馆. 湖北鹤峰刘家河遗址发掘简报. 江汉考古，2012，（4）：（15）滑石器2，东周

吉林大学边疆考古研究中心，湖北十堰市文物局，湖北郧县文物局，吉林大学文学院. 湖北郧县余嘴遗址发掘简报. 南方文物，2012，（1）：（46）琉璃耳珰2，东汉；（50）琉璃器2，西汉

湖北省文物考古研究所，黄冈市博物馆，黄州区博物馆. 湖北黄冈市对面墩东汉墓地发掘简报. 考古，2012，（3）：（44）玉剑璏1，东汉晚期

湖北省文物考古研究所，随州市博物馆. 湖北随州叶家山M28发掘报告. 江汉考古，2013，（4）：（51~55）玉柄形器3、玉璧4、玉琮1、玉璜1、玉觿1、玉戈4、玉笄1、玉鱼7、玉龙2、玉蝉2、玉兔2、玉鹿2、玉鸟1、玉刀1，西周早期

襄阳市文物考古研究所. 湖北襄阳沈岗墓地M1022发掘简报. 文物，2013，（7）：（15~16）玉璧1、玉环1、玉玦2、玉管1、玉珩1、碎玉4、玉器座1，春秋中期

湖北省文物考古研究所，孝感市博物馆，孝昌县博物馆. 湖北孝昌武家岗墓地第二至四次发掘报告. 江汉考古，2013，（1）：（39）玉璧2，战国早中期

荆州博物馆. 荆州嵊峨山楚墓2010年发掘简报. 江汉考古，2013，（2）：（40）玛瑙环2、紫水晶珠1、玉璧1，战国早中期

武汉大学历史学院考古系，荆门市博物馆. 湖北沙洋县程新村花果山战国楚墓的发掘. 考古，2013，（2）：（25）玉璧2，战国中期

襄樊市文物考古研究所. 湖北襄樊樊城菜越三国墓发掘报告. 考古学报，2013，（3）：（414~417）玉璜1、玉猪1、石璜1、玻璃串饰1串、水晶玛瑙串饰1串、琥珀串饰2串、琥珀串珠1，东汉末至三国早期；（420）玻璃串珠2，东汉末至三国早期

湖北省文物考古研究所，随州市博物馆. 随州文峰塔M1（曾侯与墓）、M2发掘简报. 江汉考古，2014，(4)：(43~46) 石磬17、石玦1、玉璜6、玉玦1、玉佩2、玉管1、玉石片22、绿松石珠1，春秋晚期至战国早期

武汉市文物考古研究所. 武汉市明通城王朱英家族墓地发掘简报. 江汉考古，2014，(6)：(32) 玉腰带1条、玛瑙珠1，明代

湖北省文物考古研究所，大冶市铜绿山古铜矿遗址保护管理委员会. 大冶铜绿山四方塘墓地第一次考古主要收获. 江汉考古，2015，(5)：(43~44) 玉璜1、玉玦10、玉饰1、孔雀石1，春秋

湖北省文物考古研究所，南漳县博物馆. 湖北南漳川庙山东周墓地2014年发掘报告. 江汉考古，2015，(4)：(48~52) 条形饰1、环形饰3、贝形饰11、玉觽3、玉管1，春秋中期

湖北省文物考古研究所，随州市博物馆. 湖北随州文峰塔墓地M4发掘简报. 江汉考古，2015，(1)：(10~11) 玉璧1、刀形佩1、长方形佩1、方形片状佩1，春秋晚期

荆州博物馆. 湖北荆州八岭山冯家冢楚墓祭祀坑2013年发掘简报. 文物，2015，(2)：(31) 玉珩2、玉璧1，战国

荆州博物馆. 湖北荆州八岭山冯家冢楚墓2011~2012年发掘简报. 文物，2015，(2)：(10~11) 玉璧6、玉玦2、玉套环2套、玉珩4、玉双龙佩1、玉管形玦2、玉贝形饰26、玉珠232、琉璃珠1，战国早期至中期；(13~14) 玉珠12、玉璧2、玛瑙环1、碎玉15粒、玛瑙珠1，战国早期至中期；(17) 碎玉1粒、玉梳1，战国早期至中期；(19~23) 玛瑙环6、玉璧4、玉珩2、玉牙形饰1、玉珠61、碎玉1粒、玉龙形佩1，战国早期至中期

荆州博物馆. 湖北荆州曹家山一号楚墓发掘简报. 江汉考古，2015，(5)：(30) 玉璧1，战国中晚期

周婷，梁超. 湖北谷城尖角墓地出土重要文物. 江汉考古，2015，(3)：(47~48) 玉佩3、玉璜6、玉璧1、玉环2、玛瑙环1，战国至西汉时期

武汉大学历史学院，湖北省文物考古研究所，盘龙城遗址博物馆筹建处. 2014年盘龙城杨家嘴遗址M26、H14发掘简报. 江汉考古，2016，(2)：(28) 玉柄形器1，早商时期

湖北省文物考古研究所，随州市博物馆，出土文献与中国古代文明研究协同创新中心. 湖北随州叶家山M107发掘简报. 江汉考古，2016，(3)：(34~35) 玉璧1、玉璇玑1、玉管1、戈形饰1、挖耳勺1、燕形饰1、鱼形饰5、蝉形饰1、兔形饰1、蚕形饰1，西周早期（曾国）

湖北省文物考古研究所，湖北荆州文物保护中心，襄阳市文物考古研究所，枣阳市博物馆考古队. 湖北枣阳郭家庙墓地曹门湾墓区（2014）M10、M13、M22发掘简报. 江汉考古，2016，(5)：(19~20) 玉玦1、玉环1，春秋早期；(26~27) 玉环2、玉珩1，春秋早期；(33) 玉玦4，春秋早期

武汉大学历史学院，湖北省文物考古研究所，湖北荆州文物保护中心，枣阳市博物馆考古队. 湖北枣阳郭家庙墓地曹门湾墓区（2015）M43发掘简报. 江汉考古，2016，(5)：(45) 玉玦2、玉刀1，春秋早期

荆州博物馆. 湖北荆州西胡家台墓地发掘简报. 文博，2016，(2)：(31) 玻璃器1，东汉早期；(31) 滑石猪1，六朝时期

# 十八、湖南省

衡阳市博物馆．湖南耒阳市东汉墓发掘报告．考古学集刊·13．北京：中国大百科全书出版社，2000：（152）玉珠9、琥珀珠5、琉璃珠66、玛瑙珠89、水晶珠4、琉璃瑱17、玛瑙瑱5、滑石璧7，东汉早至晚期

湖南省文物考古研究所，永州市芝山区文物管理所．湖南永州市鹞子岭二号西汉墓．考古，2001，（4）：（59）玉璧2，西汉

益阳市文物管理处．湖南桃江腰子仑春秋墓．考古学报，2003，（4）：（521）玉璧1，春秋中期；（535）玉环3，春秋中期

长沙市文物考古研究所．长沙市马益顺巷一号楚墓．考古，2003，（4）：（69～70）玉环2、玉佩1、琉璃珠2、琉璃管4、玛瑙环3，战国中期

湖南省文物考古研究所，湘西土家族苗族自治州文物处，龙山县文物管理所．湖南龙山里耶战国～秦代古城一号井发掘简报．文物，2003，（1）：（17）玉玦1，战国至秦代

湖南省文物考古研究所，怀化市文物处，沅陵县博物馆．沅陵虎溪山一号汉墓发掘简报．文物，2003，（1）：（50）滑石耳杯2、玉印章1、玉璧1，西汉早中期

长沙市文物考古研究所．长沙市新港晋墓的清理．考古，2003，（5）：（47）滑石杯1、滑石猪2、滑石印1，东晋

长沙市文物考古研究所．湖南望城县长沙窑1999年发掘简报．考古，2003，（5）：（61）滑石印模1，唐代中期至五代十国

常德市文物处，常德市鼎城区文管所．湖南常德黄土山板栗岗楚墓群．江汉考古，2004，（1）：（22）滑石璧2，战国末至西汉初期

常德市文物事业管理处．湖南常德市芦山乡发现一座东汉墓．考古，2004，（5）：（93）滑石璧2，新莽至东汉初期

常德市博物馆．湖南常德南坪"汉寿左尉"墓清理简报．江汉考古，2004，（4）：（26）滑石璧2、滑石印章1、滑石猪2、滑石镇纸1，东汉中晚期

湖南省文物考古研究所，常德市文物处，安乡县文物管理所．湖南安乡划城岗遗址第二次发掘报告．考古学报，2005，（1）：（96）玛瑙珠1，石家河文化

湖南省文物考古研究所，长沙市考古研究所，宁乡县文物管理所．湖南宁乡炭河里西周城址与墓葬发掘简报．文物，2006，（6）：（30）玉管、玉珠、玉玦、玉鱼等200余件，西周早中期

常德市文物管理处．湖南常德市南坪东汉墓．考古，2006，（3）：（93）滑石璧2、滑石印章1、

滑石猪2，东汉中晚期

长沙市文物考古研究所. 湖南长沙三公里楚墓发掘简报. 文物，2007，（12）：（18～19）玉璧1、玉佩2，战国中期

长沙市文物考古研究所，望城县文物管理局. 湖南望城风篷岭汉墓发掘简报. 文物，2007，（12）：（39～40）玉璧2、玉圭1、金缕玉衣1套、水晶珠5，西汉中期至东汉初期

湘西自治州文物管理处，古丈县文物管理所. 湘西古丈河西战国、汉墓发掘简报. 江汉考古，2007，（2）：（22）玻璃珠1，战国晚期；（25）滑石璧2、料珠6、玉珠2，西汉末期；（30）滑石璧3，东汉早期

邵阳市文物局. 湖南邵阳市城步花桥乡发现一座东汉墓. 考古，2007，（9）：（92～93）琉璃管2、琉璃珠1、滑石灯1、滑石璧2、滑石耳杯3、滑石盘4，东汉早期

长沙市文物考古研究所，望城县文物管理局. 湖南望城蚂蚁山明墓发掘简报. 文物，2007，（12）：（54）玛瑙珠1，明代

湖南省文物考古研究所，湖南怀化市博物馆，湖南洪江市芙蓉楼管理所. 湖南洪江市黔城镇张古坳、枫木坪西汉墓发掘简报. 南方文物，2008，（4）：（51～53）滑石鼎1、滑石盒1、滑石钫1、滑石杯3、滑石钹形器1、滑石碟2、滑石洗1、滑石斗1、滑石勺1、滑石耳杯13、滑石猪2、滑石璧61，西汉初期至末期

衡阳市文物处，耒阳市文物局. 湖南耒阳白洋渡汉晋南朝墓. 考古学报，2008，（4）：（492～493）琉璃管3、水晶管1、玛瑙管1、玛瑙珠1，东汉；（499）琉璃珠2、玛瑙管2、滑石猪2，东晋

石门县博物馆. 石门发现一件玉人首. 湖南考古辑刊（第8集）. 长沙：岳麓书社，2009：（42）玉人首1，石家河文化

湖南省文物考古研究所. 湖南安化城埠坪遗址发掘简报. 湖南考古辑刊（第8集）. 长沙：岳麓书社，2009：（63）玉璜1，商代

衡东县文物局. 湖南衡东新芙汉墓发掘报告. 湖南考古辑刊（第8集）. 长沙：岳麓书社，2009：（79）料珠（琉璃质）12，东汉早期

长沙市文物考古研究所，长沙简牍博物馆. 湖南长沙望城坡西汉渔阳墓发掘简报. 文物，2010，（4）：（26）玉璧、玉环等40余件，西汉早期

长沙市文物考古研究所. 长沙市桂花坪印山坡东晋墓发掘简报. 湖南省博物馆馆刊（第七辑）. 长沙：岳麓书社，2010：（130）滑石猪2、滑石构件1，东晋晚期

新邵县文物管理所. 湖南新邵栗山发现一批青铜器和玉器. 湖南考古辑刊（第9集）. 长沙：岳麓书社，2011，（77）有领玉璧1、有领带齿玉璧1，两周之际或春秋初期

长沙市文物考古研究所. 湖南长沙窑圹山汉墓发掘简报. 湖南考古辑刊（第9集）. 长沙：岳麓书社，2011，（87）滑石璧1，新莽；（96）玉组佩1组，西汉中晚期

湖南省博物馆. 湖南临澧九里一号大型楚墓发掘简报. 湖南省博物馆馆刊（第八辑）. 长沙：岳麓书社，2012：（113～115）玉器（璧、璜、瑗、环、佩等）10余件、琉璃管6、琉璃珠2，战国中期

常德市博物馆. 湖南常德南坪汉代赵玄友等家族土墩墓群发掘简报. 湖南省博物馆馆刊（第九辑）. 长沙：岳麓书社，2012：（106）滑石璧2、滑石灯1、滑石印章1、滑石圆饼形装饰器1、

西汉晚期

长沙市文物考古研究所，长沙市望城区文物管理局. 湖南长沙风盘岭汉墓发掘简报. 文物，2013，（6）：（34）玉璜1，西汉早中期

湖南师范大学历史文化学院，郴州市文物处. 湖南郴州飞机坪西汉墓发掘简报. 江汉考古，2014，（3）：（35）滑石璧1，西汉早期

常德博物馆. 湖南常德市南坪汉代土墩墓群的发掘. 考古，2014，（1）：（50～51）滑石璧2、滑石壶2、滑石盒1、滑石灯1、滑石勺1、滑石印章1、玻璃璧3、玻璃剑璲1，西汉中晚期

湖南省文物考古研究所，花垣县文物局. 湖南花垣下瓦场东汉遗址发掘简报. 湖南考古辑刊（第10集）. 长沙：岳麓书社，2014：（127）玉饰件1，东汉

株洲市文物局，株洲市博物馆. 湖南省株洲市攸县皇图岭镇鹅形岭东汉墓群. 湖南省博物馆馆刊（第十一辑）. 长沙：岳麓书社，2014：（144）绿松石珠1，东汉晚期至三国初期；（148）琉璃九窍塞1，东汉晚期至三国初期；（154）琉璃九窍塞1，东汉晚期至三国初期

长沙市博物馆. 长沙市中南工业大学桃花岭唐墓发掘简报. 湖南省博物馆馆刊（第十一辑）. 长沙：岳麓书社，2014：（204～205）贴金箔花卉纹滑石带板11、心形滑石饰件1、银扣玛瑙杯1，唐代

长沙市文物考古研究所. 湖南长沙识字岭西汉墓（M3）发掘简报. 文物，2015，（10）：（10）滑石璧2、琉璃器1，西汉

株洲市博物馆. 湖南攸县网岭东周墓发掘简报. 湖南考古辑刊（第12集）. 北京：科学出版社，2016：（94）滑石璧4，战国中晚期

湖南省文物考古研究所，怀化市文物管理处，中方县文物管理所，厦门大学历史系. 湖南中方竹子园战国西汉墓葬2013年度考古发掘简报. 湖南考古辑刊（第12集）. 北京：科学出版社，2016：（117）滑石璧1、滑石梳2，西汉早期；（120）滑石璧1，西汉早期；（121）滑石璧1，西汉早期；（124～125）滑石碟3、滑石璧1、滑石梳2、滑石耳杯1，西汉早期

湖南省文物考古研究所，临澧县文物局. 湖南临澧青山崖墓考古调查及试掘报告. 湖南考古辑刊（第12集）. 北京：科学出版社，2016：（68）水晶珠1、玻璃珠9、瓶形玻璃珠饰2，汉晋时期

# 十九、广东省

广州市文物考古研究所. 广州市横枝岗西汉墓的清理. 考古, 2003,（5）:（42）滑石暖炉1、玛瑙珠15、水晶珠2、料珠48, 西汉晚期

广东省文物考古研究所, 深圳市博物馆, 深圳市南山区文物管理办公室, 深圳市文物管理办公室. 深圳屋背岭遗址发掘报告. 考古学报, 2004,（3）:（338）玉玦1, 西周早期

广州市文物考古研究所. 广州黄花岗汉唐墓葬发掘报告. 考古学报, 2004,（4）:（455）玛瑙珠1, 西汉早期；（473）玛瑙珠1、滑石猪1, 东汉早期

广州市文物考古研究所, 番禺博物馆. 广东番禺市屏山东汉墓发掘报告. 考古学集刊·14, 北京：文物出版社, 2004:（182~183）玛瑙珠11、琥珀珠5、琉璃珠3、琉璃耳珰1、绿松石3、料珠1套26件, 东汉中晚期

广州市文物考古研究所. 番禺员岗村东汉墓. 华南考古（1）. 北京：文物出版社, 2004:（245~246）琥珀珠3套11粒、绿松石珠1套14粒、玻璃耳珰1, 东汉中晚期

广州市文物考古研究所. 广州南田路古墓葬. 华南考古（1）. 北京：文物出版社, 2004:（212）玛瑙珠10、琉璃珠2、玛瑙管1, 西汉中晚期；（220）滑石猪1, 六朝时期

广州市文物考古研究所. 广东肇庆市坪石岗东晋墓. 华南考古（1）. 北京：文物出版社, 2004:（259）玻璃器1, 东晋

广东省文物考古研究所, 揭阳市博物馆. 广东榕江中下游地区商周遗存调查. 四川文物, 2005,（2）:（19）玉璜1, 商代晚期

广州市文物考古研究所. 广州南汉德陵、康陵发掘简报. 文物, 2006,（7）:（22~23）玻璃器24件以上、玉片2、汉白玉洗2, 五代十国（南汉）

广东省文物考古研究所, 广东省蕉岭县博物馆. 广东省蕉岭县东山、河岭遗址调查发掘简报. 南方文物, 2006,（4）:（23）滑石佩饰1, 宋

广东省文物考古研究所, 龙川县文化局, 龙川县博物馆. 广东龙川荷树排遗址发掘简报. 华南考古（2）. 北京：文物出版社, 2008:（200）玉管饰1, 新石器时代晚期

深圳市博物馆深圳市文管办, 深圳市盐田区文管办, 深圳市文物考古鉴定所. 广东深圳市盐田区黄竹园遗址发掘简报. 考古, 2008,（10）:（24~25）玉璧1、玉璜2、玉玦5, 商代早中期

广东省文物考古研究所. 广东省肇庆市康乐中路七号墓发掘简报. 华南考古（2）. 北京：文物出版社, 2008:（273）珠饰（玛瑙珠、料珠）1串、滑石璧3, 东汉初期

广东省文物考古研究所, 增城博物馆. 广州增城市荔城镇岭尾山南朝墓发掘简报. 华南考古

（2）. 北京：文物出版社，2008：（333）滑石猪2，南朝早期

广东省文物考古研究所. 广东肇庆市康乐中路七号汉墓发掘简报. 考古，2009，（11）：（46）滑石璧3、玛瑙珠1，东汉初期

广东省文物考古研究所，广宁县博物馆. 广东广宁龙嘴岗战国墓地2010年的发掘. 文物，2012，（2）：（27）石玦1，战国晚期

广州市文物考古研究所. 中山大学肿瘤防治中心二期建设工地汉六朝隋唐墓葬发掘简报. 广州文博（五）. 北京：文物出版社，2012：（38）玉璧1，西汉早期

广州市文物考古研究所，增城市博物馆广州市文物考古研究所. 增城市金鸡岭西汉木椁墓清理简报. 广州文博（五），北京：文物出版社，2012：（34）玉环1，西汉早期

广州市文物考古研究所. 增城浮扶岭墓地M200（西汉前期）发掘简报. 广州文博（五）. 北京：文物出版社，2012：（22）玉璧1，西汉早期

广州市文物考古研究所，增城市博物馆广州市文物考古研究所. 增城市老虎岭东汉和明代墓葬发掘简报. 广州文博（五）. 北京：文物出版社，2012：（55~56）玛瑙管1、玛瑙珠114，东汉早期

中山大学人类学系，深圳市南山区文物管理委员会办公室. 广东深圳麦地巷遗址发掘简报. 南方文物，2014，（2）：（75）玉玦3，商代

广东省文物考古研究所，湛江市博物馆，遂溪县博物馆. 广东遂溪鲤鱼墩新石器时代贝丘遗址发掘简报. 文物，2015，（7）：（15）玉锛1，商代

广州市文物考古研究所. 广东增城浮扶岭M511发掘简报. 文物，2015，（7）：（27）龙形玉佩2、圆扣形玉佩饰1、玉环1、玻璃管饰3、玉璜1，战国晚期至南越国早期

广州市文物考古研究所. 广州黄埔大田山东汉墓. 广州文博（八）. 北京：文物出版社，2015：（65）滑石塞1，东汉晚期

广州市文物考古研究院所. 广州市麓湖公园晋南朝墓葬发掘报告. 广州文博（八）. 北京：文物出版社，2015：（109）滑石猪2，东晋；（112）滑石猪3，东晋

广东省文物考古研究所. 广东连州市铁鬼坪墓地清理简报. 四川文物，2016，（6）：（35）滑石猪1，南朝早中期；（38）滑石猪6，隋唐时期

# 二十、广西壮族自治区

广西壮族自治区文物工作队. 广西贵港市马鞍岭东汉墓. 考古，2002，（3）：（44）玛瑙珠19、玛瑙珰1、水晶珠3、料珠3、绿松石珠2，东汉

广西壮族自治区文物工作队，合浦县博物馆. 广西合浦县九只岭东汉墓. 考古，2003，（10）：（73～75）玉璧3、玛瑙耳珰2、琉璃珠5200、组合串饰（水晶、玛瑙、琉璃、琥珀等质地）5组、琥珀印章1、滑石暖炉3，东汉晚期

广西壮族自治区文物工作队，桂林市文物工作队，灵川县文物管理所. 灵川马山古墓群清理简报. 广西考古文集. 北京：文物出版社，2004：（235～236）玉璧1、玉镯1，战国

广西壮族自治区文物工作队. 广西合浦县禁山七星岭东汉墓葬. 考古，2004，（4）：（45）滑石盘1，东汉晚期

广西壮族自治区文物工作队，兴安县博物馆. 兴安界首汉晋墓的清理. 广西考古文集. 北京：文物出版社，2004：（292）琉璃扣饰2、琉璃珠2，东汉中晚期

广西壮族自治区文物工作队，兴安县博物馆. 兴安石马坪汉墓. 广西考古文集. 北京：文物出版社，2004：（254～255）滑石璧1，西汉早期；玉璧1，西汉；玉璜1，东汉早期；琉璃珠近200件、玛瑙珠近10件、水晶珠3，两汉时期

广西壮族自治区文物工作队，合浦县博物馆. 合浦县凸鬼岭汉墓发掘简报. 广西考古文集. 北京：文物出版社，2004：（283）水晶珠1、玛瑙饰品5、琥珀1、琉璃珠约20粒、玉管（？）1，西汉晚期至东汉晚期

广西壮族自治区文物工作队，桂平市博物馆. 广西桂平大塘城汉代墓葬和窑址的发掘. 广西博物馆文集（第二辑）. 南京：广西人民出版社，2005：（286）玛瑙珠3，西汉晚期

广西壮族自治区文物工作队，贵港市文物管理所. 广西贵港市孔屋岭东汉墓. 考古，2005，（11）：（49）玉带钩1，东汉晚期

广西壮族自治区文物工作队，贵港市文物管理所. 广西贵港深钉岭汉墓发掘报告. 考古学报，2006，（1）：（106～108）玉带钩1、玉剑格1、玻璃杯2、滑石炉1、滑石井1、滑石鼎1、滑石蝉1、玛瑙饰24、玛瑙鼻塞2、玛瑙耳珰6、琥珀虎饰3、扁柱体水晶10、六菱形水晶6、玻璃耳瑱5、玻璃双联珠19、玻璃三联珠1、玻璃圆珠约1500、珍珠22，西汉中期至东汉晚期

广西合浦县博物馆. 广西合浦县母猪岭汉墓的发掘. 考古，2007，（2）：（35～36）玉璧1、玉剑璲1、玛瑙塞2、玛瑙串饰1、琉璃珠6324、紫水晶穿珠1、混合饰件（玉、玛瑙、水晶、琉璃、琥珀等质地）3组、滑石方炉1，西汉晚期至东汉后期

广西文物考古研究所，广西梧州市博物馆. 广西梧州市木铎冲遗址墓葬发掘简报. 南方文物，2009，（4）：（72）滑石猪2，唐代

广西文物考古研究所，合浦县博物馆，广西师范大学文旅学院. 广西合浦寮尾东汉三国墓发掘报告. 考古学报，2012，（4）：（530）滑石暖炉1、滑石锅1、玉眼盖1、玉剑1、玉塞1、玛瑙珰1、玛瑙杯1、玻璃珠2串、串饰（琥珀、玛瑙、水晶、玻璃等质地）3串，东汉晚期至三国时期

广西文物考古研究所，贵港市博物馆. 广西贵港市孔屋岭汉墓2009年发掘简报. 考古，2013，（9）：（65）玉佩1、玉带钩1、玉管3、玉璧1，西汉晚期至东汉早期

广西文物保护与考古研究所，贵港市博物馆. 广西贵港马鞍岭梁君垌汉至南朝墓发掘报告. 考古学报，2014，（1）：（102～103）玉塞2、玉眼盖2、玉管1、玛瑙耳珰3、玛瑙珠11、玛瑙串饰1组，东汉晚期；（103）滑石猪3，南朝

黄光清. 广西浦北县发现的南朝墓. 广西博物馆文集（第十一辑）. 南京：广西人民出版社，2014：（198）滑石猪3，南朝

广西文物保护与考古研究所，厦门大学历史系考古专业，广西师范大学文化与旅游学院. 广西合浦县草鞋村汉代遗址发掘简报. 考古，2016，（8）：（71～72）滑石暖炉1、滑石釜2、滑石碗1、水晶1，汉代

# 二十一、重庆市

重庆市文化局，陕西省考古研究所. 重庆万州安全墓地1998年汉墓发掘简报. 文博，2001，(4)：(23) 琉璃耳珰2，东汉中晚期

西北大学文博学院. 重庆市万州区中坝子遗址第三次发掘简报. 考古与文物，2002，(3)：(45) 玉璜2，春秋战国时期

四川大学历史文化学院考古学系，重庆市文化局，云阳县文物管理所. 重庆云阳李家坝东周墓地1997年发掘报告. 考古学报，2002，(1)：(86) 玉剑首1、琉璃珠3，战国中晚期

西北大学考古队. 重庆万州中坝子遗址第四次发掘简报. 文博，2002，(3)：(12) 玉佩1，战国中晚期

山东大学考古系，重庆市文化局，重庆市万州区文管所. 重庆万州区大周溪东汉六朝墓葬发掘简报. 考古与文物，2002，增刊（汉唐考古）：(27) 玻璃器2，东汉中晚期；(30) 红玛瑙串饰1，两晋时期

西北大学考古队. 重庆云阳乔家院子遗址第三次发掘简报. 文博，2002，(1)：(20) 玉片1，隋唐时期

山东大学考古学系，重庆市文化局，开县文物管理所. 重庆开县余家坝墓地2000年发掘简报. 华夏考古，2003，(4)：(20) 玉串饰1组、玉玦2，战国中晚期

山东省博物馆，重庆市博物馆，重庆市文化局. 重庆万州区上沱口南朝墓葬发掘简报. 华夏考古，2003，(4)：(28) 玛瑙珠2、水晶珠2、料珠2，南朝初期

四川省文物考古研究所，巫山县文物管理所，重庆市文化局三峡文物保护工作领导小组. 重庆巫山县巫峡镇秀峰村墓地发掘简报. 考古，2004，(10)：(51) 玉珌1，西汉早期

山东省博物馆. 重庆晒网坝一座晋代墓葬的发掘. 江汉考古，2004，(1)：(29) 串饰（玛瑙、料珠等）15，西晋至东晋早中期

重庆市文化局，湖南省文物考古研究所，巫山县文物管理所. 重庆巫山麦沱古墓群第二次发掘报告. 考古学报，2005，(2)：(188) 琉璃璧1，战国晚期

武汉市文物考古研究所，巫山县文物管理所. 重庆巫山水田湾东周、两汉墓发掘简报. 文物，2005，(9)：(12) 琉璃瑱2，新莽或稍后阶段

武汉大学历史文化学院考古系. 重庆奉节县周家坪墓地发掘简报. 江汉考古，2005，(2)：(19) 琉璃饰件1，东汉中期

北京大学考古文博学院. 重庆忠县大坟坝六朝墓葬发掘报告. 东南文化，2005，(4)：(56) 玛瑙珠1，六朝至隋代初期

北京大学考古文博学院，江苏大学艺术学院，重庆市文物局. 重庆忠县砂砖厂西汉土坑墓发掘简报. 江汉考古，2007，(5)：(20) 石璧1，西汉早期

重庆市文化局，湖南省考古研究所，湖南省津市市博物馆，奉节县白帝城文物管理所. 重庆奉节拖板崖墓群2005年发掘报告. 江汉考古，2007，(3)：(42) 琉璃耳塞1、琉璃珠2、玛瑙珠1，六朝早期

重庆市文物考古研究所，武汉市文物考古研究所. 重庆巫山县神女路秦汉墓葬发掘简报. 江汉考古，2008，(2)：(62) 瑱（琉璃质）2，新莽时期

荆州博物馆，重庆市文化局，重庆市万州区文管所. 重庆市万州区包上秦汉墓地. 考古，2008，(1)：(70) 玻璃耳珰2，东汉中期

武汉市文物考古研究所，巫山县文物管理所. 重庆巫山土城坡墓地Ⅲ区东汉墓葬发掘报告. 江汉考古，2008，(1)：(45) 玉石珠串（水晶、玛瑙等质地）2组，东汉早期；(55) 琉璃耳珰1，东汉中期；(58) 琉璃耳饰2、玉石珠串1组，东汉中期

重庆师范大学历史与文博学院，北京大学考古文博学院. 重庆忠县石匣子和洞天堡战国墓地发掘简报. 考古，2009，(12)：(37~38) 玛瑙环2、玉佩1、石璧2，战国中期

四川大学历史文化学院考古系，重庆市文化局三峡办. 重庆丰都天平丘西汉墓发掘简报. 考古与文物，2009，(2)：(43) 玉玦2，西汉晚期

武汉市文物考古研究所，巫山县文物管理所. 重庆巫山土城坡墓地2004年发掘简报. 江汉考古，2009，(2)：(41) 玉石串（玛瑙、水晶等质地）1组，新莽时期

武汉大学考古与博物馆学系，武汉大学科技考古中心. 重庆奉节赵家湾墓地2004年发掘简报. 江汉考古，2009，(1)：(40) 玻璃耳珰1、玻璃器1，东汉中期

武汉市文物考古研究所，重庆市文物考古研究所，巫山县文物管理所. 重庆巫山下湾遗址发掘简报. 江汉考古，2009，(2)：(22) 琉璃瑱4，东汉晚期

南京大学历史系考古专业. 重庆巫山江东嘴晋墓的发掘. 江汉考古，2010，(3)：(53) 玛瑙珠4、水晶珠1、料珠13，西晋

青海省文物考古研究所，重庆市文化局，万州区文物管理所. 重庆万州区青龙嘴墓地考古发掘简报. 华夏考古，2010，(1)：(29) 玛瑙珠饰1，东汉至南朝；(34) 玻璃环1，东汉至南朝

南京大学历史系考古专业，重庆市文化局，奉节县白帝城文物管理所. 重庆市奉节县桂井战国秦汉墓地. 考古，2011，(11)：(59~60) 玉璜2、玉璧1、玉牌形饰1、玉管3，战国晚期至西汉中期

四川大学考古学系，重庆市云阳县文物管理所. 重庆云阳李家坝巴文化墓地1999年度发掘简报. 南方民族考古（第七辑）. 北京：科学出版社，2011，(475) 玉饰2，战国晚期

武汉大学考古学系，重庆市文化局三峡办公室. 重庆奉节赵家湾东汉墓发掘简报. 文物，2011，(1)：(28) 琉璃珠120余枚，东汉早期

重庆市涪陵区博物馆. 重庆市涪陵区北岩M4发掘简报. 四川文物，2012，(4)：(22) 玻璃耳珰2，东汉中期

四川省文物考古研究院，重庆市文化局，丰都县文物管理所. 重庆市丰都县汇南墓群2001年度发掘简报. 四川文物，2012，(2)：(18) 玛瑙珠5、琉璃耳珰4，南朝早期

重庆市文物考古所，开封市文物考古研究所，重庆万州区文物管理所. 重庆万州嘴嘴墓群发掘简报. 华夏考古，2013，(1)：(6) 玉璧1、琉璃珠1，战国

山东大学历史文化学院. 重庆涪陵点易墓地汉墓发掘简报. 文物，2014，(10)：(19~21) 玉璧1、玉饰4、玉剑饰3、玉饼2、绿松石耳珰1、方形绿松石饰1，秦汉之交；(23) 玉璧1、玉璜3、玉印章1、龙形玉佩1、玉带钩1、料珠5，西汉早期

重庆市文化遗产研究院，重庆市涪陵区博物馆，重庆市文物局. 重庆涪陵小田溪墓群M12发掘简报. 文物，2016，(9)：(19) 玉组佩1套33件、玉瑗1、玉珩1、玉璜4、玉环1、玉双龙形佩1、玉珠9、玉鸟形牙饰1、玉桃形饰1、玉翅形饰1、玉管11、玉长方形饰2、玉璧2，秦至西汉初期

# 二十二、四川省

成都市文物考古研究所, 郫县博物馆. 四川省郫县古城遗址1997年发掘简报. 文物, 2001, (3): (66) 玉器残块1, 宝墩文化

成都市文物考古研究所, 阿坝藏族羌族自治州文管所, 茂县博物馆. 四川茂县营盘山遗址试掘报告. 成都考古发现(2000). 北京: 科学出版社, 2002: (66~68) 玉斧1、玉锛1、玉凿1、玉双孔刀1、玉璧形器2、玉璧形器初坯2、玉斧形器1、玉料1、环镯形器13, "营盘山文化"(距今5500~5000年)

成都市文物考古研究所. 成都金沙遗址的发现与发掘. 考古, 2002, (7): (10) 玉琮、璧形器、璋、钺、戈、凿、矛、镯、环、贝等900余件, 十二桥文化(商代晚期至春秋前期)

成都市文物考古研究所. 成都市金沙遗址"兰苑"地点发掘简报. 成都考古发现(2001). 北京: 科学出版社, 2003: (28~30) 石钺2、玉锛15、玉凿7、玉璋3, 商周之际

大渡河中游考古队. 田川汉源县年度的调查与试掘. 成都考古发现(2001). 北京: 科学出版社, 2003: (334) 玉斧形器1、汉白玉凿形器1, 商周

成都市博物馆考古队, 成都市文物考古研究所. 成都方池街古遗址发掘报告. 考古学报, 2003, (2): (305) 石璜2, 春秋

成都市文物考古研究所, 重庆市忠县文物管理所. 重庆市忠县罗家桥战国秦汉墓地第二次发掘报告. 成都考古发现(2001). 北京: 科学出版社, 2003: (468) 玉璧1, 战国中期

四川省文物考古研究所, 峨眉山市文物管理所. 峨眉山市罗目镇宋代窖藏发掘简报. 四川文物, 2003, (1): (18) 水晶杯1, 宋代

四川省文物考古研究所, 阿坝州文物管理所, 汶川县文物管理所, 四川省文物考古所. 四川汶川县姜维城新石器时代遗址发掘报告. 四川文物, 2004, 增刊: (86) 玉纺轮4、玉镯5、玉饰3、玉璜1、玉球1, 马家窑文化

成都市文物考古研究所. 成都金沙遗址"置信金沙园一期"地点发掘简报. 成都考古发现(2002). 北京: 科学出版社, 2004: (40) 玉锛4、玉凿1、玉料1, 宝墩文化(距今4000年左右)

四川省文物考古研究所三星堆遗址工作站. 四川广汉市三星堆遗址仁胜村土坑墓. 考古, 2004, (10): (19~21) 蜗旋状器6、泡形器4、璧形器2、锥形器3、凿1、矛2、斧2、斧形器2, 黑曜石珠37, 三星堆一期后段至二期前段(二里头文化二至四期)

成都市文物考古研究所. 成都金沙遗址I区"梅苑"地点发掘一期简报. 文物, 2004, (4): (25~52) 玉戈31、玉矛11、玉剑2、玉钺3、玉璋101、玉圭1、玉斧9、玉锛18、锛形器4、

玉凿65、凹刃凿形器33、玉刀3、梯形器2、多边形饰1、玉琮12、箍形器9、璧形器62、环形器61、椭圆形器1、绿松石珠（管）15、玛瑙珠2、球形器1、圆角镂空饰1、人面像1、贝形饰1、美石19、磨石47、特殊玉器34、玉器残件7，十二桥文化；（53～54）石钺1、石璋16、璧形器87，十二桥文化

成都市文物考古研究所．成都金沙遗址Ⅰ区"梅苑"东北部地点发掘一期简报．成都考古发现（2002）．北京：科学出版社，2004：（121～157）多边形玉石器（戈、矛、剑、钺、璋、圭、斧、锛、锛形器、凿、凹刃凿形器、刀、梯形器、饰件等）285、圆形玉石器（琮、箍形器、璧形器、环形器、椭圆形器、绿松石珠、管、玛瑙珠、球体形器）164、玉人面像1、玉海贝佩饰1、玉石器半成品60、石钺1、石璋16、石璧形器87，十二桥文化（商代晚期至春秋）

成都市文物考古研究所．成都金沙遗址万博地点考古勘探与发掘收获．成都考古发现（2002）．北京：科学出版社，2004：（90～94）石钺2、玉璋1、玉凿3、玉瑗1，十二桥文化（商代末期至西周早期）

会理县文物管理所，凉山彝族自治州博物馆，四川省文物考古研究所．四川会理县粪箕湾墓群发掘简报．考古，2004，（10）：（44）玉镯1、玉指环2，战国

四川省文物考古研究所，达州地区文物管理所，宣汉县文物管理所．四川宣汉罗家坝遗址2003年发掘简报．文物，2004，（9）：（45）玉璧1、玉管1，战国中晚期

成都市文物考古研究所．四川成都市小南街古遗址发掘报告．考古学集刊·14．北京：文物出版社，2004：（12）玛瑙珠1，西汉至三国时期

四川省文物考古研究所，三台县文物管理所．四川三台郪江崖墓群2002年度发掘报告．四川文物，2004，增刊：（103）琉璃耳珰1，东汉晚期

成都市文物考古研究所，郫县文物管理所．成都市高新西区航空港古遗址发掘简报．成都考古发现（2003）．北京：科学出版社，2005：（227）玉锛1，宝墩文化

成都市文物考古研究所．成都市高新西区国腾二期商周遗址试掘简报．成都考古发现（2003）．北京：科学出版社，2005：（143）玉锛1、玉器1，商周时期；（184）玉器1；商周；（278）玉凿1，商周时期

成都市文物考古研究所．成都市红牌楼明蜀太监墓群发掘简报．成都考古发现（2003）．北京：科学出版社，2005：（482）玉发簪1、玻璃带饰13、玻璃挂饰5，明代

成都文物考古研究所．成都市金沙遗址郎家村"精品房"地点发掘简报．成都考古发现（2004）．北京：科学出版社，2006：（184）玉凿1，商代早中期

成都文物考古研究所，青白江区文物保护管理所．成都市青白江区三星村遗址试掘简报．成都考古发现（2004）．北京：科学出版社，2006：（278）玉凿1，三星堆文化

成都文物考古研究所．金沙遗址"国际花园"地点发掘简报．成都考古发现（2004）．北京：科学出版社，2006：（143）玉锛1，春秋晚期；（145）玉器1，春秋晚期；（156）石璋1，西周晚期至春秋早期

四川省文物考古研究院，凉山州博物馆，西昌市文物管理所．四川西昌洼垴、德昌阿荣大石墓．文物，2006，（2）：（17）绿松石珠1，战国早中期

四川省文物考古研究院，雅安市文物管理所，石棉县文物管理所．四川石棉永和墓地发掘简报．四川文物，2006，（3）：（15）玛瑙珠7、料珠8，战国中晚期

四川省文物考古研究院，雅安市文物管理所，汉源县文物管理所．四川汉源大地头遗址汉代遗存发掘简报．四川文物，2006，（2）：（24）玛瑙珠1，西汉早期

德阳马鞍山出土前蜀佛教文物．德阳市文物考古研究所．四川文物，2007，（3）：（21）玻璃瓶1，五代十国（前蜀）

四川省文物考古研究院，广汉市文物管理局，广汉市文物管理所．四川广汉高坪镇双石村北宋砖室墓清理简报．四川文物，2008，（2）：（24）水晶饰件2，北宋

成都文物考古研究所．成都"新北小区四期"明代太监墓群发掘简报．成都考古发现（2006）．北京：科学出版社，2008：（345）玉簪1、玛瑙珠10，明代；（347）琉璃罐2、玉饰1、玉簪1，明代

凉山彝族自治州博物馆，四川大学考古学系昭觉县文物管理所．四川昭觉县好谷村古墓群的调查和清理．考古，2009，（4）：（37）玉坠1、玛瑙管1，战国晚期至西汉早期

四川省文物考古研究院，达州市文物管理所，宣汉县文物管理所．四川宣汉罗家坝遗址1999年度发掘简报．四川文物，2009，（4）：（9）玉璜1，战国晚期；（11）玉玦1，战国中期

成都文物考古研究所，阿坝藏族羌族自治州文物管理所，茂县羌族博物馆，阿坝藏族羌族自治州文管所．四川茂县波西遗址2008年的调查．成都考古发现（2008）．北京：科学出版社，2010：（14）环镯形玉器1、方形玉器1、臼形玉器2，距今6000~5000年

阿坝藏族羌族自治州文物管理所，成都文物考古研究所，马尔康县文化体育局．四川马尔康县哈休遗址2006年的试掘．南方民族考古（第六辑）．北京：科学出版社，2010：（316~317）单孔凹背玉刀1、玉锛刀形器1、斧形玉器2、玉环镯8、玉珠1，"哈休类型"（距今5500~4700年）

成都文物考古研究所，会理县文物管理所，四川大学考古系凉山州博物馆．2009年度会理县新发乡考古调查简报．成都考古发现（2008）．北京：科学出版社，2010：（226）绿松石珠1、绿松石管41、玛瑙管2、坠1，战国晚期至西汉早期

凉山彝族自治州博物馆，四川大学考古学系，昭觉县文管所．四川昭觉县古文化遗存的调查和清理．南方民族考古（第六辑）．北京：科学出版社，2010：（378）玛瑙珠3、绿松石珠1，东汉晚期至三国；（382~383）琉璃耳珰1、玛瑙珠1，东汉晚期

成都文物考古研究所．金沙遗址强毅汽车贸易有限公司地点发掘简报．考古与文物，2011，（4）：（34）玉斧1，宝墩文化；（38）玉器残片1、玉锛2，十二桥文化（商代中晚期至西周初器）

四川省文物考古研究院，资阳市雁江区文物管理所．资阳市雁江区狮子山崖墓M2清理简报．四川文物，2011，（4）：（23）玛瑙珠1，东汉中晚期

成都文物考古研究所．2007年成都高新西区亚光投资有限微波生产基地古遗址发掘简报．成都考古发现（2010）．北京：科学出版社，2012：（282）琉璃器1，战国中晚期

四川省文物考古研究院，雅安市文物管理所，汉源县文物管理所．四川汉源县龙王庙遗址2008年发掘简报．四川文物，2013，（5）：（27）玉管饰1，新石器时代晚期

成都文物考古研究所，新都区文物管理所．成都市新都区朱王村遗址发掘报告．成都考古发现（2011）．北京：科学出版社，2013：（151）石璧1、石璋1，商代晚期至西周初期

四川省文物考古研究院，阿坝藏族羌族自治州文物管理所，茂县羌族博物馆，成都文物考古研究所．1984年度茂县撮箕山石棺葬发掘报告．南方民族考古（第九辑）．北京：科学出版社，

2013：（353）玛瑙饰件3、绿松石饰件4，西汉中晚期至东汉初期

成都文物考古研究所，蒲江县文物管理所. 蒲江县飞龙村盐井沟古墓葬. 成都考古发现（2011）. 北京：科学出版社，2013：（345）玉璧1，秦代

成都文物考古研究所，双流县文物管理所，黄龙溪镇事业管理服务中心. 双流县黄龙溪镇明蜀藩王墓调查与试掘报告. 成都考古发现（2011）. 北京：科学出版社，2013：（535）琉璃勾头5、琉璃筒瓦7、琉璃板瓦11、琉璃滴水15、琉璃瓦当22、琉璃正当沟1、琉璃脊筒6、琉璃大吻1、琉璃兽头1、琉璃凤4、琉璃狮1、琉璃残件9、琉璃滴水1、琉璃斗拱1、琉璃海马1，明代

成都文物考古研究所，邛崃市文物局. 邛崃市羊安工业区墓群明墓发掘简报. 成都考古发现（2011）. 北京：科学出版社，2013：（571）玉镯1，明代

成都文物考古研究所. 成都市金沙遗址"黄河"地点墓葬发掘简报. 成都考古发现（2012）. 北京：科学出版社，2014：（177）绿松石珠1、玉坠1，春秋中期偏晚至战国早期

四川省文物考古研究院，三台县文物管理所. 绵遂高速公路（三台段）东汉至六朝崖墓发掘简报. 四川文物，2014，（2）：（6）琥珀兔1，东汉中晚期

成都文物考古研究所，青白江区文物管理所. 成都市青白江区大同镇宋代窖藏发掘报告. 成都考古发现（2012）. 北京：科学出版社，2014：（589）荷叶形玉砚1，宋代

成都文物考古研究所，新都区文物管理所. 成都市新都区同盟村遗址商周遗存发掘简报. 四川文物，2015，（5）：（12）玉石条28、圆形玉石1，商末至西周早期

成都文物考古研究所，新都区文物管理所. 成都市新繁区同盟村遗址商周遗存发掘报告. 成都考古发现（2013）. 北京：科学出版社，2015：（297）玉石条28，商末至西周初；圆形玉石1，西周早期

四川省文物考古研究院，青川县文物管理所. 四川青川县郝家坪战国墓葬群2010年发掘简报. 四川文物，2016，（3）：（17～18）玛瑙手镯1，战国晚期

# 二十三、贵州省

贵州省文物考古研究所. 贵州赫章可乐夜郎墓葬. 考古, 2002, (7): (17) 玉玦1、玛瑙管若干、玉珠若干, 夜郎文化 (战国至秦汉时期)

贵州省文物考古研究所. 贵州兴仁县交乐十九号汉墓. 考古, 2004, (3): (57) 琥珀饰7, 东汉晚期

贵州省文物考古研究所, 四川大学历史文化学院考古系, 威宁县文物保护管理所. 贵州威宁县鸡公山遗址2004年发掘简报. 考古, 2006, (8): (25) 水晶1, 商周时期 (距今3300～2700年)

贵州省文物考古研究所, 四川大学历史文化学院考古系, 威宁县文物保护管理所. 贵州威宁县吴家大坪商周遗址. 考古, 2006, (8): (36) 玉有领镯3, 商代晚期至西周初期

贵州省文物考古研究所, 黔西县文物管理所. 贵州黔西县汉墓的发掘. 考古, 2006, (8): (54) 琥珀挂饰3、琉璃耳珰5、琉璃珠1, 东汉

贵州省文物考古研究所, 四川大学历史文化学院考古系, 威宁县文物管理所. 贵州威宁县红营盘东周墓地. 考古, 2007, (2): (14～15) 双璜合璧1、玉玦6, 春秋晚期至战国早期; (17) 玉镯1, 春秋晚期至战国早期

贵州省文物考古研究所, 贞丰县文物管理所. 贵州贞丰县浪更燃山汉代石板墓. 考古, 2013, (6): (46) 玉玦1、绿松石珠393, 西汉晚期至东汉早中期

贵州省文物考古研究所, 四川大学考古学系. 贵州天柱县坡脚遗址汉代、宋元遗存发掘简报. 四川文物, 2014, (6): (17～18) 滑石璧2, 战国晚期至西汉早中期

贵州省文物考古研究所, 赫章县文物局. 贵州省赫章县可乐墓地两座汉代墓葬的发掘. 考古, 2015, (2): (26～27) 琉璃珠3、玛瑙管1、孔雀石珠若干、绿松石珠若干、残玉片1, 西汉

贵州省文物考古研究所, 遵义市文物局. 贵州遵义市新蒲明代播州土司杨铿墓. 考古, 2015, (11): (56) 玉叶3、料珠2, 明代

# 二十四、云南省

云南省文物考古研究所，玉溪市文物管理所，江川县文化局．云南江川县李家山古墓群第二次发掘．考古，2001，(12)：(36) 玉器（镯、玦、牙形饰、管、珠、坠、杆、扣、纺轮、标首、璏、珌、鞢、策等）若干、玛瑙器（瑱、管、珠等）若干、绿松石器（扣、珠等）若干，西汉中期至东汉前期

云南省文物考古研究所，昆明市博物馆，官渡区博物馆．云南昆明羊甫头墓地发掘简报．文物，2001，(4)：(46) 玉镯1、玉玦1、玉饰1、绿松石器若干、玛瑙器若干，滇文化（东汉初期）

云南省文物考古研究所，红河州文物管理所，泸西县文化馆．云南泸西县和尚塔火葬墓的清理．考古，2001，(12)：(72) 料珠（琉璃质）90余枚，宋元明时期

云南省文物考古研究所，晋宁县文物管理所．云南晋宁县小平山遗址试掘简报．考古，2009，(8)：(63) 玉镯1，石寨山文化

昭通市文物管理所，巧家县文物管理所．云南省巧家县小东门墓地清理简报．四川文物，2009，(6)：(9) 玉环残件1，西周至春秋早期

云南省文物考古研究所．云南泸西县大逸圃秦汉墓地发掘简报．四川文物，2009，(3)：(26) 玉镯1、玉玦1、玛瑙扣2、玛瑙珠6、玉管3，秦汉时期

云南省文物考古研究所，玉溪市文物管理所，澄江县文物管理所，吉林大学边疆考古研究中心．云南澄江县金莲山墓地2008～2009年发掘简报．考古，2011，(1)：(21) 玛瑙扣3，石寨山文化（战国至东汉初期）；(25) 绿松石扣2，石寨山文化（战国至东汉初期）；(27) 玛瑙饰1，石寨山文化（战国至东汉初期）；(28) 玛瑙玦2，石寨山文化（战国至东汉初期）

云南省文物考古研究所，昭通市文物管理所，曲靖市麒麟区文物管理所，水富县文体局．云南省水富县小河崖墓发掘报告．四川文物，2011，(3)：(30) 琉璃耳珰1，东汉中期

云南省文物考古研究所，昆明市文物管理委员会，宜良县文物管理委员会．云南宜良纱帽山滇文化墓地发掘报告．南方民族考古（第八辑）．北京：科学出版社，2012：(362～363) 绿松石饰珠数千粒、玉玦3、玉珠49、玛瑙扣4，战国中晚期至东汉初期

四川大学考古学系，重庆市云阳县文管所，西南民族大学．云阳李家坝遗址Ⅳ区汉六朝墓葬发掘简报．南方民族考古（第八辑）．北京：科学出版社，2012：(418) 琉璃耳珰2，东汉晚期至三国时期

中国社会科学院考古研究所，云南省文物考古研究所，曲靖市文物管理所，陆良县文物管理所．云南陆良县薛官堡墓地．考古，2013，(4)：(5) 出土玉器（玉、玛瑙、绿松石等质地）、玻璃器等数件，西汉

中国社会科学院考古研究所，云南省文物考古研究所，曲靖市文物管理所，陆良县文物管理所.
　　云南陆良县薛官堡墓地发掘简报. 考古，2015，（4）：（44～46）玉玦1、绿松石扣2、玛瑙
　　珠3、玻璃珠5，西汉
昭通市文物管理所，水富县文化馆. 云南昭通水富张滩墓地发掘简报. 文物，2015，（9）：（64）
　　玉管1、料珠装饰品若干，西汉早期
云南省文物考古研究所，保山市博物馆，昌宁县文物管理所. 云南昌宁县大甸山墓地发掘简报.
　　考古，2016，（1）：（27～32）琥珀珠13件（套）、绿松石珠3，春秋晚期至战国晚期

# 二十五、西藏自治区

西藏自治区山南地区文物局. 西藏浪卡子县查加沟古墓葬的清理. 考古, 2001, (6): (47) 石串饰1串（琥珀、玛瑙、翡翠等质地）16枚, "早期金属器时代"（距今2000年前后）

中国社会科学院考古研究所, 西藏自治区文物保护研究所, 阿里地区文物局, 札达县文物局. 西藏阿里地区故如甲木墓地和曲踏墓地. 考古, 2015, (7): (33) 滑石饰件2、滑石环1, 早期铁器时代; (48) 蚀化玛瑙珠2、玛瑙珠37、玻璃珠756、费昂斯珠8, 早期铁器时代

咸阳市文物考古研究所. 西藏民族大学新校区墓葬发掘简报. 西藏民族大学学报（哲学社会科学版）, 2015, (4): (135) 玉环1、玉蝉1、玉塞2, 战国晚期至西汉早期

# 二十六、陕西省

宝鸡市考古工作队，宝鸡县博物馆．陕西宝鸡县南阳村春秋秦墓的清理．考古，2001，(7)：(27) 石圭12、石玦2，春秋早期

陕西省考古研究所．陕西宝鸡晁峪东周秦墓发掘简报．考古与文物，2001，(4)：(8) 石璧4、石圭5，春秋早期至战国中期

宝鸡市考古队，陇县博物馆．陕西陇县韦家庄秦墓发掘简报．考古与文物，2001，(4)：(16) 石圭13，春秋晚期至战国中期

中国社会科学院考古研究所，汉长安城工作队．西安相家巷遗址秦封泥的发掘．考古学报，2001，(4)：(521) 玉环1，战国晚期或秦代

陕西省考古研究所．西安南郊三爻村汉唐墓葬清理发掘简报．考古与文物，2001，(3)：(20) 玉蝉3、玉塞1，西汉中期；(21) 玉耳珰1、玉剑饰1、残玉饰1，西汉中晚期

周原博物馆．陕西扶风县官务汉墓清理发掘简报．考古与文物，2001，(5)：(28) 琉璃鼻塞2，新莽时期

陕西省考古研究所．北周宇文俭墓清理发掘简报．考古与文物，2001，(3)：(36) 玉璧2，北周

陕西省考古研究所．西安西郊枣园唐墓清理简报．文博，2001，(2)：(23～24) 玉梳背2，唐代

西安市文物保护考古所．西安南郊皇明宗室汧阳端懿王朱公鏳墓清理简报．考古与文化，2001，(6)：(43) 玉带饰2，明代

陕西省考古研究所．陕西神木新华遗址1999年发掘简报．考古与文物，2002，(1)：(9～10) 玉刀1、玉铲3、玉钺2、玉斧、玉璋1、玉玦1、玉环1、玉柄形器1、玉佩饰1，龙山晚期（相当于陶寺文化晚期）

周原考古队．陕西扶风县云塘、齐镇西周建筑基址1999～2000年度发掘简报．考古，2002，(9)：(22～23) 石磬1、玉项饰6、玉戈1、玉柄形器2，西周

陕西省考古研究所．西安北郊明珠花园秦墓发掘简报．考古与文物，2002，(6)：(13) 玉器（鼻塞、肛塞）2，战国中期至秦代

陕西省考古研究所雍城考古队，秦始皇兵马俑博物馆考古队．陕西凤翔黄家庄秦墓发掘简报．考古与文物，2002，增刊（先秦考古）：(62) 石璋17、石圭40余枚、玉石璧6，战国晚期至秦代

中国社会科学院考古研究所西安唐城工作队．西安北郊龙首村西汉墓发掘简报．考古，2002，

(5):(45)玉琫1,西汉早期

西安市文物保护考古所. 西安中华小区东汉墓发掘简报. 文物,2002,(12):(28)滑石猪2、玉饰1、玉眼罩1、绿松石饰1,西汉末至东汉早期

西安市文物保护考古所. 西安北郊图书馆汉墓发掘简报. 考古与文物,2002,增刊(汉唐考古):(10)玉琀,西汉晚期;(10~11)玉石口琀1、玉石肛塞1、石圭1,新莽时期

西安市文物保护考古所. 西安东郊唐温绰、温思暕墓发掘简报. 文物,2002,(12):(41)滑石猪1、滑石佩饰1、滑石梯形佩1、滑石握1、滑石坠饰1,唐代;(45)玻璃球2、玻璃碗形饰1、玻璃花形饰4、玻璃管形饰1、玻璃花结9,唐代

陕西省考古研究所,安康市文化教育局. 安康市上许家台南宋墓发掘简报. 考古与文物,2002,(2):(34)玉饰1,宋代

陕西省考古研究所. 陕西大荔八鱼二号石室墓发掘简报. 文博,2002,(4):(16)玉佩饰1,清代

宝鸡市考古工作队. 陕西扶风案板遗址(下河区)发掘简报. 考古与文物,2003,(5):(7)石璧1,庙底沟文化;(12)石璧1,福临堡二期类型

周原考古队. 2001年度周原遗址(王家嘴、贺家地点)发掘简报. 古代文明(第2卷). 北京:文物出版社,2003:(445)玉笄1,客省庄二期文化

周原考古队. 2002年周原遗址(齐家村)发掘简报. 考古与文物,2003,(4):(4)玉琮1、玉璧1、玉戈1、玉蚕1对,西周早期;(6)石圭1、玉圭1,西周中晚期;(7)玉饰1、玉圭1,西周中晚期

周原考古队. 1999年度周原遗址ⅠA1区及ⅣA1区发掘简报. 古代文明(第2卷). 北京:文物出版社,2003:(512)玉琀2,西周早期;(518)玉璜1、玉玦1、石璧1,西周中期;(536)石圭1,西周晚期

商洛市考古队,洛南县博物馆. 洛南西寺冀塬及城关粮库东周墓发掘简报. 考古与文物,2003,(5):(18)玉环1,春秋晚期至战国早期;(20)石圭9,战国早期

陕西省考古研究所. 陕西高陵县益尔公司秦墓发掘简报. 考古与文物,2003,(6):(12)玉璧2、玉璜1、石圭1,战国早期至晚期

西安市文物保护考古所. 西安北郊枣园大型西汉墓发掘简报. 文物,2003,(12):(31)玉片101、穿孔饰片4,西汉早期

陕西省考古研究所. 西安北郊北康村汉墓清理简报. 考古与文物,2003,(4):(29~30)玉猪2、玉蝉1、玉琀1、玉玦1,西汉早期至东汉初期

陕西省考古研究所. 西安北郊汉代积沙墓发掘简报. 考古与文物,2003,(5):(32)玉鼻塞1、玉耳塞2、石璧1,西汉晚期至新莽

王昌富. 商州陈塬汉墓清理简报. 文博,2003,(2):(7)琥珀珠6,东汉晚期

咸阳市文物考古研究所. 咸阳机场高速公路周陵段汉唐墓清理简报. 文物,2003,(2):(8)玉蝉1、肛塞(汉白玉质)1、鹰(绿松石质)1、鸭(绿松石质)1,东汉晚期

韩若春. 唐高祖谥号玉册. 考古与文物,2003,(2):(15)玉册1,唐代

张全民. 唐严州刺史华文弘夫妇合葬墓. 文博,2003,(6):(7)滑石握手2、滑石组佩(珩、佩、璜、坠等)45、滑石小配饰1、玻璃珠551,唐代

西安市文物保护考古所. 长安县东曹村出土的唐代文物. 文博，2003，（6）：（20～22）玻璃珠16、玛瑙珠1、玉珠38、料石4、滑石猪2、白玉剑格4、白玉剑饰5、白玉剑璲1，唐代

陕西省考古研究所. 陕西大荔八鱼村3号清代石室墓发掘简报. 文物，2003，（7）：（47）玉带扣1、玉饰1，清代

陕西省考古研究所. 西安市湖滨花园小区宋、明、清墓发掘简报. 考古与文物，2003，（5）：（35）小玉器2，清代

姚晓平. 淳化古窑洞遗址. 文博，2004，（3）：（4）玉璋1，约距今4000年

周原考古队. 陕西周原遗址发现西周墓葬与铸铜遗址. 考古，2004，（1）：（5）串饰（绿松石、玛瑙质）1，西周早期

中国社会科学院考古研究所丰镐发掘队. 陕西长安县沣西大原村西周墓葬. 考古，2004，（9）：（43～44）玉戈2、玉圭1、长条形饰1、动物形饰1、玉珠2、石磬5、石璧1，西周晚期

周原考古队. 2003年秋周原遗址（Ⅳ区B2与Ⅳ区B3）的发掘. 古代文明（第3卷）. 北京：文物出版社，2004：（457）石圭1、玉戈1，西周晚期；（461）穿孔玉器1，西周晚期；（466）石圭1，西周；（477）石圭1、玉片2，西周；（483）石玲1、石圭4，西周；（485）石圭2，西周

西安市文物保护考古所. 西安北郊尤家庄二十号战国墓发掘简报. 文物，2004，（1）：（11）玉环1，战国晚期

周至县文管所. 陕西周至县二曲镇李家村汉墓清理简报. 考古与文物，2004，增刊（汉唐考古）：（17）玉琀1，汉代

王学理. 秦始皇陵园汉墓清理简报. 文物，2004，（5）：（35）玉琀2，西汉早期；（37）枕玉1，西汉早期

西安市文物保护考古所. 西安东郊西汉窦氏墓（M3）发掘报告. 文物，2004，（6）：（16～18）玉璧2、玉环1、玉瑗1、玉珩4、夔龙玉觹2、凤鸟玉觹2、玉人8、云纹佩1、凤鸟佩2、玉韘形佩2、冲牙1、琉璃饰39，西汉早期

陕西省考古研究所. 西安北郊翁家庄汉墓发掘简报. 考古与文物，2004，增刊（汉唐考古）：（7）玉石口琀3、玉坠1、玉管1、绿松石鸟形玉饰1、琥珀饰3，西汉中晚期至新莽

陕西省考古研究所. 陕西临潼零口汉墓清理简报. 文博，2004，（1）：（77）石圭1、玉璜1，西汉晚期

陕西省考古研究所. 陕西省煤炭工业学校汉窑及汉唐墓葬清理简报. 考古与文物，2004，增刊（汉唐考古）：（23）玉猪3、玉珠1，西汉末至东汉初期

咸阳市文物考古研究所. 陕西咸阳市北郊杜家堡新莽墓发掘简报. 考古与文物，2004，（3）：（15）玉窍塞1，新莽时期

西安市文物保护考古所. 唐康文通墓发掘简报. 文物，2004，（1）：（28）玉猪1，唐代

西安市文物保护考古所. 西安市南郊茅坡村发现一座唐墓. 文物，2004，（9）：（61）玉梳脊2、水晶珠1，唐代

咸阳市文物考古研究所. 咸阳瑞祥小区发现的金墓. 文博，2004，（5）：（74）玛瑙器1，金代

西安市文物保护考古所. 西安东郊元代壁画墓. 文物，2004，（1）：（70）石玦5、琉璃藻井若干，元代

阿房宫考古工作队. 阿房宫前殿遗址的考古勘探与发掘. 考古学报, 2005, (2): (225) 玻璃珠1, 宋代

周原博物馆. 1995年扶风黄堆老堡子西周墓清理简报. 文物, 2005, (4): (17) 玉璧、玉钺、玉握、玉璜、玉环、玉管、玉戈、玉璋等117件（组），西周中晚期

周原博物馆. 1996年扶风黄堆老堡子西周墓清理简报. 文物, 2005, (4): (39~40) 玉圭13、玉璜2、玉铲2、玉管3、玉柄形器2、玉戈1、玉泡16、玉贝4, 西周中晚期

凤翔县博物馆. 陕西凤翔县上郭店村出土的春秋文物. 考古与文物, 2005, (1): (5) 玉饼1、玉环2、鸟形玉饰1, 春秋晚期

咸阳市文物考古研究所. 陕西咸阳杜家堡东汉墓清理简报. 文物, 2005, (4): (49~50) 玉璧2、玉蝉1、玉饰1、琥珀兽1、水晶佩饰1, 东汉中期

咸阳市文物考古研究所. 陕西咸阳市文林小区前秦朱氏家族墓的发掘. 考古, 2005, (4): (61) 残玉器1, 前秦（4~5世纪）

咸阳市文物考古研究所. 陕西咸阳市头道塬十六国墓葬. 考古, 2005, (6): (55) 玉管1, 前秦（4~5世纪）

陕西省考古研究所. 西安洪庆北朝、隋家族迁葬墓地. 文物, 2005, (10): (53) 玉垂饰1组, 北朝末至隋代初期；(60) 玉佩饰5, 北朝末至隋代初期；(65) 玉指环1, 北朝末至隋代初期

陕西省考古研究所西岳庙文物管理处. 西岳庙一号琉璃瓦窑址发掘简报. 考古与文物, 2005, (6): (35) 出土琉璃质的筒瓦、龙纹瓦当、龙纹滴水、凤纹滴水和仙人等, 明代

陕西省考古研究所, 西安市临潼区文化局. 陕西临潼零口北牛遗址发掘简报. 考古与文物, 2006, (3): (27) 玉锛1、玉铲1, 庙底沟文化

咸阳市文物考古研究所, 旬邑县博物馆. 陕西旬邑下魏洛西周早期墓发掘简报. 文物, 2006, (8): (28) 坠饰（青玉、绿松石等质地）1组11枚, 西周早期

陕西省考古研究所, 宝鸡市考古工作队. 陕西宝鸡市关桃园遗址发掘简报. 考古与文物, 2006, (3): (8) 玉环1, 大地湾文化；(12) 石圭1, 西周晚期

陕西省考古研究所. 西北农林科大战国秦墓发掘简报. 考古与文物, 2006, (5): (47) 玉饰1、石圭1, 战国中晚期

陕西省考古研究所. 陕西投资策划服务公司汉墓清理简报. 考古与文物, 2006, (4): (21~22) 玉璲1、玉环1、料器11、琉璃器2, 西汉早期至新莽时期

咸阳市文物考古研究所. 陕西咸阳二十二所西汉墓葬发掘简报. 考古与文物, 2006, (1): (9) 玉蝉1、玉鼻塞2、玉耳塞2、玉虎1、玉猪1、玉璜1、玉璧2、玉眼罩1、玉坠饰1、玛瑙坠1, 西汉中晚期

西安市文物保护考古所. 西安理工大学西汉壁画墓发掘简报. 文物, 2006, (5): (14~15) 玉眼障2、玉琀1、玉鼻塞1、玉饼形饰1、玉饰1, 西汉晚期；(42) 珍珠串饰40, 西汉晚期

西北大学文化遗产与考古学研究中心. 唐长安城崇化坊遗址发掘简报. 文物, 2006, (9): (49) 琉璃碗1, 唐代

宝鸡市考古研究所, 扶风县博物馆. 陕西扶风五郡西村西周青铜器窖藏发掘简报. 文物, 2007, (8): (17) 玉饰1, 西周

宝鸡市考古研究所. 陕西宝鸡纸坊头西周早期墓葬清理简报. 文物, 2007, (8): (34~35) 玉琮1、玉坠饰1、绿松石串珠1、玛瑙串饰2, 西周早期; (43~45) 玉饰3、玉璜1、玉鸟1、玉戈2、玛瑙串珠3、绿松石串珠3, 西周早期

陕西省考古研究所, 宝鸡市考古工作队, 凤翔县博物馆. 凤翔县孙家南头周墓发掘简报. 考古与文物, 2007, (1): (31) 玉戈2、玉鱼1、石璧2, 西周早中期

陕西省考古研究院, 渭南市文物保护考古研究所, 韩城市文物旅游局. 陕西韩城梁带村遗址M27发掘简报. 考古与文物, 2007, (6): (17~21) 戈、圭、璧、琮、璜等玉礼器23, 人物、动物、几何等佩饰216件(颗)及玉剑1、玉觿2、玉觽4、玉柄形器3, 西周中晚期(芮国)

周原博物馆. 周原遗址刘家墓地西周墓葬的清理. 文博, 2007, (4): (5~6) 玉玦2、玉璜1、玉片3、玉饰2、玉柄形饰1、玉圭1、玉环1、石圭2, 西周中期

陕西省考古研究所. 陕西扶风云塘、齐镇建筑基址2002年度发掘简报. 考古与文物, 2007, (3): (30) 玉兽首3、玉璜1、小玉饰7, 西周晚期(芮国)

陕西省考古研究所, 渭南市文物保护考古研究所, 韩城市文物旅游局. 陕西韩城梁带村遗址M19发掘简报. 考古与文物, 2007, (2): (10~13) 玉戈1、玉瑗1、玉牌组佩饰(玉牌、玛瑙珠)64、玉腕饰(玉贝、玉鸟、玉蚕、玛瑙珠)63、玉玦6、玉牛首2, 春秋晚期

西安市文物保护考古所. 西安尤家庄六十七号汉墓发掘简报. 文物, 2007, (11): (55) 琉璃耳珰2, 东汉中晚期

西安市文物保护考古所. 西安三国曹魏纪年墓清理简报. 考古与文物, 2007, (2): (28) 玻璃串饰2, 三国(魏)

陕西省考古研究所. 唐殷仲容夫妇墓发掘简报. 考古与文物, 2007, (5): (27) 玉猪1, 唐代

陕西省考古研究所, 西北大学文博学院. 西安明代秦藩辅国将军朱秉橘家族墓. 文物, 2007, (2): (30) 桃形玉饰6、长方形玉饰6、长条形玉饰4, 明代

宝鸡市考古工作队. 陕西宝鸡高家村刘家文化墓地发掘报告. 古代文明(第7卷). 北京: 文物出版社, 2008: (303) 绿松石串珠1, 商代晚期; (315) 绿松石串饰1, 商代晚期

周原考古队. 陕西扶风县周原遗址庄李西周墓发掘简报. 考古, 2008, (12): (17) 玉玦2、石圭1、串饰(玛瑙、绿松石等质地)1组, 西周

陕西省考古研究所, 渭南市文物保护考古研究所, 韩城市文物旅游局. 陕西韩城梁带村遗址M26发掘简报. 文物, 2008, (1): (16~18) 玉戈2、玉戚1、七璜连珠1套、梯形牌组佩1套、玉猪龙1、项饰2组、手握1、牌饰1、玉蚕1、玉贝1、立人1、玉虎1、玉熊1、长尾凤鸟1、双凤首花蕾佩1、玉蝉1、玉玦8、龙形觿4、玉耳勺2、残碎玉器和制玉残料若干、煤精串饰1套, 春秋早期(芮国)

西安市文物保护考古所. 西安南郊潘家庄169号东汉墓发掘简报. 文物, 2008, (6): (11) 玉琀1、琉璃耳珰2, 东汉中期

安康历史博物馆. 陕西安康市张家坎南朝墓葬发掘纪要. 华夏考古, 2008, (3): (53) 滑石猪1对、琥珀串饰2, 南朝(梁)

陕西省考古研究院. 陕西潼关税村隋代壁画墓发掘简报. 文物, 2008, (5): (24) 水晶串珠22、琉璃珠28、琉璃器1, 隋代

陕西省考古研究院, 商洛市博物馆. 陕西商洛市东龙山遗址仰韶与龙山时代遗存发掘简报. 考

古，2009，(12)：(13) 石璧6，庙底沟文化二期至客省庄文化二期

陕西省考古研究院. 陕西韩城市梁带村芮国墓地M28的发掘. 考古，2009，(4)：(13) 玉圭2、石磬10，春秋早期（芮国）

西安市文物保护考古所. 西安南郊荆寺二村西汉墓发掘简报. 考古与文物，2009，(4)：(10~11) 玉剑璏1、玉璧残片2，西汉早期

旬阳县文物管理所，旬阳县博物馆. 陕西省旬阳县大河南东晋墓清理简报. 文博，2009，(2)：(10) 琥珀饰品2、水晶珠1，东晋

陕西省考古研究院，渭南市文物保护考古研究所，韩城市文物旅游局. 陕西韩城梁带村墓地北区2007年发掘简报. 文物，2010，(6)：(12~14) 玉戈3、玉铲3、玉环3、玉璜4、玉玦15、玉璋1、鸟形佩2、柄形器2、玉管2、龙形佩1、项饰2组、坠饰2，西周晚期（芮国）

陕西省考古研究院，渭南市考古所，韩城市文物局. 陕西韩城梁带村芮国墓地西区发掘简报. 考古与文物，2010，(1)：(19~20) 玉刀形器1、玉玦7、玉管1、石圭2、项饰（玛瑙珠、玉管、绿松石等质地）3组，西周晚期至春秋早期（芮国）

西安市文物保护考古所. 西安曲江翠竹园西汉壁画墓发掘简报. 文物，2010，(1)：(28~29) 玉虎1、玉猪1、玉人2、玉璜2、玉璧1、玉环2、玉衣片1、玉肛塞1、饰件1、长条形器3、残玉片15，西汉晚期

陕西省考古研究院，宝鸡市文物考古研究所，凤翔县博物馆. 陕西凤翔西白村秦汉墓葬发掘简报. 文博，2010，(4)：(4) 石圭6、石玦2，秦代；(6) 石圭29，秦代；(9) 琉璃耳珰1，东汉早期

陕西省考古研究院. 西安南郊夏殿村金代墓葬发掘简报. 考古与文物，2010，(5)：(27) 玉带扣3、小玉饰1，金代

陕西省考古研究院. 西安市长安区唐乾符三年天水赵氏墓发掘简报. 四川文物，2011，(6)：(21) 水晶片1，唐代

陕西省考古研究院，榆林市文物考古勘探工作队. 陕西横山杨界沙遗址发掘简报. 考古与文物，2011，(6)：(70) 玉璜2，仰韶晚期

陕西省考古研究院，杨凌区博物馆. 杨凌南庄村西周遗址2009年发掘简报. 文博，2011，(6)：(13) 石圭1、玉串饰1，西周中期

陕西省考古研究院，咸阳市文物考古研究所，茂陵博物馆. 汉武帝茂陵考古调查、勘探简报. 考古与文物，2011，(2)：(12) 玉璧2、玉圭4，西汉中期

陕西省考古研究院. 西安市长安区晚唐令狐家族墓葬发掘简报. 文博，2011，(5)：(20) 小玉珠1，唐代

中国社会科学院考古研究所沣西发掘队. 陕西长安县沣西新旺村西周遗址1982年发掘简报. 考古，2012，(5)：(24~25) 玉玦1、玉璧1，西周晚期

杭州市文物考古研究所. 关中监狱战国秦墓群的发掘. 秦始皇帝陵博物院（第2辑）. 西安：三秦出版社，2012：(97) 残玉琀1，战国晚期至秦代；(100) 水晶塞1、料塞1，战国晚期至秦代；(101) 水晶饰1，战国晚期至秦代；(104) 料饰2，战国晚期至秦代；(105) 玉带钩1，战国晚期至秦代；(107) 玉饰1，战国晚期至秦代

陕西省考古研究院，宝鸡市考古研究所. 陕西宝鸡苟家岭西汉墓葬发掘简报. 考古与文物，

2012,（1）：（4）玛瑙珠2，西汉早期

陕西省考古研究院．西安北郊井上村西汉M24发掘简报．考古与文物，2012,（6）：（13～16）玉璧1、方形玉饰1、玉圭1、玉条1、玉凿1、玉刀1、玉蝉1、玉鱼2、玉眼罩2、玉鼻塞2、玉璜1、凸棱玉环1、玉环1、玉系璧1、玉玦1、玉龙佩1、回首龙玉佩1、玉舞人佩1，新莽时期

西安市文物保护考古研究院．陕西周至县八云塔地宫的发掘．考古，2012,（6）：（31）汉白玉佛龛造像1，唐代

陕西省考古研究院，西安市文物保护考古研究院．西安凤栖原唐郭仲文墓发掘简报．文物，2012,（10）：（53）玉剑格1，唐代

西安市文物保护考古研究院．西安唐殿中侍御医蒋少卿及夫人宝手墓发掘简报．文物，2012,（10）：（38）琉璃器1，唐代

石鼓山考古队．陕西省宝鸡市石鼓山西周墓．考古与文物，2013,（1）：（9）玉鹿1，西周早期；（19）玉璧2，商代晚期

石鼓山考古队．陕西宝鸡石鼓山西周墓葬发掘简报．文物，2013,（2）：（12）玉鹿1，西周早期；（53）玉璧2，西周早期

陕西省考古研究院，宝鸡市考古工作队，凤翔县博物馆．陕西凤翔孙家南头春秋秦墓发掘简报．考古与文物，2013,（4）：（7～9）石圭3、石璧2、石玦4、玉管1、玉饰5、玉璧1，春秋中晚期；（14～15）石圭2、玉环1，春秋中晚期；（17～18）石圭17、石玦2、石觽3、玉璧1、玉片1，春秋中晚期；（22）石圭1、玉环1，春秋中晚期；（25）石圭2、玉饰2，春秋中晚期；（26）石圭1，春秋中晚期；（27）石圭3，春秋中晚期；（27）石圭1，春秋中晚期；（33～34）玉环1、玉璜1，春秋中晚期

陕西省考古研究院，宝鸡市考古研究所，宝鸡先秦陵园博物馆．陕西凤翔雷家台墓地发掘简报．文博，2013,（5）：（20）玉环2、玉料块4、石圭55，战国早中期

西安市文物保护考古研究院．西安市长安区西甘河村古墓葬发掘简报．东方博物（第四十九辑）．杭州：浙江大学出版社，2013：（21）玉饰1、玉玦2，春秋中期；（36）玉剑格1、玉剑璏1、玉琀4、玉鼻塞7，西汉

陕西省考古研究院．陕西蓝田支家沟汉墓发掘简报．考古与文物，2013,（5）：（29）青玉片29、玉饰7、珍珠1、料珠16，西汉中期

陕西省考古研究院，宝鸡市考古研究所．陕西宝鸡凉泉汉墓发掘简报．考古与文物，2013,（6）：（5）玉人俑1、玉片1、石琀1，西汉中晚期；（14）石琀1，西汉中晚期

西安市文物保护考古研究院．西安南郊曲江羊头镇西汉墓发掘简报．文博，2013,（6）：（16～17）玉口琀1、玉鼻塞1、玉璧6、玉圭2、玉衣片15、玉料8，西汉中晚期

西安市文物保护考古研究院．西安北郊万达广场五号汉墓发掘简报．东方博物（第四十六辑）．杭州：浙江大学出版社，2013：（11）玉鼻塞1，西汉末至东汉早中期

陕西省考古研究院，宝鸡市考古研究所，宝鸡先秦陵园博物馆．凤翔翟家寺两座小型秦墓的清理．文博，2013,（3）：（10）残玉料1、石圭31，秦代

陕西省考古研究院，咸阳市文物考古研究所．陕西咸阳隋鹿善夫妇墓发掘简报．考古与文物，2013,（4）：（41～42）玛瑙珠1、料珠1、琥珀饰1，隋代

陕西省考古研究院. 陕西蓝田新街遗址发掘简报. 考古与文物, 2014, (4): (9) 石璜1, "半坡四期"遗存

陕西省考古研究院, 宝鸡市考古研究所, 凤翔县博物馆. 凤翔西关新区西周墓葬考古发掘简报. 文博, 2014, (2): (7~8) 玉石圭2、玉石片9、石圭7、石玦1, 西周晚期

陕西省考古研究院, 咸阳市文物考古研究所. 陕西乾县夹道村秦墓发掘简报. 文博, 2014, (1): (4) 石圭1, 战国; (6) 石圭1, 战国早期; (8) 石圭4, 战国中期

西安市文物保护考古研究院. 郑乾意夫妇墓发掘简报. 文博, 2014, (4): (8) 水晶珠1, 隋末唐初

西安市文物保护考古研究院. 西安马家沟唐太州司马阎识微夫妇墓发掘简报. 文物, 2014, (10): (43) 冠饰 (由宝玉石、玻璃、珍珠、羽毛等组成) 1组, 唐代

西安市文物保护考古研究院. 唐代故高阳郡君许氏夫人墓发掘简报. 文博, 2014, (6): (11) 琉璃瓶1, 唐代

西安市文物保护考古研究院. 西安上塔坡唐王府君墓发掘简报. 文博, 2014, (3): (7) 水晶口琀1, 唐代

陕西省考古研究院, 渭南市中心博物馆. 陕西渭南靳尚村金末元初壁画墓发掘简报. 考古与文物, 2014, (3): (17) 琉璃兽头1, 金代末期元代初期

陕西省考古研究院. 西安南郊皇子坡村元代墓葬发掘简报. 考古与文物, 2014, (3): (30) 镂空玉佩饰2、串珠8, 元代

陕西省考古研究院, 宝鸡市考古研究所, 宝鸡先秦陵园博物馆. 雍城六号秦公陵园兆沟西南侧中小型墓葬与车马坑发掘简报. 考古与文物, 2015, (4): (18) 石圭38, 战国早期

西安市文物保护考古研究院. 西安张家堡村汉墓群. 中国国家博物馆馆刊, 2015, (4): (35) 玉剑璏1、玉璧1、口琀1、耳塞2, 西汉

陕西省考古研究院. 唐李倕墓发掘简报. 考古与文物, 2015, (6): (17~20) 玉佩23、玉珠2、琥珀雕件5、玉猪1、玉蚕1, 唐代

陕西省考古研究院. 西安南郊大朝刘黑马墓发掘简报. 考古与文物, 2015, (4): (28) 玛瑙环1、玉簪1、玉钗1、白水晶珠5、南红玛瑙2、鼓形缠丝玛瑙1、扁圆形松石1、玛瑙饰2、料珠1, 元代

陕西省考古研究所院. 陕西佳县石擵擵山遗址龙山遗存发掘简报. 考古与文物, 2016, (4): (11) 玉环1, 龙山晚期

陕西省考古研究院, 宝鸡市考古研究所, 宝鸡市渭滨区博物馆. 陕西宝鸡石鼓山商周墓地M4发掘简报. 文物, 2016, (1): (48~49) 玉项饰1组, 西周初期

陕西省考古研究院, 渭南市文物保护研究所. 陕西蒲城永丰战国秦汉墓发掘简报. 考古与文物, 2016, (5): (61) 玉璧1, 战国晚期

咸阳市文物考古研究所. 咸阳崔家村汉墓发掘简报. 文博, 2016, (4): (6) 玉片9、玉圭3, 西汉中晚期; (9) 玉塞1, 西汉中晚期

西安市文物保护考古研究院. 西安金浮沱小学汉、唐墓发掘简报. 文博, 2016, (2): (12) 眼罩 (滑石质) 2、玉口琀1, 东汉中期

陕西省考古研究院, 西北大学考古学系. 陕西西安唐刘智夫妇墓发掘简报. 考古与文物,

2016,（3）:（28）组玉佩2组、玉珩2、玉璜2、玉冲牙1、玉坠2、水晶串珠176、琉璃球4、琉璃饰1，唐代

西安市文物保护考古研究院. 西安南郊上塔坡村132号唐墓发掘简报. 文博，2016，（1）:（27）水晶珠1，唐代

西安市文物保护考古研究院. 西安曲江缪家寨元代袁贵安墓发掘简报. 文物，2016，（7）:（40）玉饰1，元代

铜川市考古研究所. 陕西铜川新区未来城明墓发掘简报. 考古与文物，2016，（2）:（35）玻璃人2，明代

# 二十七、甘肃省

甘肃省文物考古研究所，礼县博物馆．礼县圆顶山春秋秦墓．文物，2002，（2）：（16～17）石圭27、石玦1、石琀7、玉圭1、玉匕1、四棱状饰2、玉玦1、玉片5、玉碎块2，春秋早期；（28）玉手握1，春秋早期

甘肃省文物考古研究所．甘肃秦安县大地湾遗址仰韶文化早期聚落发掘简报．考古，2003，（6）：（23）玉坠1，仰韶早期

西北大学考古专业，甘肃省文物考古研究所，安西县博物馆．甘肃安西潘家庄遗址调查试掘．文物，2003，（1）：（70）绿松石1，马家窑文化

中国社会科学院考古研究所，甘肃省文物考古研究所．甘肃武威市白塔寺遗址1999年的发掘．考古，2003，（6）：（62）琉璃龙头1、莲花纹构件3，元代

甘肃省文物考古研究所，礼县博物馆．甘肃礼县圆顶山98LDM2、2000LDM4春秋秦墓．文物，2005，（2）：（18～23）玉玦5、玉环3、绚纹玉环1、贝形玉饰1、玉圭15、玉璜1、四棱形玉饰1、玉片饰4、石圭1、石璧2，春秋中晚期；（26）玉圭4、玉觿2、石圭9，春秋中晚期

甘肃省文物考古研究所．甘肃武威磨咀子东汉墓（M25）发掘简报．文物，2005，（11）：（38）琉璃耳瑱1对，东汉中期

中国社会科学院考古研究所甘青工作队．武山傅家门遗址的发掘与研究．考古学集刊·16．北京：科学出版社，2006：（444）石璧3，齐家文化

早期秦文化考古联合课题组．甘肃礼县大堡子山早期秦文化遗址．考古，2007，（7）：（44）玉环4、玉蝉1、玉玦2、饰品1、石璧2、石圭124，春秋中晚期

早期秦文化联合考古队．2006年甘肃礼县大堡子山东周墓葬发掘简报．文物，2008，（11）：（43）石璧2、玉玦2、玉饰1、玉环4、玉蝉1、石圭124，春秋中期；（48）玉玦2、石圭1，春秋晚期

甘肃省文物考古研究所，张家川回族自治县博物馆．2006年度甘肃张家川回族自治县马家塬战国墓地发掘简报．文物，2008，（9）：（26）出土玛瑙珠、绿松石珠、汉紫、汉蓝珠数百枚，战国晚期

甘肃省文物考古研究所，西北大学文化遗产与考古学研究中心．甘肃临潭磨沟齐家文化墓地发掘简报．文物，2009，（10）：（15）滑石珠3，齐家文化；（18）滑石珠1，齐家文化；（22）滑石珠1，齐家文化

早期秦文化联合考古队，张家川回族自治县博物馆．张家川马家塬战国墓地2007～2008年发掘简报．文物，2009，（10）：（30～32）肉红石髓钩形饰1、白玛瑙环1、蜻蜓眼玻璃7、长六

棱鼓形玻璃珠4、玻璃珠18、肉红石髓珠112、绿松石珠201，战国晚期

早期秦文化联合考古队，张家川回族自治县博物馆. 张家川马家塬战国墓地2008～2009年发掘简报. 文物，2010，（10）：（17）肉红石髓珠32，战国

北京大学考古文博学院，甘肃省文物考古研究所. 甘肃酒泉干骨崖墓地的发掘与收获. 考古学报，2012，（3）：（357）玉斧2、玉石权杖头1，四坝文化

甘肃省文物考古研究所. 甘肃秦安王洼战国墓地2009年发掘简报. 文物，2012，（8）：（37）玻璃攸勒3件72颗，西戎文化（战国）

甘肃省文物考古研究所，日本秋田县埋藏文化财中心，甘肃省博物馆. 2003年甘肃武威磨咀子墓地发掘简报. 考古与文物，2012，（5）：（31）玉佩饰1，新莽；（35）玉耳珰1，新莽时期

甘肃省文物考古研究所，甘肃陇东古石刻艺术博物馆. 甘肃合水唐魏哲墓发掘简报. 考古与文物，2012，（4）：（51）玻璃器72、料器6，唐代

甘肃省文物考古研究所，秦安县博物馆. 甘肃秦安考古调查记略. 文物，2014，（6）：（45）玉铲1，大地湾二期；（47）玉凿1、玉铲1，堡子坪类型

甘肃省文物考古研究所，西北大学丝绸之路文化遗产保护与考古学研究中心. 甘肃临潭磨沟墓地齐家文化墓葬2009年发掘简报. 文物，2014，（6）：（22）滑石珠1组，齐家文化

甘肃省文物考古研究所，西北大学丝绸之路文化遗产保护与考古学研究中心. 甘肃临潭磨沟墓地寺洼文化墓葬2009年发掘简报. 文物，2014，（6）：（32）玛瑙珠1、滑石珠2，寺洼文化

甘肃省文物考古研究所，北京科技大学材料与冶金史研究所，中国社会科学院考古研究所，西北大学文化遗存学院. 甘肃省张掖市西城驿遗址2010年发掘简报. 考古，2015，（10）：（75）玉斧2、玉饼1，马家窑文化

环县博物馆. 甘肃省环县刘家湾汉墓清理报告. 考古与文物，2016，（2）：（23）玉蝉1、耳珰5，新莽至东汉初期

# 二十八、青海省

中国社会科学院考古研究所民和县博物馆. 青海民和县喇家遗址出土齐家文化玉器. 考古，2002，（12）：（89）玉璧2、玉瑗1、玉刀1、玉斧2、玉锛1，齐家文化

中国社会科学院考古研究所甘青工作队，青海省文物考古研究所. 青海民和县喇家遗址2000年发掘简报. 考古，2002，（12）：（22）玉璧3、玉料2，齐家文化

青海省文物考古研究所. 青海平安县古城青铜时代和汉代墓葬. 考古，2002，（12）：（36）琉璃耳珰1，东汉早期

中国社会科学院考古研究所甘青工作队，青海省文物考古研究所. 青海民和喇家遗址发现齐家文化祭坛和干栏式建筑. 考古，2004，（6）：（6）三璜合璧2、玉锛1、玉料1、璧芯2、三角形玉片1、小璧芯1、玉璧2、玉管2、玉环1、玉纺轮（或为小璧）1、玉凿1，齐家文化

青海省文物考古研究所. 青海省西宁市陶家寨汉墓2002年发掘简报. 东亚古物（B卷）. 北京：文物出版社，2007：（345～346）绿松石饰14、玛瑙饰6、琥珀饰3、玉饰1、串珠（绿松石、玛瑙、珊瑚、琥珀等）2组，西汉中期至西晋

青海省文物考古研究所. 青海西宁陶家寨汉墓发掘简报. 文物，2015，（9）：（47）琉璃耳珰5、琉璃饰品1，西汉晚期至东汉早期

# 二十九、宁夏回族自治区

宁夏回族自治区文物考古研究所，彭阳县文物站. 宁夏彭阳县张街村春秋战国墓地. 考古，2002，（8）：（22）串饰（玛瑙、绿松石等质地）2组、绿松石坠饰6、玛瑙坠饰1、玛瑙珠饰8，春秋晚期至战国早期

宁夏文物考古研究所，固原市原州区文物管理所. 宁夏固原市北塬东汉墓. 考古，2008，（12）：（26）玉珩1、玉珠饰1、琉璃耳瑱4、琉璃鼻塞6，东汉早期；（35）玉饰2、琉璃耳瑱2，东汉中期

# 三十、新疆维吾尔自治区

新疆文物考古研究所，哈密地区文物管理所. 新疆哈密市艾斯克霞尔墓地的发掘. 考古，2002，（6）：（36）绿松石珠2，青铜时代（距今3000年）

新疆文物考古研究所. 新疆尉犁县营盘墓地1995年发掘简报. 文物，2002，（6）：（41～42）玻璃杯1、玻璃项链3、玻璃耳坠饰1、串珠（玻璃、珍珠等）饰2，西汉至魏晋或略晚阶段

新疆维吾尔自治区博物馆，巴音郭楞蒙古自治州文物管理所，且末县文物管理所. 新疆且末扎滚鲁克一号墓地发掘报告. 考古学报，2003，（1）：（119）绿松石珠2、绿松石串珠8、玻璃料珠2串，春秋至西汉；（129）玻璃杯1，东汉至南北朝

新疆文物考古研究所. 2002年小河墓地考古调查与发掘报告. 边疆考古研究（第3辑）. 北京：科学出版社，2005：（356）玉手饰1，距今3800年前后；（362）玉手饰1，距今3800年前后；（383）玉珠2、玉串珠45，距今3800年前后

中国社会科学院考古研究所新疆队. 新疆于田县流水青铜时代墓地. 考古，2006，（7）：（36～37）出土玛瑙珠、玉佩数件，青铜时代（公元前1000年前后）

吐鲁番地区文物局. 新疆吐鲁番地区阿斯塔那古墓群西区408、409号墓. 考古，2006，（12）：（7～8）串饰（玛瑙质）3，十六国时期

新疆文物考古研究所. 新疆罗布泊小河墓地2003年发掘简报. 文物，2007，（10）：（16～17、30、40）出土玉珠、石珠等质地的项链、手链若干件，商代早期（公元前1650～前1450年）

新疆文物考古研究所. 罗布泊地区小河流域的考古调查. 边疆考古研究（第7辑）. 北京：科学出版社，2008：（385）玉珠1、玛瑙珠2，新石器至汉晋时期；（390）玉饰1、玛瑙饰件1、玻璃饰件2，新石器至汉晋时期；（394）玻璃残片1，新石器至汉晋时期；（396）玻璃珠2、玉料1，新石器至汉晋时期；（399～400）玉饰1、玻璃残片1，新石器至汉晋时期；（401）玉斧1、玉镞1，新石器至汉晋时期

新疆吐鲁番学研究院，新疆文物考古研究所. 新疆鄯善洋海墓地发掘报告. 考古学报，2011，（1）：（105）珠饰（玛瑙、绿松石、玻璃质地）3，商末周初；（118）绿松石珠饰6，商末周初；（131）串珠（玛瑙、玻璃）1串，商末周初

新疆博物馆考古部，阿克苏地区文物局，温宿县文体广电局，温宿县文物管理所. 新疆温宿博孜墩古墓2008年发掘简报. 文物，2012，（5）：（30）玻璃（石）珠1，西汉

新疆文物考古研究所. 新疆伊犁尼勒克汤巴勒萨伊墓地发掘简报. 文物，2012，（5）：（22）珠饰（玉珠、绿松石珠）1组4件，唐代

新疆文物考古研究所. 高昌城故第五次考古发掘简报. 吐鲁番学研究，2012，（2）：（5）玛

瑙珠2、绿松石珠1组，高昌回鹘王国；（19）绿松石珠1、玛瑙珠1，高昌回鹘王国

吐鲁番学研究院. 新疆吐鲁番市胜金店墓地发掘简报. 考古，2013，（2）：（39～40）玻璃珠1、串珠（玻璃、玛瑙等质地）2组，西汉；（50）串珠（玻璃、玛瑙等质地）1组，西汉

新疆文物考古研究所. 新疆哈巴河东塔勒德墓地发掘简报. 文物，2013，（3）：（12～13）玛瑙珠5、绿松石饰件若干，春秋晚期至西汉

新疆文物考古研究所. 新疆和静哈布其罕萨拉墓群2013年发掘简报. 文物，2014，（12）：（46）玛瑙珠2，青铜时代晚期至早期铁器时代

西北大学文化遗产保护与考古学研究中心，新疆文物考古研究所，哈密地区文物局. 2009年新疆伊吾县托背梁墓地发掘简报. 考古与文物，2014，（4）：（34～35）玛瑙串珠5、绿松石管5，春秋早中期

西北大学丝绸之路文化遗产保护与考古学研究中心，新疆文物考古研究所，哈密地区文物局，巴里坤县文物局. 2009年新疆巴里坤石人子沟遗址F2发掘报告. 考古与文物，2014，（5）：（35）玛瑙料1，料器1，西汉中晚期

新疆文物考古研究所. 2013年哈密花园乡萨伊吐尔墓地发掘简报. 中国国家博物馆馆刊，2014，（9）：（30）绿松石珠1，天山北路文化晚期

中国社会科学院考古研究所2013年新疆塔什库尔干吉尔赞喀勒墓地的考古发掘. 西域研究，2014，（1）：（125）玛瑙珠、眉笔等45、琉璃珠20余件，距今2500年左右

中国社会科学院考古研究所. 新疆工作队. 新疆塔什库尔干吉尔赞喀勒墓地发掘报告. 考古学报，2015，（2）：（241）玛瑙珠37，青铜时代晚期至早期铁器时代；（246）琉璃珠20，青铜时代晚期至早期铁器时代

西北大学文化遗产学院，哈密地区文物局，巴里坤县文物局. 新疆哈密巴里坤西沟遗址1号墓发掘简报. 文物，2016，（5）：（27～29）玻璃串珠18、红玛瑙坠饰4、红玛瑙串珠10、绿松石串珠59、滑石管22，战国晚期至西汉早期

西北大学文化遗产学院，新疆文物考古研究所，哈密地区文物局. 2008年新疆伊吾峡沟墓地发掘简报. 考古与文物，2016，（1）：（24）绿松石管1，春秋至战国时期

新疆文物考古研究所. 新疆库车县库俄铁路沿线考古发掘简报. 西部考古（第十辑）. 北京：科学出版社，2016：（41）玛瑙珠8，西汉

# 三十一、香港特别行政区

香港考古学会. 香港元朗厦村乡陈家园沙丘遗址的发掘. 考古学报，2002，（3）：（341）不知名玉器（青玉质）1，新石器时代晚期（距今4000年前后）；（346）玉锛1、玉钺1、玉璧1、玉环1、玉片5、水晶片2，商代（距今3500年前后）

香港古物古迹办事处. 香港南丫岛沙埔新村遗址发掘简报. 考古，2007，（6）：（13）石玦2，青铜时代早期

香港考古学会，深圳市博物馆. 香港元朗上白泥虎地凹遗址2003年度发掘简报. 华南考古（2）. 北京：文物出版社，2008：（246～247）石钺5、石玦1，商代早期

香港古物古迹办事处，中国社会科学院考古研究所. 香港屯门扫管笏遗址发掘简报. 考古，2010，（7）：（26）出土石玦坯、石玦芯数件，商至西周；（27～28）石玦1、石玦坯1、石玦芯1，东周；（29）玉玦1，东汉

下编

# 研究篇

# 第一部分 研究书目

  研究书目部分主要对 2001~2016 年间国内公开出版的 270 余部较有代表性的玉器研究书籍的出版信息进行了分类汇编。在具体编排上，设专著、论文集、工具书、图录四个类别，各类别以玉器书籍出版年份的先后为序，涉及同一主题则相对集中，编排格式如下：

  □ 著作（专著）
    主要责任者. 题名. 出版地：出版者，出版年：页码，开本

  □ 析出文献（论文集）
    析出文献主要责任者. 析出文献题名. 专著题名. 出版地：出版者，出版年：页码，开本，收录玉器论文篇数

  □ 工具书
    主要责任者. 题名. 出版地：出版者，出版年：页码，开本

  □ 图录
    主要责任者. 题名. 出版地：出版者，出版年：页码，开本

# 一、专著

刘小葶，张锡瑛. 古玉：华夏瑰宝. 天津：天津科学技术出版社，2001：文332页，1/32
臧振，潘守永. 中国古玉文化. 北京：中国书店，2001：文358页，1/32
关善明. 中国古代玻璃. 香港：香港中文大学文物馆，2001：文518页，1/32
尤仁德. 古代玉器通论（中国考古文物通论丛书）. 北京：紫禁城出版社，2002：文367页，1/16
方泽. 中国玉器. 天津：百花文艺出版社，2003：文388页，1/32
中国文物信息咨询中心. 中国古代玉器艺术. 北京：人民美术出版社，2003：文659页，1/8
钱宪和，方建能. 史前琢玉工艺技术. 台北：台湾博物馆，2003：文247页，1/16
张明华. 中国古玉：发现与研究100年. 上海：上海书店出版社，2004：文406页，1/16
姚士奇. 中国玉文化. 南京：凤凰出版社，2004：文452页，1/32
杨伯达. 古玉史论. 北京：紫禁城出版社，2004：文241页，1/32
张广文. 中国玉器真伪识别. 沈阳：辽宁人民出版社，2004：文226页，幅面尺寸146毫米×208毫米
徐梦梅. 古玉新经. 上海：上海三联书店，2005：文311页，1/16
于福熹，等. 中国古代玻璃技术的发展. 上海：上海科学技术出版社，2005：文348页，1/16
张明华. 古代玉器（20世纪中国文物考古发现与研究丛书）. 北京：文物出版社，2006：文214页，1/32
季兆山，张煜. 中国古代玉器文化分析. 上海：东华大学出版社，2006：文241页，1/16
艾丹. 玉器时代：新石器晚期至夏代的中国北方玉器. 北京：中国青年出版社，2006：文131页，1/8
岳龙山. 黄河文明瑰宝：齐家文化玉器. 北京：中国书店出版社，2006：文302页，1/16
杨建芳. 长江流域玉文化（长江文化研究文库）. 武汉：湖北教育出版社，2006：文453页，1/32
常素霞. 古玉鉴定与辨伪. 北京：中国社会出版社，2006：文329页，1/16
季兆山，张煜. 中国古代玉器矿物结构与工艺美术特征研究. 上海：东华大学出版社，2006：文241页，1/16
郭颖. 玉雕与玉器. 北京：地震出版社，2007：文443页，1/16
刘永胜，刘博. 中国史前史红山文化古玉器概说（红山古玉文化研究系列丛书一）. 哈尔滨：黑龙江教育出版社，2007：文301页，1/32

蒋卫东. 神圣与精致：良渚文化玉器研究. 杭州：浙江摄影出版社，2007：文336页，1/16
中国社会科学院考古研究所. 张家坡西周玉器. 北京：文物出版社，2007：文392页，1/16
于宝东. 辽金元玉器研究. 呼和浩特：内蒙古大学出版社，2007：文213页，1/16
崔建林主编. 中国玉器文化鉴赏. 北京：中国戏剧出版社，2007：文372页，1/16
刘如水. 中国古玉鉴别总论. 济南：山东美术出版社，2007：文267页，1/16
刘如水. 中国古玉年代鉴别. 济南：山东美术出版社，2007：文312页，1/16
周南泉. 中国古玉断代与辨伪（全十卷）. 北京：蓝天出版社，2007、2009、2014，1/16
栾秉璈. 古玉鉴别（上、下）. 北京：文物出版社，2008：文839页，1/16
孙庆伟. 周代用玉制度研究. 上海：上海古籍出版社，2008：文329页，1/16
卢琼主编. 温润玉器. 北京：新世界出版社，2009：文239页，1/16
胥滨. 中国古代玉器. 杭州：西泠印社出版社，2009：文425页，1/16
常素霞. 中国玉器发展史. 北京：科学出版社，2009：文379页，B5（720毫米×1000毫米）
张丽红. 红山玉器造型艺术的文化阐释. 长春：吉林大学出版社，2009：文249页，1/16
姚江波. 中国古代玉器鉴定. 长沙：湖南美术出版社，2009：文277页，1/16
吴大澂，等. 古玉鉴定指南. 北京：北京燕山出版社，2009：文417页，1/16
孟德煌. 中国古玉经典藏品鉴赏与研究. 石家庄：河北美术出版社，2009：文314页，1/16
赵春霞. 普通玉器的鉴定与交易. 济南：山东美术出版社，2010：文514页，1/16
朱晓丽. 中国古代珠子. 南宁：广西美术出版社，2010：文330页，1/16
杨晶. 中国史前玉器的考古学探索. 北京：社会科学文献出版社，2011：文284页，1/16
徐琳. 中国古代治玉工艺. 北京：紫禁城出版社，2011：文273页，1/16
杨伯达. 杨伯达说玉器（大师说器）. 上海：上海辞书出版社，2011：文236页，1/18
殷志强. 说玉道器：玉器研究新视野. 南京：南京大学出版社，2011：文234页，1/16
殷志强. 鉴玉甄宝：中国历代玉器鉴定通则. 南京：南京大学出版社，2011：文246页，1/16
雷岩平. 遥远的符号：中国高古玉器鉴赏. 福州：福建美术出版社，2011：文288页，1/16
熊昭明，李青会. 广西出土汉代玻璃器的考古学与科技研究. 北京：文物出版社，2011：文268页，1/16
白文源. 古玉研究. 扬州：广陵书社，2012：文254页，1/16
许泳，徐玉芹. 古玉观止：良渚文化玉器鉴赏与辨伪. 石家庄：河北美术出版社，2012：文290页，1/16
雷岩平. 时间的密码：中国高古玉器鉴赏. 北京：文物出版社，2013：文449页，1/16
喻燕姣. 湖湘出土玉器研究. 长沙：岳麓书社，2013：文400页，1/16
黎兆元. 中国古玉与神灵崇拜文化. 广州：岭南美术出版社，2013：文213页，1/16
幸晓峰，韩宝强，沈博. 中国玉石璧音乐性能研究. 北京：中国戏剧出版社，2013：文419页，1/16
杨伯达. 中国史前玉文化. 杭州：浙江文艺出版社，2014：文252页，1/16
李会. 汉代前的中国玻璃工艺. 武汉：华中师范大学出版社，2014：文385页，1/16
白生光. 古玉探微. 合肥：安徽科学技术出版社，2015：文404页，1/16
张玉金. 汉字与玉石（汉字中国）. 广州：暨南大学出版社，2015：文235页，1/32

周晓晶. 中国古代美术经典图式·玉器卷. 沈阳：辽宁美术出版社，2015：文240页，1/16
田文轩. 巧夺天工：玉器收藏与鉴赏. 北京：北京美术摄影出版社，2015：文281页，1/16
穆朝娜. 玉论. 北京：科学出版社，2016：文330页，1/16
王亚民，秦伟. 玉器的故事. 北京：故宫出版社，2016：文419页，1/16
汪久文. 中国玉器时代与玉文化. 北京：科学出版社，2016：文314页，1/16
杨伯达. 中国史前玉器史. 北京：故宫出版社，2016：文687页，1/16
赵荣主编，杨岐黄、刘思哲、张伟、耿庆刚著. 玲珑剔透：陕西古代玉器（考古陕西）. 西安：陕西人民出版社，2016：文306页，1/16
邓淑苹. 古玉新释：历代玉器小品文集. 台北：故宫博物院，2016：文203页，1/16
许泳，徐玉芹. 玉魂国魄（修订版）（中国古玉鉴赏与研究系列丛书）. 石家庄：河北美术出版社，2016：文740页，1/16
杨伯达. 中国古代玉器鉴定（学术故宫）. 北京：故宫出版社，2016：文734页，1/16
岳龙山. 大漆彩绘玉器（上、下）. 北京：中国大地出版社，2016，1/8
王文浩，陈学建. 象雄天珠：民间古玉器交流精品集萃. 北京：蓝天出版社，2016：文267页，1/16

# 二、论文集

杨伯达主编. 出土玉器鉴定与研究（中国出土玉器鉴定与研究学术研讨会论文集）. 北京：紫禁城出版社，2001：文475页，1/32，收录玉器论文35篇

杨建芳. 中国古玉研究论文集（杨建芳师生古玉研究会古玉论著系列之一）. 台北：众志美术出版社，2001：文246页，1/16，收录玉器论文41篇

杨伯达主编. 中国玉文化玉学论丛. 北京：紫禁城出版社，2002：文360页，1/32，收录玉器论文27篇

费孝通主编. 玉魂国魄：中国古代玉器与传统文化学术讨论会文集. 北京：北京燕山出版社，2002：文249页，1/16，收录玉器论文23篇

良渚文化博物馆. 良渚文化论坛. 杭州：浙江古籍出版社，2002：文327页，1/32，收录玉器论文9篇

上海博物馆. 中国隋唐至清代玉器学术研讨会论文集. 上海：上海古籍出版社，2002：文477页，1/16，收录玉器论文36篇

良渚文化博物馆. 良渚文化论坛（良渚文化学术讨论会专辑）. 香港：中国文化艺术出版社，2003：文445页，1/32，收录玉器论文9篇

阎英明，王林. 中国独山玉文化论丛. 长春：吉林人民出版社，2003：文92页，1/32，收录玉器论文9篇

于福熹主编. 中国南方古玻璃研究：2002年：南宁中国南方古玻璃研讨会论文集. 上海：上海科学技术出版社，2003：文84页，1/16，收录玉器论文13篇

杨伯达主编. 中国玉文化玉学论丛（续编）. 北京：紫禁城出版社，2004：文305页，1/32，收录玉器论文19篇

浙江省文物考古研究所. 浙江省文物考古研究所学刊（第六辑）：第二届中国古代玉器与传统文化学术讨论会专辑. 杭州：杭州出版社，2004：文209页，1/16，收录玉器论文22篇

杨伯达主编. 中国和阗玉：玉文化研究文萃. 乌鲁木齐：新疆人民出版社，2004：文256页，1/32，收录玉器论文28篇

杨伯达主编. 中国玉文化玉学论丛（三编）. 北京：紫禁城出版社，2005：文728页，1/32，收录玉器论文50篇

杨伯达. 巫玉之光：中国史前玉文化论考. 上海：上海古籍出版社，2005：文262页，1/16，收录玉器论文25篇

杨建芳师生古玉研究会. 玉文化论丛1（杨建芳师生古玉研究会玉文化论丛系列之一）. 北京：

文物出版社，2006：文326页，1/16，收录玉器论文21篇

杨伯达. 杨伯达论玉：八秩文选. 北京：紫禁城出版社，2006：文575页，1/16，收录玉器论文42篇

于明主编. 如玉人生：庆祝杨伯达先生八十华诞辰文集. 北京：科学出版社，2006：文513页，1/16，收录玉器论文63篇

赤峰学院红山文化国际研究中心. 红山文化研究：2004年：红山文化国际学术研讨会论文集. 北京：文物出版社，2006：文588页，1/16，收录玉器论文24篇

张敬国. 凌家滩文化研究（安徽省文物考古研究所专刊之二）. 北京：文物出版社，2006：文263页，1/16，收录玉器论文30篇

杨伯达主编. 中国玉文化玉学论丛（四编）. 北京：紫禁城出版社，2007：文1162页，1/32，收录玉器论文61篇

卢兆荫. 玉振金声：玉器·金银器考古学研究. 北京：科学出版社，2007：文269页，1/16，收录玉器论文33篇

干福熹主编. 丝绸之路上的古代玻璃研究：2004年乌鲁木齐中国北方古玻璃研讨会和2005年上海国际玻璃考古研讨会论文集. 上海：复旦大学出版社，2007：文242页，1/16，收录玉器论文23篇

杨伯达，郭大顺，雷广臻主编. 古玉今韵：朝阳牛河梁红山玉文化国际论坛文集. 北京：中国文史出版社，2008：文462页，1/16，收录玉器论文25篇

良渚文化博物馆. 良渚文化论坛（良渚博物院开院特刊）. 杭州：浙江摄影出版社，2008：文331页，1/16，收录玉器论文11篇

张忠培，徐光冀主编. 玉魂国魄：中国古代玉器与传统文化学术讨论会文集（三）. 北京：北京燕山出版社，2008：文293页，1/16，收录玉器论文24篇

辽宁省博物馆. 辽宁省博物馆学术论文集（第三辑）：1999～2008. 沈阳：辽海出版社，2009：文2875页，1/16，收录玉器论文27篇

杨建芳师生古玉研究会. 玉文化论丛2（杨建芳师生古玉研究会玉文化论丛系列之二）. 北京：文物出版社，2009：文232页，1/16，收录玉器论文12篇

杨建芳师生古玉研究会. 玉文化论丛3（杨建芳师生古玉研究会玉文化论丛系列之三）. 北京：文物出版社，2009：文233页，1/16，收录玉器论文11篇

许泳，徐玉芹，许浩. 玉魂国魄：古玉研究述林（中国古玉鉴赏与研究系列丛书）. 石家庄：河北美术出版社，2009：文236页，1/32，收录玉器论文16篇

牟永抗. 牟永抗考古学文集（浙江省文物考古研究所学者文库）. 北京：科学出版社，2009：文728页，1/16，收录玉器论文59篇

刘国祥，于明主编. 名家论玉（一）：2008绍兴"中国玉文化名家论坛"文集. 北京：科学出版社，2009：文510页，1/16，收录玉器论文41篇

刘国祥，于明主编. 名家论玉（二）：2009珠海"中国玉文化名家论坛"文集. 北京：科学出版社，2009：文676页，1/16，收录玉器论文37篇

刘国祥，于明主编. 名家论玉（三）：2010海拉尔"中国玉文化名家论坛"文集. 北京：科学出版社，2010：文649页，1/16，收录玉器论文43篇

杨伯达，曾卫胜主编. 辉煌十年继往开来：1999～2008中国玉文化玉学学术成果精粹. 北京：地质出版社，2010：文402页，1/16，收录玉器论文37篇

杨晶，蒋卫东执行主编. 玉魂国魄：中国古代玉器与传统文化学术讨论会文集（四）（中华玉文化特刊）. 杭州：浙江古籍出版社，2010：文381页，1/16，收录玉器论文30篇

厦门大学人文学院历史系考古教研室，香港中文大学中国考古艺术研究中心. 东南考古研究（第四辑）. 厦门：厦门大学出版社，2010：文440页，1/16，收录玉器论文23篇

杨伯达. 巫玉之光（续集）. 北京：紫禁城出版社，2011：文650页，1/16，收录玉器论文32篇

中国社会科学院考古研究所公共考古中心，杨建芳师生古玉研究会，赤峰学院红山文化国家研究中心. 玉文化论丛4——红山文化专号（杨建芳师生古玉研究会玉文化论丛系列之四）. 北京：文物出版社，2011：文248页，1/16，收录玉器论文19篇

刘国祥，邓聪主编. 玉根国脉（一）——2011"岫岩玉与中国玉文化学术研讨会"文集. 北京：科学出版社，2011：文678页，1/16，收录玉器论文55篇

杨建芳. 中国古玉研究论文集续集（杨建芳师生古玉研究会论著系列之二）. 北京：文物出版社，2012：文517页，1/16，收录玉器论文24篇

杨晶，蒋卫东执行主编. 玉魂国魄：中国古代玉器与传统文化学术讨论会文集（五）（中华玉文化特刊）. 杭州：浙江古籍出版社，2012：文418页，1/16，收录玉器论文37篇

杨建芳师生古玉研究会. 玉文化论丛5（杨建芳师生古玉研究会玉文化论丛系列之五）. 台北：众志美术出版社，2013：文304页，1/16，收录玉器论文数十篇

曲石. 曲石古玉研究文选. 北京：文物出版社，2013：文438页，1/16，收录玉器论文18篇

杨晶，蒋卫东执行主编. 玉魂国魄：中国古代玉器与传统文化学术讨论会文集（六）（中华玉文化特刊）. 杭州：浙江古籍出版社，2014：文344页，1/16，收录玉器论文24篇

北京艺术博物馆，安徽博物院，陕西历史博物馆. 灵动飞扬：汉代玉器掠影（中华文明之旅系列）. 北京：北京美术摄影出版社，2014：文285页，1/16，收录玉器论文11篇

叶舒宪，古方主编. 玉成中国：玉石之路与玉兵文化探源. 北京：中华书局，2015：文309页，1/16，收录玉器论文17篇

田广林，刘国祥主编. 红山文化论著粹编：玉器研究卷（红山文化与中华文明研究丛书）. 大连：辽宁师范大学出版社，2015：文503页，1/16，收录玉器论文51篇

赤峰学院红山文化研究院. 第九届红山文化高峰论坛论文集. 长春：吉林出版集团有限责任公司，2015：文321页，1/16，收录玉器论文9篇

浙江省文物考古研究所，香港中文大学中国考古艺术研究中心. 良渚玉工：良渚玉器工艺源流论集（中国考古艺术研究中心专刊，十七）. 香港：香港中文大学中国考古艺术研究中心，2015：文223页，1/16，收录玉器论文13篇

杜金鹏主编. 临朐西朱封龙山文化玉器研究（中国古玉研究丛书）. 北京：科学出版社，2015：文254页，1/16，收录玉器论文10篇

张宏明，王建军主编. 玉英溯源：安徽历代玉器研究文萃. 黄山：黄山书社，2015：文262页，1/16，收录玉器论文数十篇

朱乃诚，王辉，马永福主编. 2015中国·广河：齐家文化与华夏文明国际研讨会论文集. 北京：文物出版社，2016：文380页，1/16，收录玉器论文13篇

杨建芳师生古玉研究会. 玉文化论丛6（杨建芳师生古玉研究会玉文化论丛系列之六）. 台北：众志美术出版社，2016，1/16，收录玉器论文数十篇

杨晶，陶豫执行主编. 玉魂国魄：中国古代玉器与传统文化学术讨论会文集（七）（中华玉文化特刊）. 杭州：浙江古籍出版社，2016：文463页，1/16，收录玉器论文33篇

中国文物学会玉器专业委员会. 丝绸之路与玉文化研究（中国玉文化研究辑丛）. 北京：故宫出版社，2016：文355页，1/16，收录玉器论文22篇

# 三、工具书

赵永魁，孙凤民. 玉器鉴赏与评估. 北京：地质出版社，2001：文344页，1/32
李建伟，邱运荣. 中国玉器鉴赏图录（上、下）. 北京：中国商业出版社，2001：文495页，1/32
钟见慈主编. 玉器鉴赏（上、下）. 深圳：中国鉴赏出版社，2003：文447页，1/32
王问海主编. 玉器鉴赏（上、下卷）. 海口：海南文宣阁出版社，2003：文447页，1/32
赵朝洪主编. 中国古玉研究文献指南. 北京：科学出版社，2004：文362页，1/16
谢天宇主编. 中国玉器收藏与鉴赏全书（上、下卷）. 天津：天津古籍出版社，2004：文618页，1/16
古方主编. 中国出土玉器全集（全15卷）. 北京：科学出版社，2005：文3600页，1/16
杨伯达主编. 中国玉器全集（上、中、下）. 石家庄：河北美术出版社，2005：文948页，1/24
郑春兴主编. 中国古玉宝典（鉴赏与收藏必备丛书）. 呼和浩特：内蒙古人民出版社，2005：文456页，1/16
周南泉主编，李彦君. 中国玉器投资与鉴藏. 郑州：大象出版社，2005：文367页，1/16
顾方伦. 华夏玉器收藏鉴赏全库. 潮州：潮州裕龙出版集团，2005：文375页，1/32
古董速查手册编委会. 古董速查手册：玉器. 长沙：湖南美术出版社，2006：文451页，1/32
张广文主编. 古玉收藏入门百科. 长春：吉林出版集团有限责任公司，2006：文287页，1/16
国家文物局国家文物鉴定委员会. 文物藏品定级标准图例：玉器卷. 北京：文物出版社，2006：文242页，1/16
周南泉主编. 中国玉器定级图典. 香港：商务印书馆，2006：文301页，1/32
吕济民主编. 中国传世文物收藏鉴赏全书：玉器（上、下卷）. 北京：线装书局，2006：文269页，1/8
施大光主编. 中国古代玉器价值汇考（全5卷）. 沈阳：辽海出版社，2006：文1080页，1/16
张广文. 中国古玉真伪鉴别（全4卷）. 太原：山西教育出版社，2006：文384页，1/16
古方主编. 中国古玉图典. 北京：文物出版社，2007：文480页，1/16
喻燕姣. 玉器鉴赏与投资. 长沙：湖南美术出版社，2007：文410页，1/16
李飞. 中国古代玉器纹饰图典. 杭州：浙江古籍出版社，2008：文268页，1/32
李彦君. 玉器词典（《中国艺术品收藏词典》系列丛书）. 哈尔滨：黑龙江人民出版社，2008：文195页，1/16
华义武主编，中国艺术品收藏鉴赏全集编委会. 中国玉器收藏鉴赏全集（中国艺术品收藏鉴赏

全集).长春:吉林出版集团有限责任公司,2008:文432页,1/16
橘中叟.中国玉器分类图典.北京:化学工业出版社,2009:文244页,1/32
古方主编.中国传世玉器全集(全8卷).北京:科学出版社,2010:文2040页,1/16
金维诺总主编,孙华本卷主编.中国美术全集·玉器(全三册).合肥:黄山书社,2010:文755页,1/16
周南泉主编.民间藏中国古玉全集(全33卷).北京:紫禁城出版社,2010、2011,1/16
于明主编.中国玉器年鉴(2013).北京:科学出版社,2013:文390页,1/16
(清)吴大澂.古玉图考(古刻新韵:二辑).杭州:浙江人民美术出版社,2013:文306页,1/32
常素霞.中国古代玉器图谱(上、下).北京:金城出版社,2013:文1100页,1/16
华义武.中国玉器全集:全彩版(中国古董文化收藏鉴赏).昆明:云南美术出版社,2013:文256页,1/16
于明主编.中国玉器年鉴(2014).北京:科学出版社,2014:文391页,1/16
陆建芳主编.中国玉器通史(全12卷).深圳:海天出版社,2014:文3901页,1/16
宋建文,沈泓,谢宇主编.古玩收藏鉴赏全集:玉器.长沙:湖南美术出版社,2014:文392页,1/16
于明主编.中国玉器年鉴(2015).北京:科学出版社,2015:文400页,1/16
于明主编.中国玉器年鉴(2016).北京:科学出版社,2016:文390页,1/16
姚江波.古玉收藏入门百科.北京:化学工业出版社,2016:文302页,1/16
张之经.珠宝玉石分级和检验手册.北京:金盾出版社,2016:文312页,1/32
周南泉,何正亮.中国古玉鉴赏图典.北京:中国书店,2016:文232页,1/16

# 四、图录

刘云辉. 北周隋唐京畿玉器（杨建芳师生古玉研究会古玉图录系列之一）. 重庆：重庆出版社，2000：文146页，1/16

赵力成. 中国玉器图录（收藏与投资）. 哈尔滨：黑龙江人民出版社，2001：文184页，1/32

周晓晶. 古代美术经典图录·玉器卷. 沈阳：辽宁美术出版社，2001：文240页，1/16

钱浚，周公太. 常熟博物馆藏玉. 北京：人民美术出版社，2001：文249页，1/16

上海市文物管理委员会编，黄轩佩主编. 上海出土唐宋元明清玉器. 上海：上海人民出版社，2001：文244页，1/16

余继明. 中国古玉器图鉴：良渚文化玉器/夏商周春秋战国玉器/汉代玉器（中国收藏鉴赏丛书）. 杭州：浙江大学出版社，2001：文474页，1/32

余继明. 中国古玉器图鉴：元明玉器/清代玉器（中国收藏鉴赏丛书）. 杭州：浙江大学出版社，2002：文262页，1/32

姜涛，王龙玉，乔斌. 三门峡虢国女贵族墓出土玉器精粹（杨建芳师生古玉研究会图录系列之二）. 台北：众志美术出版社，2002：文161页，1/16

张正明，邵学海主编. 长江流域古代美术（史前至东汉）：玉石器. 武汉：湖北教育出版社，2002：文184页，1/16

北京文物精粹大系编委会，北京市文物局. 北京文物精粹大系：玉器卷. 北京：北京出版社，2002：文245页，1/16

余继明. 中国古玉器图鉴：唐宋玉器/牌片类/人物、动物和瓜果类（中国收藏鉴赏丛书）. 杭州：浙江大学出版社，2003：文272页，1/32

薛翔. 中国古玉（掌上珍系列丛书）. 武汉：湖北美术出版社，2003：文301页，1/40

扬州博物馆，天水市博物馆. 汉广陵国玉器. 北京：文物出版社，2003：文167页，1/16

洛阳师范学院，洛阳市文物局. 洛阳古玉图谱（河洛文化研究书系）. 郑州：河南美术出版社，2004：文147页，1/16

西安市文物保护考古所. 西安文物精华：玉器. 北京：世界图书出版公司，2004：文160页，1/16

安徽省文物局. 安徽省出土玉器精粹（杨建芳师生古玉研究会图录系列之三）. 台北：众志美术出版社，2004：文314页，1/16

徐强. 红山文化古玉精华（民间博物馆珍品鉴赏丛书·听雨堂珍藏）. 北京：蓝天出版社，2004：文375页，1/16

徐强. 中国古玉珍藏（博物馆珍品鉴赏丛书·听雨堂珍藏）. 北京：蓝天出版社，2005：文262页，1/16

王震. 追溯古玉. 北京：中国轻工业出版社，2005：文114页，1/16

姚珺. 古玉国宝. 昆明：云南人民出版社，2005：文230页，1/16

彭燕凝，仁厚. 齐家古玉. 成都：天地出版社，2005：文190页，1/24

中国社会科学院考古研究所. 安阳殷墟出土玉器. 北京：科学出版社，2005：文211页，1/16

南阳市文物考古研究所. 南阳古玉撷英. 北京：文物出版社，2005：文271页，1/16

西藏博物馆. 西藏博物馆藏元明清玉器精品. 北京：文物出版社，2005：文189页，1/16

臧振华，叶美珍主编. 馆藏卑南遗址玉器图录. 台东：台湾史前文化博物馆，2005：文222页，1/16

周南泉. 中国艺术史大图典：玉器卷. 上海：上海辞书出版社，2006：文239页，1/16

冀东山总主编，韩建武分卷主编. 神韵与辉煌——陕西历史博物馆国宝鉴赏：玉杂器卷. 西安：三秦出版社，2006：文229页，1/16

上海市收藏鉴赏家协会. 上海民间收藏集锦·第1辑——上海首届民间玉文化研展会展品集. 上海：上海画报出版社，2006：文128页，1/16

刘云辉. 陕西出土东周玉器（杨建芳师生古玉研究会图录系列之四）. 北京：文物出版社，2006：文241页，1/16

广东省博物馆. 贞石之语——先秦玉器精品展图集. 广州：岭南美术出版社，2006：文228页，1/16

读图时代收藏馆. 玉器器形识别图鉴. 北京：中国轻工业出版社，2006：文164页，1/16

成都市文物考古研究所. 金沙玉器. 北京：科学出版社，2006：文166页，1/16

周南泉主编. 故宫博物院藏文物珍品全集：玉器（上、中、下）. 香港：商务印书馆，2006：文865页，1/16

杨天佑. 万古奇珍：泛红山文化玉群. 杭州：浙江大学出版社，2006：文323页，1/16

柏岳. 玉海拾珍——中国民间古玉收藏精品集. 北京：新华出版社，2007：文260页，1/16

南京博物院，江苏省考古研究所，无锡市锡山区文物管理委员会. 鸿山越墓出土玉器（中英文本）. 北京：文物出版社，2007：文129页，1/16

严春元主编. 万玉堂玉器精选集：第1卷（上、下）. 杭州：西泠印社出版社，2007：文552页，1/16

高延青主编，于宝东编著. 内蒙古珍宝：玉石器. 呼和浩特：内蒙古大学出版社，2007：文183页，1/8

陕西考古研究院，震旦艺术博物馆. 芮国金玉选粹——陕西韩城春秋宝藏. 西安：三秦出版社，2007：文310页，1/16

中国国家博物馆. 中国国家博物馆馆藏文物研究丛书：玉器卷. 上海：上海古籍出版社，2007：文373页，1/16

中国社会科学院考古研究所，香港中文大学中国考古艺术研究中心. 玉器起源探索：兴隆洼文化玉器研究及图录（香港中文大学中国文化研究所中国考古艺术研究中心专刊之十三）. 香港：香港中文大学中国考古艺术研究中心，2007：文310页，1/16

孙守道，刘淑娟. 红山文化玉器新品新鉴. 吉林：吉林文史出版社，2007：文311页，1/16

李宏，姜涛主编. 中原文物大典·文物典·玉器. 郑州：中州古籍出版社，2008：文427页，1/16

卓少东. 紫光玉照——故宫博物院·卓玉馆玉器精萃. 杭州：西泠印社出版社，2008：文438页，1/16

常州博物馆. 常州博物馆50周年典藏丛书——玉器·画像砖卷. 北京：文物出版社，2008：文105页，1/16

黑龙江省文物考古研究所（李陈奇，赵评春）. 黑龙江古代玉器. 北京：文物出版社，2008：文231页，1/16

王震主编. 中国古玉精选图录（奥运知识丛书）. 北京：朝华出版社，2008：文265页，1/16

荆州博物馆. 石家河文化玉器. 北京：文物出版社，2008：文188页，1/16

中华玉文化中心，中华玉文化工作委员会. 玉魂国魄——红山文化玉器精品展. 杭州：浙江古籍出版社，2009：文137页，1/16

浙江省博物馆. 史前双璧（浙江省博物馆典藏大系）. 杭州：浙江古籍出版社，2009：文192页，1/16

江伊莉，古方. 玉器时代——美国博物馆藏中国早期玉器（海外藏中国玉器全集）. 北京：科学出版社，2009：文404页，1/16

常庆林，常晓雷. 殷墟玉器——安阳殷畿艺术博物馆藏玉（图文本）. 上海：上海大学出版社，2009：文168页，1/16

东莞市博物馆. 东莞市博物馆藏玉器. 北京：文物出版社，2009：文159页，1/16

刘云辉. 陕西出土汉代玉器（杨建芳师生古玉研究会图录系列之五）. 北京：文物出版社，2009：文327页，1/16

肖先进，高大伦，张躍辉. 三星堆研究（第三辑）：玉器专辑（杨建芳师生古玉研究会图录系列之六）. 台北：众志美术出版社，2009，1/16

四川省文物考古研究院，三星堆博物馆，三星堆研究院. 三星堆出土文物全记录：玉器、石器/陶器、金器/青铜器. 成都：天地出版社，2009：文799页，1/8

李升求. 玉瀚瑰珍——李升求玉器收藏展. 台北：台湾工艺研究所，2009：文175页，1/16

山东省文物考古研究所，济南市文物局，德州文化局，济阳县文化局. 山东济阳刘台子玉器研究（杨建芳师生古玉研究会图录系列之七）. 台北：众志美术出版社，2010：文194页，1/16

浙江省博物馆. 玉簌——浙江慈溪许氏藏皇宋修内司暨古代玉器珍品. 北京：文物出版社，2010：文283页，1/8

郭大顺，洪殿旭主编. 红山文化玉器鉴赏. 北京：文物出版社，2010：文227页，1/16

张雪秋，张东中. 红山文化玉器. 哈尔滨：黑龙江大学出版社，2010：文336页，1/16

良渚博物院，江西省博物馆. 玉叶金枝——明代江西藩王墓出土玉器精品展. 杭州：浙江古籍出版社，2010：文173页，1/16

北京大学震旦古代文明研究中心，北京大学中国考古学研究中心，宝鸡青铜器博物馆，台湾震

旦艺术博物馆. 虢国玉器. 北京：文物出版社，2010：文392页，1/16

姚珺. 古玉国宝——战国汉代玉雕小佩饰专集（一、二）. 兰州：甘肃文化出版社，2010：文300页，1/16

陶忠明主编. 古玉珍赏. 上海：上海古籍出版社，2010：文199页，1/16

姚江波. 古玉珍赏（全4册）. 北京：印刷工业出版社，2011：文492页，1/16

莫离. 玉器图谱（读图时代）. 长沙：湖南美术出版社，2011：文176页，1/16

何亦雄. 高古玉器. 珠海：珠海出版社，2011：文161页，1/16

于庆文. 中国历代玉蝉鉴赏. 北京：地质出版社，2011：文317页，1/16

旅顺博物馆. 旅顺博物馆馆藏文物选粹：玉器卷. 大连：大连出版社，2011：文123页，1/16

故宫博物院. 故宫博物院藏品大系·玉器编（1~10卷）. 合肥：安徽美术出版社，2011：文3021页，1/8

唐彩兰主编. 契丹遗珍：巴林左旗契丹博物馆馆藏珍品选——金银器、铜器、玉器卷. 北京：线装书局，2011：文265页，1/16

良渚博物院. 瑶琨美玉——良渚博物院藏良渚文化玉器精粹（杨建芳师生古玉研究会图录系列之八）. 北京：文物出版社，2011：文369页，1/16

殷志强. 旅美华玉——美国藏中国玉器珍品. 南京：南京大学出版社，2011：文187页，1/16

李祥云. 祥云轩红山玉器古工沁精微图典（祥云轩古玉收藏与研究系列丛书）. 北京：蓝天出版社，2012：文320页，1/16

李祥云. 祥云轩商周玉器古工古沁精微图典（祥云轩古玉收藏与研究系列丛书）. 北京：蓝天出版社，2012：文288页，1/16

李祥云. 祥云轩春秋战国玉器古工古沁精微图典（祥云轩古玉收藏与研究系列丛书）. 北京：蓝天出版社，2012：文272页，1/16

刘炜，段国强主编. 国宝·玉器. 济南：山东美术出版社，2012：文365页，1/16

张怀林. 汉代后古玉（海外珍藏中华瑰宝）. 北京：北京工艺美术出版社，2012：文110页，1/16

宋海洋主编. 玉意奢华：古董玉器装饰（汉英对照）. 北京：紫禁城出版社，2012：文135页，1/16

天津博物馆. 天津博物馆藏玉（天津博物馆精品系列图集）. 北京：文物出版社，2012：文237页，1/16

故宫博物院. 山川菁英——中国与墨西哥古代玉石文明. 北京：故宫出版社，2012：文413页，1/16

张树伟，李向东主编. 时空穿越——红山文化出土玉器精品展. 北京：北京美术摄影出版社，2012：文182页，1/16

余杭博物馆，良渚博物院，宁波博物馆. 良渚玉韵——良渚文化玉器精品. 宁波：宁波出版社，2012：文191页，1/16

荆州博物馆. 荆州楚玉——湖北荆州出土战国时期楚国玉器. 北京：文物出版社，2012：文205页，1/16

蒋卫东，包东波主编. 瑞玉呈祥——湖北省博物馆藏明清玉器精品展. 杭州：浙江古籍出版社，

2012：文142页，1/16

张新泰．天香国魂——中国和田玉古今玉器精品品鉴．乌鲁木齐：新疆人民出版社，2013：文397页，1/16

中华玉文化中心，中华玉文化工作委员会．玉魂国魄——玉器·玉文化·夏代中国文明展．杭州：浙江古籍出版社，2013：文269页，1/16

中国社会科学院考古研究所，深圳博物馆．玉石之魂——中国社会科学院考古研究所发掘出土商周玉器精品．北京：文物出版社，2013：文160页，1/16

中国社会科学院考古研究所，良渚博物院．天地之灵——中国社会科学院考古研究所发掘出土商与西周玉器精品展．杭州：浙江古籍出版社，2013：文309页，1/16

中国社会科学院考古研究所，北京艺术博物馆．天地之灵——中国社会科学院考古研究所发掘出土商与西周玉器精品展（中华文明之旅系列）．北京：北京美术摄影出版社，2013：文309页，1/16

虢国博物馆．虢国墓地出土玉器（壹）．北京：科学出版社，2013：文165页，1/16

西安博物院．金辉玉德——西安博物院藏金银器玉器精萃．北京：文物出版社，2013：文199页，1/16

天津博物馆．聚赏珍玉——馆藏中国古代玉器陈列（天津博物馆文物展览系列图集）．北京：文物出版社，2013：文79页，1/16

许晓东．故宫玉器图典（故宫经典）．北京：故宫出版社，2013：文300页，1/12

浙江省博物馆．五侯鲭——许国文珍藏古代玉器（浙江民间收藏精品走进博物馆十周年纪念展特集）．北京：文物出版社，2014，1/8

淅川县博物馆．淅川楚国玉器精粹．郑州：中州古籍出版社，2014：文205页，1/16

山东博物馆，良渚博物院．玉润东方——大汶口～龙山·良渚玉器文化展．北京：文物出版社，2014：文215页，1/8

北京艺术博物馆，江西省博物馆．气度与风范——明代江西藩王墓出土玉器（中华文明之旅系列）．北京：北京美术摄影出版社，2014：文227页，1/16

姜玉堂．古代玉器萃珍：玉堂藏玉赏析．北京：中国铁道出版社，2014：文398页，1/16

故宫博物院，新疆维吾尔自治区玛纳斯县人民政府．故宫博物院藏清代碧玉器与玛纳斯．北京：故宫出版社，2014：文351页，1/16

张绪球．荆州楚王陵园出土玉器精粹（杨建芳师生古玉研究会图录系列之九）．台北：众志美术出版社，2015：文356页，1/16

中华玉文化中心，中华玉文化工作委员会．玉魂国魄——湖北枣阳九连墩楚墓玉器特展．杭州：浙江摄影出版社，2015：文170页，1/16

北京艺术博物馆，甘肃省博物馆，青海省博物馆，宁夏回族自治区博物馆，固原博物馆，中国社会科学院考古研究所，甘肃省文物考古研究所，青海省文物考古研究所，宁夏回族自治区文物考古研究所．玉泽陇西：齐家文化玉器（中华文明之旅系列）．北京：北京美术摄影出版社，2015：文396页，1/16

沈辰，古方主编．加拿大皇家安大略博物馆藏中国古代玉器（海外博物馆藏中国玉器图集之一）．北京：文物出版社，2016：文391页，1/16

中国社会科学院考古研究所，广东省博物馆. 妇好墓玉器（广东省博物馆展览丛书）. 广州：岭南美术出版社，2016：文379页，1/16

中国社会科学院考古研究所，北京艺术博物馆，首都博物馆，河南博物馆. 王后·母亲·女将——纪念殷墟妇好墓考古发掘四十周年（玉器篇）. 北京：科学出版社，2016：文264页，1/16

北京艺术博物馆，徐州博物馆. 龙飞凤舞——徐州汉代楚王墓出土玉器（中华文明之旅系列）. 北京：北京美术摄影出版社，2016：文219页，1/16

浙江省博物馆. 金玉默守——湖北蕲春明荆藩王墓珍宝（全2册）. 北京：中国书店，2016：文334页，1/16

宝鸡青铜器博物馆. 明月照琼琚——宝鸡青铜器博物馆玉器精粹. 西安：三秦出版社，2016：文181页，1/16

# 第二部分　研究论文

　　研究论文部分主要对2001~2016年国内常见期刊、报纸、论文集和考古文博类高校研究生公开发表的2200余篇较有代表性的玉器论文的刊载信息进行了分类汇编。为便于读者检索，设期刊和报纸论文、论文集析出论文、学位论文三个类别，期刊和报纸论文、论文集析出论文各设综论、新石器时代玉器研究、夏商周玉器研究、秦汉至魏晋南北朝玉器研究、隋唐及以后各代玉器研究、技术工艺、佩戴与装饰、宗教与祭祀、鉴藏与辨伪、玉器史话、科技考古与文物保护和其他等12个小专题，学位论文设硕士学位论文、博士学位论文和博士后出站报告等3个小专题。在具体编排上，以各小专题为纲，依论文发表时间和玉器主要年代的先后为序，涉及同一主题则相对集中，编排格式如下：

□ 期刊论文
主要责任者. 题名. 连续出版物题名, 年, 卷（期）: 页码

□ 报纸论文
主要责任者. 题名. 连续出版物题名, 年–月–日（论文所在版次）

□ 析出文献（论文集）
析出文献主要责任者. 析出文献题名. 专著题名. 出版地: 出版者, 出版年: 析出文献的页码

□ 学位论文/出站报告
主要责任者. 题名. 主要责任者单位+学位论文/出站报告, 出版年

# 一、期刊、报纸论文

## （一）综论

费孝通. 中国古代玉器和传统文化. 群言，2001，（8）：27～28

费孝通. 再谈中国古代玉器和传统文化. 群言，2001，（10）：37～39

费孝通. 中国古代玉器和传统文化. 燕京学报，2001，（新11）：1～10

卢兆荫. 论儒家与中国玉文化. 燕京学报，2001，（新11）：11～20

杨伯达. 关于玉学的理论框架及其观点的探讨. 中原文物，2001，（4）：60～67

李晓东. 玉器学结构体系纲要. 文物春秋，2001，（4）：17～21

朱威. 用考古学构筑玉学基础——从收藏、鉴赏到研究. 中国文物报，2001-4-15（8）

张之恒. 环砥石与穿孔技术. 华夏考古，2001，（4）：84～87

王永波. 玉器研究的理论思考. 中原文物，2002，（5）：24～29

王晋凤. 浅谈中国玉文化及内涵. 文物世界，2002，（2）：73～74

杨伯达. 中国古代三大玉板块论. 上海博物馆集刊（第九期）. 上海：上海书画出版社，2002：441～447

张蔚. 从《诗经》《楚辞》看中国古代玉文化. 上海博物馆集刊（第九期）. 上海：上海书画出版社，2002：458～465

孙庆伟. 《左传》所见用玉事例研究. 古代文明（第1卷）. 北京：文物出版社，2002：311～370

王樾. 中国古代玉器中的"六瑞"与"六器". 中国文物报，2002-1-4（4）

王永波. 也谈中国古代的"瑞"与"器". 中国文物报，2002-4-10（4）

青林. 浅述六器与中国玉礼文化. 东南文化，2002，（10）：28～33

杨伯达. 中国和田玉玉文化叙要. 中国历史文物，2002，（6）：67～73

王永波. 耜形端刃器的起源、定名和用途. 考古学报，2002，（2）：125～156

刘国祥. 辽西古玉略说. 中国社会科学院院报，2000，2002-4-18（4）

于平. 北京地区的玉器. 北京文博文丛，2002，（4）：42～51

王建中. 南阳古代独玉初探. 中原文物，2002，（2）：51～55

吕曼. 苏州玉器论略. 东南文化，2002，（5）：78～81

闻惠芬. 吴地早期玉文化与中国传统文化. 东南文化, 2003, (1): 46~51

费孝通. 中国古代玉器与中华民族多元一体格局. 思想战线, 2003, (6): 1~4

吕军. 从考古学上谈岫岩玉在中国玉文化起源中的地位与作用. 鞍山师范学院学报, 2003, (5): 55~59

张辛. 玉器礼义论要. 中国历史文物, 2003, (6): 28~37

张永山. 从诗经看古人观念中的玉. 考古学研究(五). 北京: 科学出版社, 2003: 670~678

杨伯达. "玉石分化"论(一、二、三、四). 中国文物报, 2003-10-29(7)、2003-11-5(7)、2003-11-12(7)、2003-11-19(7)

袁永明. "玉石分化"说辨正——兼论玉器的起源问题. 中原文物, 2003, (5): 26~30

蔡庆良. 试论器物学方法在玉器研究中的应用. 古代文明(第2卷). 北京: 文物出版社, 2003: 328~355

袁伟. 我国古代水晶制品一瞥. 收藏家, 2003, (1): 42~45

傅举有. 考古发现的古代玻璃耳珰. 中国文物报, 2003-6-25(7)

傅举有. 中国早期玻璃容器及其他玻璃器. 历史文物, 2003, (2): 21~34

张宏明. 玉器与玉文化. 中国文物报, 2004-1-14(7)

陆建芳. 有关"玉器时代"的再思考. 江阴文博, 2004, (2): 2~3

古方. 对玉石之路形成时间和线路的一些认识. 考古与文物, 2004, 增刊(先秦考古): 74~77

殷志强. 玉器的形态构成. 中国文物报, 2004-3-31(7)、2004-4-7(7)

杨伯达. 中国古代玉器探源. 中原文物, 2004, (2): 54~58

王志军. 中国古代玉器中"和田玉". 中国文物报, 2004-6-30(7)

蔡庆良. 古器物学研究——原生形、次生形、再生形玉器的讨论. 古代文明(第3卷). 北京: 文物出版社, 2004: 359~379

杨美莉. 西方早期对中国文物的认识与收藏之建构——以玉器为例. 故宫学术季刊, 2005, 22(4): 141~173

蔡庆良. 揭开古玉的神秘面纱——古器物学浅谈. 历史文物, 2005, (6): 38~44、(8): 44~53、(10): 42~51、(12): 102~110

牟永抗. 南方地区古玉考古学研究进展与成果之我见. 江阴文博, 2005, (2): 6~12

傅举有. 中国古代早期玻璃研究. 湖南省博物馆馆刊(第二辑). 长沙: 岳麓书社, 2005: 222~257

赵永. 早期玻璃器与古代社会. 中国文物报, 2005-8-26(7)

黄雪寅. 散落于内蒙古草原上的古玻璃器. 内蒙古文物考古, 2005, (1): 50~53

李宏. 河南出土的古代玉器. 文物天地, 2006, (1): 20~23

彭明瀚. 江西出土的历代玉器. 文物天地, 2006, (1): 28~33

彭明瀚. 璀璨斑斓——江西出土玉器概述. 南方文物, 2006, (1): 90~92

周润垦. 浅谈刀形端刃器的起源. 考古与文物, 2006, (2): 46~50

陈淳, 孔德贞. 性别考古与玉璜的社会学观察. 考古与文物, 2006, (4): 31~37

常素霞. 昆仑山与和田玉——兼谈中国山岳玉石崇拜. 上海文博论丛, 2007, (2): 16~22

乔梁. 美玉与黄金——中国古代农耕与畜牧集团在首饰材料选取中的差异. 考古与文物, 2007, (5): 47～52

王红. 试谈玉器的命名问题——以强国墓地出土玉器为例. 历史文物, 2007, 16 (6): 16～23

方辉. 东北地区出土绿松石器研究. 考古与文物, 2007, (1): 39～45

穆朝娜. 浅析诗经中的玉文化. 文物春秋, 2007, (4): 10～14

彭德. "玉器时代"之我见. 四川文物, 2008, (5): 133～144

田广林. 东北古玉的发生与中华礼制文明的起源. 东北史地, 2008, (5): 57～60

翟艳艳. 简论中国玉器发展的三个阶段. 文物研究（第十六辑）. 北京：科学出版社, 2009: 328～332

杨伯达. 中国和田玉玉文化三大文化基因论. 文博, 2009, (1): 3～13

闫亚林. 关于"玉石之路"问题的探讨. 考古与文物, 2010, (3): 38～41

王锋钧. 西安地区出土玉器述要. 中原文物, 2011, (3): 76～84

杨岐黄. 玉石器研究中自然科学方法的应用. 草原文物, 2012, (1): 107～109

吴悠. 农业文明对中国古代玉器艺术表现的影响. 农业考古, 2012, (4): 82～85

丁思聪, 蒋成龙. 古玉次生变化研究述评. 中原文物, 2012, (6): 36～44

朱文楷. 中国古代玉器中的蟠纹. 重庆科技学院学报（社会科学版）, 2012, (12): 162～163

赵德云. 中国出土的蜻蜓眼式玻璃珠研究. 考古学报, 2012, (2): 177～216

张锟. 论陕北地区发现的玉器. 文物世界, 2012, (2): 15～21

杨洋, 蒋小雨. "玉器时代"研究述评. 陕西理工学院学报（社会科学版）, 2013, (4): 32～36

唐启翠. "玉石之路"研究回顾与展望. 上海交通大学学报（哲学社会科学版）, 2013, (6): 27～36

叶舒宪. 玉石之路与华夏文明的资源依赖——石峁玉器新发现的历史重建意义. 上海交通大学学报（哲学社会科学版）, 2013, (6): 18～26

杨建芳. 深化玉器研究的几个问题. 文物, 2013, (10): 55～66

李兴华, 肖绚. 中国古代玉器造型设计中的神性、物性与人性. 江南大学学报（人文社会科学版）, 2013, (1): 100～104

徐琳. 中国与中美洲玉文化的初步比较. 玉器考古通讯, 2013, (1): 69～78

叶舒宪. 西玉东输与华夏文明的形成. 光明日报, 2013-7-25 (11)

叶舒宪. 西玉东输与华夏文明的形成. 丝绸之路, 2013, (6): 5～7

翁雪花. 江阴出土玉器概述. 江阴文博, 2013, (1): 89～91

于志勇. 近年来新疆古代玻璃器的考古发现、研究与思考. 新疆文物, 2013, (2): 107～117

刘瑶. 从元代玻璃莲花托盏看中国玻璃器的发展. 丝绸之路, 2013, (8): 51～55

叶舒宪. 东亚玉文化的发生与玉器时代分期. 河南社会科学, 2014, (9): 74～82

温雅棣, 邓聪. 考古学操作链与玉器研究. 玉器考古通讯, 2014, (1): 74～80

宋亦箫. 礼玉"六器"的阴阳性别及与四神的关联. 民族艺术, 2014, (3): 151～157

高原. 浅论古代改制玉器. 文物春秋, 2014, (6): 11～16

曲艳丽, 刘景文. 吉林省出土玉器概述. 北方文物, 2014, (2): 46～48

张桂霞, 司伟伟. 辽宁地区出土古代玻璃器概述. 东北史地, 2014, (3): 21~25
刘成纪. 石与玉: 中国社会早期玉文化的形成. 江苏行政学院学报, 2015, (3): 40~48
张忠培. 中国玉器与玉文化研究之道的思考. 江汉考古, 2016, (6): 3~7
毛晓沪. 中国玻璃起源新论. 收藏家, 2016, (3): 58~60
毛晓沪. 中国玻璃起源新论. 文物天地, 2016, (4): 92~95

## （二）新石器时代玉器研究

张宏明, 李静. 浅论中国史前玉器的历史地位. 文物研究（第十三辑）. 合肥: 黄山书社, 2001: 21~27
梁彦民. 史前玉器研究中的玉、石区分问题. 陕西历史博物馆馆刊（第八辑）. 西安: 三秦出版社, 2001: 372~376
谢端琚. 黄河上游史前文化玉器研究. 故宫学术季刊, 2001, 19(2): 1~34
罗丰. 黄河中游新石器时期的玉器——以馆藏宁夏地区玉器为中心. 故宫学术季刊, 2001, 19(2): 35~68
杨亚长. 陕西史前玉器的发现与初步研究. 考古与文物, 2001, (6): 46~52
刘国祥. 吉林史前玉器试探. 北方文物, 2001, (4): 6~16
赵宾福. 吉林省新石器时代玉器初探. 博物馆研究, 2001, (1): 76~82
〔日〕中山清隆著, 宁波译. 中国东北地区的史前玉器——以黑龙江省的资料为中心. 博物馆研究, 2001, (3): 58~73
王仁湘. 玉眼勾云形玉佩的定式和变式. 中国文物报, 2011-7-22(7)
柏岳. 对勾云形玉佩为"玉眼"说的商榷——兼谈红山文化玉器的命名问题. 中国文物报, 2001-8-15(8)
吕军, 栾兆鹏. 关于红山文化勾云形类玉器研究的几个问题. 文物春秋, 2011, (1): 8~14
柏岳, 曲石. 红山文化太阳形玉器考. 文博, 2001, (1): 17~18
李修松. 试论凌家滩玉龙、玉鹰、玉龟、玉版的文化内涵. 安徽大学学报（哲学社会科学版）, 2001, (6): 40~45
石荣传. 大汶口文化玉器. 中国文物世界, 2001, 18(6): 54~63
殷志强. 良渚古玉的发现与认识. 故宫文物月刊, 2001, 21(5): 34~45
冈村秀典. 陕晋地区龙山文化的玉器. 故宫学术季刊, 2001, 19(2): 105~114
叶茂林. 浅谈齐家文化玉器. 中国文物报, 2001-10-17(8)
殷志强. 新石器时代玉璧——功能多样的文化载体. 中国文物报, 2001-3-4(8)
殷志强. 新石器时代抽象玉猪——早期农业文明的见证. 中国文物报, 2001-12-5(8)
杨美莉. 黄河上、中游的玉围圈. 故宫学术季刊, 2001, 19(2): 69~104
周玮. 良渚文化玉琮名和形的探讨. 东南文化, 2001, (11): 60~64

杨伯达. 丁沙地遗址出土"玉角"考——溧阳小梅岭玉及句容茅山石即瑶琨. 东南文化, 2001, (7): 67~70
张敏. 句容城头山遗址出土的史前玉器及其相关问题的讨论. 东南文化, 2001, (6): 42~49
林淑心. 略论玛雅、中国玉文化. 历史文物, 2002, (6): 28~36
孔德安. 浅谈我国新石器时代绿松石器及制作工艺. 考古, 2002, (5): 74~80
田名利. 略论皖西南地区的新石器时代玉器. 江汉考古, 2002, (1): 58~66
张喜荣, 唐凯. 对小孤山、将军山史前岫玉文化探讨. 鞍山师范学院学报, 2002, (4): 35~37
刘国祥. 兴隆沟聚落遗址: 8000年前精美玉器. 5000年前裸女陶塑. 文物天地, 2002, (1): 1~3
智喜君. 红山文化证明东北是玉文化的发祥地: 兼谈岫玉对玉文化的贡献. 鞍山师范学院学报, 2002, (4): 30~34
吕军. 从牛河梁积石冢谈红山玉器的功能. 考古与文物, 2002, 增刊(先秦考古): 80~86
赵宏伟. 长江中、下游史前玉人的比较. 东南文化, 2002, (4): 52~57
杨晶. 长江下游地区玉钺之研究. 东南文化, 2002, (7): 15~24
汪遵国. 太湖流域史前玉文化历程——苏州草鞋山出土的玉器. 故宫文物月刊, 2002, 22(6): 70~93
蒋素华. 北阴阳营——凌家摊玉器的分析. 东南文化, 2002, (5): 63~65
方向明. 良渚文化玉器研究的现实与方法探讨. 东南文化, 2002, (5): 66~74
叶维军. 良渚文化图像玉璧试析. 华夏考古, 2002, (3): 42~49
方向明. 良渚文化的玉三叉形器. 故宫文物月刊, 2002, 23(3): 36~45
杨晶. 良渚文化玉质梳背饰及其相关问题研究. 文物, 2002, (1): 56~64
吴桂兵. 石家河文化玉器的区域功能与普遍影响. 中原文物, 2002, (5): 30~36
刘森淼. 璇玑·齐家铜镜·良渚璧琮——中国早期琢玉砣机研究. 考古与文物, 2002, 增刊(先秦考古): 117~121
叶茂林, 何克洲. 青海民和县喇家遗址出土齐家文化玉器. 考古, 2002, (12): 89~90
吴桂兵. 中国古代玉器发展中的"生命关怀"——以青海民和喇号房址灾难现场出土齐家文化玉器为例. 中国文物报, 2002-2-20(7)
孙周勇. 陕西神木县新华遗址出土玉器初步研究. 故宫文物月刊, 2002, 22(7): 90~113
孙周勇. 神木新华遗址出土玉器的几个问题. 中原文物, 2002, (5): 37~42
戴应新. 再谈石峁玉器. 陕西历史博物馆馆刊(第九辑). 西安: 三秦出版社, 2002: 179~184
林继来. 山东济阳刘台子西周墓的史前遗玉. 东南文化, 2002, (3): 77~80
杨晶. 侯马晋国祭祀遗址出土的龙山玉圭. 中国文物报, 2002-7-3(6)
刘国祥, 田广林. 中国史前玉器研究中的几个问题. 中国文物报, 2003-8-22(7)
张明华. 美玉初识高潮骤起的新石器时代玉器. 中国文物世界, 2003, (196): 100~125
傅仁义. 最早岫玉制品的发现是中国玉文化研究史上的重大突破. 鞍山师范学院学报, 2003, (1): 50~53
刘俊勇. 史前时期岫玉初步研究. 鞍山师范学院学报, 2003, (1): 45~49
冯敏, 毛振伟, 潘伟斌, 张仕定. 贾湖遗址绿松石产地初探. 文物保护与考古科学, 2003, (3):

9～12

刘国祥. 中国玉文化起源探索——以兴隆洼文化玉器为例. 中国文物报, 2003-7-25 (7)

王炜. 红山文化与良渚文化玉器的比较研究. 北方文物, 2003, (3): 19～27

郭大顺. 漫谈红山文化玉材产地与岫岩玉矿的早期开发. 故宫文物月刊, 2003, 23 (8): 78～97

李祥云. 红山文化玉器之沁. 中国收藏, 2003, (6): 14～17

方向明. 良渚文化玉璧的考古学认识. 故宫文物月刊, 2003, 4 (2): 74～87

周玮. 良渚文化玉琮的形式研究. 东南文化, 2003, (3): 19～24

贺云翱. 良渚文化之"精神文化"探析之一——以玉器为切入点. 浙江学刊, 2003, 增刊: 104～108

林华东. 良渚文化玉璧. 浙江学刊, 2003, 增刊: 74～84

俞为洁, 赵丽君. 良渚文化彩石器研究. 浙江学刊, 2003, 增刊: 133～148

黄建秋. 良渚文化玉冠帽饰——兼谈考古学研究需要理论. 中国文物报, 2003-3-7 (7)

何宏波. 史前玉礼的播迁及其历史意义. 考古与文物, 2004, 增刊 (先秦考古): 66～73

李新伟. 中国史前玉器反映的宇宙观——兼论中国东部史前复杂社会的上层交流网. 东南文化, 2004, (3): 66～72

郑建明. 史前玉质生产工具. 农业考古, 2004, (1): 130～135

萧兵. 红山玉龙的多层面解析. 民族艺术, 2004, (2): 59～63

张国强. 红山文化玉器研究的再思考. 昭乌达蒙族师专学报, 2004, (1): 22～23

鲍凤林. 红山文化玉器与传统中国画. 昭乌达蒙族师专学报, 2004, (2): 7～9

安志敏. 红山玉器的质疑和论证. 考古, 2004, (2): 79～85

牛河梁考古工作站. 红山文化玉器的时代与意义毋庸置疑——就牛河梁的考古发现答安志敏先生. 中国文物报, 2004-5-21 (7)

周晓晶. 红山文化玉勾云形器研究回顾及新探. 鞍山师范学院学报, 2004, (1): 58～64

王时麒. 岫岩软玉与红山文化. 鞍山师范学院学报, 2004, (3): 40～43

贺云翱. 长江流域早期玉文化初论 (上、下). 南方文物, 2004, (2): 13～25、(3): 42～48

杨晶. 长江下游三角洲地区史前玉璜研究. 考古与文物, 2004, (5): 26～37

黄渭金. 试论河姆渡文化玉石块. 史前研究 (2002). 西安: 三秦出版社, 2004: 273～280

方辉. 凌家滩出土"玉人头像饰"应为玉质钺帽饰. 中国文物报, 2004-4-9 (7)

周玮. 良渚文化玉琮基本特征的考古学观察. 江汉考古, 2004, (2): 43～47

罗晓群. 试探良渚文化玉琮的发展及功能演变. 史前研究 (2002). 西安: 三秦出版社, 2004: 376～380

吴敬. 再论良渚文化玉锥形器. 东南文化, 2004, (6): 77～82

郭青岭. 良渚文化玉璧功能论点综述. 史前研究 (2002). 西安: 三秦出版社, 2004: 381～384

黄建秋. 良渚文化玉梳背饰研究. 学海, 2004, (2): 94～101

王青. 再议朱封镶嵌玉神徽的纹饰复原. 中国文物报, 2004-1-16 (7)

闻广. 《再议朱封镶嵌玉神徽的纹饰复原》一文补正. 中国文物报, 2004-3-3 (7)

杨伯达. "一目国"玉人面考——兼论石峁玉器与贝加尔湖周边资源的关系. 考古与文物, 2004,

（2）：29~32

索秀芬，郭治中. 白音长汗遗址出土玉器. 边疆考古研究（第3辑）. 北京：科学出版社，2004：1~8

田华，王承海. 倭肯哈达洞穴墓葬和小南山M1出土玉器的比较研究. 北方文物，2004，（2）：13~18

杨伯达. 中国史前玉文化板块论. 故宫博物院院刊，2005，（4）：6~24

肖梦龙. 长江下游史前玉器概论. 南方文物，2005，（1）：35~53

石荣传. 试论中国史前玉器寓意性功能的演变. 江汉考古，2005，（4）：45~51

栾秉璈. 史前古玉玉质及玉料来源问题研究. 南阳师范学院学报，2005，（2）：113~116

连照美. 新石器时代台湾南端的玉器——垦丁寮1931年：发掘陪葬玉器之研究. 考古人类学刊，2005，64：141~180

崔岩勤. 牛河梁第二地点一号积石冢21号墓及出土玉器探析. 赤峰学院学报（汉文哲学社会科学版），2005，（4）：15~16

王来柱. 牛河梁遗址第十六地点出土玉人、玉凤及相关问题. 中国文物报，2005-4-29（7）

袁伟. 对红山文化玉三孔器的再认识. 故宫博物院院刊，2005，（1）：141~147

田广林. 红山文化"勾云形玉佩"的再解读. 北方文物，2005，（2）：18~21

殷志强. 玉器反映的青墩文化性质. 江苏地方志，2005，（5）：27~29

方向明. 良渚文化用玉种类的考古学认识. 东方博物（第十五辑）. 杭州：浙江大学出版社，2005：6~16

宋建. 良渚文化玉琮一种特殊的使用方式. 中国文物报，2005-6-17（7）

何国俊. 良渚文化玉器原料来源探讨. 南方文物，2005，（4）：28~30

王书敏. 良渚文化三叉形玉器. 四川文物，2005，（2）：39~43

晏海涛. 浅识石家河文化玉器. 收藏家，2005，（4）：69~70

魏真. "玉器时代"研究述评：良渚文化. 河南社会科学，2005，（5）：129~131

赵慧群. 我国史前玉鸟饰管窥. 江汉考古，2005，（4）：52~58

袁永明. 巴林右旗洪格力图墓葬出土玉器年代的再认识. 内蒙古文物考古，2005，（2）：56~59

张碧波. 中华古史上的玉器时代：中华文明之一. 学习与探索，2006，（4）：154~158

魏彪，张宏明. 史前和田玉东渐中原的几个问题. 湖南省博物馆馆刊（第三辑）. 长沙：岳麓书社，2006：467~474

张得水. 周边地区对中原文明化进程的影响——从河南古玉文化的起源与发展谈起. 东岳论丛，2006，（3）：41~45

宋康年. 绚丽璀璨的皖西南原始玉饰文化. 收藏界，2006，（7）：90~91

陈逸民，陈莺. 红山文化玉器的神话学思考. 东北史地，2006，（6）：29~35

李倍雷. 红山文化中玉鸟的图像学意义与艺术风格. 艺术探索，2006，（4）：5~9

唐玉萍. 红山文化特殊类玉器的宗教内涵探析. 赤峰学院学报（汉文哲学社会版），2006，（1）：4~6

张星德. 牛河梁玉器墓的文化属性再考察. 边疆考古研究（第4辑）. 北京：科学出版社，2006：70~75

燕生东，高明奎，苏贤贞. 丹土与两城镇玉器研究——兼论海岱地区史前玉器的几个问题. 东方考古（第3集）. 北京：科学出版社，2006：87～124

葛金根. 马家浜文化玉玦小考. 东方博物（第二十辑）. 杭州：浙江大学出版社，2006：24～34

刘斌. 良渚文化玉器的分类与定名. 文物天地，2006，（1）：56～63

郑彤. 良渚文化玉琮纹饰新探. 考古与文物，2006，（4）：93～99

马萧林，李新伟，杨海青. 灵宝西坡仰韶文化墓地出土玉器初步研究. 中原文物，2006，（2）：69～73

杨晶. 史前时代玉石斧钺类器的柄饰及相关问题. 东方考古（第2集）. 北京：科学出版社，2006：53～68

穆朝娜. 史前时期的玉蝉. 文物春秋，2006，（6）：11～20

焦大明. 广东先秦玉琮. 文物天地，2006，（1）：34～35

张丽红，杨朴. 猪首龙构型的象征意义. 社会科学战线，2006，（1）：302～304

虞海燕. 浅谈新石器时代鸟类形玉器. 北京文博文丛，2006，（4）：46～52

邓淑苹. "华西系统玉器"观点形成与研究展望. 故宫学术季刊，2007，25（2）：1～54

何德亮. 山东史前玉器及相关问题探讨. 东方博物（第二十二辑）. 杭州：浙江大学出版社，2007：18～25

燕生东. 丹土与两城镇玉器研究——兼论海岱地区史前玉器的几个问题. 东方考古（第3辑）. 北京：科学出版社，2007：87～124

王立忠. 略论晋南史前玉器. 文物世界，2007，（2）：36～37

薛志. 关于红山文化玉雕龙造型的考证期——兼谈中国人不是"猪"的传人. 辽宁师范大学学报（社会科学版），2007，（5）：117～122

王仁湘. 中国史前的纵梁冠——由凌家滩遗址出土玉人说起. 中原文物，2007，（3）：38～45

朱勤文，等. 凌家滩遗址出土玉器玉质及玉材来源研究概述——兼论古代用玉观. 中国社会科学院古代文明研究中心通讯，2007，（13）：55～60

陶治强. 浅析凌家滩、红山文化玉龙、玉龟的文化内涵——兼谈史前社会晚期的几个特点. 文物春秋，2007，（1）：8～15

朱乃诚. 凌家滩"玉龙"小识. 文物研究（第十五辑）. 黄山：黄山书社，2007：118～122

张得水. 玉文化中心在文明化进程中的意义——从凌家滩遗址谈起. 文物研究（第十五辑）. 黄山：黄山书社，2007：42～47

殷志强. 江淮地区出土"良渚式"玉器文化属性蠡测. 文物研究（第十五辑）. 黄山：黄山书社，2007：140～145

罗晓群. 论良渚文化的特殊玉器. 史前研究（2006）. 西安：陕西师范大学出版社，2007：146～151

段渝. 良渚文化玉琮的功能和象征系统. 考古，2007，（12）：56～68

蔡文琳. 试从良渚玉器谈技术与形式美之间的联系. 合肥工业大学学报（社会科学版），2007，（1）：129～131

古方. 良渚玉器部分玉料来源的蠡测. 华夏考古，2007，（1）：75～79

郑建明. 史前玉璧源流、功能考. 华夏考古, 2007, (1): 80~87

张明华. 玉琮研究的思考. 江阴文博, 2007, (1): 2~7

李伯谦. 中国古代文明演进的两种模式——红山、良渚、仰韶大墓随葬玉器观察随想. 古代文明研究通讯, 2008: 3 (8): 1~12

朱乃诚. 关于应用考古学研究方法研究史前玉器的若干问题. 中国社会科学院代文明研究中心通讯, 2008, (16): 11~19

杨建芳. 从玉器考察南中国史前文化传播和影响. 东南文化, 2008, (4): 63~73

杨伯达. 浅说极北夷玉文化板块——破译黑龙江出土史前玉器的内涵. 辽宁省博物馆馆刊（第3辑）. 沈阳: 辽海出版社, 2008: 351~371

郭大顺. 也谈红山系玉器. 故宫文物月刊, 2008, 30 (9): 4~15

郭明. 试析红山文化的勾云形玉器. 考古与文物, 2008, (5): 18~25

朱乃诚. 红山文化兽面玦形玉饰研究. 考古学报, 2008, (1): 15~38

冯永谦. 红山文化的新式玉人——关于与台湾卑南文化同式的红山玉人新资料. 中国文物报, 2008-1-2 (6)

朱贵, 徐英章. 李文信关于红山玉器的一封信及馆藏几件红山玉器研究. 辽宁省博物馆馆刊（第3辑）. 沈阳: 辽海出版社, 2008: 61~67

刘国祥. 牛河梁第十六地点四号大型墓形制及出土玉器分析. 中国文物报, 2008-12-26 (7)

刘恒武. 良渚文化玉器系统的萌芽. 考古与文物, 2008, (1): 29~34

王仁湘. 良史前玉器中的"双子琮"——兼说良渚文化玉器上的兽面冠饰. 文物, 2008, (6): 73~81

黄建秋, 幸晓峰. 良渚文化玉璧功能新探. 东南文化, 2008, (6): 58~63

孙海波, 富程. 良渚文化的刻符玉璧. 浙江文物, 2008, (5): 23

孙海波. 良渚文化龙首纹玉镯. 浙江文物, 2008, (3): 23

喻丽芳. 良渚文化的玉带钩. 浙江文物, 2008, (4): 23

罗晓群. 良渚文化的玉匕形器和玉勺. 浙江文物, 2008, (4): 26

张星德. 海金山遗址勾形玉器引发的思考——三星他拉式玉龙年代与文化属性考察. 文博, 2008, (2): 40~43

朱乃诚. 三星他拉玉龙的年代. 中国文物报, 2008-2-1 (7)

朱乃诚. 论三星他拉玉龙的年代. 中国社会科学院古代文明研究中心通讯, 2008, (15): 33~38

郑建明, 马翠兰. 史前小型玉璧研究. 北方文物, 2008, (3): 10~17

朱乃诚. 论肖家屋脊玉盘龙的年代及有关问题. 文物, 2008, (7): 55~60

彭燕凝. 齐家文化玉器与三星堆文化的关系. 深圳大学学报（人文社会科学版）, 2008, (4): 136~139

郭泮溪. 中国史前玉器和谐功能初探. 东岳论丛, 2009, (2): 104~109

林继来, 马金花. 论晋南曲沃羊舌村出土的史前玉神面. 考古与文物, 2009, (2): 56~65

公羽. 江阴地区史前玉器的发现与研究. 江阴文博, 2009, (2): 33~38

江富建. 独山玉史前史的文化内涵研究. 农业考古, 2009, (1): 21~26

叶舒宪,祖晓伟. 红山文化"勾云形玉器"为"鸮形玉牌"说——玄鸟原型的图像学探源续篇. 民族艺术,2009,(4):74~81

倪玉湛. 红山文化"勾云形"类玉器文化意义再探讨. 艺术百家,2009,(6):184~188

方殿春. 红山文化"勾云形"玉佩考识. 辽宁省博物馆馆刊(2009). 沈阳:辽海出版社,2009:35~38

武家璧. 良渚文化玉器图案"鸠山图". 文博,2009,(1):42~45

周晓晶. 考古出土的红山玉(上、中、下). 文物天地,2009,(6):14~19、(7):66~71、(9):63~67

刘国祥,王苹. 考古视角下的红山玉. 文物天地,2009,(6):20~25

邓淑苹. 解开红山文化玉箍形器之谜. 故宫文物月刊,2009:31(1):96~109

于明. 红山玉的玉料之源. 文物天地,2009,(6):40~42

顾幼静. 从反山出土"玉琮王"看良渚文化玉琮的形制变化. 东方博物(第三十二辑). 杭州:浙江大学出版社,2009:82~89

薛琳. 良渚文化玉琮的埋藏学研究. 无锡文博,2009,(3):22~25

王裕昌. 齐家文化玉器研究. 陇右文博,2009,(1):12~16

李晓斌,张旺海. 甘肃齐家文化玉器研究. 陇右文博,2009,(2):21~32

杨伯达. 莱夷玉文化板块探析——胶县三里河大汶口文化玉器解读. 故宫博物院院刊,2009,(6):99~111

马金花. 山西芮城清凉寺墓地出土玉器浅说. 文物世界,2009,(3):3~7

翁雪花. 江阴地区史前玉器的发现与研究. 史前研究(2009). 宁波:宁波出版社,2010:264~270

栾丰实. 简论晋南地区龙山时代的玉器. 文物,2010,(3):37~45

江富建. 南阳黄山遗址独山玉生产工具的断代释考. 农业考古,2010,(1):189~192

王玉妹,么乃亮. 浅析史前的玉石人塑. 辽宁省博物馆馆刊(2010). 沈阳:辽海出版社,2010:166~177

傅仁义,周晓晶. 小孤山遗址玉制品及东北地区玉器起源问题的思考. 中国文物报,2010-12-24(7)

刘晓溪. 红山兽首玦研究. 东北史地,2010,(1):7~13

方向明. 崧泽文化玉器及其相关问题的研究. 东南文化,2010,(6):87~97

薛琳. 良渚文化玉琮功能之讨论. 无锡文博,2010,(2):23~26

陈淑英. 关于良渚文化玉琮思考与探究. 文物世界,2010,(3):14~17

吕芹. 余杭万陈M28:4玉三叉形器图像释读. 东方博物(第三十五辑). 杭州:浙江大学出版社,2010:75~79

张苹. 史前玉器符号学系统初论. 西南民族大学学报(人文社会科学版),2011,(5):219~225

赵荦. 新石器时代中国玉器的区域特征. 中原文物,2011,(6):27~36

张晓彤,金晓明. 甘肃史前玉器探析. 丝绸之路,2011,(10):26~28

戴俊骋,龙昱. 中国中东部新石器中晚期玉文化遗址分布的时空特征. 华夏考古,2011,(2):

54～61

吴丽丹，姜晓东. 东北地区新石器时代玉器的四个发展阶段及其特点. 东北史地, 2011, (1)：23～34

刘国祥. 巴林右旗史前玉器的发现及重要意义. 中国文物报，2011-7-22（7）

徐昭峰，高雪娇. 试论大连地区玉、石工业的分化. 东北史地, 2011, (4)：46～48

吕昕娱. 红山文化玉器类型探析. 前沿, 2011, (20)：160～162

朱乃诚. 论红山文化玉兽面玦形饰的渊源. 文物, 2011, (2)：47～54

吕昕娱. 红山文化玉器功用初探. 学术交流, 2011, (7)：191～194

邓聪，刘国祥. 红山文化东拐棒沟 C 形玉龙的工艺试析（上、下）. 中国文物报，2011-1-21（7）、2011-2-18（7）

梁丽君. 良渚玉器兽面纹大眼的研究. 文物春秋, 2011, (3)：3～8

薛琳. 良渚文化出土玉琮类型学研究. 无锡文博, 2011, (1)：26～30

李震. 良渚审美文化中的玉陶、徽饰、墓葬及其江南特质. 郑州大学学报（哲学社会科学版），2011, (4)：122～124

何驽. 陶寺遗址圭尺"中"与"中国"概念由来新探. 三代考古（四）. 北京：科学出版社，2011：85～119

王炜林，孙周勇. 石峁玉器的年代及相关问题. 考古与文物, 2011, (4)：40～49

邓淑苹. 夷玉·越玉·大玉——史前玉器三大系在商州的遗痕. 故宫文物月刊, 2012, (10)：24～35

叶舒宪. 中国玉器起源的神话学分析——以兴隆洼文化玉玦为例. 民族艺术, 2012, (3)：21～30

李明华. 红山文化玉器用料探究. 内蒙古社会科学, 2012, (6)：82～84

三木. 试论中国史前玉质斜口器的两个系统. 文博, 2012, (6)：26～33

杨伯达. 关于牛河梁第二地点一号冢墓葬出土玉器的解读——东北古夷玉巫教探析. 故宫博物院院刊, 2012, (5)：52～72

李世龙. 论红山龙形玉文化的内涵. 学术交流, 2012, (7)：161～164

穆朝娜. 红山文化玉器四题. 收藏家, 2012, (7)：33～38

刘铮. 良渚玉璧象征意义新探. 中原文物, 2012, (5)：38～43

刘铮. 璧琮原始意义新考. 古代文明, 2012, (4)：97～104

杨伯达. 中国史前玉神器探微. 故宫博物院院刊, 2013, (6)：6～12

杨立民. 史前玉钺的形上观察. 华夏考古, 2013, (1)：34～60

徐峰. 凌家滩玉鹰的文化阐释. 四川文物, 2013, (6)：22～27

方向明. 新石器时代最早的玉"神面"——凌家滩玉版. 东南文化, 2013, (2)：84～89

昌宇斐. 良渚玉文化研究的综合思考. 玉器考古通讯, 2013, (1)：27～33

许边疆. 从"神人鲁面纹"看良渚文化玉琮形制. 南京艺术学院学报（美术与设计版），2013, (4)：46～50

段双印，张华. 延安出土史前玉器综合考察与研究——以芦山峁出土玉器为中心. 玉器考古通讯, 2013, (2)：15～30

朱乃诚. 关于陕北芦山峁玉器的若干问题. 玉器考古通讯, 2013,（2）：31～38
叶舒宪. 玉文化先统一中国说：石峁玉器新发现及其文明史意义. 民族艺术, 2013,（4）：11～20
叶舒宪. 从石峁到喇家——史前西部玉器新发现的文化史意义. 丝绸之路, 2013,（19）：5～9
赵宾福, 孙明明, 杜战伟. 饶河小南山墓葬出土玉器的年代和性质. 边疆考古研究（第14辑）. 北京：科学出版社, 2013：69～78
庞小霞. 中国出土新石器时代绿松石器研究. 考古学报, 2014,（2）：139～168
沈薇, 李修松. 玉文化与史前文明化进程——江淮地区的历史证据. 重庆大学学报（社会科学版）, 2014,（1）：146～151
田广林, 翟超. 黄河中上游地区玉器的起源与早期发展. 辽宁师范大学学报（社会科学版）, 2014,（4）：576～581
田广林, 蔡憬萱. 长江中上游史前玉器的起源与初步发展. 辽宁师范大学学报（社会科学版）, 2014,（1）：129～134
陈声波. 红山文化与良渚文化玉礼器的比较研究. 边疆考古研究（第15辑）. 北京：科学出版社, 2014：89～102
蒋卫东. 斜口筒形玉器非龟壳说. 文物, 2014,（8）：34～39
徐凤芹. 凌家滩遗址出土玉璜刍议. 中国文物报, 2014-4-25（6）
叶舒宪. 玉石之路黄河道再探——山西兴县碧村小玉梁史前玉器调查. 民族艺术, 2014,（5）：44～49
孙庆伟. 巫玉、史玉与德玉——中国早期玉器传统的损益. 玉器考古通讯, 2015,（1）：95～102
方向明. 琢玉成器——长江下游地区新石器时代制玉遗存的发现与研究. 中国文物报, 2015-9-25（5）
张登毅, 李延祥. 山西出土先秦绿松石制品初步研究. 华夏考古, 2015,（4）：21～28
刘文强. 中国史前彩绘石钺初步研究. 文物研究（第二十一辑）. 北京：科学出版社, 2015：10～63
徐凤芹. 凌家滩遗址出土玉璜分类研究. 文物研究（第二十一辑）. 北京：科学出版社, 2015：74～83
黄华强, 黄华明. 凌家滩玉龙和玉虎首璜的创作原型初探. 文物研究（第二十一辑）. 北京：科学出版社, 2015：64～73
赵辉. 从"崧泽模式"到"良渚模式". 玉器考古通讯, 2015,（1）：82～94
朱乃诚. 齐家文化玉器所反映的中原与陇西两地玉文化的交流及其历史背景的初步探索. 中国社会科学院古代文明研究中心通讯, 2015, 2（8）：26～45
王裕昌. 齐家文化玉器与其他文化玉器的比较. 收藏家, 2015,（1）：25～30
王裕昌. 齐家文化玉器特征略论. 陇右文博, 2015,（3）：14～21
王裕昌. 齐家文化与龙山文化考古出土玉器的对比研究. 陇右文博, 2015,（1）：42～51
李晓斌. 庄浪出土齐家文化玉器研究与探讨. 陇右文博, 2015,（4）：42～48
杨宁国. 宁夏彭阳出土玉器. 丝绸之路, 2015,（15）：33～44

朱乃诚. 中原地区距今4000年前后两批王室玉器及有关问题. 中国社会科学院古代文明研究中心通讯, 2015, 2 (7): 62~74

翟超. 黄河中游典型仰韶文化出土玉器研究. 辽宁师范大学报（社会科学版）, 2015, (4): 571~576

任妮娜. 有齿出牙环状玉器：后红山文化时代环渤海地区的文化互动. 辽宁师范大学学报（社会科学版）, 2015, (5): 714~720

崔天兴. 红山文化"玉猪龙"原型新考. 北方文物, 2016, (3): 54~59

费玲伢. 长江下游新石器时代动物形玉器的研究. 华夏考古, 2016, (4): 78~85

刘晓倩. 太湖地区升起的第一缕玉光——马家浜文化玉器. 文物天地, 2016, (1): 60~64

宋建. 良渚文化主神新证. 南方文物, 2016, (2): 10~19

杨岐黄. 龙岗寺遗址出土的玉石器试析. 文博, 2016, (6): 43~49

高江涛. 陶寺遗址出土多璜联璧初探. 南方文物, 2016, (4): 89~97

朱乃诚. 山东出土牙璋和西朱封玉笄庄里西牙璧的文化传统及有关问题. 中国社会科学院古代文明研究中心通讯, 2016, 2 (9): 11~24

王裕昌. 齐家文化玉琮器型研究. 陇右文博, 2016, (2): 61~73

刘昱午. 人首形玉佩的来源年代与用途. 中原文物, 2016, (3): 60~63

## （三）夏商周玉器研究

闻惠芳. 夏代礼玉制度探源. 东南文化, 2001, (5): 24~31

邓昭辉. 宁乡商代玉兽琐谈. 中国文物报, 2001-9-26 (8)

张帆. 殷墟墓葬出土玉器的几个问题. 博物馆研究, 2001, (2): 55~62

林继来. 论春秋黄君孟夫妇墓出土玉器. 考古与文物, 2001, (6): 71~74

曹楠. 试论晋侯墓地出土的葬玉. 考古, 2001, (4): 78~86

石永士. 玉文化与燕下都出土玉器. 收藏家, 2001, (5): 52~55

林淑心. 秦国玉器文化探讨. 历史文物, 2001, 11 (1): 5~13

李鸿雁. 齐国玉器文化综论. 管子学刊, 2001, (1): 55~60

郭德维. 曾侯乙墓的玉器. 收藏家, 2001, (12): 28~31

原来. 战国玻璃璧的制作动机及目的. 历史文物, 2001, 11 (1): 37~43

黄美丽. 战国末期青玉礼器. 中国文物报, 2001-8-15 (8)

殷志强. 玉琥——东周时期的玉符. 中国文物报, 2001-5-6 (8)

喻燕姣. 略论湖南出土的商代玉器. 中原文物, 2002, (5): 43~50

左骏. "西周玉瑗"新考. 中国文物报, 2002-1-27 (7)

曲石. 西周玉瑗考. 中国文物报, 2002-9-11 (6)

沈天鹰. 西周牛形玉调色器小考. 四川文物, 2002, (3): 72~73

张明华. 张家坡玉柄形器上的原始信息. 中国文物报, 2002-8-16（7）

高大伦. 成都金沙商周遗址出土"玉牌形器"辨析. 中国文物报, 2002-3-29（7）

张昀. 春秋玉器述论. 考古与文物, 2002, 增刊（先秦考古）: 263~270

陈雪香. 二里头遗址墓葬出土玉器探析. 中原文物, 2003,（3）: 23~37

顾问, 张松林. 二里头遗址所出玉器"扉牙"内涵研究——并新论圭、璋之别问题. 殷都学刊, 2003,（3）: 22~32

杨育彬, 孙广清. 河南出土三代玉器及相关问题. 中原文物, 2003,（5）: 31~38

杨柏达. 西周至南北朝自制玻璃概述. 故宫博物院院刊, 2003,（5）: 30~35

孙庆伟. 周代祭祀及其用玉三题. 古代文明（第2卷）. 北京: 文物出版社, 2003: 213~229

敖天照. 三星堆玉器再研究. 四川文物, 2003,（2）: 39~45

谢辉. 对金沙遗址出土部分玉器几点认识. 四川文物, 2003,（3）: 60~63

朱章义, 王方. 金沙遗址出土玉琮初步研究. 成都文物, 2003,（3）: 15~21

周志清. 金沙遗址出土凹刃玉凿形器初步研究. 成都文物, 2003,（4）: 30~33

郑建明. 从商代玉器看商文化的形成. 考古与文物, 2004, 增刊（先秦考古）: 91~97

周玮. 商周玉琮功用分析. 考古与文物, 2004, 增刊（先秦考古）: 98~101

宋爱平. 郑州商城出土商代玉器试析. 中原文物, 2004,（5）: 46~58

邓聪. 从《新干古玉》谈商时期的玦饰. 南方文物, 2004,（2）: 4~12

曾卫胜. 从新干大洋洲古玉探寻"赣文化"源流. 南方文物, 2004,（3）: 28~32

孙庆伟. 周代金文所见用玉事例研究. 古代文明（第3卷）. 北京: 文物出版社, 2004: 320~342

赵殿增. 骑马铜人像与玉琮线刻人像——兼谈三星堆、金沙与良渚文化的关系. 成都文物, 2004,（3）: 1~5

王方. 金沙玉器类型及其特点. 中原文物, 2004,（4）: 66~72

王方. 金沙遗址玉器类型及特点. 成都文物, 2004,（4）: 8~15

朱章义, 王方. 成都金沙遗址出土玉琮初步研究. 文物, 2004,（4）: 66~70

刘云辉. 春秋战国秦式玉器概览. 上海文博论丛, 2004,（4）: 42~49

杨建芳. 云贵高原古代玉饰的越文化因素. 考古, 2004,（8）: 50~55

张平, 潜伟, 李青会. 新疆拜城县克孜尔墓地出土的玻璃珠及其相关问题. 吐鲁番学研究, 2004,（2）: 62~68

王博, 鲁礼鹏. 扎滚鲁克和山普拉古墓出土的玻璃器. 吐鲁番学研究, 2004,（2）: 69~80

郝炎峰. 二里头文化玉器的考古学研究. 中国社会科学院古代文明研究中心通讯, 2005,（10）: 47~53

郝炎峰. 二里头文化玉器的考古学研究. 中国文物报, 2005-1-11（7）

顾问. 论二里头遗址新发现的大型绿松石龙形器. 古代文明研究通讯, 2005, 2（5）: 18~28

周玮. 商周玉琮功用分析. 东方博物（第十六辑）. 杭州: 浙江大学出版社, 2005: 19~22

陈宗祥. 试论三星堆玉璋图案的意义. 西南民族大学学报（人文社科版）, 2005,（6）: 154~161

顾问. 三星堆、金沙一类"奇异"玉器构图来源、内涵、定名及相关问题研究. 古代文明（第

4卷).北京:文物出版社,2005:37~63

黄剑华. 金沙遗址出土的玉人头像. 河南科技大学学报(社会科学版),2005,(3):8~13

陈亮,冯贻秋. 周原强家墓地双鸟戈形玉饰的定名及其它. 宝鸡文理学院学报(社会科学版),2005,(3):28~30

陈斌. 试论战国赵王陵玉片的性质. 邯郸职业技术学院学报,2005,(2):12~15

古方. 河南辉县琉璃阁墓地出土玉器考察. 考古,2005,(8):58~64

吴沫,丘志力. 广东博罗横岭山先秦墓地出土玉器探析. 东南文化,2005,(3):20~27

周润垦. 关于刀形端刃器起源的分析. 东南文化,2006,(2):66~71

喻燕姣. 湖南宁乡出上商代玉玦用途试析——兼论"珠玉为币". 湖南省博物馆馆刊(第三辑). 长沙:岳麓书社,2006:157~168

李建生,王金平. 试论山西出土的玉器. 文物世界,2006,(5):52~62

朱乃诚. 二里头遗址大型绿松石龙形器探源及其发现意义. 中国社会科学院古代文明研究中心通讯,2006,(11):48~53

古方. 殷墟妇好墓玉器. 文物天地,2006,(1):36~37

李全立,张晓红. 周口出土的商周玉器. 中原文物,2006,(2):74~77

王方. 三星堆和金沙的古蜀玉器. 文物天地,2006,(1):38~43

王方. 金沙玉器制作工艺的初步观察. 中原文物,2006,(6):77~83

许杰. 四川广汉月亮湾出土玉石器探析. 四川文物,2006,(5):51~57

孙秉君. 陕西省韩城市梁带村19号大墓出土玉器研究. 历史文物,2006,15(4):66~75

高大伦. 商代玉器的大型化. 文物天地,2007,(7):64~70

陈显丹. 三星堆出土玉石器研究综述. 四川文物,2007,(2):59~63

何崝. 三星堆文化玉石器综论. 史前研究(2006). 西安:陕西师范大学出版社,2007:406~422

陈显丹. 三星堆出土玉石器研究综述. 史前研究(2006). 西安:陕西师范大学出版社,2007:511~517

肖先进,吴维羲. 三星堆遗址仁胜村土坑墓出土玉石器初步研究. 史前研究(2006). 西安:陕西师范大学出版社,2007:626~641

常军,杨海青. 西周晚期的中原玉龙. 收藏界,2007,(11):40~43

杨学晨. 琉璃河西周燕国墓地出土玉器初探. 中原文物,2007,(3):53~57

后德俊. 枣阳郭家庙曾国墓地出土石英珠的初步研究. 江汉考古,2007,(2):72~76

黄翠梅,李建纬. 金玉同盟——东周金器和玉器之装饰风格与角色演变. 中原文物,2007,(1):42~58

洪丽娅. 杭州半山战国墓出土玉石器材质研究. 东方博物(第二十四辑). 杭州:浙江大学出版社,2007:62~76

张明东. 从商王村出土玉器论齐国玉器问题. 管子学刊,2007,(3):36~38

李鸿. 临淄商王战国墓出土玉环探析. 管子学刊,2007,(3):34~35

李丽娜. 试析中原地区出土夏商周时期和田玉器及其相关问题. 西域研究,2008,(4):66~70

曹楠. 三代时期出土柄形玉器研究. 考古学报,2008,(2):141~174

张东. 谈谈商周玉器上的写实性蝉纹——从虢国墓地M2009"玉鼠"说起. 中国文物报, 2008-2-6（18）

常军, 冯广丽. 西周出土的玉鼠及相关问题. 中国文物报, 2008-1-2（7）

李宏. 从汉淮间春秋玉器谈中原文化的南下. 历史文物, 2008：17（9）：59～69

洪丽娅. 越国玉石器及早期昌化石文物研究. 东方博物（第二十九辑）. 杭州：浙江大学出版社, 2008：6～17

杨建芳. 平山中山国墓葬出土玉器研究. 文物, 2008,（1）：53～72

张昌平. 曾侯乙墓玉器的改制. 中国历史文物, 2008,（1）：9～14

邓聪. 夏家店下层文化中的二里头文化玉器因素举例. 三代考古（三）. 北京：科学出版社, 2009：171～175

牛倩. 先周青铜器与新石器时代陶器、玉器的文化关系考释. 文博, 2009,（5）：49～52

孙闻博. 东周秦汉玉、石圭分布及使用浅议. 古代文明研究通讯, 2009, 4（3）：42～46

叶舒宪. 玄鸟原型的图像学探源——六论"四重证据法"的知识考古范式. 民族艺术, 2009,（3）：84～93

黄尚明. 西周龙凤人物玉雕的主题探讨. 西部考古（第四辑）. 西安：三秦出版社, 2009：154～157

许宏, 赵海涛. 二里头遗址文化分期再检讨——以出土铜、玉礼器的墓葬为中心. 南方文化, 2010,（3）：44～52

张闻捷. 试论商代巫玉的源流. 南方文物, 2010,（1）：63～69

刘云辉. 陕西出土的古代玉器——春秋战国篇. 四川文物, 2010,（5）：1～19

李玲. 三门峡虢国墓地M2001出土玉器研究. 福建文博, 2010,（4）：89～92

石荣传. 桐柏月河一号墓玉器与东周文化交流. 东南文化, 2010,（5）：71～77

常素霞. 中山国王䰜墓及其陪葬墓出土玉器研究. 文物春秋, 2010,（4）：19～27

褚馨. 战国S形龙佩的思考. 中国历史文物, 2010,（2）：34～41

张茵凝. 楚文化玉龙形态探究. 中国文物报, 2010-10-15（6）

王樾, 方鸣. 关于"腰佩宽柄器玉人"的形象问题——简述龙与华夏文明的几点启示. 中国文物报, 2011-4-6（4）

杨岐黄. 浅析陕西省夏商时期考古发现的玉石器. 西部考古（第五辑）. 西安：三秦出版社, 2011：181～189

杨红梅. 殷墟妇好墓玉阴阳人文化蕴含初探. 殷都学刊, 2011,（3）：16～20

石荣传, 陈杰. 两周葬玉及葬玉制度之考古学研究. 中原文物, 2011,（5）：25～30

张伟. 周礼中玉礼器考辨. 西部考古（第五辑）. 西安：三秦出版社, 2011：190～225

何宏. 春秋芮国墓中的人面兽身玉雕为"马腹"考. 文博, 2011,（2）：18～21

张敏. 越国玉器的等级研究. 东南文化, 2011,（4）：59～66

朱勤文, 蔡路武, 韩壮丽, 杨若晨. 曾侯乙墓出土古玉器玉质特征. 江汉考古, 2011,（3）：102～104

白波. 春秋战国玉石器的地域性. 装饰, 2011,（6）：80～81

翁雪花. 战国、秦汉带铭玉器初步研究. 江阴文博, 2011,（1）：19～29

李小燕, 井中伟. 玉柄形器名"瓒"说——辅证内史亳同与《尚书·顾命》"同瑁"问题. 考古与文物, 2012, (3): 34～53

李凡. 殷墟妇好墓写实动物形玉器初探. 经济与社会发展, 2012, (2): 120～122

郎剑锋. 谈大辛庄遗址出土的一件史前古玉. 中原文物, 2012, (3): 75～77

杜小钰. 玉"龙"试辨. 考古与文物, 2012, (5): 101～105

孙庆伟. 俘玉与分器——周代墓葬中前代玉器的来源与流传. 故宫文物月刊, 2012, (9): 36～41

叶舒宪. 河图的原型为西周风纹玉器说. 民族艺术, 2012, (4): 27～32

江富建. 南阳春秋玉龙形制和纹饰与龙文化释考. 装饰, 2012, (1): 76～77

魏继印. 玉柄形器功能新识. 考古与文物, 2013, (1): 38～44

雷雨. 浅议商代玉器主要形制及装饰手段. 文物世界, 2013, (6): 15～17

张伟. 梁带村芮国墓地出土玉器几点认识. 文博, 2013, (6): 27～32

丁哲. 一件年代复杂的大型分段连缀式玉璜. 中国文物报, 2013-8-16 (6)

方刚. 晚期巴文化玉器研究. 四川文物, 2013, (1): 36～44

杨颖东, 陈云洪. 成都市新都区新繁镇同盟村遗址M7出土玉石器分析研究. 南方民族考古(第九辑). 北京: 科学出版社, 2013: 251～262

朱乃诚. 夏家店下层文化的环类玉坠饰研究. 玉器考古通讯, 2014, (1): 42～52

朱乃诚. 牙璋的流传与分布所反映的夏史史迹. 故宫文物月刊, 2014, (4): 86～99

叶晓红, 任佳, 许宏, 陈国梁, 赵海涛. 二里头遗址出土绿松石器物的来源初探. 第四纪研究, 2014, (1): 212～223

蒋闰蕾. 夏商遗址中所见玉琮初识. 苏州文博论丛(总第5辑). 北京: 文物出版社, 2014: 1～10

杨小语. 金沙绿玉琮文化渊源初探. 中国文物报, 2014-12-16 (5)

石荣传. 周礼·考工记·玉人所载"命圭"的考古学试析. 湖南大学学报(社会科学版), 2014: (2): 15～19

张菁华. 瑰丽高雅的七璜联珠组玉佩. 中原文物, 2014, (2): 121～123

辛爱罡. 二里头文化非镶嵌类绿松石制品的功能分析. 中原文物, 2015, (6): 46～51

邓聪, 王方. 二里头牙璋(VM3:4)在南中国的波及——中国早期国家政治制度起源和扩散. 中国国家博物馆馆刊, 2015, (5): 6～22

丁思聪. 殷墟玉器的发现、研究与新思考. 三代考古(六). 北京: 科学出版社, 2015: 224～235

田小娟. 论商周时期的玉石容器. 中国国家博物馆馆刊, 2015, (7): 71～83

杜娟. 商周玉礼器与青铜礼器对比研究. 丝绸之路, 2015, (2): 21～22

李喜娥. 玉柄形器与玉璋关系研究. 四川文物, 2015, (1): 41～45

黄可佳. 试析以大甸子墓地玉器为代表的夏家店下层文化玉器. 草原文物, 2015, (2): 61～71

丁思聪. 殷墟玉戈类器研究. 殷都学刊, 2015, (4): 28～38

严志斌. 小臣䧹玉柄形器诠释. 江汉考古, 2015, (4): 93～104

张睿祥, 欧秀花, 刘潮. 两周组玉佩形制的嬗变及相关问题. 中原文物, 2015, (5): 76～84

张睿祥, 欧秀花, 刘潮, 杨红艳. 周代组玉佩形制嬗变的初步研究. 四川文物, 2015, (5): 63~73

黄可佳. 应国墓地西周早中期玉器研究. 华夏考古, 2015, (4): 73~84

院文清, 余乔. 西周早期曾国墓出土玉器撷英. 收藏家, 2015, (8): 23~29

杨海青. 虢国墓地出土的动物造型玉佩. 收藏, 2015, (10): 84~91

雷建鸽. 虢国墓地M2001出土的人形玉器. 中原文物, 2015, (2): 124~125

张晶雨. 春秋时期玉器所见制度史研究. 西北民族大学学报（哲学社会版）, 2015, (1): 152~157

张绪球. 院墙湾秦家山楚墓出土玉器研究. 江汉考古, 2015, (1): 80~90

吕庆江, 申春妮, 赵宝云, 王丽萍, 许年春, 王思长. 战国白玉镂空雕龙凤纹玉璜浅析. 重庆科技学院学报（社会科学版）, 2015, (3): 81~83

方辉. 说"瑗". 江汉考古, 2016, (6): 67~71

王方. 夏风西渐——试析二里头文化对古蜀玉器的冲击与影响. 中国社会科学院古代文明研究中心通讯, 2016, 30: 53~74

许宏. 二里头M3及随葬绿松石龙形器的考古背景分析. 古代文明（第10卷）. 上海: 上海古籍出版社, 2016: 39~53

倪翀. 妇好墓和新干大洋洲商墓出土玉器比较研究. 首都博物馆论丛（第30辑）. 北京: 北京燕山出版社, 2016: 128~136

朱乃诚. 夏家店下层文化玉器六题. 考古, 2016, (2): 95~110

谌小灵, 李岩, 王亮. 关于岭南所见牙璋的分布及相关认识. 华夏考古, 2016, (4): 100~107

石荣传. 从闽南、粤东浮滨文化玉（石）器看中原夏商文明的南渐. 江汉考古, 2016, (5): 60~69

董洁. 西周丰姬墓出土玉器初探. 文博, 2016, (4): 45~50

## （四）秦汉至魏晋南北朝玉器研究

〔美〕瑞森著, 谢虎军译. 汉初诸侯王墓葬玉刍议. 河洛春秋, 2001, (4): 12~17

殷志强. 汉代穿璧——玉璧含义的新变化. 中国文物报, 2001-5-20 (8)

周长源. 扬州汉墓出土玉器综述. 东南文化, 2001, 增刊（扬州博物馆建馆五十周年纪念文集1951~2001）: 70~82

傅慧娟. 巢湖北山头西汉墓出土玉器浅析. 文物研究（第十三辑）. 合肥: 黄山书社, 2001: 313~316

曲石. 两件西汉镂空玉器. 文博, 2002, (4): 55~56

周郢. 王莽封禅玉牒索隐. 故宫文物月刊, 2002, 23 (1): 82~89

石荣传. 两汉诸侯王墓出土葬玉及葬玉制度初探. 中原文物, 2003, (5): 62~72

罗宗真. 魏晋南北朝出土玉器研究. 东南文化, 2003, (2): 84~93

卢兆荫. 论玉文化在汉代的延续和发展. 中国历史文物, 2004, (3): 4~14

喻燕姣. 从马王堆汉墓出土简帛文献看古人观念中的玉. 湖南省博物馆馆刊（第一辑）. 长沙：岳麓书社, 2004: 144~150

陶冶. 汉代玉璧及其纹饰. 无锡文博, 2004, (1): 44~45

乌恩岳斯图. 略论匈奴玉器的来源及相关问题. 内蒙古文物考古, 2004, (1): 59~63

叶继红. 徐州狮子山楚王墓出土一套玉酒具. 收藏, 2004, (3): 88~89

师小群, 王蔚华. 秦代祭祀玉人. 文博, 2006, (3): 44~45

卢兆荫. 秦、西汉玉器概述. 湖南省博物馆馆刊（第三辑）. 长沙：岳麓书社, 2006: 251~260

左骏. 从长沙西汉曹𡢀墓出土"龙马玉珩"谈起. 湖南省博物馆馆刊（第三辑）. 长沙：岳麓书社, 2006: 307~315

冯时. 新莽封禅玉牒研究. 考古学报, 2006, (1): 31~58

刘云辉. 西汉墓葬出土的秦式玉器. 西部考古（第一辑）. 西安：三秦出版社, 2006: 276~283

石荣传, 陈杰. 考古出土汉玉的历史学观察. 文物春秋, 2006, (6): 25~30

梁少娜. 汉代的玉人. 广州文博, 2006, (1): 73~74

汤伟建, 周长源. 扬州出土的汉代玉蝉和玻璃蝉. 上海文博论丛, 2006 (1): 46~49

胡常春, 张昀. 汉代蝉形口含简论. 华夏考古, 2007, (3): 114~124

谷娴子, 丘志力, 李银德, 杨萍, 李榴芬. 西汉狮子山楚王陵出土玉器中的石墨包裹体. 中山大学学报（自然科学版）, 2007, (6): 141~142

林丹. 西汉闽越国玉器初探. 福建文博, 2007, (3): 56~58

林存琪. 论汉代闽越国玉器. 上海文博论丛, 2007, (1): 28~32

杨彬. 汉代丧葬口琀蝉. 收藏界, 2007, (7): 43~45

张润平. 曹植墓出土的组玉佩. 文物天地, 2007, (7): 71~73

左骏. 魏晋南北朝玉佩研究. 故宫博物院院刊, 2007, (6): 52~67

董俊卿, 杨益民, 冯恩学, 毛振伟, 王昌燧. 雷家坪遗址出土六朝玻璃珠的相关研究. 江汉考古, 2007, (3): 79~86

田芝梅. 徐州出土汉墓玉器的分类. 东南文化, 2008, (1): 66~70

宗时珍. 徐州出土汉代玉衣. 文物天地, 2008, (3): 80~83

吕建昌, 费琼琼. 汉代玉凤纹的文化内涵. 四川文物, 2008, (1): 49~53

杨建芳. 论三件玉杯的年代、产地及其他相关问题. 故宫文物月刊, 2008, 30 (6): 76~83

徐琳. 河北中山王刘畅墓出土玉座屏及"西王母"图像考. 中原文物, 2008, (1): 49~54

赵荦. 略论汉墓出土的滑石器. 郑州航空工业管理学院学报（哲学社会科学版）, 2009, (3): 56~58

郑清森. 永城芒砀山出土西汉梁国玉器初探. 中原文物, 2009, (3): 82~88

臧翠翠. 两汉出廓玉璧. 装饰, 2009, (6): 118~119

石荣传. 两汉韘式玉佩分期研究. 四川文物，2009，(4)：55~58

赵赟. 试论汉代玉枕. 文物世界，2009，(6)：15~23

古方，张崇檀. 汉代夔龙凤鸟纹玉璧的用途及意义. 收藏，2009，(12)：80~83

高伟，翟晓兰. 从"鸭形玻璃注"看北燕时期中西交流. 文博，2009，(5)：61~64

傅举有. 战国汉代的长袖舞玉佩. 湖南省博物馆馆刊（第六辑）. 长沙：岳麓书社，2010：210~231

傅举有. 湖南出土的战国秦汉玻璃璧. 上海文博论丛，2010，(2)：27~38

杨玉彬. 巢湖北山头汉墓出土玉卮及相关问题. 文物研究（第十七辑）. 北京：科学出版社，2010：86~100

王灵光. 山东即墨出汉玉璧考. 中国文物报，2010-5-12（8）

黎国韬，陈熙. 南越王墓出土玉舞人考. 文化遗产，2011，(1)：150~156

陈群，刘朝辉. 南越王墓玉器分布状况及其内涵研究. 东南文化，2011，(2)：75~81

李伟. 四片汉代玉材考析. 中原文物，2011，(4)：69~72

周晓晶. 冯素弗墓出土的玉碗与玉剑首. 辽宁省博物馆馆刊（2011）. 沈阳：辽海出版社，2011：14~19

马建春，夏灿. 古代西域玻璃器物及工艺的输入与影响. 回族研究，2011，(1)：45~52

任新来. 法门寺地宫出土伊斯兰琉璃器之研究. 文博，2011，(1)：68~72

石荣传. 三代至两汉玉器纹饰分期研究. 东方考古（第9集）. 北京：科学出版社，2012：368~382

杨玉彬. 汉玉"游丝工"新说. 文博，2012，(5)：33~36

陶禅. 有关金缕玉衣的浅谈（上、中、下）. 中国文物报，2012-10-24(7)、2012-11-7(7)、2012-11-21（7）

褚馨. 两汉六朝玉器中的四灵、五灵纹样. 故宫文物月刊，2012，(4)：66~73

谭登峰. 贵州天柱坡脚遗址出土滑石璧的年代及相关问题. 江汉考古，2012，(3)：95~99

杨建芳. 南越王墓玉器——楚、汉、越文化交汇、融合的见证. 南方民族考古（第八辑）. 北京：科学出版社，2012：193~224

白宝玉，付文才，郑志宏. 辽宁普兰店姜屯汉墓（M45）出土玉覆面复原研究. 文物，2012，(7)：69~73

徐娟. 徐州汉墓出土玉印的形制与性质. 湖南省博物馆馆刊（第八辑）. 长沙：岳麓书社，2012：376~386

邓淑苹. 从汉代玉璧论璧在中国文化史上的意义. 故宫学术季刊，2013，30（3）：1~44

张亮. 汉代"舞人"玉雕探析. 南方文物，2013，(4)：191~193

田亚岐，许卫红. 宝鸡凉泉汉墓出土玉人分析. 考古与文物，2013，(6)：77~81

尹世娟. 刘疵墓与金缕玉衣. 中国文物报，2013-10-23(8)

朱歌敏. 宝鸡地区秦墓出土玉器初探. 文博，2014，(3)：34~41

鹏宇. 河南永城僖山二号汉墓人面纹玉衣片浅析. 华夏考古，2014，(4)：85~87

乔梁. 偃师商城博物馆藏绿松石瑞兽的年代及相关问题研究. 华夏考古，2014，(4)：88~99

马艳. 大同出土北魏磨花玻璃碗源流. 中原文物，2014，(1)：96~100

耿朔. 汉墓出土古玻璃二题. 边疆考古研究（第17辑）. 北京：科学出版社，2015：269～276
耿庆刚. 试论汉代玉器的改制现象. 文博，2015，（6）：38～43
曹旅宁. 南越王墓出土的生器玉角杯考释. 湖南省博物馆馆刊（第十一辑）. 长沙：岳麓书社，2015：355～357
叶舒宪. 再论四重证据法的证据间性——从巢湖汉墓玉环天熊图像看楚族熊图腾. 社会科学战线，2015，（6）：151～163
许卫红. 再论甘肃礼县鸾亭山等地出土玉人的功用. 中国国家博物馆馆刊，2015，（4）：61～71
张芳，刘洪峰. 夫余王葬用玉匣考. 学习与探索，2015，（7）：154～160

## （五）隋唐及以后各代玉器研究

曲石. 两宋辽金玉器. 中原文物，2001，（6）：48～61
李永兴. 元明时期掐丝珐琅初探. 故宫博物院院刊，2001，（5）：87～91
张瑶，王泉. 南京出土狮蛮纹玉带板. 中国历史文物，2002，（5）：86～87
李本明. 明初青玉螭龙纹带饰. 南方文物，2002，（1）：109～110
华慈祥. 明代玉带形制及相关问题争议. 历史文物，2002，（6）：52～64
周晓晶. 清乾隆时期"玉厄"现象略述. 东南文化，2002，（8）：74～79
齐雅珍. 清代白玉浮雕龙凤纹盖壶. 文物，2002，（3）：96
徐琳. 顾林墓出土白玉镂雕龙纹饰时代考辨. 收藏家，2003，（5）：19～21
许晓东. 辽代的琥珀工艺. 北方文物，2003，（4）：35～42
卢兆荫，古方. 略论唐代仿金银器的玉石器皿. 文物，2004，（2）：77～85
韩建武. 陕西出土的唐代玉石器及相关问题. 上海文博论丛，2005，（1）：8～23
虞海燕. 明代玉实用器初探. 北京文博文丛，2005，（3）：39～48
杨伯达. 勐拱翡翠流传沿革考. 中国历史文物，2005，（3）：4～17
赵雁平. 浅谈唐代玉器特征. 收藏家，2006，（8）：10～12
马文宽. 从湖南常德出土唐代进口伊斯兰贴花玻璃碗谈起. 中国历史文物，2006，（3）：14～18
傅宁. 内蒙古地区发现的辽代伊斯兰玻璃器——兼谈辽时期的对外贸易和文化交流. 内蒙古文物考古，2006，（2）：78～88
韩建武. 外来文化对唐代玉石器琉璃器的影响. 收藏家，2006，（10）：41～45
于宝东. 契丹民族玉器述论. 内蒙古大学学报（人文社会科学版），2006，（6）：22～27
于宝东. 辽代玉器文化因素分析. 内蒙古大学学报（人文社会科学版），2006，（3）：33～38
徐琳. 辽代玉魁考. 考古与文物，2006，（4）：100～106
杨海鹏. 辽金时期的交颈鸟类配饰. 中国文物报，2006-2-1（7）
孙机. 玉屏花与玉逍遥. 文物，2006，（10）：86～92

张玉兰. 论临安康陵出土的玉器. 杭州文博（第6辑）. 杭州：杭州出版社，2007：13～17

许晓东. 契丹人的金玉首饰. 故宫博物院院刊，2007，（6）：32～47

高雷. 元明清三代玉龙钩比较. 文物天地，2007，（7）：111

赵青. 浅议唐代以石代玉现象. 文博，2008，（4）：88～91

赵桂玲. 清宫旧藏唐宋元玉器类比分析示范. 文物春秋，2009，（4）：32～40

董洁. 试论唐代金玉结合的器物. 陕西历史博物馆馆刊（第十六辑）. 西安：三秦出版社，2009：229～234

陆锡兴. 宋代以来的琉璃簪和琉璃钗. 上海文博论丛，2009，（1）：32～36

许晓东. 辽代璎珞及其盛行原因的探讨. 辽金历史与考古（第一辑）. 沈阳：辽宁教育出版社，2009：333～342

董洁. 浅析唐代玛瑙器皿. 文博，2010，（5）：71～74

李毅君. 辽代摩竭凤鱼形玉组佩. 中国博物馆，2010，（3）：79～81

郑承燕. 辽代玻璃高足杯. 中国博物馆，2010，（3）：82～83

穆朝娜. 明代胡人戏狮纹玉带板及相关问题的探讨. 文物春秋，2010，（1）：10～16

周晓晶. 清代和田玉的开发与使用. 辽宁省博物馆馆刊（2010）. 沈阳：辽海出版社，2010：340～352

吴萍，邱向军. 唐代玉器简析. 中原文物，2011，（5）：106～112

李曦. 明清时期琥珀分类及艺术. 北京文博文丛，2011，（3）：59～64

褚馨. 汉唐之间组玉佩的传承与变革. 考古与文物，2012，（6）：87～99

李继永. 宋元明清玉雕带钩的发展. 北京文博文丛，2012，（1）：65～68

赵亚利. 陈炉新发现的明代琉璃建筑构建及相关问题探讨. 文博，2012，（5）：59～63

张尉. 陆子刚琢玉略考. 上海博物馆集刊（第十二期）. 上海：上海书画出版社，2012：404～411

邓桂花，张淑华. 浅谈镂雕玉炉顶与玉帽顶. 东北史地，2012，（4）：24～25

乔保同. 谈"渎山大玉海"之相关问题. 中国国家博物馆馆刊，2012，（7）：49～52

朱文涛. 以汉代与古罗马玻璃的比较探讨中西方玻璃系统的渊源及其走向. 装饰，2012，（1）：71～73

金泉. 隋唐至元代佛教玉概述. 博物馆研究，2013，（3）：70～72

刘思哲. 西安何家村唐代窖藏九环玉带制作时代考. 考古与文物，2013，（4）：95～99

王自力. 西安西郊出土唐玉带图像考. 文物，2013，（8）：59～65

董洁. 唐代女性玉首饰. 文博，2013，（1）：42～48

董洁. 唐代玉梳背考略. 文物世界，2013，（5）：68～73

肖戈. 明代玉带的文化学解读. 湖南科技大学学报（社会科学版），2013，（3）：167～169

何莉. 额上风情——从南昌市江联小区明墓出土玉饰片论明代妇女头簪. 南方文物，2013，（4）：194～196

郭福祥. 平七与镞玉技术在宫廷的传播. 故宫博物院院刊，2014，（3）：6～21

赵永. 论魏晋至宋元时期佛教遗存中的玻璃器. 中国国家博物馆馆刊，2014，（10）：44～65

刘思哲. 隋炀帝墓发现的十三环蹀躞金玉带及相关问题研究. 考古与文物，2015，（5）：69～73

许晓东. 13~17世纪中国玉器与伊斯兰玉雕艺术的相互影响. 故宫博物院院刊, 2015, (1): 55~69

邓淑苹. 两件具国际争议性玉杯的研究. 故宫学术季刊, 2015, 33 (1): 211~242

郭福祥. 乾隆宫廷玛纳斯碧玉研究. 故宫博物院院刊, 2015, (2): 6~31

李明. 隋唐组玉佩刍议. 考古与文物, 2016, (3): 82~88

李毅君. 略论蒙元时期陈设用玉的时代特征. 文物世界, 2016, (6): 6~9

李毅君. 略论蒙元时期陈设用玉的分类. 文物世界, 2016, (4): 14~19

左骏. 轻素结玉盒——元代范文虎墓玉贯耳壶的考古学观察. 东南文化, 2016, (6): 84~94

田兴玲, 王建宇, 崔勇. 南澳1号明代沉船出水玻璃珠的研究. 文物, 2016, (12): 87~92

## (六) 技术工艺

潘守永, 雷虹霁. 九屈神人与良渚古玉纹饰. 民族艺术, 2000, (1): 150~165

张小兰. 历代玉器龙纹及其鉴定. 文物世界, 2001, (1): 46~50

吴京山. 试解良渚文化玉器的雕琢之谜. 东南文化, 2001, (4): 72~79

蔡庆良. 试论春秋至汉代玉器风格的演变. 青年考古学家, 2001, (13): 135~147

杨晓秋. 仿古玉器及玉器作旧技法. 东南文化, 2002, (6): 60~65

殷实. 仿制古玉的手法及辨识. 中国文物报, 2002-9-25(6)

喻燕姣. 仿玉风格的玻璃器. 收藏家, 2002, (5): 54~57

杨培钧. 骨雕神人兽面纹管窥. 陕西历史博物馆馆刊 (第九辑). 西安: 三秦出版社, 2002: 168~176

邓聪. 史前玉器管钻轳辘机械的探讨. 中国社会科学院古代文明研究中心通讯, 2002, (3): 49~51

万俐. 也谈良渚文化玉器的雕琢艺及发白现象. 东南文化, 2002, (6): 54~59

李学勤. 论金沙长琮的符号. 四川文物, 2002, (5): 15~16

沈建东. 玉待磋磋而成器——汉代玉器制作用盘磨工具的探讨. 故宫文物月刊, 2002, 23 (5): 108~113

嵇若昕. 十二至十四世纪玉雕工艺的新契机. 故宫学术季刊, 2002, 19 (4): 103~142

赵美仙. 浅谈汉代以前的玉蝉纹饰造型. 文物世界, 2003, (6): 53~54

张敬国, 张敏, 陈启贤. 线性工具开料之初步实验——玉器雕琢工艺显微探索之一. 东南文化, 2003, (4): 46~50

黄建秋. 古代治玉工艺研究的新探索——读《澳门嘿沙》和《珠海文物集萃》. 中国文物报, 2003-3-28(4)

萧兵. 良渚文化"神人兽面"的兼体造型和意蕴. 考古与文物, 2003, (6): 44~49

袁永明. 战国时期玉器制作工艺的若干探讨. 江汉考古, 2003, (1): 72~74

古方. 论西汉中期玉器风格的变化及其社会背景. 中原文物, 2003,（5）：55～61
张容幼. 汉代古玉纹饰的演变及其影响. 东南文化, 2003,（7）：70～71
陈占锡. 剑上的玉饰. 北京文博文丛, 2003,（4）：39～41
张广文. 宋元玉器工艺风格南北融合. 中国收藏, 2003,（10）：46～49
邓淑苹. 乾隆、嘉庆时期伊斯兰风格玉器东传的研究. 故宫学术季刊, 2003, 21（2）：149～232
〔美〕E.B.库尔提斯著, 米辰峰译. 清朝的玻璃制造与耶稣会士在蚕池口的作坊. 故宫博物院院刊, 2003,（1）：62～71
杨伯达. 试论先玉器工艺及玉器工艺之区别与特点. 考古, 2004,（10）：62～68
赵剑平. 古代玉龙纹饰造型的演变. 东方博物（第九辑）. 杭州：浙江大学出版社, 2004：107～113
沈建东. 院藏卑南耳饰的工艺研究. 故宫文物月刊, 2004, 25（7）：32～42
吉丁未, 刘毅. 红山文化骨柄玉石刀的制作理念和工艺——与殷志强先生商榷. 收藏家, 2004,（9）：74～75
石荣传. 从两汉诸侯王墓出土玉器看汉玉艺术风格. 文物春秋, 2004,（11）：38～51
邓聪, 吕红亮, 陈玮. 以今鉴古——玉石切割实验考古. 故宫文物月刊, 2005, 26（4）：76～89
邓聪, 吕红亮, 陈玮. 以柔制刚——砂绳截玉考. 故宫文物月刊, 2005, 26（5）：70～82
鲜仲文. 历代玉器螭纹之异同. 东南文化, 2005,（2）：84～86
邓聪. 线切割 Vs.砣切割——凌家滩水晶耳珰凹槽的制作实验. 故宫学术季刊, 2005,（1）：35～51
沈建东. 长江流域史前玉璜制作工艺初探. 故宫文物月刊, 2005, 26（9）：66～79
王方. 金沙遗址琢玉工艺初探. 成都文物, 2005,（4）：26～30
邓淑苹. 天工巧艺——新石器时代玉雕工艺初探. 故宫文物月刊, 2006, 28（3）：58～77
宿晨. 玉器源流小议——兼谈辨玉与当代超声波仿古玉制作. 收藏家, 2006,（8）：29～34
任江. 仿古玉器的制作及识别方法. 文物世界, 2006,（4）：62～63
朱新民, 王铁鸿, 王喆. 历代古玉龙纹的时代风格特征概要. 文物世界, 2006,（1）：75～78
高飞, 冯敏, 王荣, 吴卫红, 王昌燧. 薛家岗遗址出土古玉器的材质特征. 岩矿测试, 2006,（3）：229～232
蔡庆良. 试论春秋至汉代玉器风格的演变. 古代文明（第5卷）. 北京：文物出版社, 2006：313～331
朱单群. 浅议汉代玉器纹饰发展演变. 南通航运职业技术学院学报, 2006,（3）：11～13
蔡庆良. 西汉玉器纹饰设计精髓. 故宫文物月刊, 2006, 28（4）：54～65
鲜仲文. 万代玉器凤鸟纹之一统. 收藏界, 2007,（5）：42～45
宋彦丽. 古代玉器中鹿纹的演变. 文物春秋, 2007,（2）：26～30
高雪. 浅谈古玉中的鹿纹. 收藏家, 2007,（7）：29～34
杨进萍. 玉器中的螭纹. 收藏家, 2007,（8）：35～40
孙力. 史前琢玉工艺的模拟实验研究. 辽宁省博物馆馆刊（第2辑）. 沈阳：辽海出版社, 2007：225～240

陈启贤. 凌家滩文化墓地出土玉鹰工艺研究. 文物研究（第十五辑）. 黄山：黄山书社，2007：109～117

黄翠梅，李建纬. 商代蜀地的青铜与金玉艺术——视觉分析的考量途径. 四川文物，2007，（2）：47～58

陈亮. 宝鸡強国墓地象生形玉雕艺术探析. 文物世界，2007，（5）：3～10

马伟峰，成楠. 西周合雕象生玉饰及其特征. 收藏界，2007，（7）：40～42

常军，李云. 西周圆雕玉器的艺术特征. 文博，2007，（4）：52～55

孔德安. 考古出土汉代玉卮的工艺特征研究. 山西大学学报（哲学社会科学版），2007，（2）：112～114

贺占哲. 古代玉器制作工艺初探. 山西煤炭管理干部学院学报，2008，（1）：214～215

王强. 试论史前玉石器镶嵌工艺. 南方文物，2008，（3）：85～91

曹兵武. 中国早期玉器材料、工艺、形态与文化——读玉札记（上）（中）（下）. 中国文物报，2008-7-2(7)、2008-7-9(7)、2008-7-16(1)

王强. 海岱地区新石器时代玉料来源及琢玉工艺初探. 华夏考古，2008，（2）：76～83

何德亮. 山东史前玉器初探（上）——重要出土玉器遗址与品类. 历史文物，2008，（179）：70～92

何德亮. 山东史前玉器初探（下）——制作工艺、玉文化相关问题. 历史文物，2008，（180）：72～79

张敬国. 凌家滩玉器工艺技术浅谈. 收藏家，2008，（12）：87～91

李海. 出土元代玉器及工艺特色综述. 东方博物（第二十八辑）. 杭州：浙江大学出版社，2008：18～27

虞海燕. 论考古出土的明代玉带之工艺. 北京文博文丛，2008，（1）：38～46

高丁丁. 北魏平城的琉璃制造. 文物世界，2008，（4）：48～50

王和平. 康熙朝御用玻璃厂的技术发展——以画珐琅玻璃与金星玻璃为例. 收藏家，2008，（9）：77～82

杨建芳. 关于线切割、砣切割和砣刻——兼论使用砣具的年代. 文物，2009，（7）：53～67

陈启贤. 琢碾微痕探索在古玉研究中的功用. 文物，2009，（7）：68～73

席永杰，张国强. 红山文化玉器线切割、钻孔技术实验报告. 北方文物，2009，（1）：110～112

王荣，王昌燧. 薛家岗玉器加工工艺的微痕迹初探. 文物保护与考古科学，2009，（4）：48～58

方向明. 良渚玉琮的节和琮的切割等相关问题讨论. 中国文物报，2009-1-16(7)

刘卫东，陆文宝，戚水根. 良渚文化玉璧制作工艺初探. 东南文化，2009，（6）：47～53

任平. 良渚文化玉器纹饰与陶器刻符论析. 美术观察，2009，（5）：97～100

王华杰，左骏. 昆山少卿山遗址新发现的良渚玉璧刻符. 东南文化，2009，（5）：77～82

吕芹. 余杭博物馆良渚玉璧上的鸟纹. 中国文物报，2009-7-15(5)

孙周勇. 两周制玦作坊生产遗存的分析与研究——周原遗址齐家制玦作坊个案研究之一. 三代考古（三）. 北京：科学出版社，2009：335～359

孙周勇. 两周石玦的生产形态：关于原料技术与生产组织的探讨——周原遗址齐家制玦作坊个案研究之一. 考古与文物，2009，（3）：49～63

李会. 汉代以前的中国玻璃工艺. 四川文物, 2010, (5): 88~91

傅举有. 汉代的螭虎纹玉雕艺术. 中国文物报, 2010-9-1(5)

杨捷. 明清宫廷玉佩饰的风格演变. 文物天地, 2010, (4): 30~36

徐琳. 明早期玉器的艺术特色. 文物天地, 2010, (10): 54~59

唐毅. 明清玉器审美探寻. 中国文物报, 2010-9-22(3)

靳彦乔. 浅议中国玉文化及制玉材质. 收藏家, 2011, (9): 35~40

王蔚波. 略探中国兔形古玉雕刻艺术. 历史文物, 2011, (9): 70~83

江富建. 南阳淅川下寺春秋玉牌纹饰造型与工艺研究. 装饰, 2011, (6): 82~83

许晓东. 汉唐之际的琥珀艺术. 收藏家, 2011, (5): 25~30

嵇若昕. 康熙朝玻璃工艺与珐琅工艺结合的极致——玻璃胎画珐琅牡丹蓝地胆瓶. 故宫文物月刊, 2011, (11): 32~39

陈潇. 空前繁荣的清代玉雕艺术. 首都博物馆论丛(第25辑). 北京: 北京燕山出版社, 2011: 311~315

李晶晶. 论我国新石器时期玉器的审美特质——以凌家滩出土的象生玉礼器为考据. 求索, 2012, (5): 74~76

徐峰. 良渚文化玉琮及相关纹饰的文化隐喻. 考古, 2012, (2): 84~94

孙周勇. 西周时期石玦的生产技术——以周原遗址齐家制玦作坊考古发现为例. 故宫文物月刊, 2012, (9): 42~51

徐琳. 汉代玉器的艺术风格. 文物天地, 2012, (4): 22~26

于明. 汉代玉器的材料. 文物天地, 2012, (4): 32~37

胡焕英. 宋、明、清玉雕童子艺术风格. 收藏, 2012, (9): 80~88

孔晗. 盛京宫殿的琉璃研究——从沈阳故宫唯一的琉璃彩画谈起. 满族研究, 2012, (3): 82~86

方向明. 史前琢玉的切割工艺. 南方文物, 2013, (4): 57~61

邱向军. 简析玉器龙纹的发展轨迹. 中原文物, 2013, (2): 101~108

牟永抗. 也谈红山文化C形玉龙的工艺. 东南文化, 2013, (6): 66~71

郑波. 试论良渚玉器与战汉玉器的刀法继承. 中国文物报, 2013-3-1(6)

左骏. 西汉至新莽宝玉石微雕——从系臂琅玕虎魄龙说起. 故宫文物月刊, 2013, (12): 90~103

张丽红. 红山玉龙艺术造型的文化内涵. 艺术评论, 2014, (4): 112~117

刘燕萍. 红山文化玉器造型探微. 收藏家, 2014, (11): 59~64

王绵厚. 辽西凌源红山文化玉料产地的考察与思考. 中国文物报, 2014-2-19(6)

邓聪, 吉平. 从哈民玉器谈玉器穿孔南北的体系. 玉器考古通讯, 2014, (1): 11~16

叶晓红. 二里头遗址出土玉器的工艺技术分析. 中国社会科学院古代文明研究中心通讯, 2014: 2(6): 60~78

方向明. 精益求精——夏时期玉文化的工艺. 文物天地, 2014, (6): 23~27

王荣, 吴在君. 中国玉器的古代修复工艺研究——以出土玉器为例. 东南文化, 2015, (3): 11~23

李永强. 环玦类石制品扩孔工艺的实验考古研究. 东南文化, 2015, (6): 56~62
方向明. 良渚文化玉器的琢制工艺. 大众考古, 2015, (4): 60~65
方向明. 控制中的高端手工业——良渚文化琢玉工艺. 玉器考古通讯, 2015, (1): 59~81
马赛. 齐家制玦作坊生产组织方式初探. 三代考古(六). 北京: 科学出版社, 2015: 377~388
蔡佳雯. 台湾卑南玉器工艺技术可能来源探讨. 玉器考古通讯, 2015, (1): 103~109
刘凌. 西周玉器的斜刀技法实验考古研究. 南方文物, 2015, (4): 192~196
张雪鸽, 赵瑞廷, 邵芳, 李玉玲. 八件齐家文化圆形玉器加工工艺试析. 首都博物馆论丛(第30辑). 北京: 北京燕山出版社, 2016: 356~365
王汇文. 二里头镶嵌绿松石铜牌图像与制作工艺考. 装饰, 2016, (8): 84~85
叶晓红, 唐际根. 殷墟晚商玉器切割技术试析. 南方文物, 2016, (4): 128~140

## (七) 佩戴与装饰

夏寒. 论良渚文化玉璧的功能. 南方文物, 2001, (2): 42~46
王仁湘. 4000年前的系衣束带——良渚文化玉带钩. 文物天地, 2001, (6): 42~47
曲石. 鼓形玉珠的文化可能. 中国文物报, 2001-4-1(8)
殷志强. 最早的活链玉作——商代玉羽神. 中国文物报, 2001-4-1(8)
宋康年. 黄家堰出土的玉饰品. 中国文物报, 2001-8-29(8)
刘昀华. 西汉中山怀王刘修的佩玉. 收藏家, 2001, (6): 28~31
李跃. 由组玉佩浅谈西周的用玉风格. 南方文物, 2002, (2): 55~59
林汉昇. 东周时期玉面罩及其与汉代玉衣的关系. 历史文物, 2002, (5): 46~69
李建纬. 三门峡虢国用玉制度之探讨——从用鼎制度谈起. 故宫文物月刊, 2002, 23(6): 86~111
王正书. 元代玉雕带饰和腰佩考述. 上海博物馆集刊(第九期), 上海: 上海书画出版社, 2002: 486~498
吴刚毅. 历代扳指形制的演变与名称(上、下). 历史文物, 2003, (1): 53~68、(2): 44~47
王正书. "司南佩"考实. 文物, 2003, (10): 69~72
曲石. 民间新见玉带銙. 文博, 2003, (2): 62~64
林政昇. 汉代玉衣的可能来源和功用. 历史文物, 2003, (3): 40~55
崔兆年, 刘香莲. 明代总兵佩玉. 文物天地, 2003, (7): 52~55
姚江波. 虢国墓出土的组合发饰. 中国文物报, 2004-3-3(5)
王泉, 张瑶. 从南京明墓出土组玉佩浅谈明初玉佩制度. 中国历史文物, 2004, (3): 15~22
古方. 曹魏王粲所创玉佩样式及佩法. 中国历史文物, 2005, (3): 27~32
沈珠. 中国古代玉带具沿革时代特色. 北京文博文丛, 2007, (3): 26~33

杨玉彬. 玉带钩的演变及特征. 收藏界, 2007, (6): 39~42
王荣, 石磊. 论红山文化中玉器的审美特征. 黑龙江社会科学, 2007, (1): 134~137
朱勤文, 张敬国, 廖任庆, 吴沫. 安徽凌家滩古人的用玉观. 文物研究（第十五辑）. 黄山: 黄山书社, 2007: 128~131
孙庆伟. 出土资料所见的西周礼仪用玉. 南方文物, 2007, (1): 50~65
成楠. 浅析周代女贵族组合配饰——以虢国墓地出土为例. 收藏界, 2007, (10): 36~41
郑立超. 虢国墓地出土的蚕形配饰. 中国文物报, 2007-2-14(7)
徐琳. 两汉用玉思想研究之一——辟邪厌胜思想. 故宫博物院院刊, 2007, (1): 123~146
张彩娟. 明代妃嫔墓出土礼仪用玉与冠服制度. 中国历史文物, 2007, (1): 39~48
华枫. 由"玉飞凤"看古代先民的审美意识. 东南文化, 2008, (4): 58~62
朱志荣. 论良渚玉器的审美特征. 广播电视大学学报（哲学社会科学版）, 2008, (1): 79~82
高良. 夏代玉器的审美特征. 江南大学学报（人文社会科学版）, 2008, (3): 104~107
王永梅, 朱志荣. 东周玉器的审美特征. 湖北师范学院学报（哲学社会科学版）, 2008, (4): 9~12
张明华. 礼玉礼用——出土玉器在礼制与使用习俗间的互证及意义. 上海文博论丛, 2009, (1): 21~31
王淑兰. 论良渚文化玉器纹饰的审美特质. 装饰, 2009, (2): 120~121
朱志荣, 石迪. 论夏代玉器的审美特征. 学术研究, 2009, (3): 134~137
王淑兰. 论良渚文化玉器主体纹饰在中国传统纹饰发展中的影响. 新美术, 2010, (4): 103~104
石荣传, 陈杰. 礼记所载佩玉制度的考古学研究. 文史哲, 2012, (3): 151~167
李银德. 汉代的帝王用玉. 文物天地, 2012, (4): 50~55
袁胜文. 汉代诸侯王用玉制度研究. 南开学报（哲学社会科学版）, 2012, (5): 76~85
谢宏雯. 佩玉缤纷——三国至明代组玉佩源流考. 文物春秋, 2012, (1): 15~25
河景成. 试论裸礼的用玉制度. 华夏考古, 2013, (2): 87~94
朱纪. 佩玉有德与佩玉规则. 收藏, 2013, (8): 60~65
冉宏林. 红山文化玉箍形器及其器用制度初探. 玉器考古通讯, 2013, (1): 22~26
曹芳芳. 山东龙山文化用玉制度的考古学观察. 玉器考古通讯, 2013, (2): 60~86
李晶晶. 龙山文化玉礼器的审美特质. 河北大学学报（哲学社会科学版）, 2013, (1): 149~152
靳彦乔. 明清玉器种类与装饰题材. 收藏家, 2013, (5): 59~65
曹芳芳. 龙山时代早期黄河下游地区玉器与用玉传统研究. 玉器考古通讯, 2014, (1): 17~41
寇占民, 韩会芳. 西周朝觐礼中的用玉制度初探. 理论观察, 2015, (7): 87~89

# （八）宗教与祭祀

曹铁宏. 辽河上游史前玉佩灵性分析. 内蒙古文物考古, 2001, (2): 51~54
常素霞. 从古代玉龙的演变谈中国龙的文化内涵. 春秋文物, 2001, (4): 22~26

刘小荸. 良渚文化礼仪用玉的文化特征. 华夏考古, 2002, (3): 50~56

曲石. 祈福祥瑞的玉鹿. 中国文物报, 2002-3-20(4)

傅举有. 玻璃葬器——中国早期玻璃研究之五. 历史文物, 2002, (2): 62~69

邓淑苹. 温润灵通之美——透视中国玉文化的真谛. 故宫文物月刊, 2003, 24 (4): 12~19

郝福祥, 布瀛洲. 从磬钱、猪首人身玉雕谈起——为龙之祖探源. 寻根, 2003, (1): 16~24

张明华. 巫礼玉盛极一时的夏商周时代玉器. 中国文物世界, 2003, 19 (7): 86~103

杨伯达. "玉神物"解. 中国文物报, 2004-3-3(7)

杨伯达. 玉神器说（上、下）. 中国文物报, 2004-4-28(7)、2004-5-12(7)

朱成杰. 从"玉神物"说来理解红山文化玉器的本质内涵. 辽宁师专学报（社会科学版）, 2004, (5): 128~130

杨伯达. "鬼"玉考. 故宫博物院院刊, 2004, (1): 58~64

孙机. 灵玉·礼玉·世俗玉. 文物天地, 2004, (11): 28~31

李淑琴. 古代玉鸟崇拜文化初论. 收藏家, 2004, (11): 11~14

杨伯达. 关于玉琮王"凹弧痕"的思考——试探早已泯灭无闻的玉卜兆与玉契符. 东南文化, 2004, (3): 61~65

杨伯达. 巫—玉—神泛论. 中原文物, 2005, (4): 63~69

孙永刚. 红山文化玉器与原初形态萨满教. 赤峰学院学报（汉文哲学社会科学版）, 2005, (4): 17~18、(5): 21~23

唐玉萍. 红山文化玉箍形器功能探析：上古巫、史之职的物解. 辽宁大学学报（哲学社会科学版）, 2005, (3): 98~102

幸晓峰. 三星堆遗址出土石璧的祭祀功能和音乐声学特征（下）. 中华文化论坛, 2005, (2): 15~20

杨伯达. 良渚文化瑶山玉神器分化及巫权调整之探讨. 故宫博物院院刊, 2006, (5): 6~25

黄厚明. 良渚文化鸟形玉器的宗教文化功能. 中国历史文物, 2006, (4): 24~34

陈洪波. 从玉器纹饰看良渚文化宗教信仰中两类因素. 南方文物, 2006, (1): 49~55

孙力, 齐伟. 红山文化鹰图腾崇拜看勾云形玉佩礼器功能的演变. 辽宁省博物馆馆刊（第2辑）. 沈阳：辽海出版社, 2007: 151~161

宿晨. 祈求永生的古代随葬玉. 收藏家, 2007, (3): 83~88

邓淑苹. 远古的通神密码——介字形冠. 故宫文物月刊, 2007, 28 (6): 82~97

杨伯达. 黄帝受命有云瑞 夷巫事神琢瑞云. 故宫博物院院刊, 2008, (1): 114~122

宿晨. 红山玉龙的原始图腾性. 收藏家, 2008, (5): 43~48

李倍雷. 神器、礼器与艺术：红山文化"玉鸟"的图像学与艺术学研究. 东南大学学报（哲学社会科学版）, 2008, (1): 78~82

杨伯达. 东北夷玉文化板块的男觋早期巫教辨——兼论兴隆洼文化玉文化探源. 中国文物报, 2008-4-9（7）、2008-4-16（7）、2008-4-30（7）

郭大顺. 红山文化"玉巫人"的发现与"萨满式文明"的有关问题. 文物, 2008, (10): 80~87

李伟. 从北京大葆台西汉墓出土玉器谈汉代葬玉制度. 北京文博文丛, 2011, (2): 53~56

杨岗. 浅析先秦时期的玉崇拜. 西北农林科技大学学报（社会科学版）, 2012,（4）：154~158

杨伯达. 以郯子所说"五纪"来解读红山文化玉器盖涵的巫教属性及其信仰系派（一~四）. 中国文物报, 2012-8-1（7）、2012-8-15（7）、2012-8-29（7）、2012-9-12（7）

陈斯文, 刘云辉. 略论汉墓出土玉璧及其蕴含的丧葬观念. 文博, 2012,（2）：10~16

黄翠梅. 红山文化的鹰形玉器与猎鹰信仰. 故宫文物月刊, 2013,（4）：74~83

石文嘉. 汉代玉璧的随葬制度. 中原文物, 2013,（3）：61~66

张丽红. 变形的艺术符号与永恒的神话意志——红山文化玉器造型形式的文化解读. 文化遗产, 2014,（1）：88~92

# （九）鉴藏与辨伪

张广文. 品玉与藏玉. 中国文物报, 2001-6-3（8）

故宫博物院. 古玉鉴定的几个基本概念. 中国文物世界, 2001, 18（6）：91~95

杨伯达. 漫谈古玉辨伪的两种方法. 历史文物, 2001, 9（9）：32~42

杨伯达. 玉杯记所记弘历古玉器辨伪方法之探讨. 收藏家, 2001,（7）：23~28

咸荣明. 看出土古玉色沁断代的一般规律. 中国文物报, 2001-10-17（8）

柏岳. 圆雕黑皮玉器真伪及年代初探. 中国文物报, 2001-9-12（8）

张建. 冥冥之中的祈祷——中国古代覆面赏析. 中华文化画报, 2001,（2）：32~37

王丽梅. 明定陵出土的玉器赏析. 北京文博文丛, 2001,（3）：60~63

孙传波. 旅顺博物馆藏金代完颜娄室墓出土的部分文物. 北方文物, 2001,（2）：51~52

罗红侠. 咸阳博物馆所藏玉器. 文博, 2001,（6）：72~75

邓昭辉. 湖南省博物馆收藏的一件战国时期楚刻铭玉璧. 文物, 2001,（4）：96

姜节余. 周王庙苏州玉器业——从苏州博物馆藏碧玉蟾说起. 东南文化, 2001,（4）：80~83

孙维昌. 上海考古发现玉器珍品鉴赏. 收藏家, 2001,（9）：44~46

韩建武. 西安何家村唐代窖藏宝石玉器. 收藏家, 2001,（3）：6~13

吴爱琴. 介绍两件商代玉器. 中原文物, 2001,（5）：14

孙彦平. 记两件汉代玉器珍品. 文物春秋, 2001,（3）：73~74

殷志强. 龙凤纹玉卮——晋墓出土的汉玉. 中国文物报, 2001-6-3（8）

杜卫民. 宋代玉器的鉴定. 收藏家, 2001,（10）：30~33

赵桂玲. 清宫玉器文化赏析. 中国文物世界, 2001, 18（9）：38~39

张荣. 康熙朝御制玻璃赏析. 收藏家, 2001,（9）：35~37

倪如荣. 绚丽多彩的清乾隆朝御制玻璃器皿. 收藏家, 2001,（1）：17~20

殷志强. 古玉鉴定中的"标准器". 中国文物报, 2002-8-28（6）

杨建芳. 规律性认识对古玉鉴定的作用. 收藏家, 2002,（2）：42~49

商湘涛. 古玉鉴藏撮识. 中国文物报, 2002-7-17（6）

张燕燕. 红山文化典型玉器的真赝辨析. 中国历史文物, 2002, (2): 82~88
马秀银. 中国历史博物馆珍藏石家河玉器小记. 中国历史文物, 2002, (4): 77~80
邓淑苹. 介绍清宫旧藏的一件良渚文化玉头饰. 故宫文物月刊, 2002: 23 (3): 46~55
辛礼学. 安徽省蚌埠市博物馆馆藏文物选介. 文物, 2002, (1): 91~93
邓昭辉. 湖南省博物馆藏战国楚玉器. 江汉考古, 2002, (1): 89~90
刘航宁, 沈天鹰. 洛阳博物馆藏汉代玉器选介. 文物, 2002, (1): 89~90
后德俊. 玻璃之路——楚文化玉西方文化之间交流的探索（下）. 故宫文物月刊, 2002, 22 (6): 108~117
张尉. 西周琢玉的绚丽一页——晋侯墓地出土玉器. 中国文物报, 2002-6-5 (4)
刘昀华. 战国中山王措藏玉. 收藏家, 2002, (1): 40~43
蒋卫东. 介绍三件新地里遗址出土的良渚文化玉器. 故宫文物月刊, 2002: 22 (7): 35~41
马文宽. 法库叶茂台早期辽墓出土的伊斯兰玻璃调味方盒. 中国历史文物, 2002, (3): 46~48
张明华. 良渚玉琮辨伪十二. 中国文物报, 2002-11-27 (7)
吴爱琴. 释玉蝉. 考古与文物, 2002, 增刊 (汉唐考古): 166~168
杨伯达. 珣玗琪考. 北方文物, 2002, (2): 1~5
周振铎. 西周玉龙鉴赏. 收藏家, 2002, (6): 43
徐琳. 龙纹竹节环形饰的时代考辨. 无锡文博, 2002, (3): 31~33
张俊英. 唐白玉透雕行龙佩. 中国文物报, 2002-9-11 (6)
张明华. 鉴定清代玉龙三要点. 中国文物报, 2002-11-20 (7)
纪溪坪. 常见明清玉饰辨藏. 收藏界, 2002, (1): 25~27
扬之水. 琉璃瓶与蔷薇水. 文物天地, 2002, (6): 58~62
黄展岳. 角形玉杯赏析. 收藏, 2002, (11): 44~45
周晓晶. 辽宁省博物馆藏清代玉器. 收藏家, 2003, (10): 1~5
张彩娟. 对馆藏万贵万通墓出土玉器的再认识. 首都博物馆丛刊·17. 北京：北京燕山出版社, 2003: 162~168
杨建芳. 规律性认识与古玉辨伪——北京故宫博物院鹰攫人首玉佩及上博与美国弗利尔美术馆玉舞人的考察. 文物, 2003, (3): 72~85
玉器器物处. "天子之宝——台北故宫博物院的收藏" 展品系列选介. 故宫文物月刊, 2003: 24 (4): 20~45
杨伯达. 中国古玉器的时代风格鉴定. 收藏界, 2003, (3): 32~35、(6): 10~13
刘志华, 孙玮. 武威皇娘娘台出土的齐家文化玉石器. 故宫文物月刊, 2003: 24 (8): 88~103
林淑心. 春秋玉器精华——河南辉县琉璃阁甲乙墓出土玉器. 历史文物, 2003, (4): 26
孙维昌, 蒋炳昌. 面对吴国古玉——苏州真山、严山春秋美玉珍赏. 中国文物世界, 2003: 19 (6): 82~98
倪建林. 战国时代的佩玉：中国古代玉器艺术鉴赏. 中国美术教育, 2003, (3): 50~52
李鸿雁. 玉璜初探. 管子学刊, 2003, (4): 40~41

姜彩凡. 试论古圭. 文博, 2003, (1): 12~17

王培敏. 古玉鱼形饰件之赏析. 东南文化, 2003, (11): 61~62

左骏. 夔龙璧的时代分析. 中国文物报, 2003-7-2 (7)

蔡卫东. 透雕龙纹饰件朝代之再考辨. 收藏家, 2003, (11): 49~52

张明华. 玉胜考略. 上海文博论丛, 2003, (4): 34~39

张明华. 定县玉座屏新识. 中国文物报, 2003-11-26 (7)

张庆捷, 常一民. 北齐徐显秀墓出土的嵌蓝宝石金戒指. 文物, 2003, (10): 53~57

张广文. 明陆子刚款玉器. 收藏家, 2003, (9): 52~57

张荣. 清雍正朝的官造玻璃器. 故宫博物院院刊, 2003, (1): 72~80

张尉. 古玉真赝对比（上、下）. 收藏, 2004, (3): 82~87、(4): 80~83

杨伯达. 温故知新——剖析伪古玉活化石掌握辨伪标准（一、二、三、四）. 文物天地, 2004, (6): 34~36、(7): 40~43、(8): 54~59、(9): 52~55

殷志强. 古玉鉴定中的"奇形器". 文物天地, 2004, (11): 58~63

李彦君. 古玉鉴定六点方法及辨伪四误区. 收藏家, 2004, (6): 23~25

袁伟. 红山文化玉器赏析. 收藏, 2004, (1): 80~83

古方. 东周玉器纹饰和玉佩鉴赏. 收藏, 2004, (7): 80~82

赵青. 馆藏唐代白石圭璧考. 陕西历史博物馆馆刊（第十一辑）. 西安：三秦出版社, 2004: 240~242

董洁. 馆藏唐代玉梳背. 陕西历史博物馆馆刊（第十一辑）. 西安：三秦出版社, 2004: 243~245

杨伯达. "金镶宝玉闹装绦带三台"考. 故宫博物院院刊, 2004, (2): 6~9

邓淑苹. 玉瓢一握如瓜瓣, 有蒂有叶还有花——谈谈痕都斯坦玉器的入传与影响. 故宫文物月刊, 2004, (250): 8~29

杨美丽. 晚明清初的螭纹仿古玉——从《宣和玉杯记》说起. 故宫文物月刊, 2004: (251): 38~53

李宏昌. 新郑出土一套金链玉佩. 中原文物, 2004, (5): 87~88

张广文. 玉器的颜色变化及玉器的染色做旧. 中原文物, 2005, (4): 70~75

郭祐麟. 古代玉器的欣赏与收藏. 历史文物, 2005, (11): 68~75

邓淑苹. 故宫最古的玉器群. 故宫文物月刊, 2005: 26 (9): 48~65

张荣. 到故宫去看清代玻璃器. 文物天地, 2005, (3): 4~11

王秀玲. 定陵出土的明代宫廷玉器. 收藏家, 2005, (12): 3~10

金耀丽. 雄鸡一声天下白——兼谈开封博物馆藏碧玉天鸡尊. 中国文物报, 2005-2-23 (7)

邓淑苹. 院藏良渚文化玉礼器研究. 故宫学术季刊, 2005, 23 (1): 53~109

李丽华. 历代玉璧浅论. 广州文博, 2005, (1): 123~124

栾丰实. 牙璧研究. 文物, 2005, (7): 69~81

臧振. 玉瓒考辨. 考古与文物, 2005, (1): 27~32

马晓辉. 徐州汉玉精品欣赏. 文物世界, 2005, (6): 40~43

王亚庆. 西汉玉雕小品. 文物天地, 2005, (1): 38~40

江富建. 汉中月台苍玉赏析. 中原文物, 2005, (4): 87~89
杨进萍. 精美的唐代玉雕胡人像. 中国文物报, 2005-7-20 (7)
杨进萍. 生活气息浓郁的宋代玉雕. 文物天地, 2005, (9): 38~41
杨海鹏. 俄罗斯沙伊金古城出土的金代玉石器. 北方文物, 2005, (4): 44~49
杨伯达. 清代扬州玉器掇要. 文物天地, 2005, (10): 26~35
乔万宁. 浅谈清代玉如意. 收藏家, 2005, (4): 67~68
陈平. 浙江古代玻璃瓶初探. 东方博物 (第十四辑). 杭州: 浙江大学出版社, 2005: 33~37
尹刚. 北魏平城出土的玻璃器. 中国文物报, 2005-5-18 (7)
刘刚. 法门寺出土玻璃器——伊斯兰早期玻璃的发现与探索. 上海文博论丛, 2005, (1): 84~88
国红. 湖南省博物馆馆藏汉代滑石兽面. 湖南省博物馆馆刊 (第三辑). 长沙: 岳麓书社, 2006: 316~320
徐文宁. 古玉鸡古白沁色的真相. 收藏界, 2006, (9): 30~33
徐文宁. 从玉石矿物内变规律看古玉沁色. 收藏界, 2006, (2): 43~46
王光青. 识别古玉沁之真伪. 文博, 2006, (6): 4~7
赵桂玲. 故宫藏乾隆仿古玉器分类. 文物天地, 2006, (7): 70~73
孙传波. 旅顺博物馆藏刀形端刃器及分期之研究. 旅顺博物馆馆刊, 2006, (创刊号): 99~103
田小娟. 馆藏玉觿小议. 陕西历史博物馆馆刊 (第十三辑). 西安: 三秦出版社, 2006: 255~258
霍琳, 李多才. 馆藏齐家文化玉器. 收藏, 2006, (7): 60~61
李秀萍, 姜涛. 照墀藏玉之史前篇. 收藏家, 2006, (9): 51~54
杨伯达. 玉器鉴定与中国主文化. 解放日报, 2006-10-22 (7)
黄耀全. "六瑞"古玉鉴赏. 收藏, 2006, (11): 127~130
程旭, 师小群. 玉器的鉴赏与收藏. 陕西历史博物馆馆刊 (第十三辑). 西安: 三秦出版社, 2006: 228~232
程旭, 师小群. 玉器的鉴赏与收藏. 收藏界, 2006, (9): 26~29
杨培钧. 古玉拾遗与鉴识. 陕西历史博物馆馆刊 (第十三辑). 西安: 三秦出版社, 2006: 233~238
李惠新. 古玉的"温室现象"及鉴识探微. 收藏界, 2006, (10): 88~91
李惠新. 思维定势与古玉鉴识"障眼". 收藏界, 2006, (12): 39~42
刘国祥. 红山文化玉器解析. 文物天地, 2006, (1): 52~55
张帆. 几件红山文化玉器. 收藏, 2006, (1): 87
袁伟. 春秋晚期玉器. 收藏家, 2006, (4): 37~41
李秀萍, 姜涛. 熙墀藏玉之商周篇. 收藏家, 2006, (10): 25~27
李秀萍, 姜涛. 熙墀藏玉之春秋战国篇. 收藏家, 2006, (11): 63~66
李秀萍, 姜涛. 熙墀藏玉之汉晋篇. 收藏家, 2006, (12): 33~36
王长启. 春秋战国时期玉杂佩及特点. 文博, 2006, (3): 14~17
袁伟. 战国玉器. 收藏家, 2006, (6): 27~32

杜春梅，马金花. 山西出土的玉握猪鉴赏. 文物世界，2006，（4）：54～56

朱红. 汉代玉舞人和舞蹈. 文物天地，2006，（7）：78～83

陈亮. 汉代玉辟邪赏析. 收藏，2006，（4）：86～87

陈春红. 元、明、清浮雕蟠螭饰件的鉴定. 文物世界，2006，（4）：66～69

彭明瀚. 江西明藩王墓玉器鉴赏. 收藏，2006，（10）：82～89

王光青. 明代玉器工艺特征与鉴定. 收藏界，2006，（9）：34～36

殷志强. "精大明"叫板"粗大明"——王公贵族墓出土的明代精品玉器. 文物天地，2006，（12）：64～67

王蔚华，王光青. 清代玉器的特征与鉴定（下）. 收藏界，2006，（1）：80～81

王光青，张嘉林. 清代玉器吉祥图案鉴赏. 收藏界，2006，（9）：37～38

郑建明，何元庆. 中国古代的玉蝉. 江汉考古，2006，（1）：44～50

干小莉. 环南海地区凸纽玦的发现及其文化意义. 青年考古学家，2006，（18）：10～14

王好华. 古代玉璧的风格特征. 收藏，2006，（2）：68～70

王仁湘. 琮璧名实臆测. 文物，2006，（8）：69～74

赵雁平. 浅谈玉蝉纹的时代特征. 杭州文博（第4辑）. 杭州：杭州出版社，2006：56～59

徐琳. 南京大学博物馆藏玉赏析. 收藏家，2007，（3）：61～66

曹平. 天津博物馆藏商代动物型玉雕. 收藏家，2007，（2）：91～94

王义康. 正仓院藏西方风格玻璃器研究. 中国历史文物，2007，（6）：13～26

董洁. 馆藏玉翁仲略考. 陕西历史博物馆馆刊（第十四辑）. 西安：三秦出版社，2007：219～221

杜平安，王惠霞. 新郑博物馆收藏的几件西周时期玉器. 文物，2007，（8）：88

张秀玲. 河南省辉县琉璃阁出土玉器鉴赏. 收藏界，2007，（12）：48～49

李云. 河南固原县出土玉器鉴赏. 收藏界，2007，（1）：36～39

赵湘萍. 黑龙江省讷河清墓中发现翡翠璧. 北方文物，2007，（1）：87

刘云辉. 武库遗址出土的玉雕怪兽为獬豸考. 文博，2007，（1）：12～13

王灵光. 即墨市博物馆收藏的汉代玉舞人. 文物，2007，（8）：89

马金花. 风姿绰约妙丽擅舞——从侯马博物馆展出的一件玉舞人谈起. 文物世界，2007，（1）：41～44

傅举有. 精美的滑石雕刻艺术——湖南省博物馆藏汉代滑石雕刻艺术品. 中国文物报，2007-6-6（15）

王蔚华. 西安出土的汉代玉器及其特征（上、下）. 收藏界，2007，（4）：27～30、（5）：37～39

彭明瀚，李宇. 江西出土水晶鉴赏. 收藏界，2007，（4）：97～99

彭明瀚，李宇. 江西新干大洋洲出土商代玉器鉴赏（一）. 收藏界，2007，（2）：28～33

宿晨. 中国历代玉璧形制举例. 收藏家，2007，（9）：27～32

张敏，宋笑飞. 西周玉鹿赏析. 收藏界，2007，（7）：32～33

王军花. 一件西周"俏色"玉虎. 收藏界，2007，（8）：65

张红旗. 山西出土的东周古玉特色. 文物世界，2007，（4）：3～12

唐新. 淅川楚墓玉器精粹. 收藏界，2007，（8）：62～64

戴少婷. 春秋晚期秦国兽面纹玉牌. 收藏家，2007，（11）：43～44

常军，李云. 三门峡虢国墓地出土玉器鉴赏（一、二、三）. 收藏界，2007，（5）：33～34、（6）：30～34、（7）：34～36

李消丽. 虢国墓地地出土的几件玉猪形文物. 中国文物报，2007-2-16（4）

王光吉. 唐代玉器的特征与鉴定. 收藏界，2007，（12）：50～52

孙英林，穆红梅. 一组精美的明清时期玉器. 南方文物，2007，（3）：132～133

陈建平. 佩琼琚触眼明——明代组玉佩赏析. 收藏家，2007，（6）：3～8

张明华. 说璧. 收藏家，2007，（11）：75～80

沈纯里. 鬼面纹玉琮. 中国文物报，2007-2-7（7）

周晓晶. 关于玉器鉴定与辨伪的基本方法. 辽宁省博物馆馆刊（第3辑）. 沈阳：辽海出版社，2008：426～441

沈纯理. 对纹饰鉴定良渚古玉的质疑. 中国文物报，2008-8-13（7）

张尉. 略论出土玉器的鉴定. 上海文博论丛，2008，（1）：46～51

杨伯达. 中国传世古玉辨伪的文献考察（一、二）. 文物天地，2008，（11）：52～54、（12）：69～71

沈纯理. 中国出土古玉鉴定的不传之秘——简论沁色. 中国文物报，2008-9-10（7）、2008-9-17（7）、2008-9-24（7）、2008-10-1（7）

崔云. 十二生肖玉溯源与演变. 收藏家，2008，（12）：41～48

席育英. 中国国家博物馆藏东周玉佩赏析. 收藏家，2008，（12）：14～16

孙传波. 旅顺博物馆藏刀形端刃器及分期研究. 中原文物，2008，（1）：45～48

赵青，董洁. 陕西历史博物馆馆藏几件唐代滑石器. 收藏家，2008，（8）：75～76

朱殷治. 嘉善博物馆所藏良渚文化玉器. 东方博物（第二十八辑）. 杭州：浙江大学出版社，2008：35～38

王良田，张帆. 商丘博物馆藏西汉梁王陵出土玉器. 中原文物，2008，（3）：87～90

张立玫. 黑龙江博物馆的乾隆朝玉器. 文物天地，2008，（8）：86～87

周炜. 美国芝加哥艺术学院藏中国古玉. 收藏家，2008，（6）：57～60

徐红霞. 玉器文明——凌家滩遗址出土玉器赏析. 收藏家，2008，（10）：41～48

张宏明. 安徽出土玉器略览. 收藏家，2008，（4）：21～25

孙维昌，蒋炳昌. 吴中观国宝——苏州真山严山出土春秋美玉珍赏. 收藏家，2008，（8）：38～46

袁伟. 天津市文物公司收藏的新石器时代晚期环形玉器. 收藏家，2008，（5）：31～36

梁冠男. 天人吉祥物——长江流域的史前玉器. 收藏家，2008，（9）：56～58

刘云辉. 陕西出土的古代玉器——夏商周篇. 四川文物，2008，（5）：53～68

张小丽. 西安近年出土的汉唐玉器. 文物天地，2008，（7）：74～81

祝容，曹汉刚. 河南出土的商代玉器. 收藏家，2008，（6）：51～54

任义玲. 南阳春秋墓出土佩玉选粹. 收藏家，2008，（11）：37～42

张广东. 许昌发掘汉代墓葬出土俏色螭纹玉剑璏. 中国文物报，2008-9-17

孙为东. "汉八刀"和"蒲纹". 文博, 2008, (1): 75 (5)
向芳, 王成善, 杨永富, 蒋镇东, 张擎, 李奎, 刘健. 金沙遗址玉器的材质来源探讨. 江汉考古, 2008, (3): 104～108
常军, 贺旭辉. 虢国墓地出土的周代圆雕玉器. 收藏家, 2008, (3): 21～24
胡凤英, 杨海青, 冯广丽. 西周虢国墓地虢季墓出土龙纹玉器. 收藏家, 2008, (12): 79～82
姬为民. 古代玉器上的螭. 成都文物, 2008, (3): 52～57
金治, 周红, 旭平. 近年浙中宋代纪年墓出土玉器鉴识. 文物天地, 2008, (3): 84～85
张智勇. 北京西客站南广场墓葬出土的明代玉带. 文物春秋, 2008, (2): 72～73
陈卫三. 元明清龙首玉带钩鉴定举要. 福建文博, 2008, (2): 80～83
张尉. 明清玉雕人物的比较鉴别. 收藏家, 2008, (5): 69～72
杨捷. 乾隆时期的御用玉器. 文物天地, 2008, (7): 14～21
禾青. 湖南省博物馆藏传世玉器精品鉴识. 湖南省博物馆馆刊（第五辑）. 长沙: 岳麓书社, 2009: 379～384
高嵘. 陕西历史博物馆藏石峁玉器赏析. 文博, 2009, (4): 78～82
徐琳. 北京故宫藏红山玉举隅. 文物天地, 2009, (6): 26～32
徐春苓. 玉出红山脉 神游西辽河——天津博物馆藏红山文化玉器巡礼. 文物天地, 2009, (6): 33～37
王灵光. 山东即墨市博物馆藏清代玉器. 文物, 2009, (7): 96
杨伯达. 中国传世古玉辨伪的文献考察（三、四、五、六）. 文物天地, 2009, (2): 88～89、(4): 92～95, (5): 75～79, (7): 74～77
郭祐麟. 古玉沁色成因简述. 历史文物, 2009, 19 (6): 6～21
李惠新. 古玉"糖沁"浅析. 收藏, 2009, (4): 84～85
李宏. 石器微痕分析法在甄别伪古玉方面的应用前景. 北京文博文丛, 2009, (1): 60～63
周晓晶. 从"唯玉为葬"到"金缕玉衣"——国家宝藏玉器展品解读. 辽宁省博物馆馆刊（2009）. 沈阳: 辽海出版社, 2009: 264～278
穆朝娜. 商代玉蝉. 文物春秋, 2009, (4): 20～25
刘云辉. 陕西出土商周玉龙. 收藏, 2009, (12): 72～77
刘云辉. 长安发现的金代皇后冠饰玉练鹊"纳言". 收藏, 2009, (3): 91
许海星. 虢国墓地出土玉器的六瑞与六器. 收藏家, 2009, (9): 57～62
张敏. 鸿山越玉赏析. 收藏家, 2009, (8): 25～32
周南泉. 中山国玉器. 团结报, 2009-11-5 (8)
杨柳. 先秦古玉的凤鸟纹. 文物天地, 2009, (4): 98～99
王亚庆. 小巧精致的松绿石司南佩. 中国文物报, 2009-2-18 (5)
胡广跃. 萧王庄汉墓玉器赏析. 文物天地, 2009, (7): 72～73
赵赟. 西汉楚王墓出土玉龙. 收藏, 2009, (3): 88～90
杨玉彬. 春水玉赏析. 收藏家, 2009, (9): 45～52
陈建平. 宋赵仲湮墓出土玉器精品. 收藏, 2009, (3): 92～93
崔智博. 辽金花鸟玉器. 中国文物报, 2009-2-20 (5)

崔智博. 元代玉押. 中国文物报, 2009-6-3（5）
赵旻. "玉炉顶"还是"玉帽顶". 文物天地, 2009,（12）：76~80
周晓晶. 明代伪古玉的生产与辨伪研究. 湖南省博物馆馆刊（第五辑）. 长沙：岳麓书社,
　　　2009：527~532
张尉. 明清玉牌的鉴别. 收藏家, 2009,（2）：11~14
陈辉. 圆明园出土的玉嵌饰. 中国文物报, 2009-4-29（5）
金晓春. 怀宁所藏明清佩玉的时代特征与含义. 文物研究（第十六辑）. 黄山：黄山书社,
　　　2009：333~336
张广文. 乾隆题诗兽面纹玉圭. 文物天地, 2009,（10）：111
杨玉彬. 实用器·组玉佩·装饰物：觽、玉觿与玉冲牙的文化阐释. 中国文物报, 2009-6-17（5）
杨玉彬. 玉觿与玉冲牙. 收藏家, 2009,（6）：35~41
薛琳. 玉琮的文献记载与研究综述. 无锡文博, 2009,（1）：23~27
袁胜文, 石文嘉. 玉石覆面研究. 中原文物, 2009,（3）：76~81
齐玫. 乾隆朝玉器简论（上、下）. 收藏家, 2009,（5）：51~56、（6）：51~58
严凤亭. "乾隆工"玉器代表作骊龙护珠白玉壶. 文物天地, 2009,（12）：74~75
E.B. 库尔提斯著. 涂巧慧, 施静菲译. 优雅的化生——雍正朝玻璃器. 故宫文物月刊, 2009：
　　　31（8）：62~71
陈玉秀. 旋云飞霞——谈雍正朝玛瑙的鉴赏. 故宫文物月刊, 2009, 31（9）：84~91
乔万宁. 新石器时代的玉器琐谈. 收藏家, 2010,（6）：40~42
曹平. 史前动物型玉器刍议. 收藏家, 2010,（11）：56~60
李水乐. 馆藏汉代玉枕. 收藏, 2010,（2）：107~113
王蔚华. 西安出土元代玉器. 收藏, 2010,（3）：62~71
孙维昌. 上海出土明代玉器珍品鉴赏. 收藏家, 2010,（11）：25~30
肖贵田, 李梦. 山东古代玉器浅谈. 收藏家, 2010,（8）：33~37
李惠新. 山东出土商周玉器. 收藏, 2010,（9）：101~105
王恺, 贾飞. 古朴大气　活泼柔美——徐州两汉楚王玉器鉴赏. 中国文物报, 2010-11-24（5）
王聪, 肖丽媛. 新郑出土商周玉器精粹. 收藏, 2010,（11）：84~86
刘云辉. 气韵豪放巧夺天工——陕西出土汉代玉器精品. 收藏, 2010,（6）：103~115
刘云辉. 陕西出土的西周合雕像生玉器. 收藏, 2010,（5）：80~88
马金花. 山西西周墓葬出土玉鱼的探讨. 文物世界, 2010,（5）：72~77
袁锦岚. 强国墓地出土动物玉雕. 收藏, 2010,（2）：102~106
贺旭辉, 杨峰涛. 虢季墓出土龙纹玉饰. 收藏, 2010,（3）：59~61
常军. 虢季墓中出土玉器. 收藏, 2010,（9）：92~100
于明. 对一件玉人面像的探讨. 文物天地, 2010,（7）：102~103
徐琳. 三件红山玉巫人评述. 收藏家, 2010,（4）：35~38
院文清. 石家河文化玉器赏析（上、下）. 收藏家, 2010,（7）：51~57、（8）：72~76
魏元彪. 浅谈齐家文化玉器. 陇右文博, 2010,（2）：34~35
张广文. 明清时期的玉器摆件. 文物天地, 2010,（4）：22~29

金适. 乾隆皇帝御题玉卮的契丹字铭文. 东北史地, 2010, (1): 5~6
宋康年. 试探玉璧的渊源用途与鉴定. 中国文物报, 2010-11-8 (8)
石荣传. 再议考古出土的玉柄形器. 四川文物, 2010, (3): 22~30
张青筠. 玉鱼刍议. 上海文博论丛, 2010, (2): 42~43
刘云辉. 骨咄玉新考. 陕西历史博物馆馆刊（第十八辑）. 西安：三秦出版社, 2011: 264~267
刘明科. 西周強国墓地出土的玉戈、玉戚. 收藏, 2011, (3): 94~96
熊建平. 刘台子西周墓地出土的俏色玉雕. 收藏家, 2011, (9): 75~76
常军. 西周晋侯墓和虢国墓玉器. 收藏, 2011, (2): 74~79
常军. 仪态万方 其声舒扬——虢国墓地出土的玉组佩饰. 收藏, 2011, (1): 86~92
赵晓斌, 田勇. 荆州院墙湾楚墓幸存的龙形玉佩. 收藏, 2011, (4): 72~75
傅举有. 湖南出土的战国秦汉玉具剑. 湖南省博物馆馆刊（第七辑）. 长沙：岳麓书社, 2011: 196~222
邹建平, 陈建平. 玉叶金枝——明代江西藩王墓出土玉器精品赏析. 收藏家, 2011, (11): 27~36
刘彦佐. 蓝田玉蝉人佩考. 文物世界, 2011, (2): 35~37
金鑫. 元代虎钮玉押. 收藏, 2011, (3): 97
杨凤明. 元代玻璃莲花托盏鉴赏. 丝绸之路, 2011, 2 (4): 28~29
邓淑苹. 探索"子刚"——晚明江南玉雕谜团的再思. 故宫文物月刊, 2011, (12): 46~63
赵宏伟. 明清玉器之吉祥意蕴. 文物世界, 2011, (3): 3~8
周巧燕, 顾英华. 一件精美的清代乾隆年白玉如意. 中原文物, 2011, (3): 111~112
多丽梅. 古代太极图形玉器刍议. 中国文物报, 2011-1-26 (4)
徐春苓. 古玉人兽合体造型研考. 中原文物, 2011, (3): 70~75
沈纯理. 极为罕见的兽首虫身形（白玉籽料）坠. 中国文物报, 2011-12-7 (7)
孙力. 玉猪龙摭谈. 辽宁省博物馆馆刊（2011）. 沈阳：辽海出版社, 2011: 47~66
李伟. 从朴拙到繁丽——历代玉兔赏析. 收藏, 2011, (8): 76~80
苏方军, 宋康年. 黄家堰出土的新石器晚期玉器. 收藏, 2011, (1): 95
乔万宁. 浅谈新石器时代玉琮. 收藏家, 2011, (6): 59~60
钱士义. 大汶口文化玉器赏. 收藏, 2011, (4): 70~71
王玉妹, 李天铭. 关于齐家文化玉器的调研报告. 博物馆研究, 2011, (4): 65~68
王裕昌. 甘、青、宁博物馆馆藏齐家文化玉琮、玉璧研究. 丝绸之路, 2011, (12): 5~10
张晶雨. 齐家玉器文化探微——从一件半成品琮形器谈起. 丝绸之路, 2011, (14): 14~16
徐琳. 故宫博物院藏哈克文化玉石器研究. 故宫博物院院刊, 2012, (1): 67~80
李理, 范丽, 牛艺. 光洁温润 白如羊脂——沈阳故宫珍藏的清宫白玉（上）. 收藏, 2012, (12): 62~67
何先红. 四川博物院藏三星堆遗址出土玉石器补记. 四川文物, 2012, (4): 43~50
江美英. 广东出土良渚式雕纹玉石器研究. 故宫学术季刊, 2012, 30 (2): 157~204
李清丽, 李耀华. 虢国墓地出土的红山玉器. 中国文物报, 2012-12-5 (7)

李清丽. 虢国墓出土的玉牛. 收藏, 2012, (4): 76~78
郑立超. 三门峡虢国墓地出土的西周腕饰. 中国文物报, 2012-8-15 (8)
张润平. 中国国家博物馆藏辽金元春水、秋山玉器初探. 中国国家博物馆馆刊, 2012, (10): 64~82
陈勇成. 琉璃风华——"国立"历史博物馆典藏唐代玻璃. 历史文物, 2012, (8): 46~49
虞海燕. 北京地区出土的金代玉器. 北京文博文丛, 2012, (3): 87~94
闫玉光, 吕慧琴. 张家口市博物馆馆藏玉器选介. 文物春秋, 2012, (3): 69~70
盛锦朝. 解读东至出土的龙凤纹玉带板. 文物天地, 2012, (9): 78~80
王丽明. 略谈云南出土翡翠. 收藏家, 2012, (1): 41~46
穆朝娜. 北京艺博的清代玉带钩. 文物天地, 2012, (1): 54~59
刘薇. 重庆中国三峡博物馆藏玻璃鼻烟壶. 四川文物, 2012, (5): 56~61
常军. 邱承墩遗址出土的良渚文化玉器. 收藏, 2012, (2): 58~60
曹丽娟. 临夏州博物馆藏玉器. 陇右文博, 2012, (2): 35~38
纪玉莲. 绥德博物馆馆藏四件古玉器赏析. 文物世界, 2012, (3): 68~73
王裕昌. 齐家文化玉器散论. 博物馆研究, 2012, (4): 63~78
常军, 李云. 龙年说玉龙. 中国文物报, 2012-1-25 (4)
熊建平. 西周早期俏色玉鱼鹰. 收藏, 2012, (2): 63
高以璇. 春秋晚期: 珑. 历史文物, 2012, (2): 1
杨华胜. 山东青州出土的裸体玉人. 收藏家, 2012, (5): 29~31
丁哲. 浅谈战国玉龙佩的区域特征. 收藏家, 2012, (9): 27~30
刘云辉, 刘思哲. 汉杜陵区新出土的玉杯和玉舞人. 文物, 2012, (12): 73~79
尹钊, 李颖, 张继超. 徐州西汉楚王陵墓中的龙文化玉器. 收藏, 2012, (7): 82~87
刘云辉, 刘思哲. 陕西出土汉代玉器撷英. 文物天地, 2012, (4): 38~49
尹钊, 李颖, 张继超. 徐州西汉楚王墓中玉器的龙文化. 中国文物报, 2012-2-15 (7)
古方. 曹操墓及曹氏家族墓出土的玉器. 文物天地, 2012, (4): 27~31
古方. 高古玉龙纹的发展与演变. 收藏, 2012, (1): 30~37
邱向军. 简析玉琮的发展轨迹. 北京文博文丛, 2012, (3): 32~37
吴萍. 简论玉具剑的发展及演变. 丝绸之路, 2012, (6): 32~33
宋笑飞. 玉戈源流考. 寻根, 2012, (6): 63~71
许晓东. 韘、韘式佩与扳指. 故宫博物院院刊, 2012, (1): 49~66
穆朝娜. 兔形玉件的演变. 文物春秋, 2012, (4): 11~15
顾斌. 浅谈玉器上的龙纹及鉴别. 北京文博文丛, 2012, (1): 51~57
吴萍. 浅论古代玉器蟠螭纹的演变. 丝绸之路, 2012, (4): 20~22
李宏坤. 芳草桥边花满溪——国家博物馆藏宋代花形玉佩浅谈. 文物世界, 2013, (6): 3~9
李宏坤. 国家博物馆藏宋代玉童子佩. 文物世界, 2013, (3): 3~6
殷志强, 殷晓旭. 劳佛与美国菲尔德博物馆的中国玉器收藏. 文物天地, 2013, (12): 90~96
阎惠群. 甘肃静宁县博物馆藏玉器价值述论. 丝绸之路, 2013, (16): 13~14
杨红梅. 安阳博物馆藏殷墟玉器分类研究. 玉器考古通讯, 2013, (2): 7~14

陈朝霞. 小玩意与大世界——武汉博物馆藏玉佩饰撷珍. 收藏家, 2013, (10): 21~28

李理, 范丽, 牛艺. 光洁温润 白如羊脂——沈阳故宫珍藏的清宫白玉 (下). 收藏, 2013, (1): 82~87

栾晔, 张莹. 清宫遗韵传古今——沈阳故宫藏清代瓷器珐琅玉器精品展 (上、下). 收藏家, 2013, (8): 3~12、(9): 8~12

周霞. 掌上乾坤——浅析馆藏鼻烟壶. 文物世界, 2013, (1): 3~7

王连华. 避暑山庄藏清宫玻璃器. 文物天地, 2013, (8): 84~87

张海军. 西汉长沙国奢华生活象征——长沙陡壁山王室墓玉器选介. 收藏家, 2013, (7): 72~74

李郁. 汉玉的巅峰——南越王墓的玉器. 文物天地, 2013, (12): 31~35

尹钊, 岳凯, 徐文楷. 徐州汉墓出土凤纹玉器. 收藏, 2013, (11): 78~81

杨海青, 常军. 灵宝出土仰韶文化玉器赏析. 收藏家, 2013, (4): 25~30

张秀玲, 赵昂. 虢季墓出土的玉兵器. 中国文物报, 2013-10-23 (7)

陈春, 段涛涛. 曾侯乙墓出土玉器选析. 江汉考古, 2013, (2): 86~88

陈伟容. 楚人玉饰之良器——馆藏战国玉佩选介. 中国文物报, 2013-1-2 (8)

殷志强. 新石器时代玉器鉴定之玉器类型 (上)、(下). 文物天地, 2013, (8): 104~109、(9): 94~98

洪殿旭. 浅谈玉器鉴定——以红山文化玉器为例. 文物天地, 2013, (2): 102~104

宋笑飞. 商周玉鱼. 收藏, 2013, (10): 56~59

杨爱民. 商周玉鹿鉴赏. 收藏, 2013, (11): 72~77

杨海青. 应国西周早中期组玉佩赏析. 收藏家, 2013, (10): 51~57

祝静. 汉代龙凤玉器珍品赏析. 文物世界, 2013, (1): 8~11

秦伟. 唐朝出土玉带赏析——绚烂之极 归于平淡. 大众考古, 2013, (4): 54~56

陈立鼎. 宋代玉璧的分类与鉴定. 收藏家, 2013, (2): 61~68

吴伟苹. 乾隆皇帝与玉扳指. 故宫文物月刊, 2013, (10): 94~109

许晓东. 乾隆时期的仿古玉. 收藏家, 2013, (9): 35~43

齐蒙喜, 车奇凯. 玉勒赏析. 收藏家, 2013, (9): 85~86

么乃亮, 黄晓蕾. 玉觽研究. 辽宁省博物馆馆刊 (2012), 沈阳: 辽海出版社, 2013: 228~235

施俊. 论古代玉簪饰的发展演变. 文物春秋, 2013, (4): 15~19

陈建平. 玉翠珠儿金步摇. 收藏家, 2013, (12): 41~46

赵永. 琉璃名称考辨. 中国国家博物馆馆刊, 2013, (5): 63~72

侯怡利. 鼻烟壶与药瓶. 故宫文物月刊, 2013, (10): 86~92

朱乃诚. 故宫博物院藏大型玉雕人善像考略. 文物, 2014, (7): 68~75

李维翰. 精雕细琢显华章——徐州博物馆藏汉代玉剑饰. 收藏, 2014, (2): 84~85

韩建武. 陕西历史博物馆藏秦氏玉器. 收藏家, 2014, (7): 47~52

王宜艳. 浙江省博物馆藏北宋帝王金龙玉简考释——兼谈北宋时期帝王投龙简. 收藏家, 2014, (7): 27

刘建. 碧色青青 冰心玉壶——沈阳故宫院藏宫廷青玉雕刻赏析. 收藏家, 2014, (1): 38~44
刘煜. 天津博物馆藏清代宫廷玉器. 收藏家, 2014, (8): 53~56
张雪. 长沙市博物馆藏战国玻璃珠赏析. 文物天地, 2014, (1): 60~62
周晓晶. 辽宁丹巴多尔济墓出土玉器. 收藏家, 2014, (8): 70~72
苏欣, 刘振宇. 成都市出土南宋螭纹玉璧初探. 收藏家, 2014, (12): 12~14
李伟男. 南阳出土的东汉三螭龙纹蝶形佩. 收藏, 2014, (11): 84~85
邓淑苹. 史前至夏时期玉器文化的新认知. 玉器考古通讯, 2014, (2): 8~46
方向明. 崧泽文化的玉器. 玉器考古通讯, 2014, (2): 47~59
杨海青, 常军. 虢国墓地出土的龙形玉佩饰. 收藏, 2014, (11): 80~83
刘万军. 浚县辛村卫国墓出土玉器研究. 文博, 2014, (5): 18~23
赵艺蓬. 周原姚家墓地出土的西周玉器. 收藏, 2014, (12): 98~102
刘明科. 西周玉蚕. 收藏, 2014, (10): 88~90
崔云. 贵族灵物组玉佩. 收藏家, 2014, (2): 53~58
郭祐麟. 春秋中晚期. 异形珩. 历史文物, 2014, (6): 1
郭静云. 牙璋起源刍议——兼谈陕北玉器之谜. 三峡大学学报(人文社会科学版), 2014, (5): 10~16
朱洁. 玉龙钩形制的演变与欣赏. 文物天地, 2014, (10): 71~73
李毅君. "元统三年"铭碑形玉祭牌. 文物世界, 2014, (3): 63~66
张丽端. 独特而非唯一——翠玉白菜与其他. 故宫文物月刊, 2014, (10): 100~105
杭志宏. 陕西历史博物馆藏玉器. 文物天地, 2015, (2): 15~20
严志斌. 小臣𪨶玉柄形器诠释. 江汉考古, 2015, (4): 93~104
邵雯. 自古国人皆爱玉 锵锵傲骨玉中寻——馆藏玉器综述. 文物天地, 2015, (6): 38~42
杨慧婷, 国红. 湖南省博物馆馆藏汉代滑石器考述(续). 湖南省博物馆馆刊(第十一辑). 长沙: 岳麓书社, 2015: 358~373
樊越欧. 吉林省博物院藏史前玉器. 收藏家, 2015, (2): 57~60
李晓丽. 酌金馔玉 万般奢华——沈阳故宫博物馆藏御用餐饮器皿. 收藏, 2015, (8): 126~131
徐媛媛. 如玉君子——旅顺博物馆藏玉制文房用具赏析. 收藏家, 2015, (4): 33~36
戴立平. 中期仿古玉鉴定一得. 收藏家, 2015, (6): 40~44
樊越欧. 吉林省博物院藏清代陈设玉器. 收藏家, 2015, (11): 75~78
高雪. 吉林省博物院藏主器选介. 收藏, 2015, (10): 93~99
韩建武. 陕西历史博物馆藏宋元明清玉器. 收藏家, 2015, (7): 41~47
田卫丽. 玉润华光——陕西西安何家村窖藏出土的玉带銙. 文物天地, 2015, (2): 38~42
田卫丽. 唐代玉带銙述略——以西安何家村窖藏出土玉带銙为中心. 文物世界, 2015, (4): 11~14
喻燕姣, 王琼. 湖南澧县博物馆收藏的两套元代玉带. 文物天地, 2015, (12): 28~31
周霞. 烟台市博物馆藏玉撷英. 中国文物报, 2015-1-27 (5)
孙维昌. 上海崧泽遗址出土陶器和玉器. 收藏家, 2015, (3): 39~44

韩建武. 20世纪50年代西安郊区出土的汉代玉器. 收藏家, 2015, (1): 86~90
武玮. 河南永城西汉梁王墓出土玉器. 文物天地, 2015, (3): 37~40
刘晓婧. 太湖地区出土的史前玉玦. 文物世界, 2015, (1): 10~14
夏一博. 浅论神木石峁龙山文化玉器. 文物天地, 2015, (8): 66~67
孙维昌. 上海福泉山出土良渚文化玉器. 收藏家, 2015, (12): 41~46
王偈人. 常州出土良渚文化玉器赏析. 文物天地, 2015, (11): 14~17
杨森. 羊脂玉与燕脂表玉. 寻根, 2015, (1): 91~94
崔智博. 史前至先秦长江中下游地区玉虎. 收藏家, 2015, (4): 85~90
杨海青, 王军震. 虢国墓地出土的玉韘与玉觿赏析. 收藏家, 2015, (11): 39~42
宋笑飞. 芮虢两国出土的小臣玉器. 收藏家, 2015, (5): 72~74
陈馨. 荆山有主——记熊家冢墓地出土玉器. 收藏, 2015, (3): 94~101
刘卫华. 战国中山国出土的玉石. 收藏家, 2015, (12): 17~21
李立华. 独具特色的中山古玉. 中国文物报, 2015-1-27(5)
朱纪. 玉带钩·玉带扣·玉带銙. 收藏, 2015, (1): 82~91
常军. 应国墓地出土的玉项饰. 收藏, 2015, (2): 104~110
朱彦. 正仓院御冠饰玉与唐代冕冠饰玉对比考析. 装饰, 2015, (3): 86~88
吕富华. 辽代胡人乐舞纹玉带及相关问题探讨. 东北师大学报(哲学社会科学版), 2015, (1): 177~181
黄小钰. 金代春水秋山玉赏析. 收藏家, 2015, (2): 75~77
赵晓峰. 元代云龙纹玉提携赏析. 收藏, 2015, (12): 106~108
邓淑苹. 龙虎西域——帖木儿帝国玉雕探索. 故宫文物月刊, 2015, 39(3): 50~65
仝涛, 李林辉, 赤列次仁. 西藏首次考古出土的象雄天珠. 文物天地, 2015, (1): 114~118
朴良君. 天珠(蚀花石髓珠)浅议. 文物天地, 2015, (1): 73~77
阮富春, 江佳英. 四川博物院藏天珠赏析——兼谈国内考古出土、博物馆藏天珠的来源、用途及纹饰. 文物天地, 2016, (1): 30~42
孙忠梁. 美玉琳琅——济南市博物馆藏玉器选粹. 收藏家, 2016, (10): 39~44
杨海涛. 乾坤有精物 千秋难败毁——院藏良渚文化玉器. 文物天地, 2016, (4): 7~12
徐琳. 故宫博物院藏齐家文化玉璧综述. 故宫博物院院刊, 2016, (3): 137~151
闫娟. 玉中图画——北京地区出土的金代花鸟玉器. 文物天地, 2016, (8): 15~22
杨鑫. 安阳郭家庄出土的商代玉器. 收藏, 2016, (2): 98~101
李清丽. 虢国墓地出土的商代玉器——前朝美玉后世藏. 大众考古, 2016, (12): 50~57
周志清. 新一村遗址出土的石琮玉戈. 成都文物, 2016, (2): 64~68
曹楠. 加拿大皇家安大略博物馆明义士藏中国古代玉器. 文物, 2016, (11): 72~82
穆朝娜. 西周玉器之管窥. 收藏家, 2016, (1): 42~50
常军, 张敏, 杨海青. 虢国墓地出土玉柄形器和玉觿鉴赏. 宝藏, 2016, (6): 86
常军, 张敏, 杨海青. 虢国墓地出土玉柄形器和玉觿鉴赏. 收藏, 2016, (4): 92~97
景润刚, 上官荣光, 杨海青. 三门峡虢国墓地出土鱼形玉器鉴赏. 收藏家, 2016, (4): 56~58
杨海青, 王军镇. 周代虢国墓地出土玉玦赏鉴. 收藏家, 2016, (7): 85~88

崔天兴. 浅论虢国墓地博物馆馆藏驮鸟蚕身龙首玉. 中国文物报, 2016-3-11（6）
杨海青, 景润刚. 淅川徐家岭楚墓出土的玉器. 收藏, 2016,（2）: 94~97
多丽梅. 东周时期的玉琥. 文物天地, 2016,（10）: 99~107
陈春. 馆藏春秋玉器拾萃. 文物天地, 2016,（11）: 29~34
冯宁. 河北博物院藏玉剑饰. 收藏, 2016,（12）: 100~103
夏文峰. 河北博物院藏玉佩赏珍. 收藏, 2016,（9）: 112~119
朱歌敏. 关中地区秦墓葬玉探析. 文博, 2016,（4）: 51~57
杨亮. 馆藏西周玉鱼. 陕西历史博物馆馆刊（第二十三辑）. 西安: 三秦出版社, 2016: 249~253、396~399
董洁. 馆藏几件玉器考辨. 陕西历史博物馆馆刊（第二十三辑）. 西安: 三秦出版社, 2016: 254~256
刘滴川. 战国琉璃珠眼纹饰样式与观念的本土化. 美术, 2016,（1）: 116~121
张海军. 长沙市博物馆藏战国两汉琉璃器. 文物天地, 2016,（4）: 96~101
梅景峰, 吕郁青. 齐家文化玉礼器. 收藏, 2016,（4）: 88~91
毛艳清. 浅说玉蝉. 文物天地, 2016,（11）: 96~98
曹芳芳. 陈白沙藏牙璋与璋文化小史. 文物天地, 2016,（12）: 8~12
韩建武. 石卯遗址出土玉器补遗. 收藏家, 2016,（2）: 41~44
陈浩, 赵伟程. 云南考古出土的珠饰. 文物天地, 2016,（1）: 16~21
喻燕姣. 湖南出土的黑白纹玛瑙珠管赏析. 文物天地, 2016,（1）: 22~26
陈兰华. 古玉的断代. 文物天地, 2016,（2）: 82~83
王育龙. 简谈古玉鉴定中的有关问题. 西部考古（第十一辑）. 西安: 三秦出版社, 2016: 281~288
柴晨鸣. 古代玉玦的用途和形制举要. 中国文物报, 2016-1-12（7）
段晓明. 中国古代玉珠管饰的历史文化考察. 湖南省博物馆馆刊（第十二辑）. 长沙: 岳麓书社, 2016: 227~236
刘云辉, 刘思哲. 陕西出土的蚀花石髓珠. 文物天地, 2016,（1）: 27~29
冯民. 掠影和田玉（一、二）. 资源与人居环境, 2016,（2）: 19~22、（3）: 26~29
岳峰. 雪域珍宝天珠. 文物天地, 2016,（1）: 52~55
朴良君. 古代天珠收藏略谈. 文物天地, 2016,（1）: 56~59
于明. 天珠之我见. 文物天地, 2016,（2）: 7~11
邢良坤, 王玉. 浅论古今珠串的收藏. 文物天地, 2016,（4）: 102~105
杨坚多杰, 张丹波. 浅谈西藏瑟珠的来源与称呼. 文物天地, 2016,（1）: 12~15
张海军. 长沙市博物馆藏战国两汉琉璃器. 文物天地, 2016,（4）: 96~101
博雅. 徐州狮子山楚王墓玉器赏析（一、二）. 收藏界, 2016,（2）: 16~23、（3）: 18~20
周晓晶. 汉代玉器纹饰分类及特征探究. 丝绸之路, 2016,（9）: 29~30
权敏, 罗晓燕. 南昌汉代海昏侯国考古中的玉器. 收藏家, 2016,（7）: 27~32
权敏, 罗晓燕. 南昌汉代海昏侯国遗址出土玉剑饰. 中国文物报, 2016-6-28（5）
胡琼. 西汉长沙国透雕龙凤纹玉环. 收藏家, 2016,（5）: 77~78

王仕安. 盘点山东日超出土汉代玉器. 收藏家, 2016,（1）: 69～74
冯宁. 河北博物院藏肖生玉. 收藏家, 2016,（7）: 45～48
冯宁. 晶莹温润　精雕细琢——河北博物院藏清代玉器. 收藏, 2016,（7）: 96～101
隗丽佳. 颐和园藏清宫玉器. 文物天地, 2016:（3）: 57～63
董千. 杭州博物馆藏玉器选介. 收藏, 2016,（11）: 76～83

# （十）玉器史话

赵永魁. 玉：一种既熟悉又陌生的石头. 中国文物报, 2001-5-20（8）
十方古文物. 古玉雅集：年代风格之介绍. 中国文物世界, 2001, 18（7）: 105
夏更起. 漫说宣德珐琅器. 收藏家, 2001,（10）: 12～15
邓淑苹. 由"假"到"真"的艰辛漫长路——以红山玉器为例. 故宫文物月刊, 2001, 21（7）: 5～24
徐琳. "春水"玉绦环. 中国文物报, 2001-1-14（8）
殷志强. "春水玉"——北方民族风情画. 中国文物报, 2001-3-11（8）
杨伯达. 收藏玉器要首重玉材. 中国文物报, 2001-1-7（8）
邓淑苹. 故宫八件旧藏玉圭的再思. 故宫学术季刊, 2001, 19（2）: 115～149
黄宣佩. 福泉山良渚文化玉器. 收藏家, 2001,（11）: 48～51
叶茂林. 大河家的良渚文化玉琮. 中国文物报, 2001-7-18（8）
李进兴. 海原出土的菜园文化古玉坠. 中国文物报, 2001-6-3（8）
王璧. 中国最早的玉龙. 深圳文博论丛. 北京：文物出版社, 2001: 130～133
殷志强. 透雕玉插屏——最早的玉屏风. 中国文物报, 2001-12-19（8）
王春元. 蛟龙入海——漫谈红山玉器. 收藏家, 2001,（2）: 44～47
曲石. 红山玉人面. 中国文物报, 2001-3-4（8）
杨海波. 初识良渚玉器. 中国文物报, 2001-6-24（8）
姚江波. 玉组佩. 中国文物报, 2001-5-6（8）
周太祥. 玉鱼. 东南文化, 2001,（12）: 56～59
黄景新. 玉鱼演化. 东南文化, 2001,（1）: 61～62
孙机. 蜷体玉龙. 文物, 2001,（3）: 69～76
徐琳. 玉帽顶与玉炉顶. 无锡文博, 2001,（4）: 19～21
殷志强. 玉薰炉——被改制的玉琮. 中国文物报, 2001-8-29（8）
夏更起. 玉石类烟壶. 中国文物报, 2001-3-4（3）
夏更起. 玻璃烟壶. 中国文物报, 2001-1-21（3）
常素霞. 妙趣天成的玛瑙鼻烟壶. 收藏家, 2001,（1）: 43～44
张宏明. 安徽读玉. 中国文物报, 2001-2-11（8）

张敬国. 读玉凌家滩. 中国文物报，2001-8-1（1）
俞为洁. 良渚有良玉 湿润厚朴古人遗——良渚文化玉器散记. 中华文化画报，2001，（1）：34～39
张敬国. 凌家滩聚落与玉器文明. 文物研究（第十三辑）. 合肥：黄山书社，2001：28～34
蔡琴. 石之美者在良渚. 中国文物报，2001-5-6（8）
张昀. 春秋玉器漫谈. 收藏，2001，（9）：46～48
巫新华. 上昆仑山寻找和田玉（一）——玉石之路考察记. 文物天地，2002，（7）：4～11
巫新华. 上昆仑山寻找和田玉（二）——沿白玉河寻找子玉原生地. 文物天地，2002，（9）：24～29
傅举有. 随珠明月、楚璧夜光：中国古代的玻璃（一、二）. 收藏界，2002，（9）：19～22、（10）：22～25
曲石，跃庭. 对几件玉鎏金器的一点认识. 中国文物报，2002-6-19（4）
王樾. 值得重视的玉鎏金器. 中国文物报，2002-7-31（6）
朱福平. 汉白玉蝉. 中国文物报，2002-1-16（4）
王亚庆，刘晓华. 西汉鸟首玉梳. 中国文物报，2002-10-23（6）
华彬. 古代玉猪. 东南文化，2002，（4）：58～61
周太祥. 古玉之风. 东南文化，2002，（5）：75～77
马秀银. 关注石家河古玉. 中国收藏，2002，（3）：34～37
喻燕姣. 清逸脱俗 自由奔放——楚国玉器的品种与辨识. 收藏，2002，（2）：45～49
简松村. 巧手巧思话巧做——浅谈俏色玉. 故宫文物月刊，2002，23（3）：82～89
陈景峻. 玄鸟的"再"启示. 故宫文物月刊，2002，23（2）：46～53
张君. 以玉比德——试论中国古玉人格化生成的渊源. 文物世界，2003，（2）：47～49
张建. 古玉浅谈. 陕西历史博物馆馆刊（第十辑）. 西安：三秦出版社，2003：210～215
袁伟. 漫谈玉带饰. 收藏家，2003，（6）：52～58
张泽莹. 玉琀与含蝉辨析. 文物春秋，2003，（2）：44～46
尤仁德. 殷人额带玉饰. 中国历史文物，2003，（1）：87～88
郭珮君. 夏日说蝉——浅介乾隆款碧玉雕花多宝格里的玛瑙蝉. 故宫文物月刊，2003，24（6）：106～111
李竹，许淑芳. 心有灵"觿"一点通. 东南文化，2003，（12）：78～80
殷志强. 玉羊玉吉祥. 文物天地，2003，（2）：36～37
贺云翱. 玉雕羊石雕羊. 中国文物报，2003-1-29（5）
吕曼. 浅论玉器之美. 东南文化，2003，（3）：66～68
李郁. 我为玉狂. 文物天地，2003，（5）：64～67
袁伟. 精美的唐宋玉器. 收藏家，2003，（3）：14～17
袁伟. 清新典雅多姿多彩的辽金玉器. 收藏，2003，（4）：66～68
许晓东. 辽代玉盒佩之我见. 故宫博物院院刊，2003，（4）：80～84
孟耀虎. 李学敏家传的三代玉器. 收藏家，2003，（8）：55～58
王笑琴. "玦"文化琐议. 社会科学论坛，2004，12（B）：280～281

孟耀虎. 古物有灵心雕就　琢磨无事太璞剖. 收藏家, 2004, (7): 45~46

潘守永. 美国访古玉. 文物天地, 2004, (11): 64~67

梁少娜. 玉蝉. 广州文博, 2004, (4): 61~65

杨伯达. 玉傩面考. 中原文物, 2004, (3): 45~50

陈淳, 孔德贞. 玉璜与性别考古学. 中国文物报, 2004-7-9 (7)

李淑琴. 兽君神威话玉虎. 收藏家, 2004, (2): 47~50

孙庆伟. 从说文·玉部看先秦两汉时期的相玉. 古代文明研究通讯, 2004, 2 (2): 38~44

杨晶. 一件刻纹玉饰的辨识. 故宫博物院院刊, 2004, (5): 112~120

邓淑苹. 院藏卑南古玉解读. 故宫文物月刊, 2004, 25 (7): 4~31

范学静. 宋代玉雕童子面面观. 收藏家, 2004, (8): 12~16

楚仁. 秋山洗马图玉山子. 收藏家, 2004, (12): 61~63

曹平. 雕景入画情景交融——清代玉山精品赏析. 收藏家, 2004, (12): 58~60

郭亮. 清代和田仔玉随形鼻烟壶. 收藏, 2004, (2): 65

王好华. 古玉有三难仿. 中国文物报, 2005-6-15 (7)

邓淑苹. 曙光中的天人对话. 故宫文物月刊, 2005, 27 (1): 68~87

李勇. 浅析中国古代玉器的审美文化内涵. 齐鲁艺苑, 2005, (2): 87~89

马金花. 玉带漫谈. 文物世界, 2005, (5): 25~29

杨培钧. 从唐诗解读胡人玉带板. 陕西历史博物馆馆刊 (第十二辑). 西安: 三秦出版社, 2005: 159~161

杨进萍. 话说玉鱼. 收藏家, 2005, (5): 29~32

张明华. 玉雕小动物与人像是玉神器. 上海文博论丛, 2005, (3): 45~47

邓淑苹. 红山系古玉工艺之美. 故宫文物月刊, 2005, (270): 34~52

郭大顺. 红山文化有玉蚕吗. 故宫文物月刊, 2005, 26 (6): 38~45

张明华. 凌家滩、牛河梁抚胸玉立人说明了什么. 中国文物报, 2005-3-18 (7)

陆文宝. 试析良渚玉器的美. 史前研究 (2004), 西安: 三秦出版社, 2005: 356~359

马金花. 剑上的玉饰——兼谈赵卿墓出土的玉具剑. 收藏家, 2005, (7): 44~46

杨培钧. 精妙出廓璧　翘袖舞人媚. 文博, 2005, (6): 16~19

李彦君. 宜子孙文字出廓璧. 收藏家, 2005, (8): 38

东旭. "秋山洗马"图玉山子. 中国文物报, 2005-3-9 (7)

王竑. 古玉中的改型器. 文物天地, 2006, (1): 48~51

蔡庆良. 纹饰为纲　百目自张——古器物学浅谈 (五). 历史文物, 2006, 15 (1): 42~52

宋建忠. 可圈可点的山西出土古玉. 文物天地, 2006, (1): 24~27

古方. 神秘瑰丽的红山文化玉器. 收藏, 2006, (4): 84~85

吕芹. 一件特别的良渚文化玉柱形器. 中国文物报, 2006-12-20 (5)

王仁湘. 玉带钩散论. 四川文物, 2006, (5): 58~67

王瑛. 古玉带钩浅谈. 文博, 2006, (2): 41~43

白芳. 组玉佩的流变. 文物天地, 2006, (1): 44~47

王仁湘. 仰韶悬璧: 一个猜想中的发现. 中国文物报, 2007-3-23 (7)

蒋炳昌，黄玄龙. 明代扇坠的迷失. 收藏家，2007，(10)：31～36
李凯，王建玲. 话说玉耳杯——"觞"、"羽觞"、"耳杯"的关联. 文博，2007，(5)：34～37
齐东方. 玻璃料与八卦镜——井里汶沉船文物札记. 故宫博物院院刊，2007，(6)：125～135
张丽端. 敬天格物——器. 故宫文物月刊，2008，29(9)：48～53
牟永抗. 红山古玉学习札记. 中国社会科学院古代文明研究中心通讯，2008，(16)：20～25
张敬国. 凌家滩玉器——中国文明的曙光. 文物天地，2008，(1)：104～111
王文浩. 良渚玉器. 中国文物报，2008-3-26(8)
张明华. 说琮. 收藏家，2008，(10)：57～62
杨捷. 金玉满堂瑰宝飘香. 收藏家，2008，增刊：82～85
王世杰. 精美绝伦的清代宫廷玉器. 收藏家，2008，(11)：28～30
林丹. 中国古代玉带漫谈. 福建文博，2008，(1)：66～69
蔡新娟. 琉璃器——中外文化交流的见证. 中国文物报，2008-6-20(5)
李丽. 论中国古代玉文化. 语文学刊(教育版)，2009，(3)：97～98
古方. 红山玉之我鉴. 文物天地，2009，(6)：38～39
蒋卫东. 神异灵鸟——良渚文化玉器别裁. 收藏家，2009，(4)：57～62
王文元. 齐家古玉：4000年前神秘部族的绝版之作. 丝绸之路，2009，(3)：16～20
古方. 对齐家文化玉璧玉琮的新认识. 收藏，2009，(6)：90～93
陈作发. 齐家玉器是"古玉文化的核心". 收藏，2009，(12)：78～79
董寓榕. 仙境与凡尘——略论两汉玉器. 收藏，2009，(10)：174～175
高丁丁. 琉璃浅谈. 文物世界，2009，(5)：35～36
栗扬. 浅谈中国玉文化. 黑龙江史志，2010，(8)：57～58
王惠霞. 龙凤玉佩话呈祥. 中国文物报，2010-4-14(8)
于平. 玉文具与文人情怀. 北京文博文丛，2010，(2)：44～48
穆朝娜. 玉虎四题——虎年说玉虎. 文物春秋，2010，(5)：13～20
李凤仙. 玉器中的吉祥文化. 文物世界，2010，(4)：63～66
张晓梅. 宋代人形器——玉雕童子. 无锡文博，2010，(3)：69～70
郭淑苹. 尚真、崇玄——南宋玉器精神之体现. 故宫文物月刊，2010，33(1)：46～63
古方. 巧夺天工——明清时期的苏州玉雕. 收藏家，2010，(11)：8～12
顾莉丹，汪少华. 说"玞"之形制. 南方文物，2010，(3)：67～74
叶康宁，叶寅生. 说"璧". 文物世界，2010，(6)：48～50
于卓思. 走进中国古代玉器艺术. 中国文物报，2011-11-9(8)
杨建芳. 古代玉雕中的神怪世界——与山海经中的神怪对照. 中国国家博物馆馆刊，2011，(1)：59～65
叶舒宪. "玉器时代"的国际视野与文明起源研究——唯中国人爱玉说献疑. 民族艺术，2011，(2)：31～41
王蔚波. 玉兔拜福. 上海文博论丛，2011，(1)：48～57
于卓思. 走近中国古代玉器艺术(之一、二、三、四). 文物天地，2012，(1)：44～53、(4)：86～99、(6)：56～65、(9)：50～61

朔知. 花与钺：从西坡出土玉钺谈起（纲要）. 中国社会科学院古代文明研究中心通讯, 2012, 2（2）：8～11

周卫国，宋康年. 一组出土于唐墓的汉白玉石雕. 收藏, 2012,（4）：79～81

朱华彦. 说韘. 无锡文博, 2012,（3）：72～74

傅慧娟. 高洁的玉蝉. 文物世界, 2012,（5）：3～8

蒋卫东. 红山文化斜口筒形玉器新解. 收藏家, 2013,（9）：22～28

郭大顺. 龙凤佩——红山文化一重玉. 故宫文物月刊, 2013,（4）：68～73

程霁红，宋康年. 薛家岗文化类型的几件玉饰品. 中国文物报, 2013-1-2（8）

张宏明，钟向群. 关于凌家滩文化肖生玉的历史成就. 收藏家, 2013,（4）：40～46

十工. 良渚文化"人鸟兽"合一玉器蕴意新解. 大众考古, 2013,（1）：33～37

邓淑苹. 从"天地之灵玉器展"谈公元前第二千纪的华夏大地. 玉器考古通讯, 2013,（1）：34～49

朱乃诚. 礼企立鹰玉笄首的年代、形制演变和文化传统. 故宫文物月刊, 2013,（1）：100～111

朱乃诚. 企立鹰玉笄首的年代与形制演变——从妇好墓出土的鹰笄首谈起. 玉器考古通讯, 2013,（1）：50～58

穆朝娜. 商代玉器之管窥："天地之灵——中国社会科学院考古研究所发掘出土商与西周玉器精品展"展品概说之一. 收藏家, 2013,（8）：39～47

乔文杰. 玉石之魂——商周玉器精品. 收藏, 2013,（10）：50～55

蔡庆良. 质胜于文真性乃显——略论芮国出土的改制玉器. 故宫文物月刊, 2013,（9）：46～59

王宁邦. "汉八刀"之管见. 大众考古, 2013,（5）：83～86

李皓. 玉中奇物——汉代玉刚卯. 收藏, 2013,（8）：66～67

于军. 刚卯. 无锡文博, 2013,（2）：4～65

叶丹洋. 难得一见的丝缕玉衣. 文物天地, 2013,（12）：36～38

张宏明. 生动活跃的宋代玉鱼雕刻. 收藏家, 2013,（8）：59～68

方林. 宋代玉鱼的文化认识. 文物世界, 2013,（5）：3～5

许晓东. 游于艺——乾隆帝的玉石之趣. 文物天地, 2013,（5）：52～57

李宏为. 乾隆与玉（一）、（二）. 收藏家, 2013,（6）：37～45、（7）：57～64

胡焕英. 钟灵奇秀独山玉. 收藏家, 2014,（4）：57～61

柴晨鸣. 兔形玉饰概说. 中国文物报, 2014-7-1（7）

崔云. 历代玉璧时代特征举例. 收藏家, 2014,（11）：43～49

徐强. 历代凤鸟纹. 中国文物报, 2014-5-7（7）

刘斌. 圭璋的时代——龙山与夏代玉器. 文物天地, 2014,（6）：14～17

蒋卫东. 走进新时代——夏时期玉器与玉文化. 文物天地, 2014,（6）：17～23

褚馨. 六朝时期的玉容器. 华夏考古, 2014,（2）：95～101

张星野. 巢湖玉卮意蕴长. 大众考古, 2014,（7）：70～72

陈馨. 从南越王墓出土的修补玉器谈起. 收藏, 2014,（12）：103～107

周意杰. 明代玉佛像. 收藏, 2014, (2): 82~83
高塬. 明代宫廷用玉略说——明代江西藩王墓出土的玉器及嵌宝石金饰. 收藏, 2014, (11): 91~99
邓淑苹. 从黄道、太一到四灵. 故宫文物月刊, 2015, (390): 42~61
方向明. 琮·璧——良渚玉文明因子的接力与传承. 大众考古, 2015: (8): 41~48
秦岭. 权力与信仰——解读良渚玉器与社会. 玉器考古通讯, 2015, (1): 1~39
方向明. 良渚用玉的等级和身份. 大众考古, 2015, (5): 58~64
方向明. 良渚文化玉器用料探秘. 大众考古, 2015, (3): 53~57
刘燕萍. 良潜文化玉器探微(上)、(下). 收藏家, 2015, (3): 45~53、(4): 70~74
方向明. 良渚玉器神人面像的真相. 大众考古, 2015, (6): 55~59
徐良高. 西周考古随笔: 金面具与玉覆面. 三代考古(六). 北京: 科学出版社, 2015: 309~315

# (十一) 科技考古与文物保护

殷志强. 玉龙金钩——古玉修补的成功范例. 中国文物报, 2001-8-1 (8)
咸荣明. 出土古玉的断代与保养. 中国文物报, 2001-8-29 (8)
蔡文静, 张敬国, 朱勤文, 吴沫. 凌家滩出土部分古玉器玉质成分特征. 东南文化, 2002, (11): 80~83
张敬国, 杨竹英, 陈启贤. 凌家滩玉器微痕迹的显微观察与研究——中国砣的发现. 东南文化, 2002, (5): 16~27
张敬国. 凌家滩出玉器与良渚文化福泉山出土玉器微痕迹比较研究. 浙江学刊, 2003, 增刊: 125~132
万俐. 良渚风化玉器的化学保护. 东南文化, 2003, (5): 94~96
田仁孝. 宝鸡益门出土金柄铁剑镶嵌宝石的化学与矿物学特性. 文物保护与考古科学, 2003, (1): 46~51
程军, 王昌燧, 李德文, 王巨宽. 良渚文化遗址及放王岗汉墓出土玉器的物相及微量元素测试分析. 考古, 2005, (7): 70~75
程琳, 冯松林, 吕智荣. 陕西西岳庙古琉璃胎料来源的 INAA 研究及多元统计分析. 原子核物理评论, 2005, (1): 135~137
冯敏, 张敬国, 王荣, 王昌燧, 龚明. 凌家滩古玉受沁过程分析. 文物保护与考古科学, 2005, (1): 22~26
白崇斌, 范宾宾. 宝鸡益门出土玉器分析研究. 文物保护与考古科学, 2005, (4): 34~38
蒋素华. 吴地早期玉器与梅岭玉矿的关系. 文物保护与考古科学, 2005, (3): 50~54
李青会. 一批中国古代镶嵌玻璃珠化学成分的检测报告. 江汉考古, 2005, (4): 79~86

李青会，黄教珍，李飞，干福熹. 中国出土的一批战国古玻璃样品化学成分的检测. 文物保护与考古科学，2006，（2）：8～13

伏修峰，干福熹. 一批中国南方和西南地区的古玻璃成分分析. 文物保护与考古科学，2006，（4）：6～24

王荣，冯敏，王昌燧. 古玉器的化学风化机理初探之一：粉末模拟实验. 岩石矿物学杂志，2007，（2）：191～196

王荣，冯敏，金普军，毛振伟，王昌燧. 古玉器的化学风化机理初探之二：块状模拟实验. 岩石矿物学杂志，2007，（3）：275～279

王荣，王昌燧，冯敏，潘伟斌. 利用微量元素探索绿松石的产地. 中原文物，2007，（2）：101～106

王荣，冯敏，金普军，俞斐，王昌燧. 镶嵌玉受沁机理与镶嵌工艺的初步探索. 岩矿测试，2007，（2）：133～137

陈笑蓉，郭守国，张尉，薛蕾. 拉曼光谱在仿古玉鉴别中的应用. 文物保护与考古科学，2007，（1）：43～45

杨亮. 对陕西历史博物馆玉器保管工作的几点认识. 陕西历史博物馆馆刊（第十二辑）. 西安：三秦出版社，2007：291～293

李飞，李青会，干福熹，张斌，承焕生，申世放. 四川地区出土古玻璃的质子激发X荧光分析. 核技术，2007，（2）：119～124

周述蓉，张敬国，张祖方，那汝瑜，罗清华，贺云翱，饭冢义之，唐贵琳. 氩氩同位素定年法在凌家滩文化玉器考古研究之应用. 文物研究（第十五辑）. 黄山：黄山书社，2007：132～139

徐靖，袁传勋，姚政权，高飞. EDXRF无损分析凌家滩玉器. 文物研究（第十五辑）. 黄山：黄山书社，2007：378～382

员雪梅，赵朝洪，王金平，谢尧亭，蔡克勤，王时麒. 侯马东周祭祀遗址出土玉器材质的矿物学测试及产源分析. 中原文物，2007，（1）：88～95

赵虹霞，李青会，干福熹，承焕生. 广西合浦地区出土汉代古玻璃的质子激发X荧光分析. 核技术，2007，（1）：27～33

佘玲珠，秦颖，冯敏，毛振伟，许存义，黄凤春. 绿松石显微拉曼光谱及产地意义初步分析. 光谱学与光谱分析，2008，（9）：2107～2110

"古代琉璃构件保护与研究"课题组. 古代建筑琉璃构件剥釉机理内在因素研究. 故宫博物院院刊，2008，（5）：115～129

"古代琉璃构件保护与研究"课题组. 清代剥釉琉璃瓦件施釉重烧的再研究. 故宫博物院院刊，2008，（6）：106～124

李合，丁银忠，段鸿莺，梁国立，苗建民. EDXRF无损测定琉璃构件釉主、次量元素. 文物保护与考古科学，2008，（4）：36～40

杨益民，郭怡，谢尧亭，夏季，王昌燧. 西周倗国墓地松石珠微痕的数码显微镜分析. 文物保护与考古科学，2008，（1）：46～49

吴沫，丘志力，吴海贵. 横岭山商周时期玉器的质地、白化现象和玉料产地研究. 文物保护与

考古科学，2008，(3)：19～29

干福熹，承焕生，孔德铭，赵虹霞，马波，顾冬红. 河南安阳市新出土殷墟玉器的无损分析检测的研究. 文物保护与考古科学，2008，(4)：26～35

崔剑锋，何传坤，刘克竑，吴小红. 台湾出土部分古代玻璃珠的科学分析. 南方文物，2008，(4)：109～149

赵虹霞，干福熹. 拉曼光谱技术在中国古玉、古玉器鉴定和研究中的应用. 光谱学与光谱分析，2009，(11)：2989～2993

张朱武，承焕生，干福熹. 玉石及中国古代玉器的 PIXE 分析. 核技术，2009，(11)：833～838

刘卫东，徐家跃，江国健，熊樱菲，陆文宝，戚水根. 用于无损检测古玉材质的新方法漫反射红外光谱. 应用激光，2009，(6)：540～544

康葆强，段鸿莺，丁银忠，李合，苗建民，赵长明，富品莹. 黄瓦窑琉璃构件胎釉原料及烧制工艺研究. 南方文物，2009，(3)：116～122

朱勤文，杨若晨，韩壮丽，蔡路武，陈善钰. 曾侯乙墓出土古玉器碎片玉质成分研究. 江汉考古，2009，(1)：106～111

张治国，马清林. 甘肃崇信于家湾周墓出土玉器研究. 考古与文物，2009，(2)：97～102

秦颖，佘玲珠，李小莉，黄建勋. 湖北随州擂鼓墩二号墓出土的战国玻璃组成. 硅酸盐学报，2009，(4)：574～576

干福熹，胡永庆，董俊卿，王龙正，承焕生. 河南平顶山应国墓地出土料珠和料管的分析. 硅酸盐学报，2009，(6)：1005～1016

崔剑锋，吴小红，谭远辉，王永彪. 湖南沅水流域战国时期楚墓出土古代玻璃器的成分分析. 硅酸盐学报，2009，(11)：1909～1913

干福熹. 关于加强中国玉器科技研究的建议. 中国文物报，2010-4-9 (4)

顾冬红，干福熹，承焕生，陆建芳，左骏，李青会. 江阴高城墩遗址出土良渚文化玉器的无损分析研究. 文物保护与考古科学，2010，(4)：42～52

谷娴子，李银德，丘志力，张尉，王黎琳，李榴芬. 徐州狮子山楚王陵出土金缕玉衣和镶玉漆棺的玉料组分特征及产地来源研究. 文物保护与考古科学，2010，(4)：54～63

干福熹，赵虹霞，李青会，李玲，承焕生. 湖北省出土战国玻璃制品的科技分析与研究. 江汉考古，2010，(2)：108～116

李合，段鸿莺，丁银忠，窦一村，侯佳钰，苗建民，富品莹，赵长明. 北京故宫和辽宁黄瓦窑清代建筑琉璃构件的比较研究. 文物保护与考古科学，2010，(4)：64～70

段鸿莺，丁银忠，梁国立，窦一村，苗建民. 我国古代建筑琉璃构件胎体化学组成及工艺研究. 中国陶瓷，2011，(4)：69～72

董俊卿，干福熹，承焕生，胡永庆，程永建，柴中庆，周剑曙，顾冬红，赵虹霞. 河南境内出土早期玉器初步研究. 华夏考古，2011，(3)：30～50

王荣，朔知，承焕生. 安徽史前孙家城和黄家堰等遗址出土玉器的无损科技研究. 复旦学报（自然科学版），2011，(2)：121～130

干福熹，曹锦炎，承焕生，顾冬红，芮国耀，方向明，董俊卿，赵虹霞. 浙江余杭良渚遗址群

出土玉器的无损分析研究. 中国科学：技术科学, 2011,（1）: 1~15

魏国锋, 秦颖, 胡雅丽, 董亚巍, 王昌燧. 九连墩楚墓出土璧玉、石磬和镶嵌物的科学分析. 江汉考古, 2011,（3）: 105~109

李清临, 余西云, 凌雪, 姚政权. 一件战国琉璃环的 EDXRF 无损分析. 光谱学与光谱分析, 2011,（12）: 3395~3398

李清临, 徐承泰, 凌雪, 姚政权. 一批金元时期古玻璃的 EDXRF 探针无损分析. 光谱学与光谱分析, 2011,（7）: 1960~1963

丁银忠, 段鸿莺, 康葆强, 吴军明, 苗建民. 南京报恩寺塔琉璃构件胎体原料来源的科技研究. 中国陶瓷, 2011,（1）: 70~75

成倩, 王博, 郭金龙. 新疆且末扎滚鲁克墓地出土玻璃杯研究. 文物, 2011,（7）: 88~92

成倩, 张建林. 北周武帝孝陵出土玻璃珠的科学分析与研究. 考古与文物, 2011,（1）: 107~112

李清临, 徐承泰, 汪大海, 姚政权. 河南禹县阳翟遗址出土古玻璃的科学分析. 考古与文物, 2011,（4）: 105~110

成倩, 郭金龙, 王博, 崔剑锋. LA-ICP-AES 分析丝绸之路且末出土玻璃器成分特点. 光谱学与光谱分析, 2012,（7）: 1955~1960

杨菊, 赵虹霞, 于璞. 北京昌平沙河镇出土器的无损分析与研究. 文博, 2012,（4）: 69~72

杨菊, 赵虹霞, 于璞. 北京昌平沙河镇出土蜻蜓眼玻璃珠的科学分析与研究. 文物保护与考古科学, 2012,（2）: 74~83

雷勇. 中国北方西周墓葬出土玻璃料珠的科学分析及其工艺和产地研究. 古代文明研究通讯, 2012, 5（5）: 38~52

于宁, 宋燕, 杨益民, 马清林, 王昌燧. 南京大报恩寺北宋地宫出土玻璃器的研究. 中国科学：技术科学, 2012,（8）: 886~892

张晓岚, 张恒金, 周双林. 元上都遗址高浮雕龙纹汉白玉石柱的清洗保护. 文物修复研究, 2012,（6）: 446~452

董俊卿, 李青会, 顾冬红, 干福熹, 阚绪杭, 周群, 承焕生. 蚌埠双墩一号墓和三号墓出土玉器及玻璃器研究. 南方文物, 2012,（2）: 164~173

罗涵, 李琳娜, 丘志力, 李银德, 陈灿强, 龚盛玮, 崔亚平, 麦志强. 西汉早期出土金缕和丝缕玉衣部分玉料材质及其加工工艺特征管窥. 文物保护与考古科学, 2012,（2）: 61~73

朱勤文, 樊昌生, 曹妙聪. 江西南昌交大明墓出土部分金玉器特征研究. 南方文物, 2012,（1）: 170~173

杨颖东、陈云洪. 成都市新都区新繁镇同盟村遗址 M7 出土玉石器分析研究. 南方民族考古（第九辑）. 成都：四川科学技术出版社, 2014: 251~261

赵静, 王丽琴, 罗宏杰, 李伟东, 李晓溪. 南京"大报恩寺"遗址出土琉璃构件的病变产物分析. 南京大学学报（自然科学版）, 2014,（1）: 95~102

叶晓红. 科技引领未来: 科技考古的新领域和新方法——出土玉石器的科学研究方法举例. 中国文物报, 2015-3-27（5）

谷岸, 罗涵, 杨晓丹. 近红外光谱结合化学计量学无损鉴定软玉产地的可行性研究. 文物保护

与考古科学, 2015, (3): 78~83

邓峰, 罗武干, 杨益民. 砣具配合解玉砂雕刻玉器纹饰的可能性分析. 人类学学报, 2015, (4): 537~543

付琳, 董俊卿, 李青会, 王立新. 林西井沟子西区墓葬出土滑石珠的科技分析及相关问题. 边疆考古研究（第18辑）. 北京：科学出版社, 2015: 361~370

范陶峰. 新沂花厅遗址出土古玉串珠的保护探究. 文物保护与考古科学, 2015, (3): 73~77

王凯, 董俊卿, 赵虹霞, 干福熹, 胡永庆, 樊温泉. 应用多种光学分析技术对一批河南出土古代玉器的无损分析. 光谱学与光谱分析, 2015, (9): 2492~2499

鲍怡, 朱勤文, 辛军民, 张菁华, 王治国, 李清丽, 杨爱民. 三门峡虢国墓地M2012墓玉器材质研究. 中原文物, 2015, (1): 117~121

叶晓红, 刘新, 蒋宏杰, 乔保同. 河南省南阳市桐柏县月河一号春秋墓出土玉器阴刻技术的微痕分析. 南方文物, 2015, (4): 112~119

赵凤燕, 陈斌, 柴怡, 董俊卿, 李青会. 西安出土若干玻璃器的pXRF分析及相关问题探讨. 考古与文物, 2015, (4): 111~119

黄晓娟, 严静, 王辉. 甘肃马家塬战国墓地M4出土硅酸盐珠饰的科学分析研究. 光谱学与光谱分析, 2015, (10): 2895~2900

王颖竹, 王乐乐, 马清林, 王婕, 李晓岑. 两件战国时期乳钉纹管形器的化学成分和显微结构研究. 中原文物, 2015, (6): 108~115

梁书台. 记刘胜金缕玉衣的第三次修复. 文物春秋, 2015, (6): 64~67

赵瑞廷. 基于无损检测技术的玉器科技鉴定实例. 首都博物馆论丛（第30辑）. 北京：北京燕山出版社, 2016: 311~323

何秋菊. 古玉沁色的仿制及科技鉴别. 首都博物馆论丛（第30辑）. 北京：北京燕山出版社, 2016: 332~342

丁银忠, 侯佳钰, 苗建民. 热膨胀法判定古代琉璃构件胎体烧成温度的模拟实验研究. 南方文物, 2016, (2): 221~224

罗泽敏, 喻燕姣, 朱勤文, 闵梦羽, 张志清, 胡洋, 王卉. 湖南出土珠饰材质及显微特征分析. 湖南省博物馆馆刊（第十二辑）. 长沙：岳麓书社, 2016: 585~592

朱勤文, 鲍怡, 陈春, 范陆薇. 湖北省博物馆藏出土战国玉（石）器材质研究. 江汉考古, 2016, (5): 108~114

赵瑞廷, 于平, 黄雪寅. 对战国楚地贵族墓葬出土玉器黑色水银沁现象的再认识——以湖南省博物馆藏战国玉器黑色沁为例. 草原文物, 2016, (2): 138~144

黄晓娟, 艾剑, 王丽琴, 严静, 赵西晨, 曹铭婧. 陕西米脂汉墓出土玉覆面和玉鞋的科学分析与研究. 考古与文物, 2016, (5): 139~144

先怡衡, 李延祥, 杨岐黄. 便携式X荧光光谱结合主成分分析鉴别不同产地的绿松石. 考古与文物, 2016, (3): 112~119

温睿, 赵志强, 马健, 王建新. 新疆巴里坤石人子沟遗址群出土玻璃珠的成分分析. 光谱学与光谱分析, 2016, (9): 2961~2965

温睿, 赵志强, 马健, 王建新. 巴里坤县石人子沟遗址群出土玻璃珠的成分分析. 新疆文物,

2016,(1):102~108

温睿,赵志强,马健,王建新. 新疆哈密巴里坤西沟遗址1号墓出土玻璃珠的科学分析. 文物, 2016,(5):92~97

王子初. 江苏盱眙大云山一号墓出土仿玉玻璃编磬的复原研究. 艺术百家,2016,(2):45~62

崔剑锋,杨勇,朱忠华,王洪斌. 云南陆良县薛官堡墓地出土汉代玻璃珠的分析与研究. 考古, 2016,(2):111~120

巫新华. 浅析新疆吉尔赞喀勒墓群出土蚀花红玉髓珠、天珠的制作工艺与次生变化. 四川文物, 2016,(3):33~55

# (十二) 其他

王樾,方鸣. 中国玉器全集的错例. 中国收藏,2001,(11):11~19
亚林. 玉学研讨会讨论了什么. 中国文物报,2001-6-24(8)
朱威. 杨伯达谈玉学研讨会. 中国文物报,2001-4-29(8)
干志耿,殷德明. 玉龙文化研讨会举要. 北方文物,2001,(2):24~28
李建民. 中国古代玉器与玉文化高级研讨会在京召开. 考古,2001,(3):80
张蔚. 新世纪古玉研究的盛会. 中国文物报,2001-12-7(7)
林淑心. 玉石之路——记新疆且末"中国玉文化学术探讨会". 历史文物,2001:9(9):70~77
杨美莉. 院藏"黄河流域史前玉器"特展简介. 故宫文物月刊,2001,22(1):18~33
周南泉. 西汉南越王赵眜墓出土玉器(系列讲座之二). 收藏家,2001,(1):28~33
周南泉. 徐州西汉早期墓出土玉器(系列讲座之三). 收藏家,2001,(2):34~39
周南泉. 咸阳西汉皇陵出土玉器(古代玉器系列讲座之四). 收藏家,2001,(3):34~39
周南泉. 满城西汉中山靖王刘胜夫妇墓出土玉器(古代玉器系列讲座之五). 收藏家,2001, (4):6~11
周南泉. 北京丰台区大葆台西汉墓出土玉器(古代玉器系列讲座之六). 收藏家,2001,(8):18~22
周南泉. 山东巨野县红土山西汉墓出土玉器(古代玉器系列讲座之七). 收藏家,2001,(9):40~43
周南泉. 河北定县东汉中山穆王刘畅夫妇墓出土玉器(古代玉器系列讲座之八). 收藏家, 2001,(10):56~59
周南泉. 综述故宫博物院藏汉代玉器(古代玉器系列讲座之九). 收藏家,2002,(11):12~17
杨伯达. 发扬玉文化的光辉传统正确引导玉器收藏活动——贺《中国文物报》千期. 中国文物报,2002-4-3(7)

马林. 中华瑰宝 享誉海外——随"中国古代玉器艺术展"赴加拿大展出纪略. 文物春秋, 2002, (1): 58~62

郝明勤, 郑小萍, 杨秋莎, 谢丹, 李壮志, 谢志成. 1992~2001年考古出土先秦时期玉器统计表. 四川文物, 2002, (5): 83~88

郝明勤, 郑小萍, 杨秋莎, 谢丹, 李壮志, 谢志成. 1982~2001年考古出土秦汉时期玉器统计表. 四川文物, 2003, (2): 91~96

朱延平. 第2届古代玉器与中国传统文化学术研讨会. 中国文物报, 2003-10-31 (7)

林淑心. 古中原王朝三代玉器——古中原王朝秘宝展专题之三. 历史文物, 2005, (3): 44~51

孙秉君. 2005年中国十大考古发现——陕西省韩城市梁带村26号大墓出土玉器研究. 历史文物, 2006, 15 (6): 68~77

孙秉君. 2005年中国十大考古发现——陕西省韩城市梁带村27号大墓出土玉器研究. 历史文物, 2006, 15 (6): 54~63

梅辰. 润泽以温比德以玉 (上、下)——访著名古玉鉴定家杨伯达先生. 收藏, 2006, (3): 126~128、(4): 126~128

周晓晶, 叶晓红. 东北玉文化来龙去脉——"中国东北史前玉器的源流"研讨会纪要. 中国文物报, 2008-8-8 (7)

李政. 以精准的学术研究引领大众收藏——中国社会科学院考古研究所公众考古中心举办中国玉文化名家论坛. 中国文物报, 2008-12-19 (7)

朱乃诚. 考古学研究玉器起源的一部力作——评《玉器起源探索——兴隆洼文化玉器研究及图录》. 考古, 2008, (5): 88~91

周晓晶. 玉器起源探索之典范 兴隆洼玉器研究之集成——读《玉器起源探索》有感. 中国文物报, 2008-1-2 (4)

张忠培. 我们的共识、追求与宗旨——在良渚论坛·中华玉文化中心第二届年会上的讲话. 中国文物报, 2009-12-25 (6)

李政. "中华第一龙" C形玉龙出土地点得到确认. 中国文物报, 2011-1-21 (1)

秦榛. 两岸三地专家为岫岩玉重新进行学术定位. 中国文物报, 2011-7-15 (2)

蒋卫东. 问玉凝眸马家浜. 考古学研究 (九). 北京: 文物出版社, 2012: 381~407

杨晶. 浅谈考古学家对古玉研究的贡献——以杨建芳先生的古玉研究成就为重心. 南方文物, 2012, (4): 125~127

许国栋. "玉器·玉文化·夏代中国文明"学术研讨会暨中华玉文化中心第四届年会纪要. 玉器考古通讯, 2013, (2): 4~6

黄翠梅. "周代的玉璜组配与梯形牌联珠串饰"内容简摘. 玉器考古通讯, 2013, (1): 59~63

# 二、论文集析出论文

## （一）综论

杨建芳. 区系类型原理与中国古玉研究——从考古学文化区系类型理论谈起. 苏秉琦与当代中国考古学. 北京：科学出版社，2001：517～524

殷志强. 20世纪的玉器研究. 南京大学历史系考古专业成立三十周年纪念文集. 天津：天津人民出版社，2002：425～431

安志敏. 古玉研究的几个问题. 揖芬集——张政烺先生九十华诞纪念文集. 北京：社会科学文献出版社，2002：57～61

潘守永. 古玉研究四论——谈李学勤先生在古玉研究上的贡献. 追寻中华古代文明的踪迹——李学勤先生学术活动五十年纪念文集. 上海：复旦大学出版社，2002：487～496

安志敏. "玉器时代"说的溯源和商榷. 21世纪中国考古学与世界考古学. 北京：中国社会科学出版社，2002：175～179

安志敏. 关于古玉研究的思考——试析方法论和考古学的实证. 华夏文明的形成与发展——河南省文物考古研究所建所五十周年庆祝会暨华夏文明的形成与发展学术研讨会论文集. 郑州：大象出版社，2003：31～36

杨伯达. 翡翠传播的文化背景及其社会意义. 故宫学刊（总第一辑）. 北京：故宫出版社，2005：99～157

徐良高. 他山之石 可以攻玉——英美学术界"文明起源"研究的理论及其启示. 古代文明研究（第一辑）. 北京：文物出版社，2005：221～223

马文宽. 中国出土和传世的伊斯兰玻璃综述. 新世纪的中国考古学——王仲殊先生八十华诞纪念论文集. 北京：科学出版社，2005：843～867

李济. 研究中国古玉问题的新资料. 李济文集. 上海：上海人民出版社，2006：289～292

冯汉骥. 论广汉出土的玉石器. 川大史学：冯汉骥卷. 成都：四川大学出版社，2006：40～53

黄善. 广西出土玉器研究. 广西博物馆文集（第三辑）. 南宁：广西人民出版社，2006：148～158

黄启善. 广西古代玻璃研究概述. 广西考古文集（第二辑）——纪念广西考古七十周年专集. 北京：科学出版社，2006：86～96

黄启善. 试论广西与越南出土的古代玻璃. 广西博物馆文集（第四辑）. 南宁：广西人民出版社，2007：117～130

郑德坤. 中国玉器概论. 郑德坤古史论集选. 北京：商务印书馆，2007：631～636

方辉. 东北地区出土绿松石研究. 海岱地区青铜时代考古. 济南：山东大学出版社，2007：53～72

牟永抗. 南方地区古玉考古学研究进展与成果之我见. 东亚古物（B卷）. 北京：文物出版社，2007：44～53

李绍连. 中原上古玉器及其文明内涵. 河南博物院建院八十周年论文集. 郑州：大象出版社，2007：99～105

田广林. 东北古玉的发生与中华礼制文明的起源. 旅顺博物馆学苑（2008）. 长春：吉林文史出版社，2008：57～61

王炳华. 新疆所见玉器暨研究. 西域考古历史论集. 北京：中国人民大学出版社，2008：695～713

杨伯达. 综述海洋性的"崳夷玉文化板块". 辽宁省博物馆馆刊（2009）. 沈阳：辽海出版社，2009：213～229

李济. 研究中国古玉问题的新资料. 中研院历史语言研究所集刊论文类编：考古编. 北京：中华书局，2009：195～198

刘金山，彭冠英. 中国玉文化发展阶段的划分及其特点. 岭南考古研究（9）. 香港：中国评论学术出版社，2010：68～80

蔡庆良. 关于玉器功能研究的若干浅见. 故宫学术讲坛录（第一辑）. 北京：紫禁城出版社，2010：339～350

方向明. 卑南玉器概述. 岭南考古研究（9）. 香港：中国评论学术出版社，2010：9～27

陈东和. 非破坏分析技术在古玉研究之应用. 艺术与科学的交会——2011文物艺术品科学鉴定技术国际研讨会论文集. 台北：台湾艺术行政暨管理学会，2011：163～181

杨建芳. 区域类型原理与中国古玉研究. 苏秉琦先生百年诞辰纪念文集. 北京：科学出版社，2012：136～144

周晓晶. 独运匠心的辽代玉器. 辽金历史与考古国际学术研讨会论文集（下）. 沈阳：辽宁教育出版社，2012：475～479

王春燕. 辽代出土琥珀初步研究. 辽金历史与考古国际学术研讨会论文集（下）. 沈阳：辽宁教育出版社，2012：455～464

黄可佳. 贡纳与贸易——早期国家的玉石器生产和流通问题初探. 早期中国研究（第一辑）. 北京：文物出版社，2013：198～211

邵望平. 从海岱系玉礼器的特征看三代礼制的多源一统性. 邵望平史学、考古学文选. 济南：山东大学出版社，2013：275～298

陈小波. 浅谈广西出土的部分和田玉器. 广西博物馆文集（第十一辑）. 南宁：广西人民出版社，2014：226～231

徐琳. 儒家玉德观的形成与和田玉. 孙作云百年诞辰纪念文集. 郑州：河南大学出版社，2014：233～239

徐春苓. 天津博物馆论丛（2013）. 佛教玉鉴考. 北京：科学出版社，2014：66～72

刘益昌. 玉器的交换体系研究——制造与资源控制. 台湾史前史专论. 中研院、联经出版事业公司，2015：83～112

朱乃诚. 从曲什曼墓地出土的红玛瑙看以帕米尔高原为中心的东西方文化交流. 庆贺徐光冀先生八十华诞论文集. 北京：科学出版社，2015：140～153

王仁湘. 斧钺：权力的标志——兼说玉兵与"玉兵时代". 半窗意象——图像与考古研究自选集. 北京：文物出版社，2016：286～295

赵德云. 中国出土的蚀花肉红石髓珠研究. 川大史学·第二辑·考古学卷. 成都：四川大学出版社，2016：112～135

肖一亭. 岭南玉石器的初步研究. 南海探古——肖一亭文物考古文集. 北京：文物出版社，2016：245～257

# （二）新石器时代玉器研究

李映福. 论良渚文化玉琮的分期. 四川大学考古专业创建四十周年暨冯汉骥教授百年诞辰纪念文集. 成都：四川大学出版社，2001：206～223

吴桂兵. 长江流域龙山时代玉器初步研究. 四川大学考古专业创建四十周年暨冯汉骥教授百年诞辰纪念文集. 成都：四川大学出版社，2001：195～205

叶茂林. 齐家文化玉器的几个问题. 四川大学考古专业创建四十周年暨冯汉骥教授百年诞辰纪念文集. 成都：四川大学出版社，2001：190～194

罗宗真. 南京北阴阳营新石器时代遗址出土玉器的初步研究. 探索历史的真相：江苏地区考古、历史研究文集. 南京：江苏古籍出版社，2002：251～272

邓淑苹. 刻有天象符号的良渚玉器研究. 石璋如院士百岁祝寿论文集：考古·历史·文化. 台北：南天书局，2002：123～146

方向明. 良渚文化玉器的龙首纹与神人兽面纹之兽面纹. 东南考古研究（第三辑）. 厦门：厦门大学出版社，2003：170～176

杨立新. 浅谈史前玉文化与玉文明. 华夏文明的形成与发展——河南省文物考古研究所建所五十周年庆祝会暨华夏文明的形成与发展学术研讨会论文集. 郑州：大象出版社，2003：117～124

郭大顺. 史前玉器分区研究的启示. 中国史前考古学研究：祝贺石兴邦先生考古半世纪暨八秩华诞文集. 西安：三秦出版社，2003：409～421

王炜. 殷墟妇好墓玉器中的史前文化因素. 东南考古研究（第三辑）. 厦门：厦门大学出版社，2003：334～342

吉向前. 红山文化玉箍形器考辨. 辽宁考古文集. 沈阳：辽宁民族出版社，2003：181～192

田名利. 凌家滩墓地玉器渊源探寻. 南京博物院文物博物馆考古文集. 北京：文物出版社，

2003：199～214

陆建芳. 良渚文化玉琮的初步解析. 南京博物院文物博物馆考古文集. 北京：文物出版社，2003：123～136

吴荣清. 良渚文化玉器分期新探. 南京博物院文物博物馆考古文集. 北京：文物出版社，2003：137～154

王劲. 肖家屋脊遗址玉器瓮棺葬者探讨. 中国史前考古学研究：祝贺石兴邦先生考古半世纪暨八秩华诞文集. 西安：三秦出版社，2003：422～431

刘莉. 中国新石器和铜器时代早期礼器的生产. 桃李成蹊集——庆祝安志敏先生八十寿辰. 香港：香港中文大学中国考古艺术研究中心，2004：98～111

肖一亭. 沙丘遗址出土的环和环砥石. 华南考古（第1辑）. 北京：文物出版社，2004：38～52

王根富. 农具与文明——石斧、石钺、玉钺的演变关系探究. 东亚古物（A卷）. 北京：文物出版社，2004：63～75

杨晶. 关于北阴阳营墓地玉器的两个问题. 庆祝张忠培先生七十岁论文集. 北京：科学出版社，2004：289～308

刘斌. 良渚文化玉器发现与研究的历程及相关问题的思考. 长江下游地区文明化进程学术研讨会论文集. 上海：上海书画出版社，2004：155～164

吴汝祚. 良渚文化琮、钺、璧等玉器的功能传播以及衰落诸问题的探讨. 长江下游地区文明化进程学术研讨会论文集. 上海：上海书画出版社，2004：165～174

黄建秋. 良渚文化玉琮研究. 桃李成蹊集——庆祝安志敏先生八十寿辰. 香港：香港中文大学中国考古艺术研究中心，2004：153～172

陈星灿. 裴李岗文化绿松石初探——以贾湖为中心. 新世纪的中国考古学：王仲殊先生八十华诞纪念论文集. 北京：科学出版社，2005：57～73

王巍. 从玉玦看东北亚地区史前文化的交流. 二十一世纪的中国考古学——庆祝佟柱臣先生八十五华诞学术文集. 北京：文物出版社，2006：121～128

邓聪. 东亚玦饰研究的几个问题. 新世纪的考古学：文化、区位、生态的多元互动. 北京：紫禁城出版社，2006：336～352

洪晓纯. 台湾史前玉器在东南亚的分布及其意义. 华南及东南亚地区史前考古：纪念甑皮岩遗址发掘30周年国际学术研讨会论文集. 北京：文物出版社，2006：324～340

赵朝洪. 东北地区史前玉器原料产地的初步考察与思考. 二十一世纪的中国考古学——庆祝佟柱臣先生八十五华诞学术文集. 北京：科学出版社，2006：267～279

杨晶. 苏皖平原地区史前玉器的研究. 新世纪的考古学：文化、区位、生态的多元互动. 北京：紫禁城出版社，2006：419～441

黄翠梅，叶贵玉. 自然环境与玉矿资源——以新石器时代晋陕地区的玉器发展为例. 新世纪的考古学：文化、区位、生态的多元互动. 北京：紫禁城出版社，2006：442～470

郭大顺. 红山文化勾云形玉器再研究. 二十一世纪的中国考古学——庆祝佟柱臣先生八十五华诞学术文集. 北京：科学出版社，2006：250～266

邓淑苹. 试论红山系玉器. 新世纪的考古学：文化、区位、生态的多元互动. 北京：紫禁城出版社，2006：353～418

林沄. 所谓"玉猪龙"并不是龙. 二十一世纪的中国考古学——庆祝佟柱臣先生八十五华诞学术文集. 北京：科学出版社，2006：242~249

张敬国. 凌家滩玉器与良渚玉器研究. 浙江省文物考古研究所学刊（第八辑）：纪念良渚遗址发现七十周年学术研讨会文集. 北京：科学出版社，2006：92~104

张敬国. 探索中国史前文明的源头——读玉凌家滩. 跋涉续集：北京大学历史系考古专业七五届毕业生论文集. 北京：文物出版社，2006：83~96

汪遵国. 良渚文化玉器丛谈. 长江文化论丛（第3辑）. 北京：中国文史出版社，2006：70~88

秦岭. 良渚玉器纹饰的比较研究——从刻纹玉器看良渚社会的关系网络. 浙江省文物考古研究所学刊（第八辑）：纪念良渚遗址发现七十周年学术研讨会文集. 北京：科学出版社，2006：23~52

黄建秋. 良渚文化分布区以外的史前玉琮研究. 浙江省文物考古研究所学刊（第八辑）：纪念良渚遗址发现七十周年学术研讨会文集. 北京：科学出版社，2006：123~140

黄宜佩. 新石器时代玉玲. 浙江省文物考古研究所学刊（第八辑）：纪念良渚遗址发现七十周年学术研讨会文集. 北京：科学出版社，2006：217~226

邓淑苹. 反山M12"权杖"玉镦、玉瑁的启示. 浙江省文物考古研究所学刊（第八辑）：纪念良渚遗址发现七十周年学术研讨会文集. 北京：科学出版社，2006：349~363

杨伯达. 中国出土史前玉器鉴考——读玉笔记之一. 故宫学刊（总第三辑）. 北京：紫禁城出版社，2007：19~95

刘斌. 浙江史前玉器. 文物鉴定与研究（三）. 北京：文物出版社，2007：37~44

马承源. 从刚卯到玉琮的探索——兼论红山文化玉器对良渚文化玉器的影响. 马承源文博论集. 上海：上海古籍出版社，2007：185~206

方辉. 凌家滩出土"玉人头像饰"应为玉质钺帽饰. 海岱地区青铜时代考古. 济南：山东大学出版社，2007：73~76

吴绵吉. 良渚文化玉器略论. 中国东南民族考古文选. 香港：香港中文大学中国考古艺术研究中心，2007：160~177

高炜. 龙山时代玉骨组合头饰的复原研究. 襄汾陶寺遗址研究. 北京：科学出版社，2007：478~488

高炜. 龙山时代中原玉器上看到的二中文化现象. 襄汾陶寺遗址研究. 北京：科学出版社，2007：691~694

高炜. 陶寺文化玉器及相关问题. 襄汾陶寺遗址研究. 北京：科学出版社，2007：466~477

张长寿. 论神木出土的刀形端刃玉器. 商周考古论集. 北京：文物出版社，2007：188~192

张绪球. 中国史前玉文化的形成与发展. 荆州博物馆建馆五十周年纪念论文集. 北京：文物出版社，2008：38~45

牟永抗，黄翠梅，芮国耀，方向明. 东方摇篮中的奇葩——中华史前古玉研究再思考. 庆祝何炳棣先生九十华诞论文集. 西安：三秦出版社，2008：261~275

员雪梅，赵朝洪，王时麟. 长江中下游地区史前玉器原料鉴定与产地研究的回顾与思考. 南京博物院集刊（第10辑）. 北京：文物出版社，2008：14~22

林沄. 所谓"玉猪龙"并不是龙. 林沄学术文集（2）. 北京：科学出版社，2008：112~119

方向明. 石峡文化相关玉器基本研究之补充. 岭南考古研究（7）. 北京：中国学术出版社，2008：55~65

李伯谦. 中国古代文明演进的两种模式——红山、良渚、仰韶大墓随葬玉器观察随想. 中华文明探源工程文集：社会与精神文化卷（Ⅰ）. 北京：科学出版社，2009：1~13

梁中合. 黄河下游地区的史前玉器. 新果集——庆祝林沄先生七十华诞论文集. 北京：科学出版社，2009：64~74

朱乃诚. 红山文化玉猪龙的正式含义及用途. 中华龙：起源和形成. 北京：生活·读书·新知三联书店，2009：31~72

朱乃诚. 凌家滩"玉龙"为"玉虎"考. 中华龙：起源和形成. 北京：生活·读书·新知三联书店，2009：81~90

黄建秋. 凌家滩墓地出玉龟和龟形器研究. 道远集——安徽省文物考古研究所五十年文集，黄山：黄山书社，2009：116~122

方向明. 良渚玉器的图像和刻纹——龙首纹和神人兽面像. 浙江省文物考古研究所学刊（第九辑）. 杭州：杭州出版社，2009：171~194

杨晶. 关于大汶口文化带柄饰的玉石钺. 新果集——庆祝林沄先生七十华诞论文集. 北京：科学出版社，2009：47~58

何驽. 山西汾襄陶寺遗址近年来出土玉石器. 中华文明探源工程文集：社会与精神文化卷（Ⅰ）. 北京：科学出版社，2009：395~410

刘敦愿. 有关日照两城镇玉坑玉器的资料. 两城镇遗址研究. 北京：文物出版社，2009：86~90

刘德银. 肖家屋脊遗址出土的石家河文化玉器. 荆州重要考古发现. 北京：文物出版社，2009：23~33

院文清. 枣林岗遗址出土的石家河文化玉器. 荆州重要考古发现. 北京：文物出版社，2009：34~37

叶茂林. 齐家文化玉器研究——以喇家遗址为例. 中华文明探源工程文集：社会与精神文化卷（Ⅰ）. 北京：科学出版社，2009：592~601

杨晶. 考古发现与古玉研究——以近30年来史前玉器研究的动态为重心. 中国考古学会第十一次年会论文集（2008）. 北京：文物出版社，2010：125~130

杨晶. 东北地区史前玉器的编年及相关问题. 中国考古学会第十二次年会论文集（2009）. 北京：文物出版社，2010：54~60

杨伯达. 刍议徐夷玉文化板块——兼释大汶口文化刘林、花厅遗址出土玉器的功能及其占有者的身份. 南京博物院集刊（11）. 北京：文物出版社，2010：57~170

徐昭峰，易航舟. 辽东半岛与洛阳地区新石器时代玉器浅析. 旅顺博物馆学苑（2011），长春：吉林文史出版社，2011：27~32

李伯谦. 中国古代文明演进的两种模式——红山、良渚、仰韶大墓随葬玉器观察随想. 文明探源与三代考古论集. 北京：文物出版社，2011：43~54

袁建平. 试论湖南出土新石器时代玉佩饰. 湖南省博物馆馆刊（第七辑）. 长沙：岳麓书社，2011：152~167

朔知. 凌家滩玉器综论. 玉魂国魄——凌家滩文化玉器精品展. 杭州：浙江古籍出版社，2011：16～33

王先胜. 含山玉版及玉龟甲文化内涵探讨. 长江文化论丛（2011）. 南京：南京大学出版社，2011：1～15

薛琳. 良渚文化出土玉琮研究. 无锡市文化遗产保护和考古研究所论文集：早期文明与峡江汉墓研究. 北京：文物出版社，2011：1～75

杨晶. 苏秉琦先生的学术遗产与辽西史前玉器的研究. 苏秉琦先生百年诞辰纪念文集. 北京：科学出版社，2012：214～219

石荣传. 华南史前玉文化与太平洋岛屿原始艺术的关系. 中国考古学会第十四次年会论文集（2011）. 北京：文物出版社，2012：305～318

曹桂岑. 河南史前玉器. 曹桂岑考古文集. 北京：科学出版社，2012：208～222

李建民. 陶寺遗址出土的玉石钺及相关问题. 有实其积——纪念山西省考古研究所六十华诞文集. 太原：山西人民出版社，2012：277～280

蒋卫东. 斜口筒形玉器非龟壳说. 红山文化学术研讨会论文集. 沈阳：辽宁人民出版社，2013：251～261

吕军，栾兆鹏. 红山文化玉器研究综述. 内蒙古文史研究通览：文物考古卷. 呼和浩特：内蒙古大学出版社，2013：228～235

宋建. 红山文化权贵的头饰. 红山文化学术研讨会论文集. 沈阳：辽宁人民出版社，2013：158～167

邓淑苹. "红山系玉器"研究的再思. 红山文化学术研讨会论文集. 沈阳：辽宁人民出版社，2013：321～346

杨晶. 关于勾云形玉器的相关问题. 红山文化学术研讨会论文集. 沈阳：辽宁人民出版社，2013：285～303

董婕，朱成杰. 鸟兽纹玉佩与牛河梁第二地点方位布局的设计理念探析. 红山文化学术研讨会论文集. 沈阳：辽宁人民出版社，2013：27～37

周晓晶. 关于红山文化抽象变形类玉器的解读——以玉猪龙和玉勾云形器为例. 红山文化学术研讨会论文集. 沈阳：辽宁人民出版社，2013：304～320

韩建业. 晚期红山文化南向影响的三个层次——从凌家滩墓地所见红山式玉器论起. 先秦考古研究：文化谱系与文化交流. 北京：文物出版社，2013：240～247

罗宗真. 南京北阴阳营新石器时代遗址出土玉器的初步研究. 罗宗真文集：历史考古卷. 北京：文物出版社，2013：1～24

宋康年. 试论皖西南地区史前玉器文化的属性及其特征——兼谈薛家岗文化玉器与良渚文化玉器比较. 长江文化论丛（第九辑）. 南京：南京大学出版社，2013：10～14

方向明. 良渚玉器（神人）兽面像与红山勾云形玉器的比较研究. 红山文化学术研讨会论文集. 沈阳：辽宁人民出版社，2013：347～363

陈剑. 成都考古研究（二）. 川西史前玉器简论. 北京：科学出版社，2013：46～58

王方. 成都考古研究（二）. 试析古蜀玉器中的良渚文化因素. 北京：科学出版社，2013：155～167

张敏. 句容城头山遗址出土的史前玉器及相关问题的讨论. 张敏文集：考古卷. 北京：文物出

版社，2013：203~210

张勋. 邱承墩遗址史前双祭台初识——兼谈良渚文化的玉琮和玉璧. 张勋文集：考古卷. 北京：文物出版社，2013：258~274

刘光煜. 试论中国早期出土的蜻蜓眼式玻璃珠之功用. 丝绸之路，2014，（18）：38~40

于福熹. 古代玻璃和玉石之路——兼论先秦时期的硅酸盐质文物的中、外文化和技术交流. 早期丝绸之路暨早期秦文化国际学术研讨会论文集. 北京：文物出版社，2014：189~206

赵宾福. 关于辽西史前玉器的几个问题. 东北考古学研究（一）. 北京：科学出版社，2014：69~83

赵宾福. 吉林省出土的史前玉器及相关问题. 东北考古学研究（一）. 北京：科学出版社，2014：97~105

于湛瑶，杜水生. 出土琮形器的形制分类与功能探析. 第八届红山文化高峰论坛论文集. 沈阳：辽宁大学出版社，2014：97~116

朱成杰，董捷. 红山文化玉器蕴含绿色和谐信仰. 第八届红山文化高峰论坛论文集. 沈阳：辽宁大学出版社，2014：133~159

乌兰，王占海. 试论红山文化玉蚕. 第八届红山文化高峰论坛论文集. 沈阳：辽宁大学出版社，2014：160~174

田名利，张长东. 仰韶文化玉器初识. 仰韶和她的时代——纪念仰韶文化发现90周年国际学术研讨会论文集. 北京：文物出版社，2014：165~171

杨晶. 试论凌家滩07M23出土的玉石器及相关问题. 庆祝张忠培先生八十岁论文集. 北京：科学出版社，2014：123~137

孙维昌. 崧泽文化玉器综论. 孙维昌文物考古论集. 上海：上海古籍出版社，2014：13~33

孙维昌. 从福泉山发掘看良渚文化玉器. 孙维昌文物考古论集. 上海：上海古籍出版社，2014：75~94

孙维昌. 福泉山出土的良渚文化玉器. 孙维昌文物考古论集. 上海：上海古籍出版社，2014：95~111

孙维昌. 上海市福泉山良渚文化墓地的新发现——人殉墓及其随葬的精美玉器. 孙维昌文物考古论集. 上海：上海古籍出版社，2014：112~118

禹实夏. 关于红山文化各种玉璧象征意义研究. 红山文化研究（第一辑）. 长春：吉林出版集团，2015：79~93

苏辉. 红山文化玉龙造型在商周时期的流绪. 红山文化研究（第二辑）. 长春：吉林出版集团，2015：107~115

黄华强. 红山文化斜口筒形玉器溯源. 红山文化研究（第二辑）. 长春：吉林出版集团，2015：116~125

于湛瑶，等. 出土琮形器的形制分类与功能探析. 第八届红山文化高峰论坛论文集. 长春：吉林出版集团，2015：97~116

朱成杰，董捷. 红山文化玉器蕴含绿色和谐信仰. 第八届红山文化高峰论坛论文集. 长春：吉林出版集团，2015：133~159

乌兰. 试谈红山文化玉蚕. 第八届红山文化高峰论坛论文集. 长春：吉林出版集团，2015：

160~174

朱乃诚. 中原地区两批距今4000年前后的王室玉器及有关问题. 中华之源与嵩山文明研究（第2辑）. 北京：科学出版社，2015：205~220

叶舒宪. 玉石之路与中原文明形成的资源依赖——石峁玉器新发现的历史重建意义. 华之源与嵩山文明研究（第2辑）. 北京：科学出版社，2015：221~232

朱姝民. 中国古代圆玉中环与玦的辨析. 敦煌学·丝绸之路考古研究：杜斗城教授荣退纪念文集. 兰州：甘肃教育出版社，2016：14~18

黄翠梅. 中国新石器时代耳珰研究. 崧泽文化学术研讨会论文集·2014. 北京：文物出版社，2016：386~402

任妮娜. 有齿出牙环状玉器——后红山文化时代环渤海地区的文化互动. 第十届红山文化高峰论坛论文集. 长春：吉林出版集团股份有限公司，2016：99~113

黄华强，黄华明. 红山文化带齿兽面形玉饰创作原型的推测. 第十届红山文化高峰论坛论文集. 长春：吉林出版集团股份有限公司，2016：114~134

黄华强. 红山文化兽面玉牌饰、兽面Y形器和兽面玦形饰的创作元兴探究. 红山文化研究（第三辑）. 沈阳：辽宁人民出版社，2016：81~119

杨晶. 多元、交汇、互动——玉文化视野下的中国东部地带早期文明进程. "城市与文明"学术研讨会论文集. 上海：上海古籍出版社，2016：127~137

杨晶. 史前时期玉璜佩戴方式的探讨——以长江下游地区为重心. 崧泽文化学术研讨会论文集·2014. 北京：文物出版社，2016：335~346

朱乃诚. 试探广富林文化对中原地区的文化影响及其在中国文明形成中的作用——从玉琮谈起. "城市与文明"学术研讨会论文集. 上海：上海古籍出版社，2016：291~303

陶正刚. 山西芮城县坡头遗址出土玉器与良渚文化关系的研究. 陶正刚考古文集. 太原：三晋出版社，2016：3~6

朱乃诚. 崧泽文化半璧形玉璜研究. 崧泽文化学术研讨会论文集·2014. 北京：文物出版社，2016：347~374

邓淑苹. 探索崧泽-良渚系"龙首饰". 崧泽文化学术研讨会论文集·2014. 北京：文物出版社，2016：375~385

朱乃诚. 山东出土牙璋和西朱封玉笄、庄西里牙璧的文化传统及有关问题. 山东博物馆辑刊·2015. 北京：文物出版社，2016：7~18

## （三）夏商周玉器研究

曹楠. 两周缀玉幎目初探. 21世纪中国考古学与世界考古学. 北京：中国社会科学出版社，2002：311~329

齐心. 北京先秦玉器文化初探. 北京文物与考古（第五辑）. 北京：北京燕山出版社，2002：

92~98

李夏廷. 浅析晋侯墓地出土的人兽复合纹玉器. 晋侯墓地出土青铜器国际学术研讨会论文集. 上海：上海书画出版社，2002：508~516

朱彦民. 殷墟玉石人与三星堆青铜人像服饰的比较. 殷商文明暨纪念三星堆遗址发现七十周年国际学术研讨会论文集（夏商周文明研究·五）. 北京：社会科学文献出版社，2003：169~176

孙继民. 战国赵王陵出土玉片试析. 先秦两汉赵文化研究. 北京：方志出版社，2003：273~283

方辉. 二里头文化绿松石制品及相关问题研究. 二里头遗址与二里头文化研究——中国·二里头遗址与二里头文化国际学术研讨会论文集. 北京：科学出版社，2006：167~179

栾丰实. 二里头遗址出土玉礼器中的东方因素. 中原地区文明化进程学术研讨会文集. 北京：科学出版社，2006：283~298

敖天照，王有鹏. 四川广汉出土商代玉器. 三星堆研究（第一辑）：田野资料. 北京：天地出版社，2006：126

敖天照. 广汉高骈出土商代玉器的补正. 三星堆研究（第一辑）：田野资料. 北京：天地出版社，2006：127~131

高大伦. 试论三星堆文化的扩张——以玉器和陶器为中心. 中国古代文明研究与学术史——李学勤教授伉俪七十寿庆纪念文集. 保定：河北大学出版社，2006：334~338

陈志达. 西周玉器概述. 二十一世纪的中国考古学——庆祝佟柱臣先生八十五华诞学术文集. 北京：科学出版社，2006：512~557

黄翠梅. 晋国墓葬用玉制度所显示的性别差异——以曲村和上马墓地为例. 性别研究与中国考古学. 北京：科学出版社，2006：123~142

张长海，孟耀虎. 晋侯墓地出土的先西周玉器检讨. 山西省考古学会论文集（四）. 太原：山西人民出版社，2006：111~116

许海星，倪爱武. 虢国墓地出土玉器的"六瑞"与"六器". 河南文物考古论集（四）. 郑州：大象出版社，2006：118~125

张广东，张伟. 战国青玉鸭首环的用途初探. 河南文物考古论集（四）. 郑州：大象出版社，2006：163~164

沈宝春. 战国行气玉器的用途与铭文性质刍议. 古文字研究（第二十六辑）. 北京：中华书局，2006：396~400

方辉. 二里头文化的绿松石制品及相关问题研究. 海岱地区青铜时代考古. 济南：山东大学出版社，2007：384~403

张长寿. 西周玉器的改制现象. 商周考古论集. 北京：文物出版社，2007：216~222

张长寿. 西周的龙凤人物玉雕. 商周考古论集. 北京：文物出版社，2007：205~206

张长寿. 西周的玉柄形器. 商周考古论集. 北京：文物出版社，2007：209~215

张长寿. 记沣西新发现的兽面玉饰. 商周考古论集. 北京：文物出版社，2007：193~198

张长寿. 记张家坡出土的西周璇玑. 商周考古论集. 北京：文物出版社，2007：207~208

曹楠. 春秋战国时期出土玉器简述. 探古求原——考古杂志社成立十年纪念学术文集. 北京：

科学出版社，2007：125~132

郝炎峰. 二里头文化玉器的考古学研究. 中国早期青铜文化：二里头文化专题研究. 北京：科学出版社，2008：275~354

李建民. 殷商时期玉石仪仗用具所反映的中原与周边地区的文化交流. 亚洲文明（第4集）. 西安：三秦出版社，2008：106~112

夏鼐. 商代玉器的分类、定名和用途. 夏鼐集. 北京：中国社会科学出版社，2008：101~128

冯汉骥. 记广汉出土的玉石器. 冯汉骥论考古学. 上海：上海科学技术文献出版社，2008：13~30

王炳华. "礼失而求诸野"——谈大湾玉璋. 西域考古历史论集. 北京：中国人民大学出版社，2008：714~722

彭适凡. 礼器"牙璋"的类型学研究——兼论香港大湾新出牙璋的年代. 中国南方考古与百越民族研究. 北京：科学出版社，2009：102~114

杨育彬，孙广清. 河南出土三代玉器研究. 河南考古研究. 北京：文物出版社，2009：184~193

彭适凡. 谈迄今发现最早的一件商代玉"羽人". 中国南方考古与百越民族研究. 北京：科学出版社，2009：93~101

张恩贤，张晓军. 周原出土玉器简述. 周秦文明论丛（第二辑）. 西安：三秦出版社，2009：196~207

张素琳. 山西洪洞永凝堡西周墓出土的玉石器. 鹿鸣集——李济先生发掘西阴遗址八十周年山西省考古研究所侯马工作站五十周年纪念文集. 北京：科学出版社，2009：276~283

张奎. 晋侯墓地玉器的工艺. 鹿鸣集——李济先生发掘西阴遗址八十周年山西省考古研究所侯马工作站五十周年纪念文集. 北京：科学出版社，2009：269~275

任义玲. 南阳春秋楚墓出土玉器研究. 楚文化研究论集（第八集）. 郑州：大象出版社，2009：432~444

马金花. 侯马西高祭祀遗址出土龙形玉佩特征及年代分析. 鹿鸣集——李济先生发掘西阴遗址八十周年山西省考古研究所侯马工作站五十周年纪念文集. 北京：科学出版社，2009：382~389

彭适凡. 新疆和田玉石输入江南始于商代考. 中国南方考古与百越民族研究. 北京：科学出版社，2009：115~119

朱乃诚. 三星塔拉玉龙年代. 中华龙：起源和形成. 北京：生活·读书·新知三联书店，2009：73~80

陈启贤. 刘台子西周墓地出土玉器综论. 山东济阳刘台子玉器研究. 台北：众志美术出版社，2010：34~41

佟佩华. 刘台子西周墓地玉器研究. 山东济阳刘台子玉器研究. 台北：众志美术出版社，2010：3~33

石荣传. 东周养国墓葬出土玉器的多元文化因素分析——以河南桐柏月河一号墓为例. 百越研究（第2辑）. 合肥：安徽大学出版社，2010：93~103

邢富华. 浅谈洛阳出土东周玉器. 河洛文化论丛（第5辑）. 北京：国家图书馆出版社，2010：

121~130

范毓周. 关于战国"玉行气铭杖首"的几个问题. 纪念徐中舒先生诞辰110周年国际学术研讨会论文集. 成都：巴蜀书社，2010：184~193

荆志淳，唐际根，何毓灵，徐广德. 商代用玉的物质性. 殷墟与商文化——殷墟科学发掘80周年纪念文集. 北京：科学出版社，2011：86~117

院文清，吴琳. 盘龙城遗址出土玉器研究. 荆楚文化与长江文明. 武汉：湖北人民出版社，2011：280~289

陈志达. 商代玉石文概说. 考古一生：安志敏先生纪念文集. 北京：文物出版社，2011：391~401

李伯谦. 晋穆侯夫人随葬玉器反映的西周后期用玉观念的变化. 文明探源与三代考古论集. 北京：文物出版社，2011：308~313

贾峨. 两周"杂佩"的初步研究. 贾峨考古文集. 北京：科学出版社，2012：91~126

贾峨. 关于河南出土东周玉器的几个问题. 贾峨考古文集. 北京：科学出版社，2012：127~145

贾峨. 关于春秋战国时代玉器三个问题的探讨. 贾峨考古文集. 北京：科学出版社，2012：170~196

曹桂岑. 河南出土楚国玉器的研究. 曹桂岑考古文集. 北京：科学出版社，2012：222~230

郝本性. 关于战国时代珠玉性质的探讨. 郝本性考古文集. 北京：科学出版社，2012：104~106

邱嘉汶. 曾侯乙墓出土双龙玉牌饰及挂饰研究. 文物鉴定与研究（五）. 北京：文物出版社，2012：200~217

方刚. 晚期巴文化玉器的研究. "早期中国的文化交流与互动——以长江三峡库区为中心"学术研讨会论文集. 北京：科学出版社，2012：64~77

李全立. 周口出土商周玉器的初步研究. 周口文物考古研究Ⅱ. 郑州：中州古籍出版社，2013：24~31

焦华中，史文利. 从鹿邑长子口墓玉礼器看我国礼玉文化. 周口文物考古研究Ⅱ，郑州：中州古籍出版社，2013：40~44

焦华中，李红学. 浅谈长子口墓虎首踆坐人鹗佩与良渚文化"玉琮王"纹饰的关系. 周口文物考古研究Ⅱ. 郑州：中州古籍出版社，2013：45~48

王蔚华. 再谈陕西地区秦国玉器. 西安文物考古研究（第2辑）. 西安：三秦出版社，2013：51~63

褚莘，杨茜. 关于鸿山越墓"玉覆面"的讨论. 文化遗产研究集刊（第6辑）. 上海：复旦大学出版社，2013：92~105

张敏. 越国玉器的等级研究. 张敏文集：考古卷. 北京：文物出版社，2013：758~773

张敏. 鸿山越墓出土玉器概说. 张敏文集：考古卷. 北京：文物出版社，2013：999~1003

朱乃诚. 夏家店下层文化的环类玉坠饰研究. 无限悠悠远古情期佟柱臣先生纪念文集. 北京：科学出版社，2014：501~513

孙维昌. 越国贵族大墓出土玉器初探. 孙维昌文物考古论集. 上海：上海古籍出版社，2014：

190～201

刘云辉. 陕西韩城梁带村芮国墓出土金玉器评述. 两周封国论衡期陕西韩城出土芮国文物暨周代封国考古学研究国际学术研讨会论文集. 上海：上海古籍出版社，2014：136～142

孙庆伟. 由物见人期芮国玉器折射出的芮国史事. 两周封国论衡期陕西韩城出土芮国文物暨周代封国考古学研究国际学术研讨会论文集. 上海：上海古籍出版社，2014：143～160

张昌平. 论半环形钺及其文化背景. 两周封国论衡期陕西韩城出土芮国文物暨周代封国考古学研究国际学术研讨会论文集. 上海：上海古籍出版社，2014：196～206

何冰. 从虢君墓葬出土玉器看中国玉文化的起源与发展. 河南文物考古论集（五）. 郑州：河南人民出版社，2014：99～104

杨东明. 春秋战国组玉研究. 南开文博考古论丛. 北京：中国社会科学出版社，2014：149～178

辛晓峰，沈博. 成组玉石璧音乐性能与我国早期"同律度量衡"改革. 夏商周方国文明国际学术研讨会论文集. 北京：科学出版社，2015：273～282

王蔚波. 河南出土春秋虎形玉雕装饰工艺研究. 楚文化研究论集（第十一集）. 上海：上海古籍出版社，2015：290～301

熊家冢出土浅浮雕玉器的特征与年代——兼论熊家冢主墓的年代. 荆楚文物（第二辑）. 北京：科学出版社，2015：48～65

刘志华. 灵台百草坡出土西周玉器之探讨. 丝绸之路文物考古研究. 兰州：甘肃教育出版社，2015：52～79

顾久幸. 荆州楚墓出土玉器略论. 楚文化研究论集（第十一集）. 上海：上海古籍出版社，2015：71～83

杜金鹏. 试论北京琉璃河西周墓地出土的玉冠饰. 琉璃河遗址与燕文化研究论文集——纪念北京建城3060年. 北京：科学出版社，2015：368～376

陶正刚. 晋国早期玉器概述及其研究. 陶正刚考古文集. 太原：三晋出版社，2016：7～28

陶正刚. 晋国晚期玉器概述. 陶正刚考古文集. 太原：三晋出版社，2016：29～42

## （四）秦汉至魏晋南北朝玉器研究

罗宗真. 试谈南京出土东晋玻璃杯和金刚指环的来源. 探索历史的真相：江苏地区考古、历史研究文集. 南京：江苏古籍出版社，2002：361～364

罗宗真. 魏晋南北朝出土玉器的研究. 探索历史的真相：江苏地区考古、历史研究文集. 南京：江苏古籍出版社，2002：273～282

蒋素华. 从小龟山出土玉器看西汉玉器的几个特点. 南京博物院文物博物馆考古文集. 北京：文物出版社，2003：358～362

喻燕姣. 略论湖南出土的汉代玉器. 湖南考古（2002）. 长沙：岳麓书社，2004：629～645

安家瑶. 冯素弗墓出土的玻璃器. 桃李成蹊集——庆祝安志敏先生八十寿辰. 香港：香港中文大学中国考古艺术研究中心，2004：377～387

卢兆荫. 简论西汉楚国玉器. 新世纪的中国考古学——王仲殊先生八十华诞纪念论文集. 北京：科学出版社，2005：559～565

方林. 西汉玉器的楚文化因素. 楚文化研究论集（第六集）. 武汉：湖北教育出版社，2005：168～174

古方. 从南越王墓出土的玉璧谈汉代的玄璧. 南越国史迹研讨会论文选集. 北京：文物出版社，2005：117～124

黄启善. 广西汉代玻璃与海上丝绸之路. 出土文献与古文字研究（第一辑）. 上海：复旦大学出版社，2006：154～163

黄启善. 广西汉代玻璃与越人海上丝绸之路的探讨. 岭南考古研究（5）. 广州：岭南美术出版社，2006：157～176

林强，谢广维. 广西都安北大岭遗址出土的玉器及其族属的初步探讨. 百越研究（第一辑）——中国百越民族史研究会第十三届年会论文集. 南宁：广西科技出版社，2007：188～193

卢兆荫. 承前启后的东汉魏晋南北朝玉器. 探古求原——考古杂志社成立十周年纪念学术文集. 北京：科学出版社，2007：279～290

陈江凤. 汉画玉璧图像的文化象征. 中国汉画学会第十届年会论文集. 武汉：湖北人民出版社，2007：72～77

黄展岳. 论南越王墓出土的玉璧. 先秦两汉考古论丛. 北京：科学出版社，2008：355～362

黄展岳. 南越王墓的丝缕玉衣和组玉佩. 先秦两汉考古论丛. 北京：科学出版社，2008：363～373

张雪菲. 徐州汉墓出土玉器的特征及其社会文化意义. 南京博物院集刊（第10辑）. 北京：文物出版社，2008：166～168

李银德. 汉代玉棺与镶玉漆棺. 两汉文化研究（第三辑）. 北京：文化艺术出版社，2009：42～54

陈江凤. 汉画玉璧图像中的文化学阐释. 中国汉画学会第十三届年会论文集. 郑州：中州古籍出版社，2011：136～142

李银德. 汉代的玉棺与镶玉漆棺. 徐州文物考古文集（一）. 北京：科学出版社，2011：120～131

孔玉倩. 长袖善舞——浅析西汉墓中出土的玉舞人形象. 河北省考古文集（四）. 北京：科学出版社，2011：376～380

卢兆荫. 弥足珍贵的西汉楚王陵墓玉器. 徐州文物考古文集（一）. 北京：科学出版社，2011：360～371

冯红梅. 定县八角廊40号汉墓出土玉器赏析. 河北省考古文集（四）. 北京：科学出版社，2011：381～382

熊昭明，李青会. 广西出土的汉代铅钡玻璃研究. 中国考古学会第十三次年会论文集. 北京：文物出版社，2011：283～290

王黎琳. 徐州出土汉玉概论. 徐州文物考古文集（一）. 北京：科学出版社，2011：90～97

梁勇. 徐州出土汉代玉器的历史价值. 徐州文物考古文集（一）. 北京：科学出版社，2011：98～100

龚良，孟强，耿建军. 徐州地区的汉代玉衣及相关问题. 徐州文物考古文集（一）. 北京：科学出版社，2011：101～111

田芝梅. 徐州出土汉墓玉器的分类. 徐州文物考古文集（一）. 北京：科学出版社，2011：112～119

王恺. 浅说徐州狮子山楚王墓出土玉器. 徐州文物考古文集（一）. 北京：科学出版社，2011：348～359

李春雷. 江苏徐州狮子山楚王陵出土镶玉漆棺的推理复原研究. 徐州文物考古文集（一）. 北京：科学出版社，2011：372～394

寻婧元. 汉代用玉与昆仑信仰. 文化遗产研究集刊（5）. 上海：复旦大学出版社，2012：83～106

刘云辉. 汉杜陵区新出土的玉杯和玉舞人. 梓里集——西北大学考古专业七七级毕业三十周年纪念文集. 西安：西北大学出版社，2012：185～192

刘云辉. 武库遗址出土的玉雕怪兽为狮豸考. 梓里集——西北大学考古专业七七级毕业三十周年纪念文集. 西安：西北大学出版社，2012：193～195

罗宗真. 魏晋南北朝出土玉器的研究. 罗宗真文集：历史考古卷. 北京：文物出版社，2013：109～120

罗宗真. 试谈南京出土东晋玻璃杯和金刚指环的来源. 罗宗真文集：历史考古卷. 北京：文物出版社，2013：125～129

褚馨. 两汉六朝玉器中的四灵、五灵纹样. 复旦大学文物与博物馆学系论文选集（一）. 上海：复旦大学出版社，2014：137～142

褚馨. 汉晋时期的金玉带扣. 复旦大学文物与博物馆学系论文选集（一）. 上海：复旦大学出版社，2014：143～153

梁优. 浅析广西古代滑石猪. 广西博物馆文集（第十辑）. 南宁：广西人民出版社，2014：84～92

胡在强. 秦汉高足玉杯即"方诸"考证. 西汉南越国史研究论集（一）. 南京：译林出版社，2015：123～129

王恺. 徐州西汉出土玉面罩及其它. 王恺考古文集. 哈尔滨：黑龙江科学技术出版社，2015：289～302

卢兆荫. 简论西汉楚国玉器. 新世纪的中国考古学（续）：王仲殊先生八十华诞纪念论文集. 北京：科学出版社，2015：559～565

黄展岳. 南越王墓的丝缕玉衣和组玉佩. 南越国考古学研究. 北京：中国社会科学出版社，2015：125～138

黄展岳. 论南越王墓出土玉璧. 南越国考古学研究. 北京：中国社会科学出版社，2015：139～148

尚如春，滕铭予. 汉墓出土玉石猪蠡探. 汉代陵墓考古与汉文化. 北京：科学出版社，2016：380～406

韩茗. 汉代牙形玉饰初步研究. 汉代陵墓考古与汉文化. 北京：科学出版社，2016：407～425

〔德〕博碧姬（Brigitte Borell）. 北部湾地区汉代玻璃器和海上丝绸之路. 广西博物馆文集（第十一辑）. 南宁：广西人民出版社，2016：167～179

沈辰. 传统与时尚：从跨文化研究的角度再释西汉时期的"玉璧"和"龙". 纪念马王堆汉墓发掘四十周年国际学术研讨会论文集. 长沙：岳麓书社，2016：503～514

寻婧元. 气与天门——从马王堆帛画看汉代丧葬用玉璧的功能与象征意义. 纪念马王堆汉墓发掘四十周年国际学术研讨会论文集. 长沙：岳麓书社，2016：522～533

宋佳，冯恩学. "春水玉"的考古学观察. 东亚都城和帝陵考古与契丹辽文化国际学术研讨会论文集. 北京：科学出版社，2016：491～502

## （五）隋唐及以后各代玉器研究

冯汉骥. 论南唐二陵中的玉册. 四川大学考古专业创建四十周年暨冯汉骥教授百年诞辰纪念文集. 成都：四川大学出版社，2001：4～11

杨穗敏. 略谈明清玉器的吉祥图案. 文物鉴定与研究（二）. 北京：文物出版社，2004：178～182

齐东方. 唐代玻璃及其西来东传. 西域文史（第一辑）. 北京：科学出版社，2006：27～48

田宾锋. 唐乾陵李仙蕙墓出土玉器鉴析. 乾陵文化研究（二）. 西安：三秦出版社，2006：257～259

安家瑶，刘俊喜. 大同地区的北魏玻璃器. 4～6世纪的北中国与欧亚大陆. 北京：科学出版社，2006：37～46

安家瑶，刘俊喜. 北魏玻璃. 汉代考古与汉文化国际学术研讨会论文集. 济南：齐鲁书社，2006：550～557

张平，潜伟，李青会. 新疆拜城县克孜尔墓地出土的玻璃珠及其相关问题. 吐鲁番学新论. 乌鲁木齐：新疆人民出版社，2006：368～374

丘志力. 从传世及出土翡翠玉器看我国清代翡翠玉料的使用. 文物鉴定与研究（3）. 北京：文物出版社，2007：45～54

杨春风，万屹. "琉"光异彩——紫禁城宫殿的琉璃. 中国紫禁城学会论文集（第五辑）. 北京：紫禁城出版社，2007：581～583

高大伟，刘瑷，陈曲，宋燕，张治国. 北京颐和园琉璃构件研究初探. 文物科技研究（第五辑）. 北京：科学出版社，2007：111～118

林姝. 略论明清唐卡绘画中的玻璃器皿. 汉藏佛教美术研究——第三届西藏考古与艺术国际学术讨论会论文集. 上海：上海古籍出版社，2009：339～362

陈建平. 从江西出土的组玉佩论及明代的组玉佩形制. 江西省博物馆集刊（一）. 北京：文物出版社，2010：151～159

王宁. 明代江西藩王墓出土玉带板——兼议明代玉腰带形制. 玉叶金枝——明代江西藩王墓出土玉器精品展. 杭州：浙江古籍出版社，2010：4~29
安家瑶，冯永驱. 南汉康陵出土的伊斯兰玻璃器. 考古一生：安志敏先生纪念文集. 北京：文物出版社，2011：474~487
安家瑶. 辽祖陵1号陪葬墓出土玻璃器. 中国考古学会第十四次年会论文集（2011）. 北京：文物出版社，2012：500~508
邓淑苹. 从"西域国手"与"专诸巷"论南宋在中国玉雕史上的重要意义. 考古学研究（九）. 北京：文物出版社，2012：408~456
张丹丹. 明清玉圭研究. 2011年北京大学美术学博士生国际学术论坛论文集. 西安：陕西师范大学出版社，2012：206~223
白文源. 清代中期和田贡玉探析. 天津博物馆论丛（2012）. 北京：科学出版社，2013：65~71
姜波. 试论明代的宝石贸易. 海洋遗产与考古（第二辑）. 北京：科学出版社，2015：243~252
谷娴子. 上海明墓出土嵌宝器物上的宝石特征研究. "城市与文明"学术研讨会论文集. 上海：上海古籍出版社，2016：638~652
黄英. 故宫藏乾隆皇帝御题诗铭玉角形杯初探. 故宫学刊（总第十六辑）. 北京：故宫出版社，2016：71~84

# （六）技术工艺

许海星. 由"琢磨"浅谈中国古代玉器的制作. 三门峡考古文集——庆祝三门峡市文物工作队建队15周年. 北京：中国档案出版社，2001：340~343
朱乃诚. 良渚文化玉器纹饰研究. 苏秉琦与当代中国考古学. 北京：科学出版社，2001：536~555
田名利. 分合式玉璜与分合式玉器. 南京大学历史系考古专业成立三十周年纪念文集. 天津：天津人民出版社，2002：418~424
沈从文. 玻璃工艺的历史探讨. 花花朵朵 坛坛罐罐：沈从文谈艺术与文物. 南京：南京美术出版社，2002：58~63
〔美〕罗森. 玉器与金器——古代中国玉器造型的起源. 中国古代的艺术与文化. 北京：北京大学出版社，2002：219~240
殷志强. 中国古代四种特殊的琢玉技法. 南京博物院文物博物馆考古文集. 北京：文物出版社，2003：494~506
陈志达. 殷墟玉器的玉料及其相关问题. 商承祚教授百年诞辰纪念文集. 北京：文物出版社，2003：93~98
邓聪. 东亚玉器线切割研究现状. 浙江省文物考古研究所学刊（第八辑）：纪念良渚遗址发现七十周年学术研讨会文集. 北京：科学出版社，2006：335~336

刘益昌. "台湾玉器制造技术"与研究方法的初步检讨. 新世纪的考古学：文化、区位、生态的多元互动. 北京：紫禁城出版社，2006：471～496

郑德坤. 玉花雕刻玉花卉纹饰. 郑德坤古史论集选. 北京：商务印书馆，2007：637～644

朱勤文，廖任庆，张敬国. 安徽凌家滩出土古玉器玉材来源研究. 湖南省博物馆馆刊（第四辑）. 长沙：岳麓书社，2007：158～165

邓聪. 二里头文化玉工艺相关问题试释. 科技考古（第2辑）. 北京：科学出版社，2007：120～131

张吉献. 浅谈殷墟玉器特征及其所反映的殷商文化. 董作宾与甲骨学研究续编. 北京：中国社会科学出版社，2007：135～142

贾炜. 殷商龙形玉纹饰的风格特征. 董作宾与甲骨学研究续编. 北京：中国社会科学出版社，2007：174～181

刘云辉. 龙凤纹与龙鸟人纹合雕玉器的特征及内涵管窥. 周秦汉唐文明研究论集. 上海：上海古籍出版社，2008：31～47

方向明. 良渚玉器的图像与刻纹——龙首纹和神人兽面像. 浙江省文物考古研究所学刊（第9辑）. 北京：科学出版社，2009：171～194

邓聪，许宏，杜金鹏. 二里头玉器工艺相关问题试解. 中华文明探源工程文集：技术与经济卷（Ⅰ）. 北京：科学出版社，2009：487～503

陈启贤. 刘台子西周墓地出土玉器工艺技术与工艺微痕研究. 山东济阳刘台子玉器研究. 台北：众志美术出版社，2010：42～56

闫文祥. 汉白玉佛像的翻模复制工艺探讨——以复制辽"观音菩萨立像"为例. 山西博物院学术文集. 太原：山西人民出版社，2011：178～182

李清临，余西云. 一件战国时期琉璃环的工艺与产地研究. 中国考古学会第十四次年会论文集（2011）. 北京：文物出版社，2012：373～377

张勋. 治玉说. 张勋文集：考古卷. 北京：文物出版社，2013：195～202

张勋. 线性工具开料之初步实验——玉器雕琢工艺显微探索之一. 张勋文集：考古卷. 北京：文物出版社，2013：211～215

范勇，陈志学. 试论先秦时期古玉的用材及其特点. 博物馆学刊（第3辑）. 北京：科学出版社，2013：76～82

黄苑. 凌家滩玉器制作工艺研究. 南京博物院集刊（14）. 北京：文物出版社，2013：34～38

张绪球. 熊家冢出土楚式玉器的纹饰. 荆楚文物（第一辑）. 北京：科学出版社，2013：120～133

杨海涛. 略论清代玻璃器的表面装饰工艺. 南京博物院集刊（14）. 北京：文物出版社，2013：205～207

陈建平. 出土玉圭的形制研究. 江西省博物馆集刊（五）. 北京：文物出版社，2014：190～202

黄华强，黄华明，田红. 良渚文化重要玉器造型与纹饰的创作原型及演化. 艺术史研究（第15辑）. 广州：中山大学出版社，2014：1～27

赵承泽，卢连城. 关于西周的一批煤玉雕刻——兼论我国开始用煤作燃料的时间. 鉴古证今——

传统工艺与科技考古文萃. 合肥：安徽科学技术出版社，2014：659～664

吕春林. 史前用玉、制玉技术发展变化及其关系. 敦煌学·丝绸之路考古研究：杜斗城教授荣退纪念文集. 兰州：甘肃教育出版社，2016：7～13

王守功. 后李文化的玉石器及骨角蚌器制作工艺初步研究. 海岱地区史前考古论集. 北京：文物出版社，2016：77～83

崔岩勤. 红山文化玉器玉料研究现状. 红山文化研究（第三辑）. 沈阳：辽宁人民出版社，2016：62～73

李明华. 古代玉器的用料. 红山文化研究（第三辑）. 沈阳：辽宁人民出版社，2016：74～80

徐琳. 对龙山文化玉器玉料及治玉工艺的几点认识——以出土品和故宫藏品为例. 山东博物馆辑刊·2015. 北京：文物出版社，2016：19～26

杨永富，李奎，常嗣和，蒋成，王方. 金沙遗址玉器、石器材料研究鉴定. 金沙遗址考古资料集（三）. 北京：科学出版社，2016：47～80

向芳，王成善，杨永富，蒋镇东，张擎，李奎，刘建. 金沙遗址玉器的材料来源探讨. 金沙遗址考古资料集（三）. 北京：科学出版社，2016：194～200

## （七）佩戴与装饰

陈星灿. 绿豆穿耳与玉玦佩戴. 考古随笔. 北京：文物出版社，2002：72～74

陈星灿. 瑱与中国古代的耳部装饰. 考古随笔. 北京：文物出版社，2002：75～78

〔美〕罗森. 古代玉器的再使用. 中国古代的艺术与文化. 北京：北京大学出版社，2002：194～218

王宇信. 春秋时期的玉、用玉及玉观念. 商承祚教授百年诞辰纪念文集. 北京：文物出版社，2003：99～112

徐琳. 两汉用玉思想研究之二——神仙长生思想. 故宫学刊（总第四辑）. 北京：紫禁城出版社，2009：415～438

邵望平. 先秦古玉社会功能的演变. 邵望平史学、考古学文选. 济南：山东大学出版社，2013：299～316

徐琳. 明前期礼仪用玉研究. 故宫学刊（总第十辑）. 北京：故宫出版社，2013：174～192

陈俊. 浅析柳江县东汉滑石"面具". 南京博物院集刊（14）. 北京：文物出版社，2013：59～62

高西省. 西周时期用玉观念的转变——从梁带村出土玉琮谈起. 两周封国论衡期陕西韩城出土芮国文物暨周代封国考古学研究国际学术研讨会论文集. 上海：上海古籍出版社，2014：168～180

林巧羚. 两周佩璜方式的转变与玉龙佩之出现. 两周封国论衡期陕西韩城出土芮国文物暨周代封国考古学研究国际学术研讨会论文集. 上海：上海古籍出版社，2014：181～188

〔美〕罗樾著，张乔译. 东周玉器装饰中塑性卷纹的出现与衰退. 新美术. 上海：上海人民美术出版社，2014，（7）：29～35

褚馨. 芮国贵族的用玉观. 两周封国论衡暨陕西韩城出土芮国文物暨周代封国考古学研究国际学术研讨会论文集. 上海：上海古籍出版社，2014：161～167

曹芳芳. 大汶口文化晚期玉器与用玉传统研究. 山东博物馆辑刊·2015. 北京：文物出版社，2016：27～42

徐琳. 儒家思想对汉代用玉的影响. 汉代陵墓考古与汉文化. 北京：科学出版社，2016：367～379

## （八）宗教与祭祀

张懋镕. 先秦礼玉与礼玉系统管见. 中国上古史研究专刊（第二期）. 台北：兰台出版社，2002：47～58

俞伟超. 含山凌家滩玉器反映的信仰状况. 古史的考古学探索. 北京：文物出版社，2002：90～94

俞伟超. 凌家滩璜形玉器是结盟、联姻的信物. 古史的考古学探索. 北京：文物出版社，2002：95～102

王瀛三，邓学青. 中国古代"玉敛葬"探析. 河南文物考古论集（四）. 郑州：大象出版社，2006：40～47

蔡运章. 绿松石龙图案与夏部族的图腾崇拜. 河南文物考古论集（四）. 郑州：大象出版社，2006：51～56

曹铁宏. 辽河上游史前玉佩灵性分析. 赤峰博物馆文物考古文集. 呼和浩特：远方出版社，2007：104～119

张长寿. 西周的葬玉. 商周考古论集. 北京：文物出版社，2007：199～204

李国安，李桂云. 试论玉敛葬现象——兼论徐州汉墓出土玉衣. 两汉文化研究（第三辑）. 北京：文化艺术出版社，2009：83～593

李军，李艳华. 试论徐州汉代丧葬用玉的演变. 两汉文化研究（第三辑）. 北京：文化艺术出版社，2009：94～101

孙机. 灵玉·礼玉·世俗玉. 仰观集：古文物的欣赏与鉴别. 北京：文物出版社，2012：1～9

贾峨. 玉制干戚的演变与中国古代的礼乐文明. 贾峨考古文集. 北京：科学出版社，2012：61～90

苏芳淑. 古人存古——玉琮在古代墓葬中的诸意义. 古代墓葬美术研究（第2辑）. 长沙：湖南美术出版社，2013：1～17

刘芳菲. 玉敛葬相关问题初探. 天津博物馆论丛（2012）. 天津：科学出版社，2013：120～124

黄翠梅. 红山文化的鹰形玉器与中国东北地区的猎鹰信仰. 红山文化学术研讨会论文集. 沈阳：

辽宁人民出版社，2013：141～157

张勋. 红山与良渚——玉器形态与原始宗教形态相互关系的再思考. 张勋文集：考古卷. 北京：文物出版社，2013：275～300

李新伟. 红山文化玉器与原始宇宙观——史前艺术与宗教权力关系的个案分析. 中国美术研究（第5辑）. 南京：东南大学出版社，2014：1～8

杨伯达. 关于牛河梁第二地点一号冢墓葬出土玉器的解读——东北古夷玉巫教探析. 孙作云百年诞辰纪念文集. 郑州：河南大学出版社，2014：207～227

杨建芳. 漫谈江西湖北出土的玉鸟人——中国上古南方鸟神崇拜的反映. 孙作云百年诞辰纪念文集. 郑州：河南大学出版社，2014：228～232

邵雯. 两周葬玉研究. 天津博物馆论丛（2013）. 北京：科学出版社，2014：73～91

华小燕. 齐家文化玉神器、玉礼器论. 临夏考古——临夏回族自治州博物馆论文集. 兰州：甘肃文化出版社，2016：239～346

张翔宇，韩文生. 西安地区汉墓出土葬玉浅析. 中国考古学会第十六次年会论文集·2013. 北京：文物出版社，2016：198～207

巫鸿. 引魂灵璧. 纪念马王堆汉墓发掘四十周年国际学术研讨会论文集. 长沙：岳麓书社，2016：496～502

# （九）鉴藏与辨伪

姚江波，杨海青. 浅谈虢国墓地玉璋. 三门峡考古文集——庆祝三门峡市文物工作队建队15周年. 北京：中国档案出版社，2001：77～80

庄明军. 载璋弄瓦——就青州出土的裸体玉人浅谈齐地礼俗. 文博研究（第2辑）. 北京：文物出版社，2002：126～136

安家瑶. 夹金箔层的玻璃珠. 宿白先生八秩华诞纪念文集. 北京：文物出版社，2002：307～313

吴爱琴. 释玉蝉. 中原文物考古研究. 郑州：大象出版社，2003：385～388

党华. 玉璧玉琮形制的新研究. 南京博物院文物博物馆考古文集. 北京：文物出版社，2003：118～122

梁郑平. 人兽面纹玉器赏析. 中原文物考古研究. 郑州：大象出版社，2003：382～384

潘鸣皋. 玉衣鉴定手札. 文物鉴定与研究（二）. 北京：文物出版社，2004：183～187

黄次材. 馆藏元代玉器鉴别析例. 真如集——浙江考古学会学术论文集. 杭州：西泠印社出版社，2004：62～69

刘永生. 黎城玉戚的再研究. 山西省考古学会论文集（四）. 太原：山西人民出版社，2006：90～96

程丽君. 甘肃省博物馆藏古代玻璃器. 甘肃博物馆学术论文集. 西安：三秦出版社，2006：

310～312

蔡栾芝. 简朴之美——广东出土先秦玉器巡礼. 考古人的兴奋. 广州：岭南美术出版社，2006：203～214

刘云辉. 陕西出土的春秋晚期玉器. 考古人的兴奋. 广州：岭南美术出版社，2006：174～184

王金平，谢尧亭，范文谦. 晋国古玉再现辉煌——侯马西高祭祀遗址出土玉器. 考古人的兴奋. 广州：岭南美术出版社，2006：185～192

王方. 精雕细琢的金沙美玉. 考古人的兴奋. 广州：岭南美术出版社，2006：128～139

熊昭明，谢日万. 广西出土的先秦两汉玉器. 广西考古文集（第三辑）. 北京：文物出版社，2007：541～551

高建强. 小议金缕玉衣. 河北省考古文集（三）. 北京：科学出版社，2007：516～517

杨伯达. "璇玑"、"玉牙璧"辨析——兼论"夷玉"与岫岩玉的关联. 旅顺博物馆学苑（2008）. 长春：吉林文史出版社，2008：8～17

王嗣洲. 璇玑·辽东半岛与山东半岛之比较. 旅顺博物馆学苑（2008）. 长春：吉林文史出版社，2008：31～38

戴应新. 兰州新见的齐家文化玉琮. 庆祝何炳棣先生九十华诞论文集. 西安：三秦出版社，2008：276～285

杨伯达. 大连四平山积石塚出土"牙璧"新论. 旅顺博物馆学苑（2009）. 长春：吉林文史出版社，2009：1～17

孙传波. 旅顺博物馆藏三叉形玉器辨伪. 旅顺博物馆学苑（2009）. 长春：吉林文史出版社，2009：122～123

蒋廷瑜. "劳邑执到"琥珀印考. 桂岭考古论文集. 北京：科学出版社，2009：289～295

郭宝钧. 古玉新诠. 中研院历史语言研究所集刊论文类编：考古编. 北京：中华书局，2009：219～294

劳干. 玉佩与刚卯. 中研院历史语言研究所集刊论文类编：考古编. 北京：中华书局，2009：907～920

方向明. 玉雕龙和勾云形玉器构图和展示方式的初步研究. 中国考古学会第十二次年会论文集（2009）. 北京：文物出版社，2010：61～73

姚晓晓. 浅论翡翠的鉴赏. 南京博物院集刊（11）. 北京：文物出版社，2010：180～182

郎成刚. 朝阳北塔发现的古玻璃器. 辽宁考古文集（二）. 北京：科学出版社，2010：455～459

陈建平. 从圭璧合祀到圭璧合体的研考. 江西省博物馆集刊（二）. 北京：文物出版社，2011：211～222

俞美霞. 红山玉器风格分析与鉴定. 艺术与科学的交会——2011文物艺术品科学鉴定技术国际研讨会论文集. 台北：台湾艺术行政暨管理学会，2011：115～143

潘晓军. 广西出土的滑石器初探. 柳州白莲洞博物馆文集. 南宁：广西科学技术出版社，2012：590～596

任超. 古代艺术品科技鉴定——以古玉鉴定为例. 文物鉴定与研究（五）. 北京：文物出版社，2012：231～238

孙机. 玛瑙兽首杯. 仰观集：古文物的欣赏与鉴别. 北京：文物出版社，2012：293～307
贾峨. 说璜. 贾峨考古文集. 北京：科学出版社，2012：146～169
郝本性. 玉璋用途考. 郝本性考古文集. 北京：科学出版社，2012：97～103
邓聪. 中越牙璋竖向刻纹辨识. 巴蜀文化研究集刊（7）. 成都：巴蜀书社，2012：185～199
徐琳. 故宫博物院藏红山文化玉器研究. 红山文化学术研讨会论文集. 沈阳：辽宁人民出版社，2013：262～284
邵望平. 说"三礼"中的以玉载礼. 邵望平史学、考古学文选. 济南：山东大学出版社，2013：317～328
孙庆伟. 从说文·玉部看先秦两汉时期的相玉. 周原（第1辑）. 西安：三秦出版社，2013：121～126
黄翠梅. 流光溢彩，翠绕珠围——西周至春秋早期的梯形牌联珠串饰. 金玉交辉——商周考古、艺术与文化论文集. 台北：中研院历史语言研究所，2013：559～600
张敏. 鸿山越玉赏析. 张敏文集：考古卷. 北京：文物出版社，2013：979～989
孙庆伟. 失求诸野——试论"牙璋"的源流与名称. 金玉交辉——商周考古、艺术与文化论文集. 台北：中研院历史语言研究所，2013：467～508
梁晗清. 浅论玉衣的发展与消失过程. 周口文物考古研究Ⅱ. 郑州：中州古籍出版社，2013：88～92
刘志华. 甘肃省博物馆藏玉琮的初步鉴定与研究. 甘肃省博物馆学术论文集. 西安：三秦出版社，2014：277～285
孙维昌. 上海出土的新石器时代崧泽文化玉器鉴赏. 孙维昌文物考古论集. 上海：上海古籍出版社，2014：225～238
孙维昌. 上海出土的古代玉器珍品鉴赏. 孙维昌文物考古论集. 上海：上海古籍出版社，2014：288～306
孙维昌. 上海出土明代玉器珍品鉴赏. 孙维昌文物考古论集. 上海：上海古籍出版社，2014：336～348
刘煜. 神秘瑰丽——商代人形玉器浅析. 天津博物馆论丛（2013）. 北京：科学出版社，2014：93～102
蔡庆良. 西周玉器赏析. 故宫学术讲谈录（第2辑）. 北京：故宫出版社，2014：205～212
黄英. 故宫藏九件乾隆御题"和阗绿玉"诗仿古玉器考. 故宫学刊（总第十四辑）. 北京：紫禁城出版社，2015：68～82
崔岩勤. 从出土玉器谈红山文化玉器鉴定. 红山文化研究（第一辑）. 长春：吉林出版集团，2015：51～57
杨凤明. 元代玻璃莲花托展鉴赏. 丝绸之路文物考古研究. 兰州：甘肃教育出版社，2015：128～131
黄展岳. 角形玉杯赏析. 南越国考古学研究. 北京：中国社会科学出版社，2015：149～152
黄展岳. 高足玉杯赏析. 南越国考古学研究. 北京：中国社会科学出版社，2015：153～158
曹平. 心灵魅力——天津博物馆藏古代人形玉雕赏研. 天津博物馆论丛·2015. 北京：科学出版社，2016：119～124

赵磊，高劲松. 天地之灵 雕琢之秀——河南博物院藏古代玉器精品赏析. 江西省博物馆集刊（七）. 北京：文物出版社，2016：284~292

韦江. 广西那坡县感驮岩遗址出土牙璋研究. 广西壮族自治区博物馆建馆80周年论文选集. 南宁：广西教育出版社，2016：159~166

肖一亭. 岭南古牙璋研究述评. 南海探古——肖一亭文物考古文集. 北京：文物出版社，2016：231~244

代丽娟. 早期玉剑具研究. 川大史学·第二辑·考古学卷. 成都：四川大学出版社，2016：93~111

孙机. 玉具剑与璲式佩剑法. 从历史中醒来：孙机谈中国古文物. 北京：生活·读书·新知三联书店，2016：138~160

王仁湘. 玉带钩散论. 半窗意象——图像与考古研究自选集. 北京：文物出版社，2016：39~58

李文瑾. 梦幻霓裳 盐源玛瑙. 江西省博物馆集刊（七）. 北京：文物出版社，2016：293~298

## （十）玉器史话

许海星. 漫谈虢国玉器. 三门峡考古文集——庆祝三门峡市文物工作队建队15周年. 北京：中国档案出版社，2001：71~76

陈福坤. 古玉鉴定漫谈. 南京博物院文物博物馆考古文集. 北京：文物出版社，2003：507~514

芮国耀. 瑶山访玉. 考古人的兴奋. 广州：岭南美术出版社，2006：31~46

蒋卫东. 良渚文化玉器发现与研究的心路历程. 浙江省文物考古研究所学刊（第八辑）：纪念良渚遗址发现七十周年学术研讨会文集. 北京：科学出版社，2006：284~309

王富强，于祖亮. 秀润灵光的龙山玉器. 考古烟台. 济南：齐鲁书社，2006：82~87

刘德银. 肖家屋脊遗址石家河文化玉器发掘记. 考古人的兴奋. 广州：岭南美术出版社，2006：47~60

王明钦. 失望中的惊喜——湖北省荆州秦家山玉覆面出土散记. 考古人的兴奋. 广州：岭南美术出版社，2006：193~202

彭适凡. 璀璨夺目 珠玉生辉——漫谈新干古玉. 考古人的兴奋. 广州：岭南美术出版社，2006：101~114

朱亚蓉. 天地之灵 祀神之器——三星堆玉器的发掘与研究. 考古人的兴奋. 广州：岭南美术出版社，2006：127~155

邓淑苹. 写实与仿古交会下的南宋玉器. 文艺绍兴：南宋艺术与文化·器物卷. 台北：故宫博物院，2010：32~44

孙庆伟. 解读芮国玉器. 梁带村里的墓葬——一份公共考古学报告. 北京: 北京大学出版社, 2012: 166~177
杨伯达. 夏商出土古玉鉴考——读玉笔记之二. 故宫学刊（总第九辑）. 北京: 故宫出版社, 2013: 8~95
钟学利, 任超. 如何传拓玉石类文物. 天津博物馆论丛（2012）. 北京: 科学出版社, 2013: 366~370
徐春苓. 蝉、玉蝉与生命哲学. 天津博物馆论丛（2012）. 北京: 科学出版社, 2013: 209~214
王恺. 浅说徐州狮子山楚王墓出土玉器. 王恺考古文集. 哈尔滨: 黑龙江科学技术出版社, 2015: 303~317
王仁湘. 史前艺术中的鸮形主题——以红山玉器为研究的重点. 半窗意象——图像与考古研究自选集. 北京: 文物出版社, 2016: 429~439
王仁湘. 史前玉器中的"双子琮"——兼说良渚文化玉器上的兽面冠饰. 半窗意象——图像与考古研究自选集. 北京: 文物出版社, 2016: 307~322
王仁湘. 崇鸟: 古代玉器中的"对鸟"主题——从史前一种玉牌饰的解读说起. 半窗意象——图像与考古研究自选集. 北京: 文物出版社, 2016: 420~428
王仁湘. 中国史前的纵梁冠——从凌家滩遗址出土玉人说起. 半窗意象——图像与考古研究自选集. 北京: 文物出版社, 2016: 11~21

# （十一）科技考古与文物保护

王丹. 丰台唐史思明墓出土玉册的保护报告. 北京文物与考古（第五辑）. 北京: 北京燕山出版社, 2002: 241~246
万俐. 良渚风化玉器的化学保护. 南京博物院文物博物馆考古文集. 北京: 文物出版社, 2003: 765~768
白崇斌, Gioij F. Guidi, 田仁孝. 宝鸡益门二号墓出土金柄铁剑镶嵌宝石的分析研究. 科技考古论丛（第三辑）. 合肥: 中国科学技术大学出版社, 2003: 103~107
黄启善. 广西古代玻璃的科学测试分析与研究. 文物保护与科技考古. 西安: 三秦出版社, 2006: 91~97
冯敏, 刘壮, 郝少康, 龚明, 王昌燧. 对"鸡骨白"古玉受沁情况的研究. 文物保护与科技考古. 西安: 三秦出版社, 2006: 104~107
刘文彬. 透明模具复制石玉器的优势初探. 文物修复研究（4）. 北京: 民族出版社, 2007: 252~254
袁立霞. 山陕会馆琉璃照壁石质基座的清洗与保护. 文物修复研究（4）. 北京: 民族出版社, 2007: 237~240

马燕如，胥谓，王建平，王志强. 良渚出土玉蝉随展过程中的脱盐保护与分析检测. 文物修复研究（4）. 北京：民族出版社，2007：305~307

幸晓峰，等. 青海喇家遗址出土玉石器的音乐学测量及初步探讨. 中华文明探源工程文集：社会与精神文化卷（Ⅰ）. 北京：科学出版社，2009：619~633

段鸿莺，梁国立，苗建民. WDXRF对古代建筑琉璃构件胎体主次量元素定量分析方法研究. 09古陶瓷科学技术7：国际讨论会论文集. 上海：上海科学技术文献出版社，2009：119~124

康葆强，窦一村，吕光烈，苗建民. X射线衍射法对紫禁城明清琉璃构件中脱水叶蜡石的判断研究. 09古陶瓷科学技术7：国际讨论会论文集. 上海：上海科学技术文献出版社，2009：103~110

李媛，张汝潘，苗建民. 紫禁城清代建筑琉璃构件显微结构研究. 09古陶瓷科学技术7：国际讨论会论文集. 上海：上海科学技术文献出版社，2009：111~118

赵静，李伟东，鲁晓珂，罗宏杰. 故宫建筑琉璃瓦的保护研究. 09古陶瓷科学技术7：国际讨论会论文集. 上海：上海科学技术文献出版社，2009：125~134

王允丽，田金英，王春蕾. 清代五凤钿镶嵌珠宝饰物分析研究. 文物科技研究（第六辑）. 北京：科学出版社，2009：86~91

陆寿麟. 古代玻璃及其保护. 文物保护技术（1981~1991）. 北京：科学出版社，2010：299~309

王世雄. 陕西西周原始玻璃的鉴定与研究. 文物保护技术（1981~1991）. 北京：科学出版社，2010：310~315

陈启贤. 刘台子西周墓地出土玉器近红外光谱图与矿物学研究. 山东济阳刘台子玉器研究. 台北：众志美术出版社，2010：57~61

王荣. 透闪石玉产地的ICP-AES分析. 文化遗产研究集刊（5）. 上海：复旦大学出版社，2012：351~363

宋燕，于宁，王军，王昌燧，马清林. 古代出土玻璃器保护修复技术研究——以南京大报恩寺玻璃盏为例. 文物科技研究（第八辑）. 北京：科学出版社，2012：78~91

姜捷，等. 法门寺唐代地宫出土琉璃器的低真空环境无损检测报告. 法门寺博物馆论丛（第四辑）. 西安：三秦出版社，2012：1~19

孙力，等. 高光谱成像技术在红山玉器检测分析中的应用. 第八届红山文化高峰论坛论文集. 沈阳：辽宁大学出版社，2014：117~132

杨颖东，周志清. 成都市金沙遗址"阳光地带二期"地点墓葬出土玉石器分析研究. 成都考古发现（2012）. 北京：科学出版社，2014：253~272

赵兰，苗建民，王时伟，段鸿莺. 清代官式建筑琉璃瓦件颜色与光泽量化表征研究. 故宫学刊（总第十二辑）. 北京：故宫出版社，2014：230~239

苗建明. 古代建筑琉璃构件价值揭示与科技保护研究. 故宫学术讲谈录（第2辑）. 北京：故宫出版社，2014：171~204

王荣，苏步德. 内蒙古巴林左旗博物馆藏猫眼效应宝石的无损分析. 文化遗产研究集刊（7）. 上海：复旦大学出版社，2015：347~355

秦岭，崔剑锋. 浙北崧泽-良渚文化遗址出土玉器的初步科学分析. 崧泽文化学术研讨会论文集·2014. 北京：文物出版社，2016：403～426

## （十二）其他

邓聪. 中国玉器素材的开片三部曲——谈二里头玉器开片技术（提要）. 里头遗址与二里头文化研究——中国·二里头遗址与二里头文化国际学术研讨会论文集. 北京：科学出版社，2006：536～538

郑德坤. 古玉通论——古玉展览绪言. 郑德坤古史论集选. 北京：商务印书馆，2007，625～630

曹平. "聚赏珍玉——馆藏中国古代玉器陈列"策展心得. 天津博物馆论丛（2012）. 北京：科学出版社，2013：186～189

王荣，巩梦婷，承焕生. 玉器文物预防性保护中的湿度因素初探（中文摘要）. 复旦大学文物与博物馆学系论文选集（一）. 上海：复旦大学出版社，2014：259～272

# 三、学位论文

## （一）硕士学位论文

吴敏娜. 凌家滩墓地玉器初步研究. 北京大学硕士学位论文，2002
石荣传. 汉代诸侯王墓出土玉器研究. 山东大学硕士学位论文，2002
姚乐音. 东亚史前玉玦的分类与制作. 厦门大学硕士学位论文，2004
常洁. 殷墟墓葬玉器的分类及其相关问题研究. 北京大学硕士学位论文，2004
黑木优子. 石戈与牙璋之关系——岭南地区、三星堆地区出土两类器物的考古学研究. 四川大学硕士学位论文，2004
李会. 蜻蜓眼式玻璃珠的初步研究. 四川大学硕士学位论文，2004
刘明利. 中原地区史前玉器初探. 北京大学硕士学位论文，2005
康波. 黑龙江出土史前玉器初步研究. 吉林大学硕士学位论文，2005
郝炎峰. 二里头文化玉器的考古学研究. 中国社会科学院研究生院硕士学位论文，2005
王炜. 两周时期组玉佩研究. 厦门大学硕士学位论文，2005
尹峰超. 山东地区出土东周时期玉石器研究. 山东大学硕士学位论文，2005
赵永. 早期玻璃器与古代社会. 北京大学硕士学位论文，2005
高飞. 薛家岗出土玉器的材质特征研究. 中国科学技术大学硕士学位论文，2006
吴丽丹. 论东北地区新石器时代玉器的四个阶段发展. 吉林大学硕士学位论文，2007
那汝瑜. 东汉至隋唐玉器初探. 南京大学硕士学位论文，2008
王斌. 中国古代玉带饰研究. 山西大学硕士学位论文，2009
魏长虹. 红山文化玉器与凌家滩玉器的比较研究. 吉林大学硕士学位论文，2009
邵淼. 红山文化玉器真伪对比鉴定初探. 吉林大学硕士学位论文，2009
雷明. 中原地区汉代墓葬出土玉器分期及演变. 辽宁大学硕士学位论文，2009
黄韵璋. 环珠江口玦饰制作工艺探讨——以香港白芒遗址为例. 厦门大学硕士学位论文，2009
赵荦. 新石器时代中国玉文化的区域差异与特征. 郑州大学硕士学位论文，2010
王潇慧. 古代人形玉器研究. 山西大学硕士学位论文，2010
杨立民. 史前古玉的分类研究. 北京大学硕士学位论文，2010
权敏. 陕西发现龙山时代至夏时期玉器的初步研究. 西北大学硕士学位论文，2010

乔倩. 西周~春秋时期晋国用玉制度研究——晋侯墓与赵卿墓的比较. 山西大学硕士学位论文，2010

黄苑. 凌家滩遗址出土玉器研究. 山东大学硕士学位论文，2011

许凤芹. 凌家滩遗址出土玉璜及其相关问题研究. 南京大学硕士学位论文，2011

刘伟. 良渚文化玉璧的考古发现及其研究历程. 吉林大学硕士学位论文，2011

陈元棪. 周秦汉丧葬用玉研究. 北京大学硕士学位论文，2011

石文嘉. 汉代墓葬中出土玉璧的研究. 南开大学硕士学位论文，2011

蔡述亮. 关于出土文物展示的初步研究——以出土陶器、玉器、青铜器的展示为例. 南京大学硕士学位论文，2011

樊桂敏. 中国古代琉璃瓦初探. 南京大学硕士学位论文，2011

么乃亮. 牙形玉饰初步研究. 吉林大学硕士学位论文，2012

陈超. 有领璧的初步研究. 四川大学硕士学位论文，2012

赵静. 新石器时代鸟纹玉器区域性研究. 郑州大学硕士学位论文，2012

王玉姝. 齐家文化玉器的考古学研究. 吉林大学硕士学位论文，2012

魏小花. 商代晚期玉器之研究. 南京师范大学硕士学位论文，2012

单双. 先秦古玺的考古学研究. 北京大学硕士学位论文，2012

李金凤. 战国秦汉墓葬出土滑石类制品的初步研究. 四川大学硕士学位论文，2012

陈斯文. 两汉时期出土玉璧的初步研究. 西北大学硕士学位论文，2012

刘颢婧. 汉代墓葬中出土玉质实用器的研究. 南开大学硕士学位论文，2012

方苞. 玉琮功能发展演变研究. 西北大学硕士学位论文，2013

丁思聪. 殷墟墓葬的用玉制度——以安阳黑河路墓葬出土玉器为例. 中国社会科学院研究生院硕士学位论文，2013

刘敏. 殷墟玉器分类及组合研究. 陕西师范大学硕士学位论文，2013

吴正. 东周楚系玉器风格研究. 北京大学硕士学位论文，2013

李宗康. 汉代墓葬出土佩玉的研究. 中山大学硕士学位论文，2013

王怡文. 乾隆朝宫廷玉器的再诠释. 台湾大学硕士学位论文，2013

吕慧媛. 史前玉礼器的发展演变与社会变迁. 首都师范大学硕士学位论文，2014

刘佳媛. 凌家滩遗址的玉璜研究. 南京师范大学硕士学位论文，2014

曹芳芳. 龙山时代玉器与用玉传统的嬗变——以黄河流域为中心. 北京大学硕士学位论文，2014

蒋闰蕾. 夏商西周遗址中所见良渚风格玉器研究. 南京师范大学硕士学位论文，2014

陈艳芳. 商周时期动物型玉器研究. 南开大学硕士学位论文，2014

杨小博. 东周楚地玉器的分类、分期、分区和用玉制度研究. 山东大学硕士学位论文，2014

李琦. 从楚墓出土玉器功能看东周时期楚人用玉礼俗. 四川大学硕士学位论文，2014

徐旸. 洛阳东周墓葬出土玉器初步研究. 郑州大学硕士学位论文，2014

鄢婷婷. 汉代及其以前出土玉蝉研究. 郑州大学硕士学位论文，2014

宋佳. 金代玉器的考古学研究. 吉林大学硕士学位论文，2014

齐中和. 明代宝石研究. 北京大学硕士学位论文，2014

沈丽娟. 出土玉童子形态演变及世俗化探析. 厦门大学硕士学位论文, 2015
孙嘉璐. 海派玉雕的历史发展和非遗保护. 吉林大学硕士学位论文, 2015
李一凡. 内蒙古巴林右旗地区红山玉器的材质和工艺研究. 复旦大学硕士学位论文, 2015
张超. 商代玉器雕塑艺术研究. 郑州大学硕士学位论文, 2015
罗娟. 晚商至西周时期大墓出土生肖玉器——以鹿、蝉为例. 武汉大学硕士学位论文, 2015
周宇杰. 夏代玉器的初步研究. 辽宁师范大学硕士学位论文, 2015
丁哲. 东周玉器纹饰的考古学探索. 中央民族大学硕士学位论文, 2015
周政. 春秋玉器研究. 辽宁师范大学硕士学位论文, 2015
秘密. 叶家山曾国出土玉器研究. 北京大学硕士学位论文, 2015
吴桐. 略论秦汉玉璧. 南京大学硕士学位论文, 2015
方蒙. 徐州地区西汉诸侯王墓出土玉器研究. 首都师范大学硕士学位论文, 2015
陈忠慧. 隋唐时期玻璃器的研究. 西北大学硕士学位论文, 2015
惠娜. 中国明清时期蓝色钴玻璃质颜料的分析研究. 西北大学硕士学位论文, 2015
关昊. 牛河梁第十六地点出土玉器研究. 辽宁师范大学硕士学位论文, 2016
梁景欣. 牛河梁第二地点出土玉器研究. 辽宁师范大学硕士学位论文, 2016
于盼. 小珠山上层文化玉器研究. 赤峰学院硕士学位论文, 2016
杨凡. 海岱地区史前玉器初探——以制玉工艺为视角. 山东大学硕士学位论文, 2016
夏一博. 河南龙山文化至二里头文化时期玉器研究. 南开大学硕士学位论文, 2016
姜亚飞. 先秦时期制玉作坊遗存及相关问题研究. 山东大学硕士学位论文, 2016
蒋来希. 两周至汉代韘及韘型佩研究. 山东大学硕士学位论文, 2016
赵志强. 新疆巴里坤石人子沟遗址群出土玻璃珠的成分体系与制作工艺研究. 西北大学硕士学位论文, 2016
安天. 汉代琥珀制品的考古发现与初步研究. 首都师范大学硕士学位论文, 2016
衷敏青. 明代复古玉礼器和吉祥玉的初步探究. 西北大学硕士学位论文, 2016
熊楠. 乾隆朝宫廷仿古玉研究. 南开大学硕士学位论文, 2016

## （二）博士学位论文

程军. 中国若干遗址出土玉器玉材产地的初步研究. 中国科学技术大学博士学位论文, 2000
何洪波. 先秦玉礼研究. 郑州大学博士学位论文, 2001
周玮. 良渚文化玉琮研究. 南京大学博士学位论文, 2002
蔡庆良. 商至西周铜器与玉器纹饰分期研究. 北京大学博士学位论文, 2002
袁永明. 辽海、海岱地区新石器时代文化的比较研究——以玉器为中心. 北京大学博士学位论文, 2003
孙庆伟. 周代墓葬所见用玉制度研究. 北京大学博士学位论文, 2003

员雪梅. 燕辽、海岱、中原地区新石器时代玉器研究. 北京大学博士学位论文, 2005

石荣传. 三代至两汉玉器分期及用玉制度研究. 山东大学博士学位论文, 2005

徐琳. 汉代王侯墓葬出土玉器研究. 南京大学博士学位论文, 2006

王荣. 古玉器受沁机理初探. 中国科学技术大学博士学位论文, 2007

孔富安. 中国古代制玉技术研究. 山西大学博士学位论文, 2007

叶友琛. 周代玉瑞文化考论. 福建师范大学博士学位论文, 2007

朱怡芳. 中国玉石文化传统研究. 清华大学博士学位论文, 2009

叶晓红. 中国玉文化科技人类学研究——史前玉器砂绳切割技术考. 中央民族大学博士学位论文, 2009

林贤东. 史前玉器与玉礼研究. 中国社会科学院研究生院博士学位论文, 2009

闫亚林. 西北地区史前玉器研究. 北京大学博士学位论文, 2010

张煜. 清中期痕都斯坦玉器研究. 上海大学博士学位论文, 2010

李婵. 上古三代秦汉玉文化研究. 山东大学博士学位论文, 2011

白波. 古风与新潮——春秋战国玉石器. 清华大学博士学位论文, 2011

杨秀侃. 吴越玉器研究. 复旦大学博士学位论文, 2011

郭明建. 聚落形态与玉器生产——审视良渚文化社会的两个视角. 山东大学博士学位论文, 2012

斯琴毕力格. 玉石及中国古代玻璃的微量元素分析. 中国科学技术大学博士学位论文, 2012

周晓晶. 红山文化玉器研究. 吉林大学博士学位论文, 2014

李晶晶. 长江中下游史前玉器的审美特征. 华东师范大学博士学位论文, 2014

范川. 博山琉璃的手工技艺研究. 中国艺术研究院博士学位论文, 2015

丁思聪. 殷墟墓葬用玉研究. 中国社会科学院研究生院博士学位论文, 2016

先怡衡. 陕西洛南辣子崖采矿遗址及周边绿松石产源特征研究. 北京科技大学博士学位论文, 2016

# (三) 博士后出站报告

张苹. 从美石到礼玉史前玉器的符号象征系统与礼仪化进程研究. 四川大学博士后出站报告, 2010

石荣传. 东亚史前玉器由大陆向岛屿带传播的考古研究. 厦门大学博士后出站报告, 2012

# 后　　记

　　中国古玉器收藏和考古出土数量之多，年代跨度之大，技术工艺之精，都可称为世界之最。赵朝洪先生主编的《中国古玉研究文献指南》（2004），作为记录国内古玉器出土和研究状况的文献索引工具书，极大地提高了学者检索资料的效率，但该书的出版距今已有十余年，近年古玉的考古发现与学术研究都得到快速发展，新材料、新成果不断问世，我们认为这项工作非常有意义并值得继续，这就是这部《中国古玉研究文献索引》（2001～2016）编撰的初衷。本书的编撰工作自2014年3月启动，至2019年6月结束，历时5年。全书分上、下两编，上编为玉器出土资料，下编为玉器研究书目和论文。《中国考古学年鉴》《中国文物报》《中国文化报》《光明日报》《中国社会科学报》等年鉴、报纸发表的通讯类文章亦有对出土玉器的报道，但多语焉不详，本书均未收录。研究书目和论文多且庞杂，无法全部收录，仅择取代表性文献进行了汇编。本书集科学性、普及性和实用性于一体，适用于从事考古、历史、艺术研究及对中国古玉感兴趣的人员参考和阅读。

　　本书由袁广阔、张友来、朱光华三位先生和首都师范大学历史学院考古学与博物馆学系14位在读或已毕业硕、博士研究生共同完成，是集体劳动的结晶。本书的编写计划、框架结构和章节目录由袁广阔、张友来负责制定，初稿完成后，袁广阔对全文进行了审阅、统编和定稿，张友来、朱光华共同参与了书稿体例内容的设计等。秦存誉、刘昱圻、王怡然、王全金、姜鑫、宋瑞、安天、王语嫣、尉舒雅、王囡、赵曾健、程媛、姚媛、郑世慧共14位研究生参与了本书相关资料的具体收集工作。其中，秦存誉、刘昱圻、王怡然、安天负责2001～2004年，王全金、王语嫣、尉舒雅负责2005～2008年，姜鑫、赵曾健、王囡负责2009～2012年，宋瑞、程媛、姚媛、郑世慧负责2013～2016年图书资料、期刊资料、研究书目及论文的收集和编撰工作。

　　限于水平与条件，书中如有不当之处，敬请专家和读者批评指正。